# 교실을
# 위한
# 프레이리

### 현장 교육을 위한
### 프레이리와 비고츠키의 만남

교실을
위한
프레이리
현장 교육을 위한
프레이리와 비고츠키의 만남

초판 1쇄 발행  2015년 12월 31일
초판 2쇄 발행  2023년 6월 10일

엮은이  아이러 쇼어
옮긴이  사람대사람
펴낸이  김승희
펴낸곳  도서출판 살림터

기획  정광일
편집  조현주·송승호
북디자인  꼬리별

인쇄·제본  (주)신화프린팅
종이  (주)명동지류

주소  서울시 양천구 목동동로 293 2215-1호
전화  02-3141-6553
팩스  02-3141-6555
출판등록  2008년 3월 18일 제313-1990-12호
이메일  gwang80@hanmail.net
블로그  http://blog.naver.com/dkffk1020

ISBN  978-89-94445-90-8  93370

# 교실을 위한 프레이리

### 현장 교육을 위한
### 프레이리와 비고츠키의 만남

아이러 쇼어 엮음 | 사람대사람 옮김

살림터

|일러두기|

1. 이 책은 아이러 쇼어Ira Shor가 엮은 프레이리 관련 논문집 『교실을 위한 프레이리Freire for the Classroom』(1987)를 완역한 것이다.
2. 본문에서 저자 주는 본문 맨 끝에 주석으로, 옮긴이 주는 각주로 처리했다.
3. 이 책에 나오는 인명 가운데 인문학 영역에서 잘 알려진 유명인의 경우는 한글 표기(예: 마르크스)하고, 나머지는 한글과 영어를 병기했다. 단, 앞에서 언급된 인물이나 학자가 아닌 생활인의 경우에는 한글 표기만 했다.
4. 이 책에 나오는 영어식 인명과 지명은 외래어 표기법에 따랐으며, 브라질 지명과 인명은 가급적 포르투갈어 발음법에 충실하여 표기했다. 단, 이 책의 중심인물인 '파울루 프레이리'의 경우, 우리에게 익숙한 이름인 '파울로 프레이리'로 적었다.
5. 원서에서 이탤릭체로 쓴 것은 진한 고딕체로 표기했다.

교육은 정치다! 이 말은 위대한 발견이다. 교사가 자신이 정치적 존재임을 발견할 때 그는 묻는다. 교실에서 나는 어떤 정치적 실천을 하고 있는가? 즉, 나는 누구의 편에 선 교사인가? 교사는 어떤 것을 위해 일하는 한편, 어떤 것을 거스르며 일하기도 한다. 이로 인해 교사는 또 다른 커다란 의문에 봉착한다. 나의 정치적 입장과 나의 교육 실천이 어떻게 일관성을 유지할 것인가? 지금 내가 해방의 꿈을 선언하면서 다음 날 학생들에게 권위주의적인 교사로 다가갈 수는 없다.

파울로 프레이리

A Pedagogy for Liberation

# | 차례 |

서문

 1964년 4월, 군부가 민주주의 체제를 전복하면서 브라질에는 낙관주의와 문화의 민주주의가 종말을 맞이했다. 그때 파울로 프레이리는 야심찬 문해 프로그램을 성공적으로 이끌고 있었다. 프레이리는 전국에 걸쳐 '문화 서클'을 만들기 위해 문해 팀들을 훈련시키면서, 문화 서클에서 노동자와 농민들이 글을 읽고 쓸 수 있으며 사회적 의식을 갖게 하는 '대화적' 교수 방법을 추진하였다. 쿠데타 발발 이후 프레이리는 체포, 투옥되었다. 70일간 옥살이를 전전하다가 아내와 다섯 자녀들과 함께 망명의 길로 들어섰다. 이로부터 프레이리는 자신의 조국 브라질 밖에서 기나긴 활동을 시작한다. 그는 볼리비아에서 칠레, 매사추세츠, 스위스 등 여러 망명지에서 머무른다. 1980년, 브라질에 새로운 민주주의 시대가 열리면서 프레이리와 그의 가족들은 마침내 고국으로 돌아올 수 있었다. 하지만 프레이리는 1980년대 내내 여행을 계속하면서 망명 기간에 만난 벗들과 동료들을 다시 방문하여 비판 교육학에 관심을 품은 사람들과 대화를 나누었다. 문제 제기 교육과 비판적 의식화에 대한 그의 사상은 여러 나라에 영향을 미쳤다. 1986년 파리에서, 프레이리는 유네스코 교육상을 수상함으로써 다시금 국제적인 명성을 확인하였다.

이 책은 북미에서 프레이리식 가르침을 실천한 가장 흥미 있는 저작들 중 일부를 소개하고 있다. 미국의 많은 교사들은 교육과정 전반을 지배하는 전통적인 교육학에 실망하였다. 그러한 교사들과 학생들은 지루한 텍스트와 시험, 기계적인 암기, 추상적인 교과목, 기초 기능 익히기 위주의 교수요목에 염증을 느낀다. 그래서 많은 교사와 학생이 창의력 증진과 역량 강화를 목적으로 하는 대안적인 방법들을 찾고 있다. 프레이리적 접근법은 희망과 함께 적용의 역사, 즉 다양한 환경에서 검증된 실질적인 교수 기법과 더불어 학습과 사회 변화의 이론을 제공한다. 이런 점에서 이 책은 교육 실천을 위한 자료집sourcebook일 뿐만 아니라 창의적이고 희망에 가득 찬 교사들이 그들의 교실을 다시 살려내기 위한 안내서가 될 것이다.

이 책의 편집자로서 나는 독창성과 군건한 의지로 일관한 저자들의 헌신성에 깊이 감사한다. 이분들은 이 어려운 시기에 교사들과 학생들을 위해 교육의 가능성을 든실하게 시켜주셨다.

1987년 7월 뉴욕에서

아이러 쇼어

# 교실에서 프레이리 개념 활용하기: 어떻게 해방적 가르침을 실천할 것인가?

아이러 쇼어Ira Shor

브라질의 교육자이자 철학자인 파울로 프레이리를 지지하는 사람들이 북미에서 점점 늘어나고 있다. 프레이리가 미국과 캐나다를 방문하면서 개최한 세미나들은 청중들의 활기찬 반응으로 명성이 높다. 제3세계에서 부각되고 있는 현실 교육학social pedagogy이 북미의 교육에서도 통할 수 있을까? 프레이리의 사상이란 어떤 것인가? 어떻게 우리의 교실에 프레이리의 개념을 적용할 수 있을까? 이 책은 이러한 질문들에 답하고자 한다. 다음 장부터 프레이리의 방법에 영향을 받은 창의적인 교사들이 교실에서 실천한 것을 보고할 것이다. 그들을 비롯한 많은 사람들이 지금도 미개척 교육 영역에서 선구자적 역할을 하고 있다.

지금은 새로운 방향에서 힘찬 발걸음을 내디뎌야 할 중요한 시점이다. 1983년 레이건 정부가 갑작스레 터뜨린 『위기의 국가A Nation at Risk』라는 교육계의 이정표적인 보고서가 나온 이래, 최고위 정책 입안자들과 권위자들은 미국 교육의 위기를 선언하였다. 그 뒤 후속 보고서와 함께 TF팀, 위원회, 법률 제정이 줄을 이었다. 하지만 몇몇이 주도한 개혁의 물결은 상황을 더욱 악화시켰다. 새로운 개혁가들이 제공한 기계적이고 권위적인 처방들로는 현재의 교육 딜레마를 해결할 수 없었다. 그러한 처방들은 교사와 학생을 배제시킨 채 비민주적인 방식으로 개발된 것이었다. 관료 집단이나 사상가들은 창조적인 해결책 마련에 실패했다. 그들의 노력은 학습에 관한 비판적인 접근과 사회 변혁의 민주적 모형으로 대체될 필요가 있다. 역량 강화 교육을 위한 프레이리의 방법은 레이건 시대의 보수적인 개혁 조치의 대안으로 탐색할 가치가 있는 희망적인 방안이다. 이 책은 그러한 방향성의 결실이다. 이 책은 최근 퇴조적인 시대 분위기 속에서도 해방의 꿈을 놓지 않는 교사들 사이에서 축적된 지식과 경험을 아우르고 있다.

이 책은 두 가지 개요로 시작한다. 먼저, "교육자를 교육하기"(1장)는 내가 『하버드 교육 리뷰』(1986. 11)에 쓴 논문을 그대로 실은 것이다. 이 완결판 논문은 자신의 역사·정치 상황 속에서 교육 쟁점을 다루는 프레이리언들의 교육 실천을 조망한다. 프레이리언들의 학문적 연구 기반은 학생이 직접 경험하는 맥락과 더 넓은 사회적 맥락을 아우른다.[1] 첫 논문에서 나는 학교교육의 위기가 어디서 연유하는지와 그에 대한 처방으로 교사교육에 관해 논할 것이다. 다음으로, 비판 교육학을 설계하기 위한 근본적 가치로서 **평등과 탈사회화**를 제안한 뒤, 끝에 가서는 프레이리적 학습 프로그램들의 근거가 될 수 있는 실천적인 주제들의 어젠다를 제안할 것이다. 이는 교실에서의 민주적 대화, 학습자들의 현실에서 나온 교육과정, 참여적인 교수 체제, 비판적 문해로 요약된다.

두 번째 글은 니나 월러스틴Nina Wallerstein과 엘자 오어바흐Elsa Auerbach가 함께 쓴 책(Wallerstein & Auerbach, 1986)에서 발췌한 "문제 제기 교육"(2

---

1. 이 책에서 학생의 직접적인 맥락(immediate context of the students)과 더 큰 사회적 맥락(the larger context of society)이라는 표현이 자주 등장하는데, '부분과 전체'의 관계처럼 양자는 서로 떼려야 뗄 수 없는 변증법적 맥락에서 접근해야 함을 저자들은 강조한다. '학생의 직접적인 맥락'이란 교수-학습 내용이 학생의 삶과 동떨어진 추상적 지식이 아닌 학생의 실질적 삶과 연관된 구체적인 경험을 토대로 선정되고 조직되어야 함을 뜻한다. 그러나 개인은 사회 속의 개인이기 때문에, 개별 학생의 삶은 더 넓은 사회적 맥락(제도, 문화, 정치, 경제)과의 연관 속에서 분석되고 이해되어야 한다.

장)이다. 이 책은 ESL 상황을 염두에 두고 썼지만, 프레이리 방법에 대한 니나의 명쾌한 설명은 전공 교과를 떠나 모든 교사들에게 참고가 될 훌륭한 입문서이다. 니나는 프레이리적 접근법에서 중요한 절차를 특징짓고 있다. 니나는 **문제-해결** 대신 **문제 제기**라는 표현을 고수하면서 프레이리언 교육자들을 현행의 교수요목에 대해 기계적인 대답을 하는 사람이 아닌 비판적 탐구를 수행하는 지도자로 규정하고 있다. 니나의 글은 우리의 교수학습 과정의 실제에서 어떻게 아이디어를 적용할 것인가에 관한 희망적인 조언으로 가득 차 있으며, 이 장은 그것을 보여준다.

이어지는 논문은 낸 엘자써Nan Elsasser와 베라 존스타이너Vera John-Steiner가 쓴 "문해 진전을 위한 상호작용론적 접근"(3장)인데, 이는 초기 프레이리언 연구에 영향을 끼친 작품이다. 1977년, 학계에 나왔을 때 이 논문은 프레이리 연구에 물꼬를 텄을 뿐만 아니라 교육학의 강력한 두 가지 접근법을 종합하는 지적 산물이었다. 그 하나는 1920년대에 활동한 소비에트 실험주의자 비고츠키의 사회언어학 연구이고, 다른 하나는 프레이리의 대화 교육 방법론이다. 비고츠키의 언어 습득 이론과 프레이리의 교수 전략을 다루면서 두 사람은 비판적 문해 과정을 설명하는데, 나는 이들의 글을 통해 빛나는 통찰을 얻을 수 있었다. 이 논문은 이 책에서 프레이리와 비고츠키를 연결하고자 한 다른 저자들에게도 영향을 미쳤다.

린다 핀레이Linda Finlay와 발레리 페이스Valerie Faith가 쓴 "문해와 소외: 파울로 프레이리 교육학의 적용 가능성"(4장)은 현장 교육에 적용할 수 있는 또 다른 뛰어난 사례이다. 린다와 발레리는 말하기에서 쓰기로 옮겨가는 지난한 이행기에 대한 비고츠키의 생각을 명쾌하게 설명하는 한편, 이들이 대학 초년생들을 대상으로 가르친 문해 과정에 대해 상세히 논하고 있다. 또한 이들은 학생 소외가 현재의 문해 문제에 미치는 영향을 다룬다. 이들의 교수법은 생성 주제와 생성어의 사용을 제안하고 있으며, 학생의 삶으로부터 나온 언어와 주제가 비판적 탐구를 위한 재료가 된다는 것을 보여준다. 학생들의 말에서 나온 생성 주제와 핵심 언어는 학생의 관심사에 가장 잘 접근할 수 있게 해준다. 이러한 말과 주제를 사용함으로써, 린다와 발레리는 경험에 대한 무비판적 인식이 비판적인 이해로 한 걸음씩 나아가는 사례를 보여준다.

생성 주제 방법은 프레이리 문해 프로그램에서 가장 중요하다. 그 방법은 카일 피오어Kyle Fiore와 낸 엘자써Nan Elsasser가 쓴 "'더 이상 이방인이 아니다': 해방 문해 커리큘럼"(5장)에서 드러난다. 이 연구물은 아마도 이 책에서 가장 감동적이고 호소력 있는 증언일 것이다. 카일과 낸은 바하마 대학에서 성인 흑인 여성을 가르친 쓰기 수업에 관해 서술하는데, 이는 비판적 문해력을 기르기 위한 수업에서 학생의 관심사를 주제로 선정하여 강의를 풀어가는 방법에 관한 좋은 사례이다. 흑인 여성들은 자신이 속한 사회에서 가정폭력, 강간, 그리고 성적 불평등의 문제로 고통받고 있다. 이와 관련한 생성 주제들을 비판적 읽기와 쓰기로 능수능란하게 안내하는 낸의 방식은 학교 교사들에게 실질적인 도움을 줄 것이다.

그다음의 논문 또한 비판적 문해를 위한 생성 주제 방법을 다룬다. 나의 보고서 "월요병: 비판적 문해와 생성 주제 '노동'"(6장)은 내 책(Shor, 1987)에서 가져온 것이다. 이 글에서 나는 교실에서 비판적 의식을 개발하기 위한 '노동'에 관한 생성 주제를 다룬다. 전문 프로그램 또는 교사 연수과정을 맡고 있는 교사들은 특히 이 보고서를 통해 '노동'의 일상적인 경험이 어떻게 비판적 문해 형식에서 문제화되는지를 살펴볼 수 있을 것이다. 이 글은 학생들에게 일상적인 삶의 파편들과 비판적으로 분리하기 위해 제공하는 크고 작은 다양한 지적인 훈련을 통해 그 과정이 어떻게 진행되는지를 상세하게 보여준다. 여기서 가장 유용한 부분은 문해 기법이 노동에 대한 의식 있는 연구와 통합되는 방식이라 하겠다.

낸시 지멧Nancy Zimmet의 논문 "기초를 넘어: 고등학교의 비판적 독서 지도"(7장)는 광범위한 소외와 무기력의 문제에 봉착한 학생들의 삶과 비판적 교육과정의 현실 쟁점에 놓인 교육학의 개념을 재조명한다. 낸시의 보고서는 공립학교에서 프레이리의 개념을 적용하는 문제를 다룬다. 그녀가 북뉴턴고교에서 가르친 학생들은 1950년대 개혁 초반기에 전국의 학교들을 둘러보고 다니던 귀족 개혁가 제임스 브라이언트 코넌트[2]의 관심을 끌던 상위 15%의 학생들과는 거리가 멀다. 낸시가 가르친 학생들은 미래의 엘리트로 성장할 수재들이 아니다. 그녀는 대중 교육의 반지성적 결과를 뒤엎도록 도와주는 주제로서 낮은 지위와 열등감 그리고 소외에 관한 현실적인 맥락을 다루고 있다.

낸시의 보고서에 이어지는 글은 낸 엘자써가 패트리샤 어빈Patricia Irvine과 함께 버진아일랜드 대학에서 가르친 내용을 공동 저술한 "영어와 크레올어: 대학 글쓰기 프로그램에서 언어 선택의 변증법"(8장)이다. 이 논문에서 이들은 프레이리 방법론에 관한 직접적인 언급은 하지 않는다. 하지만 이들의 가르침은 프레이리 접근법에 대해 오래도록 연구했음을 보여준다. 프레이리(Shor & Freire, 1987)는 문해 교실의 학생들이 사회의 일상적 용어나 엘리트들의 어법에 대해 연구할 때 일반 학생들non-elite의 어법에 대해서도 비판적으로 연구할 필요성에 대해 논한 바 있다. 낸과 팻은 이러한 과업을 수행하는 방법에 관한 뛰어난 사례를 보여준다. 인종과 무관하게 일반 학생들은 자신이 사용하는 일상적 언어가 교실이나 직업세계에서 선호하는 엘리트의 어법과 다르기 때문에 학교나 사회에서 불이익을 당하기 쉽다. 그러나 표준 영어에 대한 비판적 탐구 자세를 견지하

---

2. James Bryant Conant(1893~1978): 미국의 화학자로 하버드 대학의 혁신 회장을 지냈다. 그는 수월성을 추구하는 극단적인 교육개혁 정책을 추진한 것으로 유명하다.

면서 동시에 토착어(여기서는 크레올어)에 대해 비판적 연구를 하는 것이 학생들의 역량 강화에 도움이 되는 것을 입증하고 있다. 이 보고서는 언어 사용의 사회적 측면이라는 기조를 유지하면서도 학생과 교사 사이의 언어 차이를 구체적으로 어떻게 다룰 것인가 하는 문제에 대한 풍부한 사례를 담고 있다.

학생들의 비표준 언어와 학교와 공적인 삶의 표준 용법 간에 생기는 문제는 ESL 학급의 경우에 더욱 심화된다. 다음의 논문 "생존 ESL의 잠재적 교육과정"(9장)에서 엘자 오어바흐Elsa Auerbach와 데니스 버기스Denise Burgess는 외국인 영어 사용자를 위한 프로그램에서 전통적인 텍스트에 대한 심도 있는 조사연구를 보여준다. 저자들은 **문제-해결과 생존을 위한** ESL의 기계적이고 조작적인 방법들을 거부한다. 이들은 명백히 유용한 자료 뒤에 숨어 있는 인종과 계급의 편견을 들춰낸다. 그 대안으로 이들은 ESL 학생들이 직면한 상황에 기초한 프레이리의 문제-해결 접근법을 제안한다.

학습자의 현실적 필요에 기초한 교육학이라는 프레이리의 개념은 낸시 쉬니드윈드Nancy Schniedewind의 "여성주의적 가치: 여성학 교수법을 위한 지침"(10장)에 스며들어 있다. 낸시는 대중문화의 영향으로 만연한 성차별주의와 인종주의 그리고 계급적 편견으로부터 학생들을 탈사회화시키기 위한 폭넓은 글쓰기를 보여준다(Schniedewind, 1984). 이 책에서 그녀의 논문은 이론과 실천의 유용한 접목 사례로 빛을 발한다. 낸시는 자신이 시도하고자 하는 교육 원리들에 대해 논의한 다음 그 과정을 상세히 기술하고 있다. 낸시는 프레이리 접근법에 영향을 받았고 이 논문에서 프레이리를 직접적으로 논한다. 그녀의 보고서는 교사들에게 직접적인 도움을 주는 것 외에도 여성의 주제와 페미니즘 그리고 프레이리적 학습 방법의 접목 가능성을 보여준다. 이 책은 또한 해방 교육에 관한 프레이리적 적용법의 개발에 있어 여성이 중요한 공헌을 했음을 보여준다. 페미니즘과 프레이리 교육이 만나는 교차점은 참여 정치학, 사회적 이슈와 주관적 경험의 통합, 의식 고양을 위한 상호작용적인 방편의 사용, 학교와 사회의 민주적 연계, 일반인 그룹의 역량 강화, 엘리트의 지배 비판 등의 영역에서 서로 도움을 줄 것이다.

이 책의 마지막 부분은 매릴린 프랑켄스타인Marilyn Frankenstein의 "비판적 수학 교육: 파울로 프레이리의 인식론을 적용하여"(11장)이다. 매릴린의 논문은 독특한 깊이가 있다. 그녀는 프레이리의 문제 제기 개념이 언어, 문해, 문학, 의사소통 수업 외의 영역에서도 적용될 수 있음을 증명하고 있다. 방금 언급한 분야에서는 해방적 교육 측면에서 큰 진전이 있었다. 이는 언어 강좌들이 1950년대와 1960년대 초 브라질에서 농민과 노동자들을 대상으로 한 프레이리의 문해 프로그램을 따르고 있는 것을 통해 잘 알 수 있다. 비언어적 과정으로 확대되는 이러한 방법은 비판적 문해 학습으로 나아가는 균형을 잡기 위해 필요하다. 매릴린은 이러한 프로젝트의 선구자이다. 그녀의 논문은 우리의 실천에 기초가 되는 프레이리의 이론에 대한 멋진 요약본을 제공한다. 그러면서 그녀는 수학 강의에서 그런 개념을 적용할 수 있는 교육과정 설계 방법을 구체적으로 보여준다. 아마도 두 번째 책에서는 자연과학과 사회과학, 그리고 전문직 프로그램과 직업 연수과정에서 적용되는 사례를 보여줄 것이다. 매릴린과 같이 비언어적 강의에서 실험정신을 보여주는 교사들이 많은데, 그들의 연구에서 내가 배우고 싶은 게 있다. 만일 뉴욕 주 스테이튼아일랜드에 있는 스테이튼아일랜드 대학의 영어학부에서 교육 실천 보고서가 나온다면 더없이 기쁠 것이다.

이 책의 결말부는 파울로 프레이리가 특별히 이 책을 위해 쓴 "북미의 교사들에게 보내는 편지"(12장)이다. 프레이리는 교육의 정치적 차원을 강조하면서 글을 연다. 이어서 그는 진보적 교사와 보수적 교사의 차이에 관해 논한다. 나아가 프레이리는 민주적 가치에 부합하는 교실의 사회적 관계를 만들기 위한 우리의 욕구에 관해 쓰고 있다. 프레이리의 편지에 이어지는 글은 신시아 브라운Cynthia Brown의 논문 "30시간 안에 문해 완성하기: 브라질 북동부에서 행한 파울로 프레이리의 과정"이다. 내가 이 논문으로 이 책의 끝을 맺은 까닭은 이 글이 프레이리와 그의 문해 팀이 최초로 사용한 교실 차원의 방법을 가장 잘 정리했기 때문이다. 신시아의 논문은 프레이리가 비문해자를 위한 문해 서클에서 토론을 이끌어내기 위해 사용한 그림을 포함하고 있다. 1974년, 처음 세상에 나왔을 때 이 보고서는 많은 교사들에게 초기 프레이리 방법에 관해 명쾌한 설명을 제공했다.

우리 교사들은 많은 욕구를 갖고 있고 또 많은 요구에 직면해 있다. 우리의 교실은 영민하고도 재치 있는 정신이 필요한 분주하고도 복잡한 장소이다. 이 책이 해방적 배움을 실험하고자 하는 교사들에게 모종의 도움을 줄 것이라는 희망을 품어본다. 이 책은 학교와 사회가 퇴조해가는 시대에, 교사-학생의 쇄신을 촉구하는 도발이 난무하는 가운데 예산 감축과 공공성의 위기 속에서 빚어진 풍성한 결실의 산물이다. 이 시대는 미래 지향적인 재건이나 진보적인 정책을 지향할 수도 있고, 반대로 교육의 안팎으로 더욱 심한 악조건에 처하거나 더 지독한 보수주의로 쇠퇴할 수도 있을 것이다. 어느 누구도 미래를 예견할 수 없으며 어떠한 책도 교실에서의 모든 일상의 난제를 해결해주지 못한다. 우리는 오직 우리가 꿈꾸는 미래를 위해 노력할 수 있을 뿐이다. 이 책에 실린 논문들은 민주 사회에서 해방적 배움을 위한 보다 깊은 염원을 보여준다. 이러한 열망이 지금 당장 전망이 보이지 않는 여건에서도 가능성을 찾을 수 있는 출발점이자 희망이다. 하지만 이 논문들은 최종적인 결론이나 처방을 제시하지는 않는다. 이 논문들은 우리가 가르치는 여러 수업에서 필요한 창의적인 발안을 위한 유익한 길라잡이가 될 수 있을 것이다. 이 책 속의 글들이 수많은 교실 상황에서의 실천과 토론을 통해 빚어진 빛나는 혜안에 밀려 난다면 이 책은 성공한 것이리라.

참고 문헌ⁱ

*A Nation at Risk*.(1983), Washington, DC: National Commission on Excellence in Education.

Auerbach, E., & Wallerstein, N.(1986), *ESL for action: Problem-posing at work*, Reading, MA: Addison-Wesley.

Schniedewind, N., & Davidson, E.(1984), *Open minds to equality, Englewood Cliffs*, NJ: Prentice-Hall.

Shor, I.(November, 1986), Equality is excellence: Transforming teacher education and the learning process, *Harvard Educational Review*, 56(4), pp. 406-426.

Shor, I.(1987), *Critical teaching and everyday life*(3rd printing), Chicago: The University of Chicago Press.

Shor, I., & Freir, P.(1987), *A Pedagogy for liberation*. South Hadley, MA: Bergin & Garvey.

# 1

## 교육자를 교육하기:
### 교사교육의 위기에 관한
### 프레이리적 접근

Educating the Educators:
A Freirean Approach to the Crisis in Teacher Education.

아이러 쇼어
Ira Shor

교사교육 프로그램은 끔찍하리만큼 천편일률적이며 하나같이 부적절하
다. …… 이 나라는 교실을 이끄는 사람들이 지금 받고 있는 최소한의 적응
준비 연수조차 계속 제공할 수가 없다. …… 우리는 현저히 혼란스러운 교
실 상황에 과감히 지원할 때만이 비로소 교육학의 잠재적인 힘의 증거를 얻
기 시작할 것이다.　존 굿래드(1983)

극소수의 교사들만이 1970년대의 어려운 시기에 그들 자신과 학생들을
가르치기 위해 새로운 방식을 사용했다. …… 이 책에서 일관되게 말하고
있는 문화적 소통을 위해 사회와 교육 체제에 대한 근본적인 개혁이 요구된
다는 주장에 그리 긴 설명이 필요치 않을 것이다.　셜리 브라이스 히쓰(1983)

체제에 대한 비판이 거의 없다는 것은 놀라운 일이다. …… 학교에서 수
많은 사람들이 보여주는 열정, 헌신, 자질을 생각할 때, 그들에 대한 비난은
다른 곳으로 돌려야 한다. 사람이 구조보다 낫다. 비판받아 마땅한 것은 구
조다.　씨어도어 시저(1984)

대부분의 교사들이 지시를 하고 많은 과제를 내며 지식 위주의 강의를
하는 통에 학생들은 지적으로 수동적이 되고, 대체로 학습과 학교교육을
무시하는 경향성이 심화되고 있다.　홈즈 그룹(1986)

# 1983년 이후 권위라는 이름으로 이루어진 개혁:
## 교사교육 위기의 뿌리

빛이 있는 곳엔 열기가 있다는 지혜의 말씀이 있으나, 우리의 경험은 그 역이 반드시 진리인 것만은 아님을 말해준다. 1983년 이후 개혁의 물결 속에서 그로스Gross[1] 등이 기록한 '위대한 학교 논쟁'은 교사교육을 검증하려는 상황을 창출했다. 그러나 그러한 개혁 운동은 지금까지 빛보다는 열기를 더 많이 발생시켰다. 보수의 시대에 근본 원인에 대한 논의와 진보적 해결 의지가 시들해지는 것은 이해할 만하다. 예전에 학교급식 예산을 삭감하려고 **케첩**을 야채라고 선언한[3] 적이 있는 레이건 행정부는 1983년에 학생과 교사들의 하향평준화를 비난하는 내용의 『위기의 국가A Nation at Risk』라는 보고서를 발표했다. 이 하향평준화는 분명히 독일과 일본이 우리 경제를 추월하도록 하고 심지어 국가 안보까지 위협하는 데 일조하였다. 그러나 그 치유책으로 제시한다는 것이 퇴행적인 시대적 대의로서 재래식 교육 방식에 기계적인 시험 그리고 눈곱만큼의 평등을 결부시킨 채 **수월성**을 강조하는 식이었다.

『위기의 국가』 이후 제2탄이 발표되었는데, 막강한 영향력을 지닌 연방교육위원회가 『수월성을 위한 조치Action for Excellence』(1983)라는 보고서를 내놓았다. 학교의 침체와 교사 자질에 대한 백악관의 경고를 되풀이하는 이 보고서의 하이라이트는 **교사 격차**인 바, 자질 있는 교사의 부족이나 무능한 사람이 교직에 들어오는 현실을 개탄했다. 같은 해에 이와 비슷한 주제를 다룬 많은 연구와 문서가 있었다. 널리 알려진 것들로 『대학 입학

---

3. 케첩은 채소 논쟁Ketchup is vegetable controversy: 레이건 정부 초기(1980~1981) 미국 농업부와 식품영양관리국은 학교 급식 보조금을 삭감하기 위한 법률을 통과시키기 위해 관련 법규에서 규정하는 영양 요건을 충족시키고자 케첩을 야채로 규정하여 선언하는 촌극을 벌였다.

준비*Academic Preparation for College*』(1983), 『합격하기*Making the Grade*』(1983), 『21세기 미국인 교육*Educating Americans for the 21st Century*』(1983), 『미국의 치열한 도전*America's Competitive Challenge*』(1983)이 있다. 이 거대한 소용돌이는 첫 번째 공격에서 전국 차원의 법률 제정과 교육과정 검토를 촉발했다. 그 뒤 그러한 개혁 캠페인은 거대한 학교 논쟁의 '두 번째 물결' 속에서 교사교육의 비참한 조건을 쓸어버렸다.

## 고기잡이 그물: 왜 당국은 개혁을 떠드는가?

1983년 이후 학교교육의 비용과 산출에 유감을 품은 최고위 정책 입안자들의 관심은 교육과정 개혁과 교직 재구성 그리고 교사교육으로 쏠렸다. 이 시점에서 재계와 군에서는 학교 졸업 후 노동시장에 진입하는 인력의 수준, 특히 문해 능력과 작업 수행 능력에 대해 불만을 드러냈다.[2] 또 다른 관점에서, 새로운 군비 경쟁과 첨단 기술에 대한 재계의 폭발적인 관심은 1980년대 컴퓨터 기술자와 엔지니어의 공급 부족을 야기했다. 이러한 노동력 부족 문제는 기술과 컴퓨터 학문으로 교육과정의 방향을 전환함으로써 해결할 수 있었다. 불행히도 1986년까지 전자공학 산업 분야는 경제 회복기에 노동자들을 해고했는데, 이는 컴퓨터 전공에 뛰어든 학생들이나 교육과정을 통해 상업 욕구를 장려한 대학의 정책 입안자들에게는 슬픈 소식이었다.

노동과 관련한 또 다른 요인이 교육과정과 교사교육에 대한 주목을 끌었다. 1970년대의 교사 과잉은 1984년에 이르러 교사 부족 상황으로 바뀌었다. 1973년 이래 교육 프로그램 수가 113개로 늘어났음에도 1980년대까지 교사 수는 **53퍼센트 부족**하였다.[3] 특히 수학, 과학, 외국어 교과의 경우는 위협적인 수준의 교사 부족을 초래했다. 도심지의 학교는 매년 두드러지게 높은 교직원 이직률을 기록했다. 상당수의 교사들이 자격증 없이 학생들을 가르치고 있었다. 이를테면 음악 전공자가 임시방편으로 수학을 가르치는데, 서류상으로는 임시로 되어 있지만 실제로는 영구적으로 그렇게 되는 편법이 다반사였다. 이러한 교사 수급 문제는 앞으로 더욱더 심화될 것으로 전망된다. 그리하여 당국의 '인력 수급' 계획은 교사 공급 루트가 새로운 교사를 훈련시키기 위해 무엇을 해야 하는가와 교직이 어떻게 지금보다 더 나은 인정을 받을 것인가에 대한 모종의 전망을 요청했다.

사소한 예외가 있긴 하지만[4], 당국의 보고서는 교사 부족과 교육의 쇠퇴라는 실질적인 이슈에 대한 언급은 없이, 학생-교사의 '하향평준화'나 '수월성'의 필요성, '학력 기준'의 상향, '백화점식' 학교교육과정의 허용, 학교와 가정의 '훈육 실종' 따위의 '희생자에게 책임 떠안기기식'으로 일관했다. 현실적으로, 현재의 위기는 공립학교와 대학의 예산 삭감으로 야기된 것이다. 예산 삭감으로 인해 학급당 학생 수가 너무 많아졌으며, 학교 건물은 볼품없어졌고, 교육 기자재의 공급이 부족한 가운데 교육 프로그램은 교사와 학생들에게 깊이 있는 멘토링을 제공할 수 없게 되었다. 또한 고령화되어가는 교사진에 젊은 피가 수혈되지 않았다. 더욱이 보수적인 교육 정책은 출세주의와 1970년대에 유행했던 기본으로 돌아가기 back-to-basics를 강요함으로써, 교실에서의 지적인 삶은 따분하고 사무적이며 감시 감독을 받는 분위기로 바뀌었다.[5] 이러한 새로운 교육과정은 창의성과 교양 교육을 방해했으며, 재능 있는 교사들이 교단을 떠나게 하는가 하면, 학생들이 흥미 있게 배우는 것을 단념시켰다. 인문학이나 교직 전공자를 위한 직업 시장이 붕괴되고 상업과 컴퓨터 전공이 확대일로를 걷던 1970년대의 기형적인 대학 교육과정 편성은 젊은이들이 교직을 장래성 없는 직업으로 기피하게끔 했다. 현직 교사들은 닉슨에서 레이건을 거치면서 긴축의 고통을 맞이해야 했다. 임금이 삭감되고 학교 상황은 악화되어갔다. 공공 분야에서 일어난 이러한 우울한 조건들은 1960년대의 평등주의에 대한 반발로 최근에 부활한 보수주의의 특징을 보여준다.

교직 위기의 또 다른 현실적인 요인 두 가지가 있으니, 사기업에서 대학 졸업자에게 더 높은 임금을 제공하는 것과 새로운 베이비붐의 출현이다. 기술 과학 분야의 졸업자들이 받는 임금은 교육계나 공공 분야보다 사기업에서 더 높다. 이러한 차이는 노동인력을 산업 분야로 몰리게 하며, 교사들이 저임금의 교직을 벗어나 고임금의 기업으로 향하게 한다. 군비 지출로 인한 경제적 불균형 속에서, 수학, 과학, 기술 교사들이 교직을 떠나 급속히 발전하는 군대와 경제계의 전자공학 분야로 향하는 '인재 유출 현상'이 빚어지고 있다.[6] 둘째로, 출산율의 증가로 인해 공교육을 쇠퇴시킨 10년의 경제·사회 정책 이후 1984년까지 초등학교 신규 교사에 대한 수요 촉발이 예견되었다. 노동 수요의 갑작스러운 증가는 경제계의 노동력 부족과 마찬가지로 교육에서도 하나의 위기이다. NIE 보고서 『교육의 조건The Condition of Education』(1984)에 따르면, 신규 교사 100만 명을 고용하려면 연간 130억 달러가 필요하다고 한다.

경제 정책과 군비 경쟁이라는 이슈를 피하면서, '수월성' 개혁가들은 첨단 기술, 전통적 교과, 더 많은 시험, 교직의 승진제도, '경제 성장을 위한 교육'이라 불리는 모종의 재개발을 천명했다. 이러한 신화는 학교 몰락의 원인을 감추고자 했다. 학교교육이 무너지고 있는 진짜 이유는 예산 삭감과 평등을 위한 연방 지원의 중단, 사회 복지 재정을 군비로 전환한 것, 그리고 최종 학력에 따라 임금을 지불하겠다는 기업 노동시장의 솔깃한 정책의 실패[7]에 따른 것인데 말이다. 1983년 백악관 정책이 발표되기 불과 몇 년 전만 하더라도 교육계에서 '미국의 과잉 교육'에 따른 끔찍한 곤경에 대해 논쟁이 일던 분위기였다. 1976년 리처드 프리먼Richard Freeman 의 동명의 책을 비롯하여, 해리 브레이버먼Harry Braverman, 헨리 레빈Henry Levin, 러셀 럼버거Russell Rumberger 등은 사무 자동화로 인해 노동시장에서 단순 작업이 늘어나고 있으며 간단한 기능을 요하는 자격증이 부각되는 사회 상황에 비추어 고학력 노동인력의 공급 과잉에 대한 문제점을 지적하였다.[8] 당국의 보고서에는 어떻게 '과잉 교육'이 하룻밤 사이에 '하향 평준화'로 둔갑했는지에 대해 전혀 언급이 없었다. 이것은 개인에 대한 비난은 줄이고 기업-교육 시스템을 보다 비판적으로 바라보아야 한다는 것을 의미한다. 이를테면, 제3세계의 값싼 노동력에 의지하여 미국을 탈산업화시키는 기업 정책은 교육정책에 심각한 영향을 미친다. 새로운 개혁의 물결에 기저를 이루는 것은 학교교육으로부터 새로운 산출을 바라는 기업의 필요에 따른다. 즉, 학교 졸업생들로 하여금 자동화된 경제가 요구하는 협소한 문해력[4]을 갖춘 학생들, '고도의 유연성'을 강조하는 재계에서 잦은 전직과 단순 노동에 적응된 노동자들을 요구하는 것이다. 1983년 이후 쏟아져 나온 보고서들은 대개 이 멋진 신체제 brave new system 가 교사와 학생은 물론 기업에도 이익이 되리라는 것을 당연시하였다.


## 침묵의 체제: 진보의 가치를 주변으로 밀어내기

최근의 개혁 흐름은 불편한 정치 문제를 무시함으로써 현저히 편파적인 토론과 입법 분위기를 연출했다. 공식 위원회와 입법 집단은 매스컴

---

4. 협소한 문해력(narrow literacy)이란 현실 사회에 대한 아무런 문제의식 없이 그저 글자를 읽고 쓸 줄 아는 정도의 문해 능력을 뜻한다. 이와 대조적인 개념이 프레이리의 '비판적 문해(critical literacy)'이다.

의 보도를 통해 전통적인 관점과 권위주의적 개선책을 따르는 편협한 노선을 취했다.[9] 이 '단호한' 접근은 진보 진영liberal circle[5]을 당혹케 했다. 어네스트 보이어Ernest Boyer(1983)는 카네기 보고서에서 새로운 체제가 "교육은 살아 있는 개개인을 풍요롭게 하는 것"이라는 사실을 잊었다며 불만을 표현했다. 한편 씨어도어 시저Theodore Sizer는 현재의 개혁 흐름은 중요한 발달 단계에 있는 어린 학생들에 대한 배려가 부족하다고 주장했다.[10] 보이어와 시저를 비롯하여 존 굿래드John Goodlad와 해롤드 호 2세Harold Howe II와 같은 회의주의자들은 문맹과 SAT 점수의 하락 그리고 기본으로 돌아가기에 대한 과도한 요구와 관련된 '수월성' 진영의 주장에 회의를 품었다.[11] 진보적 입장에 반대하는 사람들은 더 많은 시험과 더 많은 수업, 더 줄어든 선거, 형평을 보증하기 위한 연방정부 역할의 축소, 그리고 2개 국 언어로 진행하는 수업 대신 표준 영어 수업을 강조하는 등의 단호한 밀어붙이기를 목격했다.

보수주의가 지배하는 시대에, 진보적인 반대자들은 그들이 받는 관심 이상으로 가치가 있다. 보이어의 보고서 『고등학교High School』 외에도, 진보 진영의 움직임은 시저(1984)나 린다 달링해먼드Linda Darling-Hammond(1984a, 1984b)의 연구에서도 엿볼 수 있다. 1982년 이래 두 가지 '예언적인' 진보적 언설로 기초 기술에 대한 허브 콜Herb Kohl(1984)의 좋은 책과 진 메어로프Gene Maeroff의 『아이를 나무라지 마세요Don't Blame the Kids』(1982)가 있다. 이 두 책은 기본으로 돌아가기의 이면에 있는 보수 정치학에 비판을 가하고 있다. 이러한 저작들은 모티머 아들러Mortimer Adler의 『파이데이아 제안The Paideia Proposal』(1982)과 같은 시기에 나왔

---

5. '자유주의'를 뜻하는 '리버럴'은 유럽에선 우파에 속하지만 미국 사회에선 진보에 속한다. 조형근에 따르면, 미국에서 자유주의자(liberal)와 좌파(the left), 보수주의자(conservative)와 우파(the right)는 동의어로 쓰인다(구갑우 외, 『좌우파사전』, 위즈덤하우스, 2013, pp. 39-40).

으나 아들러의 제안만큼 관심을 끌지는 못했다. 진보적 시도에서 한 발 나아가 셜리 브라이스 히쓰Shirley Brice Heath의 선구적인 저서 『말을 통한 방법Ways with Words』(1983)은 비전통적 민속학적 교수학습 모형을 제공했는데, 불행히도 주 법률 제정이나 지역 내의 교육과정 정책에 아무런 영향을 못 미쳤다. 또 다른 교육학적인 도전은 리처드 리처드슨Richard Richardson에 의해 『열린 대학의 문해Literacy in the Open-Access College』라는 이름으로 제시되었다. 리처드슨은 일하는 학생들의 낮은 학습 역량을 비난하지 않았다. 대신 그는 지식을 '정보의 조각'처럼 취급하여 한 줌씩 배급하는 기계적인 교수법을 지적했고, 대중 고등교육의 재정 부족 상황과 학생들에게 필요한 '비판적인 문해'를 저해하는 지역 대학의 직업적 편견을 꼬집었다.

반대자들에 의한 또 다른 보고는 NIE의 『배움에의 참여Involvement in Learning』(1984), 신세계 재단의 『평등을 선택하다Choosing Equality』(1985), 미국대학연합의 『대학 교육과정의 진정성Integrity in the College Curriculum』(1985), 그리고 존 굿래드의 기념비적인 저서 『학교라 불리는 곳A Place Called School』(1983)이 있었다. 이들 소중한 저작물은 대안 정책을 제시하고 1980년대의 보수적인 흐름에 대항하는 교육학을 제시했다. 『평등을 선택하다』는 공적 자금의 평등한 운용, 일자리를 창출하기 위한 공공 경제 개발, 교육개혁의 토대로서 학생·교사·학부모의 역량 강화를 담대히 권고했다. 그것은 『위기의 국가』와 『수월성을 위한 조치』에 의해 시작되고 다이앤 래비치Diane Ravitch와 체스터 핀Chester Finn이 박차를 가한 '수월성'이라는 신화에 대한 하나의 '풀뿌리' 교정이었다.[12)]

평등주의자의 입장에서 볼 때 정책 이슈는 대안 교육학의 제안과 조화를 이루었다. 히쓰의 저작은 학생-중심 교육의 강점을 보여주었고 학교와 사회를 분리하는 전통적 관점을 혁파했다. NIE와 AAC 보고서는 상호 보완적이며 간학문적인 교육과정의 입장을 채택했다. 굿래드는 자신이 탐방한 수천 개의 교실에서 지배적인 방식인 교사 주도의 전통적인 수업에 반대하여 실험적이고 참여적인 교육학을 지지했다. 시저, 보이어, 굿래드는 모두 청소년의 필요와 주제를 강조하기 위해 정규학교 교수요목의 실패를 인정했다. 달링해먼드는 아프리카계 미국 학생에게 제공된 불평등한 교육과정에 대해 논했다. NIE와 AAC 보고서는 대학생들의 교육 욕구를 충족하기 위한 전통적인 교육과정의 실패를 인정했다. 학계의 파벌주의와 구태의연한 강의 방식, 수업보다 돈 되는 연구에 눈독 들이는 교수들의 행태가 학생 교육을 저해했다.[13] 이 퇴행적인 학계에서 학교교육의 병폐를 고치기 위한 과감한 개혁 프로그램을 지지할 리가 없었다.

## 반대론의 핵심: 평등주의적 종합

보수의 시대에 진보적 반대론자들은 주변부를 차지했다. 학생 중심적, 평등주의적, 상호작용적[6] 가치를 옹호하는 그들의 주장은 영웅적인 실천을 내포한다. 이러한 반대의 가장자리에서 미완의 형태로 제기된 하나의 가치가 **변화-주체**change-agent로서의 교육이다. 신세계 재단 보고서 『평등을 선택하다』(1985)에서는 지역사회의 역량 강화와 지역사회 중심의 학교 개혁을 옹호한다. 이 책자는 학교 정책을 수립함에 있어 학부모 참여의 중요성을 강조한다. 이러한 의견은 다른 문서에 나타나 있지 않은 **변화-주체** 평등주의였다. 여기서 쟁점은 교육을 지역사회 리더십이나 기존 지

---

6. 이 논문을 비롯하여 이 책 전반에 걸쳐 '상호작용적(interactive)'이란 말이 자주 등장한다. 상호작용적 접근(수업)이란 교사 주도로 일방적으로 이루어지는 전통적인 교수법을 배격하고 교사-학생, 학생-학생이 대등한 주체로 배움의 과정에 적극 참여하는 방식을 말한다. 이 용어는 프레이리의 '대화적(dialogical)'이란 말과 동의어로 봐도 좋을 것이다.

역사회 조직과 연결 짓는 것이다. 사회 변화에 참여하는 교육자들은 주변부, 즉 참여 연구자들과 성인들 혹은 지역사회 교육자들 사이에 구축된 열정적인 네트워크를 통해 더 넓은 안목을 키워갈 수 있다.[14]

변화의 주체라는 개념 외에도 반대론의 핵심 속에는 다소 불분명한 평등주의적 관점이 자리하였다. 그러한 종합synthesis은 은근슬쩍 피해 가기엔 너무도 중요한 사안이다. 나는 교육에서 평등주의와 변화-주체를 바라보는 하나의 방식으로 다음과 같은 관점을 제안한다. **불평등은 소외를 발생시키기 때문에 평등이 최선의 수월성이다.** 평등 없는 수월성은 단지 불평등만을 양산할 뿐이다. 불평등은 수많은 학생들에게 학습 결손과 소외를 파생시킨다. 학교교육에서 소외는 배움의 가장 큰 적이다. 소외는 학구적 성취 의욕을 약화시키고 학생들의 저항을 초래할 뿐이다. 학생들이 지적인 삶을 거부하는 것은 학교에서의 불평등과 권위주의의 결과이다. 불평등과 권위주의적 교육은 문해 학습과 교사 사기 저하의 위기를 악화시킨다.[15] 교사의 사기 저하와 학생의 저항은 불평등한 체제가 야기한 사회적 문제로서 교사-교육 개혁이나 교실 치료의 문제만으로는 온전히 논할 수 없다. 학교와 사회에서의 평등주의적인 정책과 나란히 나아가는 참여의 교육학과 비판적 교육학을 통해 교육의 위기에 관한 총체적 토론이 가능하다.

그런 까닭에 나는 교육의 위기는 사회적 불평등의 위기임을 주장하고자 한다. 하나의 해결책으로서 평등은 사람들에게 힘을 불어넣어주고 학교와 사회에서 의욕을 고양시킨다. 권한과 희망은 배움과 실천의 의욕을 이끄는 동기의 근원이다. 동기는 학생들의 참여를 이끌어내고 참여는 학습과 문해를 이끌어낸다. 학생 참여는 교사의 의욕을 고취시키고, 가르침이라는 지난한 과업을 매력적으로 만들고 보상을 만들어내며, 교사의 사기 저하를 줄여준다. 배움의 즐거움으로부터 오는 교사와 학생의 사기 진

작은 보다 많은 사람들로 하여금 가르치는 일을 직업으로 선택하도록 고무하고, 가르치는 일을 계속하게 만들며, 교원 부족을 완화시킨다. 이런 기운이 충만한 교실에서는 교사와 학생이 스스로를 진지한 지성인으로 규정하며, 사회 속의 어떤 이슈와 관련하여 그 해결을 위한 관련 지식이나 과정 그리고 역사적 맥락과 사회적 조건 등을 비판적으로 바라보는 관점을 갖게 된다. 토론과 비판적 배움을 지향하는 교사와 학생은 민주적으로 사회를 변혁시키는 시민의 역할을 더 잘 수행할 수 있다. 사회에 대한 민주적인 참여에는 군비 경쟁과 예산 삭감에 저항하는 행동이 포함될 것이고, 총을 위해 지출하는 예산을 공부를 위한 예산으로 옮김으로써 지적인 삶을 위한 학교교육의 질을 향상시킬 것이다.

이러한 사실들은 교육의 운명이 교실 밖에서의 경제, 공동체 삶과 문해, 상업적인 대중문화, 정치적 행동으로부터 총체적인 영향을 받는다는 것을 일깨워준다. 전쟁 무기 구입에 수억 달러를 퍼붓는 것 외에도 가장 두드러진 사회적 불평등은 부유한 학생들을 위한 교육에 막대한 예산을 투자하는 것이다. 학교 재정의 불평등 분배에 저항한 캘리포니아 주의 세라노 결정(1971)[7]이 나온 몇 년 뒤인 1981년의 뉴욕 법원의 연구 결과나 1984년 시저의 평가에 따르면, 빈곤계층과 노동계급의 자녀들을 위한 교육 재정 투자는 여전히 인색한 수준이었다.[16] 그러나 이러한 불평등은 빙산의 일각에 불과하다. 빈곤계층과 노동계급 자녀들의 일상적 삶과 언어 구사 방식 그리고 직업의 미래는 현실적으로 전통적인 교실에서 성공에 장애가 되기 때문이다.[17] 학교 위기에 대한 이러한 '불평등'(그리고 '군비 경쟁')에 관한 설명은 공식 보고서에는 나타나지 않는다. 왜냐하면 공식 보

---

7. Serrano decision: 1971년 캘리포니아 주 대법원은 주정부가 무상평등교육을 제공할 의무를 지방 당국에 떠넘길 수 없다는 내용의 판결을 하였다. 세라노는 무상교육에 대한 주정부의 책임을 요구하는 소송을 제기한 로스엔젤리스 공립학교의 학부모 이름이다.

고서는 경제 체제를 비난하기보다는 교사-학생의 '하향평준화', 고등학교
에서의 '쉬운 수업', 느슨한 대학 입학, 가정에서의 훈육의 실종에 손가락
질을 하고 있다. 경제 정책과 사회 정책은 대중 교육을 파괴하고, 학생과
교사들의 **학업 파업**을 부추긴다.


## 수업 고민: 왜 가르치는 것이 중요한가?

교실 밖의 요인들이 교육에 지대한 영향을 미치는 것과 무관하게, 학
교 안에서 일어나는 일은 사뭇 다른 양상이다. 학생의 생활이나 학습 면
에서 그러하고 학생과 교사 그리고 교육과정을 구성하는 사회 환경면에
서도 그러하다. 교육의 가장 강력한 잠재력은 교실에 영향을 미치는 정치
역학과 학생 문화를 학습하는 데 있다. 교실을 불평등과 이데올로기 그리
고 경제 정책이 학습에 영향을 미치지 않는 세상과 동떨어진 곳으로 이
해하는 것은 정치적으로 순진하거나 너무나 기계적인 사고일 뿐이다. 경
제 체제와 사회가 변하기 전엔 교실에서 어떠한 좋은 것도 성취할 수 없
다는 비관적인 생각은 위험하다. 교육이 사회와 교실을 동시에 변화시킬
수 있다고 낙관하는 것 또한 잘못된 생각이다.

고립된 교실 수업만으로 사회 체제를 변화시킬 수는 없다. 오로지 정
치적 행동만이 불평등을 혁파할 수 있다. 평등주의적 교육은 학생의 무
능한 사회화를 막을 수 있다. 학교는 학생들을 사회화시키는 가장 중요한
기관이다. 잠재적 교육에 영향을 미치는 한 방법은 교육이 불평등한 사회
화를 심화시키거나 거기에 맞설 수 있음을 이해하는 것이다. 교실 수업은
학생들의 비판적 사고 거부를 강화할 수 있다. 다시 말해 학교는 교육과
정에 대한 학생의 지적 무능을 심화시킬 수 있다. 또는 그 반대로 교사들

은 학생들을 무능하게 만드는 교육에 맞서기 위한 평등주의적 교육을 실천할 수도 있다. 학교는 소외된 의식을 재생산하는 사회에 종속된 한 부문이다. 학교는 또한 민주적인 학습 과정에서 비판적 교육과정을 통해 비판적인 교사가 불평등에 저항하기 위한 통로를 열 수 있고, 대중을 무능하게 만드는 교육을 제공하는 문화를 연구할 수 있는 투쟁의 영역이다.

교육과 교육과정 정책이 평등주의 목표를 담을 때 교육이 바뀐다. **탈사회화를 지지하며 사회화를 반대한다. 상업적 의식을 극복하고 비판적 의식을 선택하며, 불평등의 재생산을 넘어 사회를 변혁해간다.** 민주주의의 실천과 권위주의의 탐구를 통해 올바른 민주주의 의식을 함양하고, 참여 과정을 통해 학생들이 중도 이탈을 이겨내도록 한다. 사회의 엘리트 계급을 지지하는 신화를 벗겨내며, 비판적 문해 프로그램을 통해 학생들의 학구적 무능을 극복하고 일상적 삶에서 표현된 언어와 사고에 관한 각성을 촉구한다. 사회 내의 정치 역학관계를 조사하는 데 유용한 조사 기법과 정보 분석 능력을 길러줌으로써 통계학의 한계를 극복하도록 돕는다.

이 같은 비판 교육학은 젱크스, 보울즈와 긴티스, 카노이, 레빈, 윌리스, 애플, 지루 등의 여러 학자들이 연구하였던, 불평등을 재생산하는 전통 교육과정에 반대하는 교육학을 재창조한다.[18] 종속적인 의식을 재생산하는 것에 반대하고서 비판적 학습에 이르는 몇 개의 길이 있다. 나와 몇몇은 프레이리의 방법을 연구해왔다.[19] 셜리 히쓰는 민족지학적인 모형을 실험해왔다. 허브 콜은 스티븐 주디Stephen Judy(1980)의 제안과 유사한 학생-중심 언어 프로그램을 제안했다. 로버트 패티슨Robert Pattison(1982)은 구어체와 형식 논법을 동시에 지도하기 위한 '이중관용어' 접근법을 제시했다. 조니신 코졸Jonathan Kozol(1985)은 성인을 겨냥한 국가 차원의 문해 캠페인을 제안했다.

우리는 특정 수준의 학교교육 내의 교사교육 프로그램이나 교육과정에 관해 논할 때 비판적 교육학(탈사회화)의 필요성을 제기할 수 있다. 우리가 교육의 역할을 사회의 현상 유지를 위해 학생들을 사회화시키는 것이 아니라 불평등과 지배 신화에 도전하는 것으로 받아들인다면, 우리는 실질적인 방법을 고안해내기 위해 필요한 토대를 구축해야 한다. 교육과정상의 목표로서 탈사회화 자체는 진보적 담론 진영에서 이미 구축해놓은 지형 위에 세워진다. 이를테면 패티슨은 수월성의 보편적인 기준을 반영하는 정확한 용법 구사를 거부했는데, 그 까닭은 그것이 단순히 의기양양한 중산계급의 수사법을 지칭함으로써 권위주의 사회를 민주주의 사회만큼이나 정당한 것으로 쉽게 옹호하는 우를 범하기 때문이다.[20] 보이어(1983)는 평등을 미완의 교육 어젠다로 일컬었다. 달링해먼드(1984b)는 흑인 학생의 학교교육에 대한 연구에서 1960년대에 평등주의자들이 쟁취한 가치들이 1975년 이래로 잠식되어왔다는 보이어의 생각을 되짚었다. 나아가 해먼드는 시험과 교수요목을 주정부에 위임함으로써 학교교육의 세밀한 규정들이 교사의 업무 수행을 약화시키는 것으로 보았다.[21] 시저(1984)는 교수요목에 포함되지 않은 주제로서 사회 계급의 거대한 영향력을 인식했다. 히쓰(1983)는 학교 학생들의 현재 문해 수준을 기반으로 삼기 위해 학생의 일상적 삶 속으로 들어가야 한다고 제안했다. 그녀의 주장은 학생들이 "무식하다"고 하는 상투적인 주장을 깨트리는 신선한 것이었다. 굿래드(1983)는 인종별 불평등 반 편성을 포함하여 전통 교육 방식에 대한 가장 체계적인 비평을 제공했다. 미국대학연합은 『대학 교육과정의 진정성』(1985)에서 대학교수들이 가르침으로부터 멀리 떨어져 있다고 통렬히 비판했다.

권위주의적인 접근(암기, 기계적 시험, 교사는 떠들고 학생은 침묵하는 수업, 학생 관심과 동떨어진 추상적인 주제, 표준화된 교수요목, 분열된 학부, 획일적 행정)은 현재의 교육 위기를 해결할 수 없다는 한 가지 이유만으로도 진보적 반대론과 탈사회화는 보다 중요한 역사를 만들고 있는지도 모른다. 현 교육 체제는 학생을 소외시키고 교사를 절망케 한다. 교육위원회와 주의회는 문제를 해결한다면서 물에 빠진 학교 체제를 건져내기보다 물을 더 붓는 격이다. 보수주의자들의 침묵은 학교에서 교사와 학생들이 직면한 딜레마를 더욱 악화시키기만 할 뿐이다. 당국은 그 길 위에 더욱 심각한 위기를 안겨주고 있다.[22] 바로 그 순간에 진보적 휴머니스트들은 진공 상태의 레이건 정부의 개혁 시대가 가고 자신의 시대가 도래했음을 깨닫고서 자신의 교육 프로그램을 발견해낼 것이다.

## 진공청소기: 개혁의 물결이 교사교육을 몰아내다

두 번째 물결은 전통적인 정책에 의해 잠식된 진보적 어젠다를 담고 있는 교사교육의 개혁에 대해 논쟁한다. 늘 그랬듯이 굿래드(1983)의 교사교육에 대한 의견과 히쓰(1983)의 교수 모형은 주요 논평들 중에서 가장 돋보인다. 굿래드는 각 주에서 실험학교를 설립할 것을 권고했으며, 거기서 미래의 교사들이 교직에 들어가기 위해 연수받도록 했다. 수습 교사들은 이러한 실험학교에서 학생 중심의 교수법 모형을 익혀가면서 인턴으로서 2년을 보낼 것이다. 이러한 과정은 수습 교사들을 수동적인 접근보다는 상호작용적인 접근을 통해 가르침으로 인도하게 될 것이다. 유명한 홈즈 그룹Holmes Group[8](1986)은 굿래드의 아이디어를 대학원 학위 프로그램과 교수 위계의 재구성에 적용할 것을 제안한다. 홈즈는 몇몇 공립학교를 새

---

8. 홈즈 그룹은 50개 주의 조사연구 기관의 처장과 학장의 협의회이며, 교사교육의 개혁과 교직의 개혁이라는 두 가지 목표를 이루기 위해 조직되었다. 이 그룹의 구성원들은 각각의 주와 지역의 조사연구기관을 이끌고 있으며 교사교육을 담당하는 대학을 대표한다.

로운 교사들을 교육하기 위한 '직업 개발 학교'로 지정할 것을 제안했다. 직업 개발 학교는 고등학교와 대학 학부 교육과정에 내재된 "음울한 침체" 대신 열린-사고를 지닌 실험적이고 상호작용적인 교육학을 촉진시킬 수 있을 것이다. 더 나아가 홈즈 그룹은 학부 교육 프로그램 폐지와, 교사교육을 독립적인 대학 사업으로 전환하기, 그리고 강의 중심 모형 대신 활동적인 방법으로 대학 교육을 개혁할 것을 강력히 촉구했다.

수동적인 교육학에 대한 홈즈의 비판에 이은, 반대론의 세 번째 입장은 교사교육을 위한 하나의 방법으로서 셜리 히쓰의 민족지학 조사연구 ethnographic research의 모형이다. 교사들은 학생들의 문화에서 그들의 문해와 삶을 조사연구하면서 학생들의 공동체를 연구하는 민족지학자가 될 수도 있다. 이러한 민족지학적인 모형은 학생들이 이전에 경험한 언어와 습관을 과학적으로 탐구하면서, 지역의 민족지학자가 되기 위해 훈련받을 수 있는 학생들을 위한 동일한 탐구 과정을 사용한다. 그러한 교육학을 통해 학생들은 자기 자신을 가르치고 교사들은 한편으로 그들이 가르치고 있는 학생들로부터 배우게 된다. 이 소통적인 교육은 또한 비판적·정신적 습관을 형성하면서 학생들에게 현실에 대한 거리를 제공한다. 히쓰의 프로그램은 교실과 지역사회의 벽, 조사연구와 가르침의 벽, 공부와 삶의 벽을 허물었다. 이는 듀이가 제안한 학습의 실험적·개념적 접근의 한 예이다.[23]

그러나 1983년 이후 교육과정 개혁의 흐름은 참여적인 교육학이나 실험적인 연수 또는 진보적인 교육정책으로 향하지는 않았다. 이 시기의 토론은 교실에서 당장 필요한 것들을 회피하는 보수적인 방식으로 교수와 학습을 정의하였다. 그 회피 가운데 하나는 교사들이 가장 많은 관심을 보이는 세 항목(높은 임금, 적절한 학급 학생 수, 적절한 수업 시수)에 대한 언급은 피하면서, 교직 관리(교사 선발 시험, 교사 자격증 요구, 임금의 차등 지급, 경쟁적 승진제도)에 초점을 맞추는 것이다. 두 번째 회피는 학습 과정과 관련된 것이었다. 교수와 학습은 주로 전통적 가치와 위대한 고전에 맞추어 규정되었다. 불변한 권위를 지닌 기준에 따라 표준적인 독서 목록이 마련되고, 정보와 기술을 교사가 학생들에게 일방적으로 전달하는 식이었다. 교육에 대한 이 기계적인 관점은 그 교육과정을 구성하는 중핵적 소재로 미국적 유산과 서구 문화를 추구하였다.[24] 1960년대 이후 발흥한 문화다원주의에 대한 반발이 잘 드러난 예로, 허쉬E. D. Hirsch는 130쪽에 걸쳐 유럽중심주의가 반영된 문학작품들의 목록을 열거하면서 '문화 문해cultural literacy'에 관해 논한다.[25] 허쉬는 교육과정에 실을 수 있도록 이 방대한 목록을 좀 더 축약할 필요가 있다고 한다. 그러나 백인과 남성 그리고 서구 작가들이 지배적인 정전正典을 섭렵하지 않으면, 누구든 문화적 교양인의 대접을 받을 수 없다. 정전과 관련한 또 다른 압박은 모티머 아들러의 현학적인 '파이데이아paideia'[9] 프로그램이었다. 그것은 강의 주도 교육 방식에 '고전' 속의 지식을 접목하는 것이었다.[26]

전통적 가치와 고전적 텍스트를 기반으로 한 중핵 교육과정의 개념에 매력을 느낀 또 한 사람은 체스터 핀이었다. 레이건 행정부의 교육비서관보 시절 체스터는 『교수 및 학습에 관한 연구What works: Research About Teaching and Learning』(1986)를 준비했다. 교회 설교풍의 이 책은 가정에서 교육을 좀 더 시키라고 훈계하며, 더 열심히 일하고 자립하는 것(사회 정책이나 학교 재정이 아니라)이 학생 삶에서 성패의 관건이라고 주장한다.[27] 주된 '수월성' 대변자인 핀의 전통적인 성향은 고대와 1800년대 이전의 교재에 나타난 자료로부터 수많은 인용을 하여 학생들에게 국가의 자부

---

9. 그리스어로 '교육 혹은 학습'이라는 뜻의 파이데이아는 고대 그리스의 교육제도로서 체조, 문법, 수사학, 음악, 소학, 지리학, 자연철학, 철학 등이 포함되어 있었다. 이 말에 해당하는 라틴어 '후마니타스(humanitas)'는 '인문학(humanities)'의 유래가 되었다.

심을 불어넣을 수 있는 '공유된' 유산을 가르치기를 권고한 데서 잘 드러난다. 중립성과 국가공동체성을 기반으로 한 역사의 신화는 비판적이고 다문화적인 교육의 잠재력을 약화시킨다. 핀, 아들러, 허쉬가 제안한 모형은 입법 추진을 예고하는 성격을 띠었다. 이들은 실버먼(1971)이 '파이데이아' 공동체를 정의할 무렵, 1960년대의 격변기에 굿래드와 히쓰 그리고 찰스 실버먼이 내세운 학생 중심의 가치와 경험적 가치를 부정했다.[28] 굿래드(1983) 역시 '파이데이아'를 학교 단독의 사업이 아닌 전체 공동체 내의 교육으로 언급했건만, 당국에서는 오로지 아들러의 이야기에만 귀를 기울였다.

　여기서 하나의 교훈은 그런 읽기 목록과 학습의 과정은 중립적인 영역이 아니라 정치와 이데올로기의 형식을 띤다는 것이다. 또 다른 교훈은 한 교사가 학교에서 설정하여 가르치는 교육 방식은 미래의 잠재적 교사들이 그대로 보고 따라 하게 될 교육 방식의 본이 된다는 것이다. 1983년 이후 공식 위원회와 입법기관은 시험과 교사의 일방적 설명이 전부인 엘리트주의 정전을 거듭 강조하는 교수 모형을 제시하였다. 현직 교사들이 시험을 대비한 가르침에 압박을 느끼는 한편, 미래의 교사들은 고등학교에서나 대학교 교양 수업 및 전공 수업에서 수동적인 정전 중심의 수업을 받아야 했다. 음울한 텍스트 및 전통적 독서 목록과 결합된 수동적 교육 방식은 장차 교사가 될 사람을 포함한 학생들에게 모델이 되는 교육과정이다. 이러한 이유로 **모든** 학교는 곧 실질적인 '교사교육 기관'이며, 어떻게 가르치고 무엇을 가르칠 것인가와 관련하여 교사들을 입문시키는 socializing 하나의 **파이데이아**이다. '교육학 강좌'를 교수법의 문제로 환원시키는 것은 표준 교육과정이 그 권위적이고 기계적인 성격을 은폐하는 한 방법이다.

## 정전(canons)을 겨냥한 대포(cannons):
## 학습 과정을 넘어 문화 전쟁으로

한 세기가 넘도록 기계적, 공장형 교수학습 모형은 비판적이고 상호작용적인 교육과 전쟁을 치러왔다.[29] 학습 과정의 질 문제는 오랜 교육과정 논쟁사에서 듀이의 계보를 잇는 1983년 이후 진보적 반대론들에게 중요한 이슈였다. 지배적인 추세로부터 진보적 입장을 취하는 여러 관점 속에서 교육진흥회가 제시한 『학교 교사의 성장*Teacher Development in Schools*』 (1985)이라는 보고서는 교사의 학습 과정이 정보 기술이나 교과목에 대한 기계적인 이해력을 넘어서야 한다고 제안한다. 보고서는 예비 교사들이 단위 학교를 둘러싸고 있는 문화적 영향력과 실제 교실에서 교사와 학생들이 어떻게 학습하는가를 연구할 필요가 있다고 지적했다.[30]

이 논쟁과 관련하여, 학습 과정에 대한 몇몇 침묵의 사례를 남부 지역 교육위원회 보고서에서 발견할 수 있다. 『교사교육의 개선*Improving Teacher Education*』(1985a), 『교사 양성: 학위의 해부학*Teacher Preparation: The Anatomy of a Degree*』(1985b), 오리건 주에서 발간한 『자질 보증: 오리건 주 고등교육 체제에서의 교사교육*Quality Assurance: Teacher Education in the Oregon State System of Higher Education*』(1984), 캘리포니아 교직 정책 연구위원회의 『누가 우리 아이들을 가르치는가?*Who Will Teach Our Children?*』(1985), 뉴욕주립대학에서 발간한 『교사교육에 관한 첸첼로 TF 보고서*Report of the Chancellor's Task Force on Teacher Education*』(1985), 뉴욕 주 교육청의 『뉴욕 주의 수업 역량 강화*Strengthening Teaching in New York State*』(1985), 워싱턴 주재 국립 교육 정보센터외 『교사 만들기: 교사교육과 자격에 관한 보고서*The Making of a Teacher: A Report on Teacher Education and Certification*』(1984), 마지막으로 가장 유명한 저작물인 교사교육의 수월성을 위한 국가위원회가 발간한 『교사

교육에 대한 변화의 요청*A Call for Change in Teacher Education*』(1985)이 있다.

이 보고서들은 미래 교사의 학습 과정에 대한 비판적 논의 대신, 교직 관리와 연수 프로그램 입소 및 수료 기준, 교사 자격증, 차등 임금제, 예비 교사의 대학교 이수 학점에 초점을 맞추었다. 모든 수준의 연수에서 학생들에게 제시된 기계적인 모형은 학생들의 진지한 관심을 담아내지 않고 있었다. 따라서 문체나 강조점에서 차이가 있었지만 보고서들은 일관성과 의견 일치를 보여준다. 이 그룹의 일관된 정책 어젠다는 다음과 같이 요약된다.

- 교직은 더 높은 수준의 교사 연수와 자격증을 필요로 한다. 연수 참여 교사들에게 엄격한 충족 기준을 요구하는 반면, 교사교육 프로그램은 선택지가 충분하지 않다. 대학교 연수 프로그램의 입소와 수료 기준이 상향 조정되어야 한다.
- 현직 교사들은 더 많은 연찬 기회를 가져야 한다. 중견 교사들은 학교에서 새로운 연찬 기회를 가질 수 있고 미래의 교사들은 대학 프로그램에서 연수받을 수 있다.
- 특히 초임 교사의 봉급이 인상되어야 한다. 교사의 동기 부여를 위해 승진제가 도입되어야 한다.
- 수업 외의 잡무를 경감하고, 교실 수업에서 교사의 자율권을 더 많이 부여하며, 경영과 정책 결정에 교사의 참여를 더 많이 보장해야 한다.
- 대학 연수 프로그램에서 학생 교육에 더 많은 배려와 재정이 투입되어야 한다. 교사가 되기 위해 적어도 1년의 인턴 기간을 거쳐야 한다.
- 교사 연수는 주로 대학 캠퍼스에서 학부 과정 수준으로 이루어져

야 한다.

- 대학 내의 교직 전공 속에 교양 과목을 더 많이 편재할 필요가
있다.
- 교사 자격증 수여 조건으로, 신규 교사들은 자격 1년 기간의 인턴
과정을 성공적으로 수행하는 것 외에 교과목에 대한 것이나 기초
기능 및 교육학 지식 영역의 시험에 통과해야 한다.
- 우수한 학생들, 특히 유능한 사회적 소수자들minority을 교직으로
유인하기 위한 특단의 노력이 강구되어야 한다.
- 교육 강좌나 공립학교에서 수업에 관한 연구가 더 많이 이루어져
야 한다.
- 5개년 학부 교사교육 프로그램이 필요하며, 그 속에는 교양과목,
전공과목 집중 이수, 교육 강좌, 교생실습 등이 포함되어야 하며,
이 모든 과정들은 최근 4년 이내에 이루어진 것이어야 한다.

5년제 학부 교육 프로그램은 국가위원회와 캘리포니아 위원회의 문
서에서 제시되는가 하면, NIE의 문서인 『학습에 참여하기Involvement in
Learning』(1984)에서도 나타났다. 뉴욕 주의 첸첼로 TF팀에서는 4년제를 지
지하는 사람들과 5년제를 지지하는 사람들이 반반씩 나뉘었다. 국가위원
회에서 복무한 바 있는 양대 교사 노조의 위원장인 AFT의 앨버트 쉥커
와 NEA의 매리 햇우드 퍼트렐은 5년제 학사학위 프로그램을 위한 권고
에 강력히 찬성했다. 쉥커는 후에 카네기 보고서인 『준비된 국가A Nation
Prepared』(1986)를 전적으로 지지했고, 이 보고서는 학사학위 프로그램을
폐지하는 대신 대학원 프로그램의 설립을 주장하면서 홈즈 그룹과 함
께했다. 홈즈는 위의 어젠다에 대부분 공감하면서 모든 학부 교육 프로
그램의 종식을 요구했다. 나는 배움에 대한 기계적인 접근 방식에서 흔

히 엿볼 수 있는 '시간'에 대한 그릇된 생각을 논하기 위해 잠시 학부-대학원 논쟁을 되짚어보고자 한다. 5년제 학사학위제와 학부-대학원 논쟁은 만약 당신이 학습 과정의 **질 문제**를 간과할 경우 범하기 쉬운 오류이다. 학문의 두 날개, 즉 교직 학위를 제공하고 '전문성 신장'을 원하는 대학원 연구대학과 기존 학부 교사 프로그램 가운데 어느 것을 택할 것인가 하는 논쟁에서 교육학은 뒷전으로 밀려난다. 이러한 논쟁은 누가 거대한 교사교육 시장을 통제할 것인가 하는 것을 넘어 고등교육에서 '무역전쟁'을 시사했다. 무역전쟁은 제쳐두고, 위의 어젠다들은 한결같이 교사 직무 수행에 유익한 항목들을 제안했다. 높은 임금, 교실 내의 더 많은 교사 자율권, 세심하게 배려된 인턴제, 현직 연수제, 유능한 중견 교사들을 대학 연수 프로그램에 보조 교수로 참여시키는 것(홈즈와 쉥커와 마찬가지로). 심지어 캘리포니아 위원회는 교사들의 오랜 숙원인 학급 규모 축소를 권고하기도 했다. 그러나 이 안은 비민주적으로 개발되었고 교사들의 의견은 전혀 받아들여지지 않은 채 강요되었다. 학급 규모와 수업 부담은 줄어들지 않았다. 반면 임금은 부분적으로 늘었다. 세간의 이목을 끈 개혁으로 제일 먼저 추진된 것은, 교사교육이나 학교와 대학의 학습 과정에 대한 논의는 생략한 채 교사와 학생을 대상으로 한 정보와 기초 기능 시험을 늘린 것과 필수 이수 과정을 확대한 것이다.


**푸딩의 증거는 과정 속에 있다:**
**만일 더 많은 교양 교육이 답이라면, 질문은 무엇인가?**


주요 보고서들 속에 반복되는 하나의 주장은 교직 수업은 내용이 쉬운 반면 교양 과정 수업은 어렵다는 것이다. 따라서 정전에 대해 더 잘 이해할 필요가 있는 미래의 교사들은 보다 학구적인 교과목을 공부해야 한다. 미래의 중등 교사들은 교양 교육에 그들 학점의 대부분을 이용하고 교직 수업에는 학부 수업의 20퍼센트만 할애한다.[31] 하지만 기계적인 교사교육이 상의하달식 개혁과 만나, 교양 교육(사회과학, 자연과학, 문학, 예술)에서도 정보 주입의 신화가 재현된다. 기계적인 모형은 교육의 위기에 양적이고 무의미한 답을 내놓는다. 교사에게 더 많은 수업을 요구하고, 학생에게 더 많은 지식 수업을 받도록 하며, 또한 교사와 학생 모두에게 그들이 무엇을 얼마나 많이 암기하고 있는가를 시험한다. 중대한 실수는 외우는 것을 교육으로 정의하는 것이다. 교양 교육에 대한 중대한 폐해는 교양 교육을 지식의 중심으로 삼는 것이다.

인문학 교육과정의 가치는 학생들에게 비판적 사고를 불러일으키고 상호작용적인 학습을 장려하는 것에 있다. 학문 탐구는 "정보에 굶주린" 학생들이 게걸스럽게 먹어치우는 지식의 덩어리가 되어서는 안 된다. 교양 과정은 지성과 정치, 가치, 그리고 사회 간의 연관성을 보여줌으로써 개념적 사고 습관, 비판적 탐구 방법, 면밀한 조사 능력을 개발해야 한다. 미래의 교사들을 그저 강의를 듣기 위해 교양 과정에 보내고 정보를 수동적으로 끌어 담는 그릇으로 만드는 것은 잘못된 교수학습의 본을 보이는 것이다. 이것이 바로 홈즈 보고서가 제기하고 초기의 AAC와 NIE 보고서, 『대학 교육과정의 진정성』(1985)과 『학습에 뛰어들기』(1984)에서 제안한 요지이다. 모든 교양 과목 과정에 대한 도전은 교양 과목이 얼마나 많은 비판적 사고를 생성하느냐 그리고 얼마나 많은 참여자들을 움직이게 만드느냐, 교양 과목이 다른 학문과 공동체, 학생의 문해, 그리고 사회의 더 큰 조건들에 지식 체세를 어떻게 관련시키느냐 하는 것이다. 이러한 것들은 어떤 과정에서도 교육의 책무이다. 그것은 단지 교양 과정으로만 설명될 수 없는 것이다. 우리는 직업 교육, 실업 교육, 기술 교육, 과학 교육을 폭넓은 이해력이나 비판적 사고를 유발하지 않는 영역으로 생각해왔다. 그러나 이러한 생각은 교양 과목이 역사적 사고, 가치 분석, 그리고 포괄적인 지식을 담는 유일한 보고라고 기대하는 것만큼이나 해로운 것이다.


### 영혼의 보고(寶庫): 프레이리적 학습의 정신

이 글에서 나는 기계적인 학습 대신 질적인 과정을 제안하고자 하는데, 이를 위해 내가 선택한 것은 프레이리 교수법이다. 프레이리의 방법은 참여적, 비판적, 가치 지향적, 다문화적, 학생 중심적, 실험적, 탐구적, 간학문적 성격을 지닌다. 프레이리의 교수법은 기술의 양이나 사실을 기억하거나 과제를 해결하는 데 보내는 시간의 양 또는 학점보다는 활동의 질에 주목한다. 나아가 질적 접근은 교사교육에 대한 최근 논의에 내포된 두 가지 신화적 관점, 즉 교사 양성 기간이 4년이 아닌 5년이어야 한다는 것과 교사교육이 대학원 수준이 되어야 한다는 주장을 반박하고 있다. 기계적인 오류를 품고 있는 이들 입장은, 교사교육의 처방을 제시하거나 관련 연구 결과를 근거로 내세우는가 하면, 소수자들을 포용하는 듯한(신규 교사 임용에서 소수자의 탈락률이 훨씬 높음에도) 자세를 취하면서 일견 그럴싸한 신뢰로 포장되어 있다.

한쪽에선 학사학위 기간 말미에 학생 지도를 위한 1년의 인턴 과정을 제안하는데, 이것은 사범학교에 할당된 빠듯한 예산 관계로 재정 문제는 말할 것도 없고, 4년의 학위 과정 체제에서 시간의 문제를 야기한다. 인턴 기간 동안 학생들을 제대로 지도하기 위해서는 많은 예산과 인력이 요구된다. 실제 학교 환경은 교사의 직무 수행 능력을 터득하는 가장 좋은 장소이다. 그러나 학부 과정에서 더 많은 교과목 특성화와 더 많은 학구적 수업을 선호함으로써 보고서는 학위 과정 속에 인턴 과정을 끼워 넣기 위해 결국 5년제 과정을 선택할 수밖에 없게 된다. 이 논쟁의 다른 한쪽에선 대학원 과정을 밟지 않은 교직은 '진정한' 전문직이 될 수 없다는 주장인데, 이는 교직 준비 기간이 또다시 6년 혹은 7년으로 연장될 수 있음을 의미한다. 이것은 학습에 대한 양적 접근이 빚은 슬픈 운명이다. 만일 당신이 지식을 분, 시간, 수업 시수, 학점, 학기, 그리고 학년 단위로 판단한다면, 당신은 지성 대신 시계에 지배당할 것이다. 당신은 강의 계획서를 채우기 위해 진을 다 뺄 것이다. 만일 교육학의 수동적 모델이 모든 수준의 학교와 대학 교실을 지배한다면, 최악의 교수 모형에 자신을 적응시키기 위해 여분의 1년을 보내는 것이 미래의 교사에게 무슨 도움이 되겠는가? 4년의 안 좋은 모형이 1년이 보태진다고 해서 더 나아지지는 않는다.

홈즈 그룹은 이 사실을 알고 있었다. 그러나 4년제의 훌륭한 모형(비판적·참여적 학습)이 대학원 교사교육이 불필요하다는 것을 의미하지는 않는다. 이러한 문제는 교양 교육에서 지식의 신화에 대해 논한 것과 동일하다. 어느 해 어떤 수준의 교육에서 어떤 종류의 교수 및 학습 모형이 가장 적합할 것인가? 만일 학습의 과정이 상호작용적이고 비판적인 것이라면, 미래 교사를 기르기 위해 4년은 충분할 것이다. 만일 학습 과정이 학교와 사회에 대해 평등하고 비판적 사고를 설계한다면, 교사교육은 대학원 수준이든 학부 수준이든 진지한 사업이 될 것이다. 만일 교육과정이 몇 년 동안 어떤 수준에서든 교사 혼자 떠들고, 설교식 강의를 하고, 규범적인 읽기 목록을 제시하고, 상업적인 교재를 사용하고 표준화된 시험을 친다면, 5년 혹은 6년의 학부 과정이나 2년의 대학원 과정도 가르치는 사람이 되기 위해 필요한 교사의 자질을 개발시킬 수 없을 것이다. 나아가 거대 학급 규모, 과중한 업무 부담, 관료적인 장학, 표준화된 시험, 형편없는 조건이 교실을 지배하는 한, 최선의 교사교육도 한계가 뻔한 결과를 얻을 수밖에 없다.

성공적인 교사교육 개혁을 위해서는 시간의 오류에 맞서야만 한다. 교양 교육에 더 많은 시간 할애하기, 5년간의 학위 과정, 2년간의 석사과정 기간 등을 학습 과정의 문제로 비교하는 것은 무의미하다. 어떠한 경험에서 사회화의 힘은 그것의 양보다는 질에서, 진술이나 규칙의 양보다 사회적 관계의 질에서 더 위력적이다. 탈사회화적, 평등주의적, 비판적 교육학은 교사와 학생들이 교육을 진지하게 받아들이기 위해 스스로를 초대할 수 있는 질적인 과정이다. 이와 같은 교수법은 아직 설계되어 있지 않다.


## 새로운 방식 모형화하기: 교사교육을 위한 프레이리적 테마

교사교육을 위한 탈사회화 모형을 정의하는 것을 돕기 위하여 나는 학습 과정에 대한 프레이리적 어젠다를 제안하고자 한다.

### 1. 대화적 교수Dialogue Teaching

파울로 프레이리(1970, 1973, 1987)가 고안한 대화법은 교실에서 학생들의 불참과 교사 혼자 떠들기를 줄이는 하나의 방법이다. 대화적 수업은 문제제기식 토론으로 시작하여 학생들의 참여가 기대되고 필요하다는 강력한 신호를 그들에게 보낸다. 현재 교육에서는 비판적 토론과 동료 간의 건설적인 의견 교환이 너무 적기 때문에 대화 기술을 배우기란 쉽지 않다. 대화는 교사의 개입 기술art과 절제 기술을 요구하는 바, 훈련받은 지식인의 밀도 있는 언어는 학식이 결여된 학생들을 침묵시키지 않는다.

수업에서 대화적 질문을 이끌어내기 위해서는 교사교육의 교육과정 자체를 대화적으로 구성해야 한다. 이는 또한 성, 계급, 인종, 지역, 연령, 출신 국가와 관련한 집단역학과 담론의 사회적 관계, 공동체 내 학생들의 언어 습관에 대한 연구가 필요함을 시사한다.

## 2. 비판적 문해Critical Literacy

비판적인 인식과 탈사회화를 촉발하는 문해력은 초보적인 능력 이상을 의미한다. 모든 수업에서 읽고, 쓰고, 사고하고, 말하고, 듣는 습관을 요청하며 자기 자신과 사회 그리고 공부 그 자체에 대한 개념적인 질문을 촉발하는 것은 교육과정을 넘어 비판적 문해를 통해 가능하다. 이것은 생물학에서부터 건축학에 이르는 모든 과목의 미래 교사들이 자신의 특별한 역량으로 어떻게 사고 기술과 언어 기술을 개발할 것인가 하는 문제를 탐구할 수 있음을 뜻한다.

비판적 문해는 교사와 학생이 모든 교과 공부에서 문제의식 품기, 즉 기존 지식을 그것을 발전시킨 사람들의 가치가 심도 있게 배어 있는 역사적 산물로 이해하도록 이끈다. 비판적 문해력을 갖춘 사람은 경험적 empirical 수준의 데이터 기억이나 인상주의적impressionistic 수준의 견해, 사회의 지배적 신화 수준에 머무르지 않고, 현상의 표피 이면에 있는 지식의 기원과 구조 그리고 인과관계를 파고든다. 이러한 문해 교육 모형에서 교수와 학습은 조사연구와 실험, 가설의 테스트, 검토 그리고 기존 지식에 대한 의문 품기의 형식을 취한다. 덧붙여, 조사연구로서의 교수-학습 활동은 교사가 교육적 결정을 내리기 위해 학생의 학습을 꾸준히 관찰하는 가운데 학생들도 자신의 언어와 자신의 학습을 탐색할 것을 제안한다.

## 3. 상황 설정 교육Situated Pedagogy

이 목표는 교사가 학습 상황을 학생들의 문화(학생의 문해, 학생의 학습 주제, 현재 학생의 인지적·정의적 수준, 학생의 포부 수준, 학생의 일상적 삶) 속에 설정하는 것이다. 이 목표는 경험의 소재들materials을 개념적 방법과 학구적 주제와 통합하는 것이다. 학생의 삶과 결부된 기초 경제학과 간호학, 공학, 수학에 관한 지식이 문해와 결합되어 수업을 통해 학습자의 **주관성**the subjectivity[10] 속에 스며든다.

주관성은 동기와 동의어이다. 주관적 관심이 반영된 소재들은 그 자체로 그것을 공부하는 사람들에게 중요하다. 주관성으로 돌아가서, 학생 중심의 상황이 설정된 수업은 경험을 비판적 사고와 연결 지을 뿐만 아니라, 지적인 활동이 학생의 의사소통 습관과 연결된 담론을 통해 구체적인 목적을 갖는 것임을 보여줄 것이다. 또한 오직 상황 설정 교육만이 비판적인 공부를 삶의 구체적인 상황과 직접적인 삶의 조건에 연결하여 비판적 학습이 일어나게 할 수 있다.

## 4. 민족지학과 비교문화적 의사소통
Ethnography and Cross-Cultural Communication

교사 연수 프로그램은 민족지학과 문화인류학의 속성을 함의할 필요가 있다. 비판적 문해와 대화를 학생들의 언어와 주제 그리고 인식 내용 속에 설정하기 위해 교사는 자신이 가르치는 지역 주민의 형편에 관해 연구해야 한다. 이 연구는 히쓰가 설명한 민족지학 방법과 리처드 호가트와 노엘 비써렛Richard Hoggart and Noelle Bisseret이 제시한 사회언어학, 글레이저와 스트라우스Glaser and Strauss가 논의한 현실 기반 이론적 접근법을 유용하게 활용할 수 있다.[32]

비교문화적 의사소통에서 경험은 다양한 주거환경 속의 학생들로 구성

10. subjectivity는 문맥에 따라 주관, 주관성, 주체성으로 번역된다. 주관성은 학습 또는 인식의 주체에 관련된 것으로서 개인의 지적 역량, 의지, 관심, 동기 등이 포함된다. 프레이리 교육사상을 관통하는 핵심 개념이 주관-객관의 변증법(subjectivity-objectivity dialectics)이다. 이에 대한 보다 상세한 내용은 4장과 11장을 보라.

된 교실을 이끌어가는 교사들에게 매우 중요하다. 이러한 점에서 2개 방언 사용bidialectalism과 2개 언어 사용bilingualism을 허용하는 것은 다문화 사회에서 수업의 의사소통 문제로서 중요한 학업 이슈가 될 수 있다. 교사교육과 관련한 마지막 인류학적 특징은 공식적인 정전正典을 벗어나 노동문화와 민족 집단 그리고 여성들의 글 작품으로부터 문학을 공부하고자 하는 욕구이다.

### 5. 변화-주체Change-Agency

평등주의적 사회 변화의 주체로서 교사들은 지역사회 분석과 지역사회 변화의 모형에 대해 연구할 필요가 있다.[33] 지역공동체는 어떤 원리에 따라 구성되는가? 그것은 어떻게 변화하는가? 외지인들은 어떻게 지역 지도자들에게 동화되어 그들과 함께하는가? 어떻게 교실 수업 모형을 지역공동체 삶의 주된 이슈를 바탕으로 구성할 것인가?

교사는 또한 학교 조직, 학교 기반 교육과정 설계, 교육 관련 입법 환경 그리고 전문적인 정치학에 관해 연구할 필요가 있다. 학교 혹은 대학의 기관 내부의 변화를 위한 정치적인 방법은 간부 역량 개발을 위한 세미나, 지역사회와 학교와의 연계, 교직원 위원회와 모임, 내부 소식지 발행, 정치적 교섭활동 그리고 노동조합 조직 등의 활동이 있다. 미래 교사들은 교실이나 학교, 대학 그리고 지역사회에서의 변화를 이룬 역사를 공부하는 게 도움이 될 수 있다.

### 6. 학교와 사회 내의 불평등Inequality in School and Society

이 수제에 대한 공부는 사회학, 경제학, 역사학, 심리학 강좌를 통해 이루어질 수 있다. 인종·성·계층의 불평등이 학교교육 결과와 교육 예산 지출에 어떤 영향을 미치는가? 현재의 학교 시스템은 지난 시대의 정치 상황과 어떤 연관을 맺고 있는가? 평등주의 운동은 학교 정책과 사회 정책에 어떤 영향을 끼쳐왔는가? 비전통적 평등주의 프로그램들이 학생의 학업 수행에 어떤 영향을 끼쳐왔는가?

### 7. 수업 진행 기술Performing Skills

교사들은 발성 연습과 연기 훈련을 통해 수업과 토론 진행 기술을 향상시킬 수 있다. 교실에서 창의적인 문제 제기자problem poser가 되기 위하여 연기와 발성 기술은 큰 도움이 된다. 교사는 스스로를 가르침이라는 재능을 보유한 창조적인 예술가로 생각할 필요가 있다. 열정적인 수업 진행자는 학생들을 활발한 대화에 참여하도록 이끄는 의사소통의 예술가이다. 또한 신임 교사들은 직무 수행 기술을 터득함으로써 수업 시간마다 많은 사람들 앞에 서서 수업을 책임지는 용기를 얻게 된다. 마지막으로, 극적인dramatic 교사는 대화의 미학적 즐거움, 즉 자기 생각을 타인에게 자유롭게 말하는 쾌감을 학생들에게 전수한다.

이러한 주제들은 완결적이라기보다 제안적인 성격의 것이다. 연구 항목들은 각각 별개의 수업 과정이어야 할 필요는 없다. 몇몇 주제들은 동일한 과정에 통합될 수 있다 이를테면 민족지학 수업에서도 대화적 교수 방법과 함께 학생 문화를 바탕으로 한 상황 설정 문해 수업을 전개해갈 수도 있으며, 이러한 수업을 통해 학생들은 사회적 불평등이 일상적 삶과 학습에 미치는 영향을 배울 수 있을 것이다. 위의 프로그램은 학생 지도와 조화를 이룰 수 있다. 한편, 연구할 만한 또 다른 공부거리로, 아동 심리학과 청소년 발달, 교육사상사, 국제 교육, 이민자들의 동화 유형, 제2언어(미국 교사들을 위한 스페인어), 교실에서 첫해에 살아남기 등이 있다. 가장 중요한 가치는 비판적인 사고와 민주적 토론을 실천하는 참여적 학습이다.

## 수업 끝

결론부에 이르러 나는 배움이란 혼자 떠드는 교사로부터 수동적인 학생에게로 기술이나 정보가 옮겨 가는 것이 아니라는 것을 힘주어 말하고 싶다. 교육은 회사에서 직무 수행 기술을 터득하기 위한 협소한 훈련과는 다르다. 그러한 기술은 학생을 소외시키고 교사를 힘 빠지게 만드는 부정적인 방안일 뿐이다.

교사는 말하는 교과서를 넘어, 그저 시험지를 돌리고 수업 계획서대로 의무적으로 가르치는 지식 기능공을 넘어, 크나큰 희망을 품고 성장해가야 한다. 가르침은 교사와 학생 모두로 하여금 우리를 옥죄는 사회적 제약을 통찰하게 하여 우리를 둘러싸고 있는 현실에 눈뜨게 하는 것이어야 한다. 폭넓은 배움이란 학생들을 빈 그릇 삼아 그 속에 얄팍한 지식과 정보 꾸러미를 채워 넣는 것을 뜻하진 않는다. 이는 소수를 성공의 길로 이끌고 나머지 대부분을 값싼 노동시장이나 실업자로 내몰면서 절망과 반지성주의의 나락으로 빠뜨리는 불평등한 줄 세우기와 기계적인 교육학에 반대하는 것을 의미한다.

직업 훈련을 넘어선 배움, 종속된 삶을 강요하는 사회화를 넘어선 배움은 사회에 대한 비판적인 탐구를 추구한다. 이러한 교육은 불평등과 권위주의적 문화에 맞서는 매력적인 유토피아적 도전이다. 이 도전은 교육이라는 이름의 광활한 문화 전쟁터에서, 학생의 저항과 교사의 낙담을 누그러뜨리는 4월의 희망과, 우리 자신과 역사를 새로 알고자 하는 욕망과 함께, 해학과 활기 그리고 인간미를 갖춘 대화를 통해 가능하다.

## 참고 문헌

*Academic preparation for college: What students need to Know and be able to do.*(1983), New York: College Board.

*Action for excellence.*(1983), Denver: Education Commission If the States(Task Force on Education for Economic Growth).

Adler, M.(1982), *The Paideia proposal*, New York: Macmillan.

Adler M.(1983), *Paideia: Problems and possibilities*, New York: Macmillan.

*America's competitive challenge.*(1983), Washington, DC: The Business-Higher Education Forum.

Bastian, A., Fruchter, N., Gittell, M., Greer, C., & Haskins, K.(1985), *Choosing equality: The case for democratic schooling*, New York: New World Foundation.

Boyer, E. L.(1983), *High school*, New York: Harper & Row.

*A call for change in teacher education.*(1985), Washington, DC: National Commission for Excellence in Teacher Education.

Darling-Hammond, L.(1984a), *Beyond the commission reports: The coming crisis in teaching*, Santa Monica: Rand Corporation.

Darling-Hammond, L.(1984b), *Equality and excellence: The educational status of black Americans*, New York: The College Board.

*Educating Americans for the twenty-first century.*(1983), Washington, DC: National Science Board.

Feistritzer, C. E.(1984), *The making of a teacher: A report on teacher education and certification*, Washington, DC: National Center for Education Information.

Freire, P.(1970), *Pedagogy of the oppressed*, New York: Seabury.

Freire, P.(1973), *Education for critical consciousness*, New York: Seabury.

Goodlad, J.(1983), *A place called school*, New York: McGraw-Hill.

Heath, S. B.(1983), *Ways with words*, New York: McGraw-Hill.

*High schools and the changing workplace: The employer's view.*(1984), Washington, DC: National Academy Press.

*Improving teacher education: An agenda for higher education and the schools.*(1985), Atlanta: Southern Regional Educational Board.

*Integrity in the college curriculum.*(1985), Washington, DC: Association of American Colleges.

*Involvement in learning:* Realizing the potential of American higher education.(1984), Washington, DC: National Institute of Education.

Judy, S.(1980), *The ABCs of literacy*, New York: Oxford University Press.

Kohl, H.(1984), *Basic Skills*, New York: Bantam.

Kozol, J.(1985), *Illiterate America*, New York: Doubleday.

Maeroff, G.(1982), *Don't blame the kids: The trouble with America's schools*, New York: McGraw-Hill.

*Making the grade.*(1983), New York: The Twentieth Century Fund.

*A nation at risk.*(1983), Washington, DC: National commission on Excellence in Education.

*A nation prepared: Teacher for the 21ˢᵗ century.*(1986), New York: Carnegie Forum on Education and the Economy (Task Force on Teaching as a Profession).

Pattison, R.(1982), *On literacy: The politics of the word from Homer tho the age of rock,* New York: Oxford University Press.

*Quality assurance: Teacher education in the Oregon State System of Higher Education.*(1984), Eugene, OR: Oregon State System of Higher Education.

*Report of the chancellor's task force on teacher education.*(1985), Albany: State University of New York.

Richardson, R. C., Fisk, E. E., & Okun, M. K.(1983), *Literacy in the open-acess college,* San Francisco: Jossey Bass.

Shor, I., & Freire, P.(1987), *A pedagogy for liberation: Dialogues on transforming education,* South Hadley, MA: Bergin & Garvey.

Silberman, C.(1971), *Crisis in the classroom,* New York: Vintage.

Sizer, T.(1984), *Horace's compromise,* Boston: Houghton Mifflin.

*Strengthening teaching in New York State.*(1985), Albany: New York State Education Department.

*Teacher development in schools: A report to the Ford Foundation.*(1985), New York: Academy for Educational Development.

*Teacher preparation: The anatomy of a college degree.*(1985), Atlanta: Southern Region Education Board.

*Tomorrow's teacher: A report of the Holmes. Group.*(1986), East Lansing, MI: Holmes Group.

*What works: Research about teaching and learning.*(1986), Washington, DC: Department of Education.

*Who will teach our children? A strategy for improving California's schools.*(1985), Sacramento: California Commission on the Teaching Profession.

주석

1) 로날드 그로스와 베아트리체 그로스의 『위대한 학교 논쟁: 미국 교육은 어디로 가야 하는가?』(New York: Simon and Schuster, 1985), 해리 패소우의 「1980년대의 개혁 보고서 추적하기」((Phi Delta Kappan, 1984. 6: 674-683), 국가교육위원회 『교육에 관한 주요 보고서 요약』(Denver, 1983. 11), 『국가적 조치, 경제 성장을 위한 교육 TF』(Denver, 1984), 몇몇 비평을 포함하는 요약을 위해서 패트리샤 크로스의 「학교 개혁 보고서의 떠오르는 물결」((Phi Delta Kappan, 1984. 11: 167-172)을 보라.

2) 경제 성장을 위한 교육 TF, 국가교육위원회, 『수월성을 위한 조치』(Denver, 1983: 17-19) 그리고 변화하는 일터를 위한 중등교육위원의 『학교와 변화하는 일터: 고용인의 관점』(Washington DC: National Academy Press, 1984: 17-19, xi-xii), 젊은 졸업생의 문해와 노동 훈련의 기업과 군의 인식에 대한 논평에 대해서는 교육의 수월성 국가위원회의 『위기의 국가A Nation at Risk』(워싱턴 DC, 1983: 9-10)를 보라.

3) 에밀리 페이스트리저 『교사 양성하기: 교사교육과 자격에 관한 보고서』(워싱턴 DC: National Center for Education Information, 1984: 30).

4) 1983년 개혁 물결에 대한 진부한 평론의 한 예외로 앞에서 말한 책 『고등학교와 변화는 일터』이다. 이 책에서는 다른 보고서에서 떠드는 호언장담 따위는 없다. 스탠퍼드 대학의 경제학자인 헨리 레빈은 이 보고서 작성 그룹에 속해 있었다. 첨단 기술에 대해 이 그룹이 내린 냉정한 평가는 미래 직업시장의 임금이나 고용 기회에 미치는 영향은 극히 미미할 것이라는 그의 조사연구로부터 영향을 받은 것으로 보인다. 또 다른 예외적인 경우는 20세기 기금 보고와 관련이 있는 폴 피터슨의 '배경 문건 background paper' 인 『합격하기』(1983)이다. 피터슨의 연구는 1983년의 정부 개혁 조치를 정당화하는 교육계 내의 어떠한 위기나 붕괴의 징후를 발견하지 못했다. 피터슨의 연구는 1960년대의 연방정부의 평등 프로그램으로부터 긍정적인 결과를 보여주었으며, 따라서 평등보다는 '수월성'을 강조하는 대부분의 보고서 주장을 뒤집는 것이었다. 세 번째 예외는 교직에 대한 캘리포니아 위원회 보고서인 『누가 우리 아이들을 가르칠 것인가?』(1985)이다. 이 보고서는 교사교육 프로그램의 국가 규정을 제정할 것을 권고하고 있다. 따라서 각 대학들이 이러한 실험을 하도록 허용하며, 이 위원회에 있는 존 굿래드와 이러한 특별한 권고는 최소한 『학교라고 불리는 곳』(1983)이라는 그의 연구의 한 관심사를 반영하고 있다.

5) 아이러 쇼어의 『문화 전쟁: 1969-1984, 보수주의로의 회귀에서 학교와 사회』(뉴욕: Routledge and Kegan Paul, 1986), 2장 직업교육에 대해서와 3장의 문해 위기에 관해를 보라. 1970년대의 직업교육중시주의의 정치적 교과에 대한 배경을 위해서는, 제롬 카라벨의 「지역 대학과 사회 계층」(Harvard Educational Review Vol. 42, 1972. 11: 521-562), 노튼 그럽과 마빈 레이즈슨의 「직장에서 재결합 과정: 직업교육의 지속과 착오」

(Harvard Educational Review Vol. 50, 1980. 8: 332-361)을 보라. 1970년대와 1980 년대의 경제학을 부각시키는 연구는 새무얼 보울즈, 데이비드 고든 그리고 토마스 웨이스코프의『낭비의 땅을 넘어: 경제의 쇠퇴에 대한 민주적인 대안』(뉴욕: Anchor, 1983)에서 발견된다. 또 다른 광범위한 조사연구는 새무얼 보울즈와 허버트 긴티스의「미국의 사례에서 자유 민주주의 자본주의의 위기」(Politics and Society Vol. 2, No. 2, 1982: 51-93)이다. 이 시대의 공격적이고 보수적인 정책들은 피벤과 클로워드의『새로운 계급 전쟁: 복지국가에 대한 레이건의 공격』(뉴욕: Pantheon, 1982)에서 연구되었다.

6) 국내의 인재 유출에 대한 몇몇 분석을 위해서는 헨리 레빈의「수학, 과학 교사의 부족 문제 해결하기」(교육혁명과 정책 분석 Vol. 7, No. 4, 1985 겨울: 371-382)를 보라. 레빈의 조사연구는 전체 과학자 가운데 15에서 50퍼센트는 직접적이든 간접적으로든 국방 부문에 고용된다고 지적한다.

7) 학업에 대한 직업 시장의 영향에 대한 논의에 대해서는, 아동을 대변하는 국립 연합,『수월성에 대한 장애물들: 아동의 위기』(보스턴, 1985)를 보라. 1960년대의 경제 위기가 어떻게 학생의 학습에 영향을 미쳤는지에 대한 고찰은 헨리 레빈의「기본으로 돌아가기와 경제」(Radical Teacher No. 20, 1981: 8-10)를 보라. 1980년대에 교육과정에 대한 기업의 제목 달기의 논의에 대해서는 조엘 스프링의『"자습실로부터 직업소개소까지" 진보』(1984. 4: 30-31)를 보라.

8) 리처드 프리먼,『과잉 교육을 받는 미국인』(뉴욕: 아카데미, 1976); 아이바 버그,『교육과 직업: 거창한 훈련 도둑』(뉴욕: Praeger, 1970); 보건부교육부와 복지부,『미국에서의 노동』(제임스 오툴이 심사위원단장으로 있었던, 워싱턴 DC, 1983); 해리 브레이버먼『노동과 독점 자본』(뉴욕: Monthly Review, 1974); 헨리 레빈과 러셀 럼버그,『첨단 기술의 교육적 함의, 교육 재정과 관리에 대한 조사연구기관, 스탠퍼드 대학교』(1983).

9) 매스미디어 내의 제한된 논쟁의 사례에 대하여, 교육 위기에 대한 다음의 표지 이야기:「우리 학교 구하기」(Newsweek, 1983. 5. 9);「학교 만들기: 미국의 학교는 점점 좋아지고 있다」(Time, 1983. 10. 10);「무엇이 위대한 학교를 위대하게 만드는가」(US News and World Report, 1984. 8. 27);「왜 교사들은 실패하는가: 더 나은 교사로 성장하기」(Newsweek, 1984. 9. 24)의 기사를 보라.

10) 개혁 운동에 대한 보이어의 실망에 대해서는 1983년 그의 카네기 연구,『고등학교교육』(5쪽 이하)과 그의 에세이「1983년의 위대한 논쟁에 대한 반성」(New York Teacher, 1984. 6. 11: 9-11)을 보라. 시저의 동정과 개혁에 관한 주장은 1983년 위기에 대한『Time』(1983. 10. 10: 66)의 커버스토리에 나타난다.

11) 존 굿래드의『학교라 불리는 곳』(1983)의 1장에서 그 시기의 교육 프로그램에 대한 그의 실망에 대해 보라. 해롤드 호 2세의 보류는「센터 단계에로의 교육 운동: 최근 연구의 개관」(Phi Delta Kappan, 1983. 11: 167-172), 그리고 그의「SAT 점수 하락의 또 다른 사례를 봅시다」(Phi Delta Kappan, 1985. 5: 599-602), 그 개혁에 대한 눈에 덜 띄

는 비평은 조지 레오나드의 「위대한 학교 개혁 장난」(Esquire, 1984. 4: 47-56), 앤드류 해크의 「학교교육 실패하다」(New York Review, 1984. 4. 12.: 35-40), 월트 카룹의 「왜 조니는 생각할 줄 모르는가: 불량 학교교육정책」(Haper's, 1985. 6: 69-73)을 참조하라.

12) 래빗치와 핀은 1984년에 수월성을 위한 국가 네트워크를 설립했다. 그들은 로버트 팬처와 함께 『평범함에 반대하여: 미국 고등학교의 인문학』(뉴욕: Holmes and Meier, 1984)를 엮었는데, 이 책에 "결론과 권고: 높은 기대와 훈련된 노력"을 담아 전통적인 교육과정의 위치에 관한 위대한 논쟁을 열었다. 교육정책에 관한 핀의 보수주의적인 관점에 대해서는, 그의 「공적 합의를 향해 나아가기」(Change, 1983. 4: 15-22)와 그의 「왜 공립학교와 사립학교의 문제인가」(Harvard Educational Review, 1981. 11: 510-514)를 보라. 수월성 개혁과 관련한 엘리트의 영향력에 대한 진보적인 반응은 토마스 토치의 「수월성 운동의 어두운 측면」(Phi Delta Kappan, 1984. 11: 173-176)에서 읽을 수 있다.

13) NIE의 보고서 『학습에서의 참여』(1984)는 AAC 보고서 『대학 교육과정에서의 통합』(1985)보다 학습 과정에 대해 더 많이 다루고 있다. AAC는 간학문적 주제와 비판적 주제들을 장려하는 가운데, 교육자의 소임을 연구 활동에서 교수 활동으로 되돌릴 것을 염원하면서 고등교육을 위한 교육과정 정책에 초점을 맞추었다.

14) 지역사회를 기반으로 참여적이며 교육 변화를 주도하는 교육 네트워크들은 반응적 교육을 위한 기관(보스턴), 공교육정보망(세인트루이스), 지역사회 기반 교육을 위한 연합(워싱턴 DC), 기초 선택(매디슨, WI), 조사연구집단(토론토), 대중경제 센터(암허스트), 린드맨 센터(시카고), 하이랜드 센터(Newmarket, TN), 그리고 노동기관(뉴욕)을 포함한다. 이를테면, 프랭크 아담스 Frank Adams와 마일스 호튼Myles Horton의 『불씨 발견하기: 하이랜드의 사상』(Blair, NC, 1975), 노동 기관의 『미국 경제 무엇이 문제인가? 우리들 중 나머지를 위한 대중 안내』(Southend, 보스턴, 1982), 그리고 반응적 교육을 위한 기관, 『교육평등을 위한 조치: 부모와 지역사회 그룹 구성원을 위한 안내서』(보스턴, 1984, Order No.16C). 지역사회 기반, 변화 지향 교육에서의 하나의 경험에 대해서는, 메르디스 밍클러와 캐슬린 콕스의 「보건에서 비판적 의식 창조하기」(International Journal of Health Services Vol. 10. 2, 1980: 311-322)를 보라.

15) 『미국 교사의 1984년 메트로폴리탄 삶 조사』(뉴욕: Louis Harris and Associates)에서 교사들은 교실에서 가장 심각한 문제로 예산 삭감과 더불어 학생의 흥미 부족을 이야기하고 있다.

16) 에드워드 피스크의 「뉴욕 주에서 법원에서의 학교 재정 효력 상실」(New York Times, 1981. 10. 27); 씨어도어 시저의 『호레이스의 타협』(보스턴: Houghton Mifflin, 1984: 36), 1972년 크리스토퍼 젱크스의 『불평등』(뉴욕: Basic)은 지금도 이러한 쟁점에 대한 획기적인 문헌이다. 또한 새무얼 보울즈와 허버트 긴티스의 『자본주의 미국에서 학교교육』(뉴욕: Basic, 1976: 4, 33, 133)을 보라.

17) 셜리 브라이스 히쓰의『말을 통한 방법』(뉴욕: McGraw-Hill, 1983)은 지역사회 문해와 학교의 문해가 어떻게 충돌하고 있는지를 밝혀주는 연구이다. 흑인의 관용구와 고원지대에 사는 비엘리트 백인은 학교에서 선호하는 엘리트의 용법과 충돌한다. 학교에서 언어와 문화 사이의 충돌에 대한 또 다른 뛰어난 연구는 폴 윌리스의『노동 학습: 노동자 계급의 아이들은 노동자 계급의 일을 어떻게 갖는가』(뉴욕, 콜롬비아 대학 출판 1981)이다.

18) 크리스토퍼 젠크스 등의 같은 책; 새무얼 보울즈와 허버트 긴티스의『자본주의 미국의 학교교육』; 마틴 카노이와 헨리 레빈의『민주 국가에서 학교교육과 일』(스탠퍼드: 스탠퍼드 대학교 출판, 1985); 폴 윌리스의『노동 학습』; 마이클 애플의『교육에서 문화와 경제의 재생산』(런던: Routledge and Kegan Paul, 1982); 헨리 지루의『교육 이론과 저항』(South Hadley, Ma: Bedrgin and Garvey, 1983). 지루는 프레이리에 이어서 '해방의' 교육학과 '비판적 문해'에 관한 논의를 계속 펼쳐가고 있다.

19) 아이러 쇼어의『비판적 가르침과 일상의 삶』(시카고: 시카고 대학교 출판, 1987). 여러 교육자들은 프레이리의 접근 방법을 실험하고 있다. 매릴린 프랑켄스타인의「비판적 수학 교육: 파울로 프레이리의 인식론을 적용하여」(Journal of Education, Journal of Education Vol. 165, No. 4, 1983: 315-339); 카일 피오어와 낸 엘자써의「「'더 이상 이 방인이 아니다': 해방의 문해 커리큘럼」(College English, Vol. 44, No. 2, 1982. 2: 115-128); 린다 쇼 핀레이와 발레리 페이스의「미국 대학에서의 비문해와 소외: 파울로 프레이리 교육학의 적용 가능성」(Radical Teacher No. 16, 1979. 12: 28-40); 니나 월러스틴의『갈등 속의 언어와 문화: ESL 교실에서 문제 제기』(MA: Addison-Wesley, 1983).

20) 로버트 패티슨의『문해에 대하여: 호머로부터 록 음악의 시대에 이르기까지 말의 정치학』(뉴욕: Oxford, 1982)의 5장과 6장, 그리고 특히 7장을 보라.

21) 또한 린다 달링해먼드의 1983년 개혁 운동에서 시험에 대한 비평인「좋은 가르침의 마약판매 시험」(New York Times, 1984. 1. 8)을 읽어보라. 그녀의 흑인 학생에 대한 1984년의 연구는 대학입학자격시험을 위해 수행되었다.

22) 래리 쿠반은「원격 조작에 의한 학교 개혁」(Phi Delta Kappan, 1984. 11.: 213-215)에서 기계적인 개혁 프로그램의 잠재적 실패에 대해 효과적으로 평가했다.

23) 존 듀이의『아동과 교육과정』(시카고: 시카고 대학교 출판[1902] 1956년)과『학교와 사회』(시카고: 시카고 대학교 출판[1900] 1956년), 그리고『경험과 교육』(뉴욕: Collier, [1938] 1963년).

24) 이러한 것들은 캘리포니아의 상원 법안의 개혁 법률과 100개의 규정과 더불어 뉴욕의 리젠트 법률 계획에서 강조되는 교육과정이다. 윌리엄 베넷 교육감은 또한『유산 되찾기: 고등교육에서 휴머니티에 관한 보고서』(워싱턴 DC: 미국 출판 회사, 1984)에서 이러한 주제를 채택했다.

25) 허쉬의 양적인 문헌은 그의 에세이 「문화적 문해」(미국인 학자 Vol. 52, 1983년 봄: 159-169), 그리고 그의 「문화적 문해와 학교」(미국인 교육자, 1985년 여름: 8-15)에서 논의되었다. 래리 쿠반의 앞의 책에서는 학습에 대한 기계적인 접근에 대한 명쾌한 비판이 제기되었다. 문해 정책에 대한 역사적인 조망을 위해서는, 제임스 도널드의 「문맹이 어떻게 문제가 되는가(그리고 문해가 문제를 해결했다)」(Journal of Education Vol. 165, No. 1, 1983년 겨울: 35-52)를 보라. 도널드는 19세기 영국에서의 문해 논쟁을 밝혀주는 관점을 제공한다. 당시 공립학교에서 국가 지원 문해는 민중의 반대를 감소시켰다. 또 문해에 대한 또 다른 좋은 논의로 리처드 오흐만의 「문해, 기술, 그리고 독점 자본」(College English Vol. 47, No. 7, 1985년 11월: 675-689)이 있다.

26) 모티머 아들러의 『파이데이아 제안』(뉴욕: Macmillan, 1982)과 그의 후속 작품 『"방법", 파이데이아: 문제와 가능성』(뉴욕: Macmillan, 1983)을 보라.

27) 『어떤 것이 이루어지고 있는가: 교수와 학습에 관한 조사연구』(워싱턴 DC: 교육부, 1986). 이러한 문헌의 정책은 베넷 교육감과 핀 부교육감에 의해 주로 거부되었다. 그들은 이러한 권고를 '상식', 하나의 '유용한 유출물', 그리고 '적절한 의견'으로 언급하고 있다. 한편 그 책에는 작문 수업을 위한 쓰기 과정의 보증과 같은 잘 계발된 국면이 있으며, 그 보고서의 요지는 초기의 『위기의 국가』에서 언급되는 전통적인 설교가 반복되고 있다는 것이다.

28) 찰스 실버먼, 『교실의 위기』(뉴욕: Vintage, 1971). 진보적이고 지역사회 중심이며 사회적 학습을 논의하면서 실버먼은 5쪽과 49쪽에서 '파이데이아'를 두 번 언급한다.

29) 1983년의 과열된 개혁에서, Phi Delta Kappan은 보수적 어젠다에 대한 기분 좋은 반대되는 책을 출판했고 리처드 기보니의 「학습: 프란시스 파커로부터 하나의 과정 접근」(1983.9: 55-56) 에세이에서 교육과정에 관한 오랜 논쟁을 상기시키는 것을 지적했다. 이 논문은 '진보주의' 교육학을 통해 1870년대에 퀸시 학교에서 교육적 쇠퇴의 파커 대령의 실패를 논의했다. 진보주의 운동의 중요한 역사는 로렌스 크레민의 『학교의 변혁』(뉴욕: Vintage, 1964)에서 발견된다.

30) 『학교 교사의 성장』(뉴욕: 교육 발달을 위한 아카데미, 1985: 17-31). 특히 학습 과정에 관해 보라.

31) 수월성에 대한 국가위원회의 교사교육 보고서인 『교사교육의 변화에 대한 요청』(워싱턴 DC: 1985)에서 교육이 학부 수준에서 그들의 학점을 주로 어떻게 사용하는지에 대해 13쪽에서 논의되고 있다. 홈즈 그룹 보고서는 이미 교양과목 사업이 된 교사-양성에 관한 동일한 강조점을 부각했다.

32) 셜리 브라이스 허쓰의 『말을 통한 방법』; 리처드 호가트의 『문해의 용법』(런던: Chatto Windus, 1957); 노엘 비써렛의 『교육, 계급, 언어, 그리고 이데올로기』(런던: Routledge and Kegan Paul, 1979); 바니 클래저와 앤슬램 스트라우스의 『근거 있는 이론의 발견:

질적 조사연구를 위한 전략』(시카고: Aldine, 1967).

33) 지역사회 교육에서 하나의 잘 정의된 프로그램에 대해서는 이안 해리스의 「지역사회
개발을 위한 학부 공동체 교육 교육과정」(Journal of the Community Development
Society Vol. 13, No. 1, 1982: 69-82)을 보라.

2

# 문제 제기 교육:
## 변혁을 위한 프레이리의 방법론
### Problem-Posing Education:
### Freire's Method for Transformation.

니나 월러스틴
Nina Wallerstein

이 글에서 논하는 문제 제기 접근법problem-posing approach은 브라질의 교육자 파울로 프레이리가 고안한 것이다. 1950년대 말, 프레이리는 브라질의 슬럼가 주민과 농부들을 대상으로 매우 효율적인 문해 프로그램을 시도했다. 프레이리는 그가 가르친 학생들[11]의 숙명론적인 태도에 유감을 품고서 '문화 서클cultural circles'을 운영하였다. 문화 서클에서는 그림 자료를 이용하였는데, 이는 학생들이 자신의 삶을 비판적으로 사고하고 자기 운명을 스스로 통제하도록 돕기 위한 것이다. 문화 서클은 농민들의 삶에서 정서적으로나 사회적으로 이슈가 될 쟁점을 담고 있는 어휘들을 정선하여 문해 수업을 전개했다. 각각의 '생성적인' 어휘에 관한 대화는 문제를 야기한 사회적 원인에 대한 이해와 어떻게 변화를 일궈낼지에 대한 이해를 자극했다. 파울로 프레이리의 프로그램은 학생들로 하여금 투표권을 쟁취하기 위한 기능인 읽고 쓰는 능력과 정치의 과정에 참여할 수 있는 능력을 갖출 수 있는 힘을 주었다. 프레이리의 작업은 아주 성공적이었는데 이 때문에 1964년 브라질 군부에 의해 그는 망명의 길을 가야만 했다.

최근 20년 동안 파울로 프레이리의 '변혁을 위한 교육'의 사상과 전망은 문해, ESL, 노동, 평화와 보건 교육, 그리고 전 세계에 걸친 공동체 발전을 위한 하나의 촉매가 되어왔다. 프레이리는 WCC를 위해 일했고, 성인 교육에서 제3세계 국가에게 자문했으며, 미국의 많은 대학에서 협의

---

11. 이 글을 비롯하여 이 책의 많은 부분에서 '학생'은 제도권 밖의 성인 학습자들을 지칭함에 유의하기 바란다.

회를 개최하다가 1980년에 브라질로 돌아왔다. 점점 더 많은 교육자들이 미국과 캐나다, 그리고 유럽에서 그의 사상을 활용하고 있다.

프레이리의 주된 전제는 교육은 중립이 아니라는 것이다. 교육이 교실에서 일어나건 공동체에서 일어나건 간에 교사와 학생의 상호작용은 진공 상태에서 일어나지 않는다. 사람들은 자신의 문화적 기대와 함께, 사회적 차별과 삶의 압박의 경험과 함께, 그리고 생존하는 능력과 함께 가르침의 공간에 온다. 교육자들은 학생들이 자신을 수동적으로 만드는 사회적 강제에 강화되든 혹은 도전을 하든지 간에 학생들의 경험으로부터 출발한다.

프레이리의 어법에서 교육의 목적은 인간 해방이다. 해방은 "사람들이 자기가 살고 있는 세계와의 관계에 대해…… 성찰하는 만큼" 생겨난다. 그리고…… 스스로를 의식화해가면서 역사 속에 주체로서 개입한다(Freire, 1971). 이러한 교육의 목적은 학습자와 지식을 보는 프레이리의 관점에 기인한다. 학생은 교사가 채워야 할 빈 그릇이 아니며, 교육의 대상object도 아니다. "공부는 재발견되고, 재창조되며, 재작성되는 하나의 형식이다. 그리고 공부는 주체가 하는 것이지 객체가 하는 것이 아니다"(Freire, 1985, p. 2). 학생은 사실의 획득을 통해서가 아니라 이웃과의 사회적 교환 속에서 현실을 재구성함으로써 학습 과정에 들어간다.

이러한 교육을 이루기 위해 프레이리는 교사와 학생, 행정가와 교사, 보건 교육자와 공동체 구성원들이 공동 학습자로서 참여하는 대화의 접근 방식을 제안한다. 대화의 목적은 비판적 사고(의식화)와 실천이다. 비판적 사고는 사회에서 자신이 속한 곳의 근본적 원인(우리 개인 삶의 사회경제적·정치적·문화적·역사적 맥락)에 대한 이해로부터 출발한다. 그러나 비판적 사고는 그러한 인식을 넘어, 사람들이 자신의 삶을 만들어가고 통제할 수 있도록 실천하고 결정하는 힘을 길러준다. 진정한 지식은 성찰과 실천의 상호작용(프락시스[12])으로부터 생겨나며 또한 "인간 존재가 변혁적 행위에 참여할 때" 일어난다(Freire, 1985, p. 106).

문제 제기는 사회적 관계와 상호 책무를 창출하기 위한 개인적 경험을 그려내는 하나의 집단 과정이다. 학생의 확신은 사회의 압력에 의해 손상되는 까닭에 역량 강화는 사회적으로 이루어져야 한다(Shor, 1987).

문제 제기는 특히 이민자나 밀입국 ESL 학생들, 또는 자신의 삶을 거의 통제하지 못하는 노동자들에게 적합하다. ESL 학생의 대다수는 자신의 고국에서 교육받기 어려운 낮은 사회경제적 배경을 지니고 있다. 미국 사회에서 이들은 주로 비숙련 혹은 단순기술의 직종에 종사한다. 이들은 대개 영어를 배우고자 하면 사회적 장벽이나 정서적 장벽에 부딪히고, 문화 충돌, 자기 존중감의 결여 그리고 새로운 사회에서 상처받기 쉬운 감정을 경험한다. 노동 현장에서 그들은 미국인 동료 노동자들로부터 거리감과 불편을 경험한다.

그러나 이러한 갈등과 힘든 상호작용의 본질을 공유하고자 하는 교육과정(프레이리의 '생성어'와 유사한)은 학생들로 하여금 다른 노동 조건을 구상하고 그 문제에 대한 개인적 대응이나 공동체의 대응을 만들어낼 수 있도록 한다. 다른 방법들과 달리 거기에서 교사는 학습의 내용과 구조 모두를 만들어내며, 문제 제기 내용의 많은 부분은 학생의 삶에서 만들어진다. 교육과정의 사회적·정서적 영향으로 인하여, 문제 제기는 언어를 습득하는 데 강력한 동기를 부여하는 요인이 된다. 학생들이 그 방법을

---

12. praxis는 그리스어에서 유래한다. 그리스어로 이론 또는 인식에 해당하는 '테오리아(theoria)'에 대응되는 말로 프락시스는 실천 또는 실제의 뜻으로서 영어의 'practice'와 같다.
　　그러니 프레이리의 개념 '프락시스'는 단순한 실천이 아니라 행위(action)와 성찰(reflection)의 변증법적 통일이다. 최초의 인식(성찰)과 실천(행위)은 새로운 인식과 새로운 실천으로 끊임없는 변증법적 지양의 과정을 거치면서 점차 최선의 앎에 도달하게 된다는 것이 프레이리의 인식론이다. 성찰과 행위의 두 계기 가운데 어느 하나가 결여된 형태는 무의미하다. 프레이리는 행동이 뒤따르지 않는 성찰과 성찰이 없는 행동을 각각 탁상공론(verbalism)과 행동주의(activism)로 일컬으며 비판했다.

학습함에 따라, 그들은 또한 학습의 구조를 위한 책임감을 떠안게 된다.

하나의 문제 제기 방법론은 세 가지 국면을 포함한다. 즉 듣기(혹은 공동체의 이슈나 생성 주제 조사하기), 대화(혹은 비판적 사고를 위해 이슈를 토론 출발점들로 코드화하기), 그리고 실천(혹은 학생들이 자신의 성찰에 따르는 구상을 변화시키는 전략)이다.


## 들어주기

학생에게 필요한 생성 주제generative theme를 발견하는 방법은 여러 가지가 있다. 우리 모두는 수업 시간이든 쉬는 시간이든 학생들에게 귀 기울인다. 그러나 어떤 이슈가 중요하며 더 깊이 이해하기 위해 어떻게 들을 것인가 하는 문제가 남는다.

이를테면 교실 상호작용에서 우리는 종종 학생들의 가정사에 관해 묻곤 한다. "당신은 어디에 사는가?"라는 단순한 질문이 본의 아니게 밀입국 노동자를 공황상태에 빠지게 할 수도 있다. 또한 우리는 산업재해로 1주일 동안 집에 있어야 하는 상황에 대해 토론할 수도 있다. 우리는 그 사고가 어떻게 났으며 왜 났는지를 물어볼 수도 있다. 만일 그녀가 해고당할 것을 두려워하고 있다면 어떻게 할 것인가? 매니저가 그녀에게 노동자 보상제도에 대해 말하지 않아 의료비를 충당할 수 없었다면 어떻게 할 것인가? 해직 상태에서 그녀가 병원 관계자들이나 사장과 접촉하는 일이나 가족을 만나는 일이 자신에게 얼마나 많은 상처 혹은 위로가 될 것인가?

그러한 만남이나 당면 이슈들은 분명 미국이라는 나라와 영어 그리고 영어 교사에 대한 그녀의 관점에 영향을 미칠 것이다.

학생들이 은연중에 품게 되는 이러한 "잠재된 목소리hidden voices"는 학습에 악영향을 미치기 때문에 교사들이 이것들을 발견해내는 것은 매우 중요하다. 그러한 방해는 정서적인 것(낮은 자아 존중감 따위)일 수도 있고, 구조적인 것(영어 사용자와의 접촉 기회의 결핍)일 수도 있으며, 또는 사회경제적인 것(직업의 불안정성과 편견)일 수도 있다. 그러나 이러한 잠재된 목소리 이면에 있는 정서적인 힘은 다른 한편 학습을 고무시킬 수도 있다. 교실 내에서 학생들로 하여금 자신의 관심사를 분명하게 말하게 함으로써 교사들은 학생들이 그러한 방해 요소들을 이해하게 하고 그것을 극복할 수 있도록 도와줄 수 있다.

우리가 어떻게 학생들의 잠재된 목소리를 들을 수 있는가? 여타의 역량 중심 접근 방식과는 달리 문제 제기에서 "욕구 평가needs assessment"는 수업이 시작되기 전에 완결 형태로 이루어지지 않을뿐더러 그 목소리를 듣는 역할을 교사 혼자 떠맡는 것도 아니다. 배움의 내용이 학생들의 일상생활로부터 빚어지기 때문에 듣기는 교사와 학생이 공동 학생이자 공동 탐구자로서 함께 참여하는 가운데 지속적으로 이루어진다.


## 교실 안에서 듣기


대개 처음에는 무엇을 봐야 하는지 잘 모르는 법이다. 따라서 학생들의 입장에 서서 그들이 가장 신경 쓰는 관심사를 듣는 것으로 시작하라. 무엇이 그들을 슬프게 하고, 행복하게 하고, 분노하게 하는가? 일반적인 범주로 작업 과정, 직장에서의 관계, 의사결정 구조, 돈 문제, 일과 관련된 가치와 신념, 가속과 직장 삶과의 상호작용, 문화적 차이, 역사적 동향 그리고 학생들의 미래 지향 등이 있을 것이다.

학생들은 종종 자신의 관심사를 쉬는 시간이나 수업 전후에 비형식적인 대화에서 말로 드러낸다. 이러한 관심사들은 잘 정리하면 하나의 주제로 수업 시간에 다룰 수도 있다. 어떤 이슈의 탐색을 위한 토론에서 학생들이 제1언어를 구사할 수 있도록 허용할 필요가 있다. 영어와 제1언어의 사용을 곁들임으로써 학생들이 비판적 분석을 더욱 깊게 하고 영어를 보다 정교하게 구사하도록 도와줄 수도 있을 것이다.

## 교실 밖에서 듣기

문제 제기 접근은 교실 밖에서의 의식적인 팀 노력을 조성한다. 학생들의 참여는 교사의 눈과 귀를 확장해준다. 특히 교사가 그들의 일터에 접근할 수 없을 때 더욱 그러하다. 학생들이 스스로를 자기 직장과 공동체에 대한 관찰자와 정보 제공자로 간주하게 하라.

인류학적 조사연구의 세 가지 도구(관찰, 인터뷰, 문서 분석)는 교사와 학생이 관찰하고 인터뷰하고 문서를 분석하는 데 도움이 된다. 관찰을 통해 우리는 경이감을 일깨우고 사물에 대해 새로운 눈을 뜨게 된다. 한 회사에서 오래도록 일하다 보면 학생들은 자신의 환경에 둔감해질 수도 있다. 흔히 학생들은 직장에서 구조와 관계 이면의 원인들에 대해 좀처럼 문제의식을 품지 않는다. 학생들로 하여금 처음으로 자기 직장에 들어간다고 상상하도록 해보자. 일의 속도나 사람들의 상호작용, 한 자리에서 서 있거나 앉아 있는 시간이 얼마나 되는지, 근무 교대 방식의 차이 등에 관해 그들이 어떻게 바라보는가? 교사의 입장에서 학생들의 작업장이나 그들의 동네를 하루 중 시간대나 상황을 달리해서 방문해보라.

보다 면밀하게 관찰하기 위해 당신이 보는 것을 기록할 수 있는 도구(사진, 사람들 사이의 역동적인 모습들에 대한 소묘, 대화나 장소에 대한 기록)

를 사용하라. 학생들은 더 나은 듣기와 토론을 위해 자신이 등장하는 시각 자료(차트와 콜라주, 미술작품)나 역할극을 개발할 수 있을 것이다. 교사나 학생들이 찍은 사진들을 나열해봄으로써 평소 놓치고 있었던 일상들을 새로운 눈으로 바라볼 수 있게 된다.

또 다른 듣기 도구는 "발견된 것" 또는 학생들이 가정이나 직장에서 일상적으로 사용하는 익숙한 대상이다. 이 속에는 문화적 의미가 있는 물건이나 작업 도구, 화학약품 표시 라벨 등, 학생들의 환경을 이해하는 데 도움이 되는 것이면 뭐든 포함될 수 있다. 이를테면 학생들에게 자신이 자랑스러워하는 것 또는 관심을 품는 것들을 갖고 오라고 할 수 있다. 드러난 대상은 학생들이 서로를 더 잘 알 수 있도록 하고 서로의 삶과 일의 가치를 알 수 있도록 해준다.

학생들이 동료 노동자들의 대화를 관찰하도록 권장하라. 감독관이 작업장을 떠나고 나면 대화 주제가 바뀔 것이다. 듣기를 통해 학생들은 자신의 일터에서 일어나는 일들에 대해 놀라기 시작할 것이다. 학생들이 누구와 대화하며, 얼마나 자주 대화하고, 어떤 언어로 대화하고, 어떠한 주제에 관해 대화하는가에 대해 체계적으로 메모하는 것은 학생들 스스로가 매긴 욕구평가의 한 부분이 될 수 있다.

인터뷰의 두 번째 전략은 다른 사람과 직접적인 상호작용을 하는 것이다. 학생들은 자신의 동료 이민자들과 미국인 노동자 혹은 감독관에게 무엇을 물어보기를 원하는가? 학생들의 질문은 일상적 대화 중에 할 수도 있고 정식 인터뷰를 통해 할 수도 있다. 논의되고 있는 주제에 대해 더 넓고 깊이 있게 알기 위해 학생들은 자유롭게 질문을 주고받을 수 있다. 정식 인터뷰를 하려면 계획을 짜야 한다. 학생들은 대화를 진행하고자 하는 계획을 바탕으로 질문과 대화 주제 목록을 짠다. 학생들은 각자 한두 사람과 인터뷰를 한 다음 학급 토론 때 그 결과를 전체 학생들과 공유한다.

세 번째 전략은 학급에서 모은 문서로부터 수업 계획을 짜는 것이다. 회사 정책, 노동조합 계약서, 보건 상해 일지와 같은 문서로부터 새로운 이슈를 만들거나 학생들이 논의하는 문제에 대한 역사적인 맥락이나 정당성을 확보할 수 있다.

이러한 참여 조사연구 전략은 학생들에게 상호 평등한 학습 구조를 제공한다. 조사를 통해 학생들은 비판적인 분석틀을 발전시키고 의사결정에 참여하는 자신의 잠재력을 깨달아간다.


## 대화

이슈를 파악한 뒤 우리는 어떻게 그 이슈들을 교실로 가져와서 토론을 할 것인가? 이러한 이슈들은 정서적일뿐더러 즉각적인 해결책을 제시하지도 않는다. 예컨대, 감독자가 노동 강도를 압박해올 때 어떻게 미국인 노동자들과 힘을 모아 투쟁을 결의할 것인가? 우리 학생들은 종종 좋은 고과 점수를 얻으려고 순응한다. 반면에 미국인 노동자들은 그러한 압박에 분노하면서 느린 속도로 일을 마무리 지을 것이다. 우리는 적극적인 집단 대화를 위한 틀을 짤 필요가 있는데, 이를 통해 학생들은 좌절에 굴복하지 않고 자신의 분노를 보다 분명하게 드러낼 수 있다. '코드'(프레이리의 용어로는 '코드화codification[13])라 일컫는 토론에서 귀납적인 질문이 이어지는데, 이를 통해 학생들은 자신의 경험에 터해 토론 내용을 생각하며,

---

13. 코드화(codification)는 학습자가 처한 현실 상황이나 현실 속의 사람들의 모습을 한 장의 그림으로 집약해서 나타내는 것이다. 탈코드화(decodification)는 코드화된 그림 속의 상황에 대해 학생들이 그 속에 담긴 정보나 인과관계에 대해 비판적으로 토론을 나누면서 의견을 모으는 과정이다.

그 경험을 더 넓은 사회적 맥락과 연결 지으면서 대안을 생각해낼 수 있게 된다.

코드는 듣기 과정에서 나타나는 특정 비판적 이슈에 대한 구체적인 물리적 표상이다. 코드는 처음에 교사에 의해 개발되다가 학습 진행 과정에서는 학생들에 의해 대화 기록이나 이야기, 사진, 풍자, 콜라주, 노래 등의 여러 가지 형태로 나타난다. 그 형태가 어떠하든 하나의 코드는 교실로 돌아왔을 때 학생들의 현실을 재조명하게 된다. 그리고 학생들이 자신의 정서적이고 사회적인 반응들을 집중된 방식으로 제시하도록 허용한다. 효과적인 코드는 다음과 같은 특징이 있다.

- 집단이 즉시 인식할 수 있는 친숙한 문제 상황을 나타내야 한다.
- 좋은 관점과 나쁜 관점의 양자택일적 전달을 피하기 위해 하나의 문제를 다양한 측면이나 상호 대립적인 관계들로 제시해야 한다.
- 파편화된 방식이 아니라, 동시에 하나의 관심사에 초점을 맞추어야 한다. 학생 삶 속에서 역사적, 문화적, 사회적 맥락이 제시되어야 한다.
- 제한을 두거나 해결책을 제시하지 않아야 한다. 모든 해결책이나 전략은 집단 토론에서 나와야 한다.
- 문제는 감당할 수 없는 것이어서는 안 된다. 작은 노력으로도 조금씩 변화 가능성을 지닌 형태로 제시되어야 한다.

토론을 매개할 대상을 가지는 것이 왜 중요한가? 듣기 과정을 통해, 우리는 직접적으로 섭근하기에는 너무 위협적이고 압도적이며, 개인적으로 직면하기에 난처하고 부담되는 이슈를 다룰 수 있다. 예를 들어 성희롱에 관한 이슈의 경우 사람들이 집단적으로 그 문제에 대해 관심을 표명할 때, 개인은 그 사건으로부터 한 발자국 물러서 있을 수 있다. 학생들은 친구들의 비슷한 경험을 말하거나 편안하게 느낄 경우 자신의 경험을 제시할 수도 있다. 만일 그 토론이 너무 사적인 성격으로 흘러갈 때, 교사는 코드로 되돌아가거나 중립적인 대상으로 주의를 돌릴 수 있다. 어떠한 해결책도 제시되지 않기에, 참여자들은 그들 스스로가 실천을 위해 어떤 선택을 할 것인가를 제안한다.

정리하면, 하나의 코드는 하나의 탈개인화된depersonalized 표상, 즉 사람들의 삶 속에서 정서적·사회적 영향력을 전달하는 갈등 또는 문제로 '코드화'된다. 코드화는 그 목적이 비판적 사고와 실천력을 북돋우는 것이 될 때 좀 더 시각적인 교재가 되고 구조화된 언어 훈련이 된다.

### 토론을 위한 질문들

코드들이 열린open-ended 상황을 나타내더라도, 비판적 사고는 자동적으로 생겨나지 않는다. 코드와 더불어 문제 제기는 토론을 구체적인 것에서부터 분석적인 수준으로 나아가게 하는 다섯 단계의 문제 전략을 사용한다. 학생들은 다음과 같은 질문을 받는다.

1. 본 것을 기술하시오.
2. 문제를 정의하시오.
3. 유사한 경험을 공유하시오.
4. 왜 문제가 생겨났는지 질문하시오.
5. 문제에 관해 여러분이 할 수 있는 것을 위해 전략을 짜시오.

구체적인 기술을 할 수 있는 수준에서 출발함으로써, 최대한 많은 사람들이 참여하도록 권고한다. 학생들은 처음에는 질문에 당황스러워하지만 점차 질문에 대한 대답을 더 잘하기 위해 애쓰게 된다. 너무 성급하게 일반화하거나 "왜"라는 질문을 하는 것은 사고 과정을 방해한다.

이를테면, 일단의 학생들로부터 토론을 위한 건강과 안전에 관한 문제를 살펴보자.

**로버트** 보건 및 안전 감독관의 보고서가 도착했다.

**매리** 보고서에 뭐라고 적혀 있지?

**조지** 보고서에서 아무런 문제가 없다고 한다! 새로운 페인트칠에서 화학 약품에 문제가 없대.

**존** 하지만 우리는 문제가 있다는 것을 안다! 우리 모두는 손에 피부 발진이 생겼다.

**조지** 보고서 내용상으로는 아무런 문제가 없다네.

**매리** 그래, 우리는 알아야 해. 우리가 여기서 일하니까.

**토론을 위한 질문들**

1. 학생들이 코드 속에서 자신이 본 것에 대해 기술하거나 규정하게 하라. 그들이 모든 어휘들을 이해하는가. "노동자들이 어떤 건강상의 문제를 겪고 있는가? 보건 안전 감독관은 누구인가? 보건 안전 감독관은 무엇을 하는가?"

2. 학생들에게 그 문제의 성격을 규정하게 하라. 현재 문제가 되고 있는 것은 무엇인가? "코드 속의 사람들은 각각 어떻게 느끼는가?" 하는 문제는 종종 다른 사람들의 관점을 통해 그 문제의 핵심에 이르게 된다. "존과 매리는 그 보건 보고서에 관해 어떻게 느끼는가? 그들의 피부 발진에 대해서는? 당신은 건강 문제가 있다고 보는가?"

3. 학생들 가운데 혹 예전에 이와 같은 문제를 경험한 적이 없는지 물어보라. 그 경험은 우리 수업과는 어떤 점이 유사하고 어떤 점이 다른가? 학생들은 그것에 관해 어떻게 느끼는가? 이 같은 문제를 겪고 있는 또 다른 사람을 알고 있는지 물어보는 것도 하나의 좋은 방법이다. 학생들끼리 서로 경험을 나눔에 따라 그들은 자신이 고립되어 있지 않다는 생각을 갖게 되며, 문제를 사회적 맥락 속에서 "자신의 것"으로 바라볼 수 있게 된다. "어떤 사람이 작업장에서 당신이나 당신의 동료를 괴롭히는가? 다른 사람은 별문제가 없다고 말하지만 자신은 그렇게 생각하지 않는 문제를 당신은 갖고 있는가? 당신은 어떻게 느꼈는가? 무슨 일이 일어났는가?"

4. 학생들에게 자신의 개인적인 이야기를 보다 큰 사회경제적, 문화적 혹은 정치적 맥락으로 향하게 해서, 왜 문제가 생겨났는지 물어보자. 이 단계에서, 학생들은 자신의 견해를 일반화하고 표명한다. 이 문제로 인해 누가 이득을 얻고 누가 손해를 볼 것인가를 물어보는 것이 좋을 것이다. "왜 당신은 그 보고서가 문제가 없다고 생각하는가? 누가 옳다고 생각하는가? 이 보고서로 이득을 볼 사람은 누구인가? 누가 작업장에서 보건 문제에 관한 전문가인가?

5. 해결을 위한 전략에 대해 토론해보자. 그 문제에 관해 그 코드 속에 있는 사람들은 무엇을 할 수 있는가? 학생들은 자신의 삶에서 무엇을 할 수 있는가? 과거의 성공담을 공유하는 것과 작은 행동 단계를 위한 아이디어를 모아보자. "당신은 그 노동자들이 무엇을 해야 한다고 생각하는가? 그들은 피부 발진에 대한 걱정을 하지 말아야 하는가? 그들은 건강 문제에 관해 알 권리가 있는가? 그들은 누구에게 이야기해야 하는가? 앞으로 당신은 어떻게 할 것인가? 지금까지 당신은 어떻게 처신해왔는가?"

마지막 질문 단계에서는 비록 문제 해결에 있어 시간과 시행착오 그리고 다양한 전략이 요구되더라도 학생들이 적극적으로 실천하게 한다. 이 과정은 학생들이 자신의 일터에서 계속해서 실천하고 복잡한 해결책의 필요성을 인식해가는 까닭에 문제-해결이 아니라 문제-제기라고 부르는 것이다. 비록 변화가 느리게 진행되더라도, 문제 제기는 성장해가는 과정이 될 수 있고 또 그렇게 되어야 한다. 문제와 그 원인을 탐구하는 것은 중요하다. 또한 사람들이 자신의 일터와 공동체, 가족, 그리고 자기 자신을 위한 전망과 꿈을 품는 것 역시 중요하다.

이러한 문제 제기 질문의 다섯 단계는 SHOWeD라는 약어로 쉽게 기억할 수 있다. 이는 See, Happening, Our(lives), Why, and Do(Shaffer, 1983)의 다섯 낱말로 이루어진다. 어떤 텍스트에서 특정 질문은 엄격한 처방이 아니라 제안 혹은 가이드라인으로 이해되어야 한다. 교사나 학생들은 자기 자신의 문제를 학급의 이익에 기초하여 질문할 수 있다. 코드의 미덕은 각각의 새로운 집단이 집단 분석을 형성하는 개인적 현실로부터 나름의 열린 대화를 개발하는 것이다.

근본적인 원인을 밝혀내기 위해 다른 토론 기법으로 보충할 수 있다. "하지만 왜?"의 방법은 무엇이 그것을 일어나게 했는가라는 것을 질문하면서 문제 상황과 함께 출발하는 것이다(Werner, 1977). 학생들이 각자 응답한 후에, "하지만 왜?"라는 질문은 더 깊이 있는 이유나 새로운 이유들을 들춰낸다. 예를 들어 만일 학생이 일터에서 두통을 호소하면, 교사는 그 이유를 물을 수도 있다. 아마도 그 노동자는 너무 일을 열심히 해서 그렇다고 답할 수도 있을 것이다.

그런데 당신은 왜 그렇게 열심히 일하십니까?
승진해서 다른 부서로 가고 싶습니다.

왜 승진하고 싶나요?

가족을 위해 더 많은 돈을 벌고 싶어요.

왜 당신은 충분한 돈을 받지 못합니까?

나는 단지 최소한의 임금만 받습니다. 그리고 나는 내 형제의 가족이랑 함께 살고 있습니다.

근본적인 원인은 종종 문화적, 사회경제적, 정치적, 역사적인 다양한 차원들을 가진다. 때로는 차트의 형식에서 그것들을 따로 분리하고 각각의 문제들을 독립적으로 강조하는 것이 도움이 된다. 학생들은 의사소통 기술을 익힘으로써 문화적 이슈들을 다룰 수 있다. 사회적인 문제는 노동 집단에서 모든 피고용인들이 차별을 당한 진술을 하면서 집단의 개입이 필요할 수 있다. 문제 뒤에 있는 정치적인 이유들은 학생들이 자신의 불공평한 임금을 개선하기 위해 회사에 도전하는 것과 같은 보다 큰 확신과 조직적인 기술들을 필요로 한다. 역사적인 국면은 보다 원대한 전망을 제공한다. 학생들은 과거의 노동 조건과 수입에 관해 아는 것으로부터 희망을 가질 수 있다.

집단 대화에서 교사의 역할

"문화 서클 속에서 참가자들은 생생하고 구체적인 대화를 경험한다. 이 대화를 통해 앎이 이루어지는 것도 있고 이루어지지 않는 것도 있는데, 모두가 노력하여 더 많은 앎을 추구해간다. 이것이 바로 문화 서클의 코디네이터coordinator로서 당신이 겸손해야 하는 이유이다. 겸손을 통해 당신은 집단을 지도하기를 멈추고 집단과 더불어 성장할 수 있다"(Freire, 1971).

우리 학생들은 자기 삶에서 배움의 기회를 거의 갖지 못한다. 학생들은 대개 학교나 직장에서 명령이나 다른 사람들이 시키는 대로 따르도록 길들여져 있다. 처음엔 학생들이 대화나 동료 간에 서로 가르치고 배우는 것을 불편해할 수도 있다. 초기 단계에서 교사들은 구조를 제공하고 질문을 함으로써 학생들의 눈높이에 맞춰야 한다. 학생들이 코드를 통해 경험 공유하기에 익숙해지면 교실 분위기는 변하게 된다. 학생들을 서로 질문을 나누기 시작하고, 문제 해결에 유용한 아이디어를 던져주며, 그들 나름의 코드를 개발해간다. 교실의 물리적 환경 배치, 즉 학생들을 원탁에 앉히거나 소집단으로 그룹을 나누는 방식은 학생들이 공동 학습자나 공동 교수자로서 자신의 정체성을 강화하는 데 도움이 된다. 집단 듣기, 신뢰 쌓기, 협력 언어 그리고 실천 활동을 통해 사람들은 결속력을 높여가고 배움에서 서로 의지하고 돕는 것을 북돋워 효율적인 변화로 이끈다.

코드의 사용은 학생들 사이에 진정한 동료 간의 상호작용을 허용한다. 학생들이 자신의 경험을 코드 속으로 투입함에 따라 교사는 그 토론으로부터 물러나서 더 나은 지식을 위해 서로가 질문할 수 있다. 교사의 역할은 질문을 제기하는 것이며 또한 비판적 사고를 조성할 수 있는 필수적인 지식을 제공하는 것이다. 예를 들면, 임금 이슈에 대한 코드에서 학생들은 일반적인 임금을 이해하기 위해 지역의 고용 시장에 대한 정보를 필요로 한다. 그러나 교사는 그 질문에 대한 그들 자신의 답이나 해결책을 강요하지는 않는다. 학생들이 자신의 현실을 분석하고 새로운 아이디어를 제안하면서 전략은 집단으로부터 나온다.

## 행위

행위, 혹은 성찰의 결과에 따른 실천은 배움이 이루어지기 위해 필수적이다. 자신의 분석 내용을 현실 세계와 대조해보면서, 학생들은 새로운 경험적 기초를 반영하는 것을 포함하는 더 깊은 성찰의 사이클을 시작한다. 성찰과 행위의 반복적 사이클은 앎의 프락시스다. 학생들이 이러한 사이클을 이해함에 따라 그들은 성공을 축복하고, 실수와 실패를 분석하며, 문제에 대한 새로운 접근을 모색할 수 있다.

학생을 위한 행위라 함은 학생들이 자신의 작업장이나 자기가 살고 있는 도시에서 정치적인 체제에 접근할 수 있는 권리를 지닌 사회적이고 정치적인 존재로 스스로를 바라보도록 학습하는 것을 의미한다. 행위를 위한 계획은 학생들이 문제가 발생하는 직접적이고 근본적인 이유에 대한 이해뿐만 아니라 더 나은 삶의 조건에 대한 비전으로부터 나온다. 따라서 한 교실에서 빚어 나오는 개인 혹은 집단의 실천은 많은 요인에 의존한다(Moriarty & Wallerstein, 1983).

- 내적인 교실 역학–교실에서 학생들이 함께한 시간의 정도, 학생들이 같은 직장 혹은 다양한 직장에서 온 것인지의 여부, 학생들이 서로 같거나 다른 언어와 문화권에서 온 것인지의 여부, 상호 간의 신뢰 수준과 대화에 적극적인 참여도.
- 외적인 사회 요인–변화의 장벽에 대한 학생들의 이해, 작업장 내부의 실천 가능성, 즉 노동조합에 유리한 환경, 법적·정치적 실천 가능성.
- 내적 감정–교실 내에서의 영어 사용에 대한 자신감과 문제 제기 역량에 대한 자신감, 생활환경에 대한 자긍심, 자신이 속한 문화권

내에서의 역할과 경험에 대한 자부심.
- 그 밖의 지지 기반-가족, 공동체, 그리고 변화를 위한 지지와 희망
을 부여하는 작업 환경.

실천의 잠재력은 다양한 변수를 지니는 법이다. 교실 내에서 학생들은
서툰 영어일지언정 푸근한 마음으로 자신의 생각을 쏟아내고 활발히 소
통할 수 있다. 학급 속의 실천은 대화를 통해 우호적인 공동체를 구축하
는 것을 중심으로 이루어진다. 학생들은 자기 삶의 이야기를 쓸 수 있고,
개인 또는 집단의 코드를 개발할 수 있고, 그리고 교실 프로젝트를 짤 수
있다. 학생들은 집단으로 시각 코드를 구성할 수 있다. 자기 삶의 모습들
을 신문에 담는데, 이 속에 자신의 일터와 학교, 출퇴근 모습, 작업장에
서의 휴식 모습 등 비판적인 토론을 자극할 수 있는 것이면 뭐든 싣는다.
여러 차례 이어지는 집단 프로젝트를 통해 협력적인 배움의 분위기가 형
성되고 교실과 바깥세상 사이에 다리가 놓인다. 편집자에게 편지 쓰기,
라디오 공공 서비스 방송, 비디오테이프, 노동자의 구술사, 또는 노동조합
신문을 위한 기사.

학생들은 학급 내에서 현장의 문제 알리기나 불만 수렴을 내용으로 하
는 역할극을 통해 작업장에서 실천 수행 역량을 익힐 수 있다. 실천 역량
은 학생들이 교실에서 배운 것을 자기 일상의 일터에서 활용할 수 있는
도구이다. 언어 훈련은 단순히 영어를 배우는 것이 아니라 행위를 위한
수단으로서 의미를 가진다.

교실 밖의 실천 또한 다양하다. 동료 노동자나 문제 해결 기관을 대상
으로 법적 권리에 대한 넌담부터 시작해서 스스로 문제 해결에 나서거나
동료나 노동조합의 힘을 빌려 법률이나 정치적 교섭을 통해 문제를 해결
하는 것까지 다양하다. 투쟁은 영어 수업을 계속 받기 위한 지원금 확보

를 위한 투쟁이나 인근 공장에서의 유독물질 방출과 같은 사회적 이슈를 채택하는 것까지 다양하다.

　채택되는 실천 수준과 무관하게, 학생들은 실천 그 자체를 경험함으로써 사람들이 현실을 변혁하기 위해 미국의 정치 체제에서 효율적으로 상호작용할 수 있다는 것을 배운다. 만일 투쟁이 성공하지 못한다면, 학생들은 새로운 전략을 짜기 위해 새로운 지식과 전망을 획득할 것이다. 역사적으로 이주 노동자들은 직장에서 성공적인 운동에 참여했고 이끌어 왔다. 노동조합은 산업안전보건 법령osHA과 같은 법령을 위해 로비했고 실제로 만들어냈다. 역사 속의 사건이나 현재의 사건 모두 학생들이 자신의 일상적 삶에서 지금 당장 이룰 수 있는 것보다 더 큰 목표를 전망하기 위해 중요하다.

　큰 전망 내에서 작은 실천 가능성을 선택하기 위한 한 방법은 현재 학급이 공부하고 있는 문제와 관련해 브레인스토밍을 수행해보는 것이다. 다음과 같은 헤드라인으로 게시판에 네 가지 칼럼을 만들어보자. 문제, 변화의 장애물, 보다 큰 전망, 즉각적 계획. 이러한 칼럼의 목록들은 학생들이 문제를 탐구한 뒤 한 걸음씩 내디디면서 바뀌어갈 것이다. 중요한 것은 새로운 영토에서 전망을 위한 가능성을 다져가는 것이고 그들이 미국 땅을 밟으면서 이미 보여준 학생들의 꿈을 키워가는 것이다.


## 평가

　문제 제기 교육과정과 함께한 학생들의 진전에 대한 평가는 여타의 교수 방법과는 다른 접근이 필요하다. 이 교육과정은 학생들의 이슈로부터 끊임없이 발전해가기 때문에 교사들은 사전에 정해놓은 목표의 도달 수준을 측정하거나 결과를 검증할 수 없다. 문제 제기 교육은 자신의 문제를 영어로 분명하게 표현하고, 자기 나름의 학습 자료를 개발하고, 자신의 세계관을 수정해가고, 일상적 삶에서 용기를 발휘하고자 하는 학생 능력의 다양한 측면에 관심을 갖는다.

전체적인 접근에 따라, 평가는 힘을 얻는 도구가 된다. 학생들은 그들 자신의 학습을 평가하는 것을 배울 수 있고 그들이 실천한 행동에 관해 집단으로서 성찰하는 것을 배울 수 있다. 평가 과정을 시작하면서, 학생의 학습에 관한 코드와 토론과 행동을 가져오는 코드의 영향을 고찰해 보자. 코드가 생성적인 친근한 주제와 맞닿아 있는가? 교실 분위기가 학생들의 정서와 웃음, 그리고 이야기로 활기를 띠는가? 코드가 학생들로 하여금 문제의 근본 원인에 대한 이해를 가져왔고 또 실제로 행동으로 드러났는가? 학생들은 그들 자신에 관해 그리고 집단으로서 자신의 공동 작업에 관해 무엇을 배웠는가? 그 행동의 결과가 무엇이었고, 그리고 그들이 어떻게 다음번에는 그것을 다르게 실천할 것인가? 결국, 어떤 새로운 문제가 교육과정에서 추구되기 위해 그 코드를 밝힐 것인가(Moriarty, 1984)?

행동에 대한 평가는 학생들이 자신의 세계에서 행동하는 사람이 되면서 개인적이고 사회적인 변화로서 교육의 목적을 강화한다. 듣고, 대화하고 그리고 함께 행동하는 문제 제기 접근은 언어, 자기-표현, 그리고 그들 자신의 삶을 통제하는 것에 대한 학생들의 필요에 근거한 교육을 포함한다.

## 참고 문헌

Freire, P.(1971), *To the coordinator of a cultural circle, Convergence,* 4(1), 61-61.

Freire, P.(1973), *Education for critical consciousness,* New York: Seabury.

Freire, P.(1985), *The politics of education,* South Hadley, MA: Bergin & Garvey.

Moriarty, P.(1984), *Codifications in Freire's pedagogy: A North American application.* Unpublished master's thesis, San Francisco State University, San Francisco.

Moriarty, P., & Wallerstein, N.(1983), *Teaching about nuclear war: A positive problem-posing strategy,* San Francisco: Catholic Archdiocese(Commission on Social Justice).

Shaffer, R.(1983), *Beyond the dispensary,* Nairobi, Kenya: AMREF.

Shor, I.(1987), *Critical teaching and everyday life*(3rd printing), Chicago: The University of Chicago Press.

Werner, D.(1977), *Where there is no doctor,* Palo Alto, CA: Hesperian Foundation.

# 3

## 문해 진전을 위한 상호작용론적 접근

An Interactionist Approach to Advancing Literacy.

낸 엘자써와 베라 존-스타이너
Nan Elsasse & Vera John-Steiner

오늘날 전 세계에 걸쳐 공교육으로부터 소외된 수백만의 사람들이 교육받을 권리를 주장하고 있다. 그들 주장의 핵심은 입말 의사소통oral communication만으로는 현대 사회생활을 해나갈 수 없기에 글말 의사소통written communication이 사회경제적 복지를 위해 필요하다는 것이다. 이들의 요구와 같은 맥락에서, 교사들은 요즘 입말 의사소통에는 유능하지만 글로는 일관성이 없는 작품을 쓰는 학생들을 점점 많이 접하게 된다. 지난 수십 년의 역사는 글쓰기를 가르치는 전통적인 접근이 효과가 없다는 것을 보여준다. 그 결과로 교육자들은 글씨 쓰기나 문법 중심의 교육을 넘어 문해 교육에 집중해야 한다는 주장을 제기하고 있다. 이를테면 학생들이 기초적인 쓰기 기술을 익히는 데 도움을 줄 이론과 전략을 개발하는 데 몰두해온 저널인 『기초 글쓰기Basic Writing』의 첫 번째 이슈는 다음과 같은 문제를 강조한다. "학생들이 기초 글쓰기와 관련한 능력을 스스로 평가할 수 있게 하려면 어떻게 가르칠 것인가? 학생이 자기 생각을 글로 옮길 때 그 표현의 깊이는 어느 정도가 되어야 하는가? 장소와 순서 그리고 참조의 단서들을 얼마나 풍부하게 글 속에 담아야 하는가?"(D'Eloia, 1975, p.11).

이러한 물음에 대한 대답은 글말 이론에서는 기본적인 사항이겠지만, 별도의 물음에 대한 대답이 먼저 이루어져야 한다. 그것은 일관된 글쓰기에 요구되는 인지적·사회적 역동성에 관한 물음이다. 이러한 물음과 관련하여 우리는 L. S. 비고츠키와 파울로 프레이리의 저작에서 그 분석틀을 발견했다. 우리는 이들의 저작물이 완성된 쓰기를 이끌어내기 위해 요구되는 정신적이고 사회적인 과정을 이해하는 데 필수적이라고 믿는다. 또한 이들의 이론은 학생들의 의식을 확장시키고 이러한 과정을 통제하는 데 도움을 주도록 설계된 기본적인 전략을 제공한다.

이 두 이론가들은 언어의 사용을 역사적으로 형성된 과정으로 볼 뿐만 아니라 20세기에 이르러 많은 사람들에게 점점 필수적인 것으로 되어왔다고 봤다. 비고츠키([1934] 1962)는 언어의 발달 과정과 언어와 사고가 만나는 다양한 국면에 관해 설명했다. 그의 분석에서 핵심적인 주제는 내면화internalization의 개념이다. 언어를 획득하는 과정에서 아동은 비판적·인간적 의식을 형성하기 위한 자기 경험의 다양한 요소를 통합할 수 있는 능동적인 학습자로 간주된다. 비고츠키의 이론은 상호작용론적interactionist 가정에 기초해 있으며, 인간 발달의 분석을 위한 본질적인 도구로서 변증법적 개념들에 의존한다. 특히 우리의 문해 발달 이론과 관련하여 중요한 것은 내적 언어의 펼침unfold[14]을 위한 다양한 변형에 관한 비고츠키의 개념이다. 발달 과정에서 어린 화자들은 자기 공동체 내의 구성원들과 의미 있는 상호작용에 참여한다. 이러한 상호작용을 통해, 비문형식의telegramatic[15] 내적 언어가 펼쳐져서 입말 의사소통에 필요한 기초 능

14. 비고츠키에 따르면 유아의 언어는 외적 언어에서 내적 언어로 발달해간다. 비고츠키는 유아의 사고력이 언어를 매개로 발전해가는 것으로 보았는데, 외적 언어는 사고 언어(thought-language)와는 거리가 먼 극히 초보적 수준이기 때문에 언어와 사고의 결합이 일어나지 않는다. 언어와 사고의 결합은 외적 언어가 내적 언어로 발달해가는 과도기의 언어로서 비고츠키가 '혼잣말(private speech)'이라 일컬은 언어 발달 단계에서 일어난다. 외적 언어와 달리, 혼잣말은 자기 내면을 향할 뿐 외적 의사소통을 지향하지 않기 때문에 자기중심적이다. 피아제는 혼잣말의 자기중심성을 언어 결합으로 보았지만, 비고츠키는 이것의 순기능적 측면에 주목했다. 혼잣말은 사고를 촉진하여 점차 내적 언어와 언어적 사고로 발달해간다. 혼잣말 단계에서는 말을 바깥으로 드러내야지만 언어와 사고의 결합이 가능했지만, 내적 언어에서는 머릿속에서 사고의 작동이 가능해진 것이다. 혼잣말과 내적 언어의 차이는 마치 수학 연산에서 필산과 암산의 차이와도 같다.
한편, 언어적 사고는 내적 언어가 정교화된 것으로서 비고츠키는 이를 '접힌(folded) 사고'라 표현했다. 접힌 사고는 바깥으로 펼쳐질(unfold) 때 더욱 정교해진다. 우리가 머릿속으로는 알고 있다고 생각하는 것을 막상 설명하려고 하면 여의치 않을 때가 많다. 접힌 사고의 정당성을 사회적으로 승인받기 위해, 즉 설명을 잘하기 위해 여러 가지 전략이나 아이디어를 생각해내는 과정에서 우리의 사고와 개념이 발전해간다. 인간의 사고 확장(프레이리식으론 문해 역량 신장)을 위한 펼침의 방법으로 입말보다 글말이 훨씬 중요하다는 사실이 이 책에서 논하는 프레이리와 비고츠키의 공통점일 것이다.

력의 토대가 된다.

뒤에서도 언급하겠지만, 글말 의사소통 능력을 획득하려면 별도의 정교한 일련의 변형transformation이 요구된다. 그러나 대부분의 사람들은 개인적으로나 사회적으로 적절한 글말 의사소통 기술을 발달시킬 기회가 극히 제한되어 있다. 이러한 기회가 부족한 학습자들이 극히 초보적인 문해 수준 이상의 완벽한 기능을 터득하는 것은 현실적으로 불가능하다. 그렇지만 기술의 발달과 20세기의 급속한 사회 변화로 인해 보다 광범위한 문해 교육이 요청되고 있다. 이러한 사회적 요청과 개인적 성취 동기의 결핍을 종합하면, 교실에서 제한된 시간을 보내고 있는 학생들의 초보적인 쓰기 기술을 향상시키기 위한 강력한 교수 전략 개발이 요청된다.

비록 여러 나라에서 경제 제도나 교육 제도로부터 소외된 사람들을 위한 문해 프로그램을 제공해왔지만, 대부분의 시도는 실패했다. 우리는 이같은 실패의 한 원인을 빈곤과 농촌 사회의 현실에 대한 의미 있는 분석이 없었던 탓으로 본다.[34] 이러한 욕구를 충족시키려고 프레이리는 민중에게 뿌리 깊은 무력감을 안겨주는 삶의 조건에 대한 자신의 식견과 감각에 기초한 프로그램을 개발했다.

많은 억압 사회에서 가난한 사람들은 자신의 무력감에 침묵을 보인다(Freire, 1973).[35] 어떤 이는 가난한 사람들이 침묵하는 것은 "자기 삶에서 위험한 행동을 거부하도록 길들이는 환경 탓"이라 지적하고 있다(Greenberg, 1969, p. 79). 아이들은 "침묵이 가장 안전하며 나서봤자 얻는 것은 아무것도 없다는 것을, 교사가 곧 국가이며 교사의 말이 법이라는 것을, 법이나 배움은 백인들의 몫"이라는 것을 학습한다(Cobb, 1965, p. 106). 이 조용한 대립opposition, 즉 현실에 뛰어들어 현실을 변혁시키지 못

---

15. 유아들은 주어와 동사 혹은 목적어의 일부가 생략된 비문(非文) 형식의 축약된 언어를 구사한다. 이를테면 "엄마, 밥 주세요."라고 할 것을 "엄마, 맘."이라고 하는 식이다.

하는 무능력의 결과는 종종 그러한 억압에 굴복해보지 않은 사람들로부터 오해를 산다. 조급한 교육자는 이러한 침묵을 목격하고선 가난한 민중은 자녀 교육에 관심이 없다고 섣불리 결론을 지어버린다. 교육자와 사회과학자들은 피억압 민중이 자신의 구체적인 역사적 경험에 따라 사회의 지배 세력에 대해 자기 입장을 취해왔다는 점을 잊기 쉽다.

가난한 사람들이 낯선 사람들이나 관료들에게 침묵하는 것은 공동체의 이웃들과는 활발하게 입말로 소통하는 것과 극명한 대조를 보인다. 구체적으로 라보프Labov는 이러한 대조와 그 교육적 의미에 대해 도시 빈민가의 흑인 아이들의 경우를 통해 설명하고 있다(Labov, 1972, pp. 201-240). 가난한 사람들끼리의 활발한 소통은 정교한 입말이나 글을 통한 설명이 불필요한 공유된shared 삶의 맥락 내에서 일어난다. 외딴 시골 마을에서 길을 물어본 경험이 있는 사람은 아마도 미시시피 지역의 교육운동가 폴리 그린버그가 겪은 것과 유사한 당혹스러운 경험을 했을 것이다. 그린버그는 미시시피 아동발전회가 운영하는 보육시설을 찾기 위해 세 번씩이나 고생했던 경험을 들려준다.

> 그들이 말한 방향은 "물웅덩이에서 오른쪽으로 돌라"는 것이었지만, 웅덩이는 말라 있었다. "낙농장에서 왼쪽으로 돌라"고 했지만, 소는 눈 씻고 찾아봐도 보이지 않고 그저 빛바랜 잿빛 판자더미밖에 없었다. "조금만 가라"는 것은 "10마일이나 되는 거리"였고, "돼지들이 있는 높은 제방의 왼쪽"이라 했지만 길 전체가 아름다웠으며 넝쿨식물이 어지럽게 널려 있는 높은 제방이나 돼지들은 어디에도 없었다(Greenberg, 1969, p. 241).

프레이리가 분석하듯이, 특정 사회적·경제적 공동체 내의 구성원이 아닌 사람들과 대화를 펼쳐나가기가 매우 어렵다. 의사소통이 제대로 이루어지려면 화자들 사이에 대등한 무엇이 요구된다. 그리고 이는 종종 현재의 사회적 관계 맺음의 변경을 필요로 한다. 마찬가지로, 보다 정교한 문해 기법을 배우고자 하는 피억압 민중의 욕구 표출이나 권리 주장이 절실해지고 있는 현상은 이들의 사회적 역할이나 지위에 대한 인식 변화를 방증한다. 모든 사회 구성원들에게 유용한 의사소통 기법을 개발하는 데 교육자들이 진정으로 관심을 품는다면, 그러한 사회 변혁의 교육적 영향력에 대해 이해해야 한다.

## 생각의 전환

글말 의사소통에 숙달하려면 힘겨울지언정 비판적인 사고의 전환이 요구된다. 이는 학습자의 경험을 직접 공유하는 청자audience로부터 보다 폭넓고 추상적이며 낯선 청자로 주의를 돌리는 것을 의미한다. 이 필수적 관점의 전환은 『바비아나의 학생Schoolboys of Barbiana』(1970)에서 엿볼 수 있다. 이 책의 저자들은 독자에게 낯선 사람들과 장소, 그리고 기관들에 대해 모두 주석을 달았다. 그러나 그들은 지역의 사제인 돈 보기Don Borgy에 대한 주석은 제공하지 않았다. 영어 번역자 중 한 사람이 그 이유를 묻자, 그들은 "돈 보기는 모든 사람이 알기 때문이죠!"라고 답했다(p. 86).

우리는 사고와 언어 관계에 대한 비고츠키의 이론을 알고 있다. 내적 언어와 그것이 글말로 정교해지는 과정에 대한 그의 설명은 학생들의 글쓰기가 왜 맥락에 기초해야 하는지를 말해준다. 비고츠키에 따르면, 글을 매개로 소통을 잘하기 위해 우리는 잘 모르는 청자를 대상으로 우리 마음속에서는 간단한 형태로도 아주 익숙하게 인지하고 있는 사고를 펼쳐내어 정교하게 설명해야 한다. 글을 쓰기 위해, 우리는 "우리 경험을 통해 저장된 것으로서 최대한 축약된 내적 언어inner speech로부터 사려 깊은 의미론이라 불릴 법한 것으로서 최대한 자세한 글말written speech로" 나아 가야만 한다(Vygotsky, [1934] 1962, p. 100). 이러한 전환의 숙달은 글쓰기가 이루어지는 내적 인지 과정과 함께 사회적 맥락을 통해 가능하다.

비고츠키는 글말을 "구조나 기능 면에서 입말과는 다른 별개의 언어적 기능"으로 이해한다(Vygotsky, [1934] 1962, p. 98). 이 두 의사소통 형식의 주된 차이는 글말의 경우엔 최소 수준의 이해를 위해서도 높은 수준의 추상화와 정교화가 요구되는 점이다. 글말의 청자들은 대부분 글쓴이와 물리적·정서적 맥락을 공유하지 않는다. 따라서 의사소통의 성공을 위해 어떠한 직접적인 피드백도 제공할 수 없다. 저자는 입말 대화의 특징인 얼굴 표정이나 목소리, 음의 고저, 강세 등 청자의 직접적인 반응의 단서가 결여되어 있다. 나아가 글말 의사소통은 2차 상징체계이다. 기호는 낱말의 소리를 대신하며, 나아가 그것은 실제 세계에서 존재하는 사물과 관계에 대한 기호이다(Vygotsky, 1978). 입말에서 모든 문장은 직접적이고 명백한 동기에 의해 촉발된다. 반면, 글로 된 독백에서 "동기는 훨씬 추상적이고, 지적이며 직접적인 필요로부터 떨어져 있다"(Vygotsky, [1934] 1962, p. 99).

우리 입장에서 비고츠키의 쓰기 관련 이론 가운데 가장 흥미롭고 중요한 부분은 글말의 생산을 특징짓는 내적 과정에 대한 것이다. 비고츠키에 따르면, 글쓰기의 최초의 정신적 원천은 "내적 언어"인데, 이것은 어린아이의 자기중심적 말이 보다 간단하고 사적인 방식으로 발전된 것이다. 비고츠키는 자기 지향성과 대인관계의 소통의 언어인 내적 언어의 특징을 네 가지로 규정한다. 첫째는 **과도한 축약**heavy predication이다. 화자는 언제나 자기 생각의 주제를 알고 있기 때문에, 지시 대상은 완전히 생략되거나 모호하게 언급될 수 있다. 다음은 영화의 한 장면에 대해 한 중

학생이 자신의 내적 언어를 종이에 옮겨 쓴 것이다. "그는 모욕적인 말을 하고 있다. 소년이 그에게 그녀로부터 떨어지라고 말하려고 했다. 소년이 그에게 '주먹 샌드위치를 먹고 싶냐'고 말하자, 그는 '칠리 버거를 기다리는 중이라'고 말한다. 그런 다음 그는 술집으로 갔다."[36] 의미의 **축약** semantic shortcuts이 생겨나는 이유는 "한 낱말만으로도 외적 언어로 설명할 경우 많은 낱말이 동원되어야 하는 의미를 충분히 담고 있기 때문이다"(Vygotsky, [1934] 1962, p. 148). 글말로 의사소통을 원활히 하려면 내적 언어의 서술 구조를 통사론적으로나 의미론적으로 정교한 형태로 전환해야만 한다.[37] 이러한 인지적 행위가 일어나지 않을 때, 글쓰기는 아래 두 학생의 사례처럼 되어버린다.

인플레이션의 이익과 손해 그리고 북콜로라도의 러시아워와 UNM, 보육원 같은 것들을 구경하고자 하는 욕구는 학생들로 하여금 뉴멕시코에서 학생 수가 적은 소규모 대학이나 교육적으로 선진된 대학에 지원하기 위해 UNM에 입학하게 하는 중요한 동기가 된다.

사용하는 것에 동의한다. 그러나 나는 사람들이 에너지 사용을 줄여야 한다는 것을 과장해서 말한다고 생각한다. 그들은 단지 재미로 전기를 사용한다고는 생각지 않지만, 전기는 쉽게 얻어지지 않는다.

**접합**agglutination에 관한 비고츠키의 설명에 따르면, "몇몇 낱말들은 하나의 낱말로 병합된다. 그리고 새로운 낱말은 보다 정교한 아이디어를 표현할 뿐만 아니라 그 아이디어가 내포하고 있는 여러 가지 요소들을 지정하고 있다. 이는 **importation, undevplored(underdeveloped and explored)** 또는 **bass(band and jazz)**[38]와 같은 학생들의 쓰기에 나타난다. 마지막 특징은 서로 다른 낱말들의 의미의 조합과 통일the combination and unity of the senses of different words인데, 이는 "의미의 조합이 이루어지는 이치와는 다른 법칙에 의해 지배되는 하나의 과정이다. …… 서로 다른 낱말의 의미는 제3의 의미 속으로 들어가 서로 영향을 미침으로써 그속에 초기의 것들이 포함되고 처음의 것들은 나중의 것들을 변형시킨다(Vygotsky, [1934] 1962, p. 147).

내적 언어에 관한 기술에서, 비고츠키는 인간의 모든 인지적 측면에서 개인은 나이가 들고 경험이 늘어남에 따라 변화하고 발전해간다고 생각한다. 언어는 아동의 인지 발달뿐만 아니라 사회적 공감 능력의 발달에도 절대적으로 중요하다. 왜냐하면 언어는 아동(그리고 성인)이 인식을 체계화하는 수단이기 때문이다. 낱말을 통해 인간은 일반화와 추상화 그리고 매개된 사고의 형성을 꾀해간다. 그러나 이런 낱말들, 즉 우리의 사고가 거닐기 위해 반드시 이용해야만 하는 이 유약한 다리는 정교하게 만들어져야 하고 따라서 개인과 집단의 경험을 통해 형성되고 한정되며 확장되는 법이다.

그렇다면 교육자가 할 일은 이 경험을 확장시켜 학습자들이 글쓰기에서 이전에 느꼈던 한계를 극복하기 위한 방법론을 개발하는 것이다. 지금까지 우리가 살펴본 바와 같이, 비고츠키와 프레이리는 왜 수많은 사람들이 짜임새 있는 글쓰기를 배우는 데 곤란을 겪고 있는지에 대해 합리적이고 풍부한 설명을 제공해준다. 그러나 이들의 이론은 설명을 제공하는 데서 그치지 않고 침묵의 화자話者가 유능한 작가가 될 수 있는 전략을 제안한다. 비고츠키의 저작을 통해 우리는 기초적인 문해 수준에서 고급 문해 수준으로 발전해가기 위한 인지적 변화의 본질과 복잡성에 대해 이해할 수 있다. 프레이리는 이러한 지적 과정의 역동성을 더 잘 이해할 수 있도록 다음과 같이 이끌고 있다.

앎이란, 그 수준이 어떠하든, 객체로 전락한 주체가 다른 사람이 자신에게 던져주는 내용을 다소곳이 그리고 수동적으로 받아들이는 행위가 아니다. 오히려 앎은 세계와 직면한 호기심 가득한 주체들의 존재를 필수요건으로 한다. 앎은 현실을 변혁시키려는 그들의 행위를 필요로 한다. 앎은 끊임없는 탐구를 요청한다. 앎은 창조와 재창조를 의미한다. …… 배우는 과정에서 배운 것을 구체적이고 실존적인 상황에 적절하게 적용하는 사람만이 진정으로 배우는 사람이다. 반면, 남에 의해 자신이 알지 못하는 내용들과 세계 속에서 자기 존재 방식과 모순되는 내용들이 채워 넣어지는 사람은 배울 수가 없다. 그런 사람은 탐구하지 않기 때문이다(Freire, 1973, p. 101).

## 인지 변화의 역사적 토대

지금까지 그 누구도 피억압 민중의 지적 성장과 역사 변화 사이의 과학적인 연관에 대하여 진술한 바가 없다. 이 관계의 완전한 분석은 이 논문의 범위를 넘어서는 하나의 난제이다. 그러나 체계적인 데이터 없이도 우리는 인지 변화의 역사적 토대를 검증하기 위해 매우 다양한 사회적 환경 속에 있는 관찰자들의 일화적인anecdotal 설명을 묘사해왔다. 덧붙여, 우리는 소비에트 연방에서 30년간 일어난 중대한 사회경제적 변혁기에 있었던 모종의 심리적 변화를 상세히 논한 알렉산더 루리야의 설명을 참조했다.

러시아 혁명 바로 직후, 비고츠키와 그의 제자 루리야는 우즈베키스탄과 키르기지아의 오지를 방문했다. 그들은 당시 진행 중인 사회 변혁의 영향을 받지 않은 사람들과 집단농장과 문해 과정의 결과로 프레이리적 의미에서 '주체'로 성장한 사람들 사이에서 일어난 태도의 차이에 놀랐다. 새로운 사회적·교육적 경험이 부족한 사람들은 대화에 뛰어들기를 주저하며 비판적 존재로서 토론에 참여하기를 꺼렸다. 그 마을 바깥세상의 삶에 관해 방문자들에게 질문해보라고 했을 때 그들은 다음과 같이 반응했다.

> 어떤 질문을 해야 할지 모르겠군요…… 뭘 아는 게 있어야 질문을 하죠. 우리가 아는 것이라곤 밭에서 괭이로 잡초를 제거하는 일뿐이에요.

> 나는 지식을 어떻게 얻는지 모릅니다…… 어디에서 질문을 찾아야 할지 모릅니다. 당신에게 질문하기 위해서는 지식이 필요합니다. 당신이 무엇을 이해할 때 질문을 할 수 있으시죠. 그러나 내 머리엔 든 게 없답니다(Luria, 1976, pp. 137-138).

그러나 혁명 과정에 참여했던 농부는 그들의 집단적인 삶에 관해 많은 질문을 했다.

> 어떻게 하면 삶이 더 나아질 수 있을까요? 왜 농부의 삶이 노동자의 삶보다 못한가요? 어떻게 하면 내가 지식을 잘 받아들일 수 있을까요? 왜 도시 노동자들이 농부보다 더 뛰어난 기술을 갖고 있을까요?

> 자, 내가 우리의 콜호즈닉(집단농장의 성원들)이 더 나은 사람이 되게 하기 위해 무엇을 할 수 있었을까요? …… 그리고 나는 이 세상이 어떻게 존재하는지, 사물들은 어디서 오는지, 왜 부자는 더욱 부유해지고 가난한 사람은 더욱 가난해지는지 궁금합니다(Luria, 1976, pp. 141-142).

이런 형태의 변화는 민중이 그들의 사회언어적인 현실sociolinguistic reality을 변혁하는 일에 참여하는 곳에서 다양한 방식으로 목격되는데, 칠레, 브라질, 기니비사우, 쿠바, 미시시피, 그리고 나바호족의 경우가 그러하다.[39] 민중이 사회 현실을 자기가 원하는 방향으로 만들어갈 수 있다고 확신할 때 그들은 더 이상 고립되거나 무기력해지지 않는다. 그들은 더 큰 세계와 대화하는 데 참여한다. 처음에는 입말로 참여하다가 점차 글말을 통해 대화에 참여한다.

이러한 발달은 단선적으로 이루어지지 않는다. 그 발달은 복잡하고 변증법적인 다양한 변화transformation로 점철된다. 첫째 변화를 통해 개인은 '객체'에서 '주체'로 변함에 따라 자기 조절감이 증대된다. 농장에서 늘 열심히 노동하는 한 농부의 다음과 같은 말은 이러한 변화의 중요성을 잘 표현하고 있다. "나는 일한다. 그리고 이 일을 통해 나는 세계를 바꿔간다"(Freire, 1973, p. 48). 두 번째의 변화는 인식이나 동기 면에서 민중의 내면에 일어난 의미심장한 변화를 담고 있는 결과를 반영한다. 한때 타인과 대등한 존재로 대화에 참여할 자기 권리를 부정하던 그들은 이제 문화 창조자로서 그리고 문화 변혁 주체로서 자신의 책무성을 긍정한다. "모든 사람은 나름의 문화를 갖고 있다. 그리고 어떤 이도 다른 사람 못지않다. 우리의 문화는 우리가 당신에게 가져다주는 하나의 선물이다"(Schoolboys of Barbiana, 1970, p. 109). 셋째, 교육적으로 전달된 지식에 대한 열망과 욕구는 사회적 발전이나 개인적 발전의 결과로서 중요한 관심이 된다. 비록 많은 사례에서 학교와 교육기관이 피억압 민중의 열망을 제도적으로 충족시키지 못했지만, 학부모와 학생들 공히 공식 교육을 통해 그들이 스스로를 변혁히고 기존 지배 사회에 대처하는 기법을 터득하는 방법을 배울 수 있음을 인정한다.

나는 젊은 인디언 청년들이 더 좋은 교육을 받아 흰 얼굴을 가진 이들과 경쟁하는 것을 보고 싶다. …… 나는 내 아이들이 우리 나바호족에게 별 도움이 안 되는 직업을 얻기 위해 멀리 떠나지 않기를 바란다. 차라리 나는 그들이 여기에 머물면서…… 미래의 인디언 지도자가 되기를 바란다(Norris, 1970, p. 18).

그런가 하면, 한 젊은 여성은 자신의 여름휴가 시간을 '자유 학교'에서 보내는 이유를 묻자 다음과 같이 대답했다.

나도 역사의 한 부분이 되고 싶어서(Holt, 1963, p. 332).

미국인들이 널리 지니고 있는 신념, 즉 교육은 본질적으로 자기 능력에 대한 개인의 자신감이나 기존 사회경제적 위계질서 모두를 발전시킬 수 있다는 신념에도 불구하고, 실질적 사회 변화를 도모하지 않는 교육적 관여는 아무 쓸모가 없다. 이것은 특히 가난한 사회나 제3세계에서 그러하다. 이러한 사회에서 부모와 자녀들은 늘 자신이 주변인으로서 소외되어왔다고 느낀다. 미시시피의 기층 농민과 나바호 부모의 증언은 그러한 교육 프로그램에 대한 반응을 설명해준다.

그들(학교 관계자들)은 나를 빼버렸다. 그래서 나는 내내 밖에서 지냈다. 그들은 내게 도움이 안 된다. 그들은 내가 무식하다고 말한다. 나 또한 그들에게 도움이 안 된다. 그들은 사람을 사람으로 대하는 방법을 모른다(Greenberg, 1969, p. 100).

만일 학생이 학교에서 배운다면, 그는 집에서 가치 있다고 배운 것으로부터 점점 멀어져간다. 나는 부모들이 이러한 문제에 관해 어떻게 생각할지 궁금하다. 그들은 혼란스러울 것이다(Norris, 1970, p. 15).

아이들이 자신의 공동체에서 무력감을 느끼는 한, 교육자가 아무리 최선을 다한들 그 영향력은 결코 오래가지 못한다. 교육이 실효를 거두려면 모든 인간이 자신의 학습에 능동적으로 참여하기 위한 잠재력을 인정하고 그것을 발휘하도록 해야 한다. 이런 까닭에 교육의 성공은 사회 환경의 변화, 즉 소외와 주변화로 점철된 과거와의 단절에 달려 있다. 그러므로 교육개혁은 하나의 본질적 구성 요소이지만 그 자체로 교육적 변화의 원인은 아니다.

비록 서로 다른 시대에 서로 다른 나라에서 살았지만, 비고츠키와 프레이리는 사회 변화와 교육 변화의 의미심장한 결합을 강조하는 접근법을 공유했다. 비고츠키가 심리학의 역동성에 초점을 맞추었다면, 프레이리는 적절한 교육 전략을 개발하는 데 관심을 두었다.

**교육에서의 대화**

급격한 사회 변화의 시기에는 많은 사람들이 나름의 새로운 미래를 상상한다. 그러나 새로운 가능성으로부터 사람들이 혜택을 보기 위해서는 의미 있는 교육 프로그램이 만들어져야 한다. 이러한 프로그램이 실질적으로 성공하려면 두 가지 요인이 만족되어야 한다. 첫째, 교육자와 학생 사이에, 보다 넓은 바깥세상의 대표자들과 그들이 이끌어가는 가난한 사람들 사이에, 상호 존중과 이해가 있어야만 한다. 둘째, 교육과정은 학습자의 "지금 여기the here and now"에 기초해서 짜야만 한다(Freire, 1970b). 지역민의 관심과 자원 혹은 욕구를 고려하지 않은 채 냉담한 관료주의에 의해 주도된 교육 프로그램은 지루하고, 힘 빠지고 무관심을 자아낼 뿐이다. 예컨대 칠레에서 프레이리의 방법을 익힌 한 문해 노동자는 다음과 같은 사실을 발견했다. "농부는 코드화가 자신이 피부로 느끼는 욕구와 직접적으로 관련되었을 때만 토론에서 관심을 보였다. 이로부터 벗어난 어떠한 것들도 침묵과 냉담을 불러일으킨다"(Freire, 1973, p. 109).

프레이리는 그러한 침묵과 냉담을 이렇게 설명한다. "의사소통이 성공적으로 이루어지기 위해서는 서로 소통하는 주체들Subjects 사이에 합의가 있어야 한다. 다시 말해, 어느 한 주체의 입말 표현은 다른 주체가 알아들을 수 있는 참조틀 내에서 지각될 수 있어야 한다"(Freire, 1973, p. 138). 이것은 "큰" 말을 회피하거나 혹은 설명하려는 그 이상을 의미한다. 종종 같은 낱말이나 기호라도 다양한 사람들에게 다양한 맥락으로 다가가 완전히 다른 의미로 쓰인다. 이러한 의미론적 혼란의 유형은 이 글 앞부분에서 소개한 미시시피의 오지에 있는 보육시설을 찾아가려던 그린버그의 설명에서 엿볼 수 있다.

심지어 지금 여기에 기초하여 교사와 학생이 서로 존중하는 수업에서조차, 지적 성장은 보장되지 않는다. 이를테면 칠레 교육자는 그들의 성인 학생들이 가끔 그들이 느끼는 욕구와 그 욕구의 이유 사이의 관계를 인식하지 못한다는 것을 발견했다(Freire, 1970b). 이러한 학습의 어려움에 대한 한 원인은 우즈베키스탄과 키르기지아에서 루리야의 저작에서 발견된다. 루리야와 비고츠키는 추상적인 개념(태양은 무엇인가? 당신은 앞 못 보는 사람에게 태양을 어떻게 설명할 것인가? 자유란 무엇인가?)과 일반적인 분류를 정의하는 것을 포함하여 제시했다. 이러한 사회에서 글 모르는 성인들은 이러한 과업을 수행하는 데 매우 큰 어려움을 겪는다. 이를테면 농부들은 '연장'이라는 범주에 종종 당나귀, 장작, 도끼, 누에고치, 머리뼈와 같은 다양한 물건을 포함시킨다. 논리적인 추론 기술이 필요한 문제를 풀 때, 사람들은 실제 경험을 바탕으로 한 통찰력을 뛰어넘어야만 한다. 그런 문제를 해결하는 데는 탈맥락화된 사고가 필요하며 욕구를 느끼는 것과 외적 조건 사이의 관계에 대한 인식이 요구된다. 논리적인 공식화의 닫힌 체제 내에서 인지적 작동 기능이 필요하며 그것은 지금 여기와 분리되어 있다. 그러나 그것은 인지의 한 형태이며 그와 더불어 루리야가 연구한 농부들과 많은 사람들에게는 익숙지 않은 것이었다.

이러한 종류의 인지적 기술은 학교 공부를 위해 준비되어야 하고 또 학교에서 배워야 할 것이기도 하다. 코울과 스크리브너Cole and Scribner(1974)는 서부 아프리카에서의 연구를 토대로 논리적 사고력 발전에 학교교육이 미치는 점진적인 효과에 관해 기록했다. 자기들의 발견을 해석하기 위해 그들은 "고등정신기능은 복잡하고 짜임새 있는 기능 체계로서 논리적 사고가 익숙해질 때 촉진된다."는 루리야의 말을 인용한다(Luria, 1976, pp. 23ff). 비고츠키가 이러한 기능적인 학습 체계를 처음으로 기술한 바와 같이, 고등정신기능을 구성하는 요소들이나 그 요소들이 작동하는 연관성은 개인의 발달 과정에서 형성되며 아동의 사회적 경험에 의존한다.

그러나 현대의 교육은 새로운 기능적인 체계의 성장을 유발하는 데 실패한다. 왜냐하면 교육이 프레이리가 말한 '은행 적금식 개념', 즉 "개인의 창조력을 마비시키고 금지시키는" 방식으로 이루어지기 때문이다(Freire, 1970b). 학생은 오직 기존의 지식을 내면화하도록 기대된다. 종종 이것은 사회에서 지배 집단의 목적을 내면화하는 것을 의미한다. 이와 대조적으로 의미 있는 지식은 능동적인 학습을 위한 인간의 잠재력 위에서 형성되고 프락시스와 연결된다. 교사와 학생이 대화의 동반자가 될 때 지식 획득의 과정에 대한 새로운 개념들이 나타난다.

사고와 언어의 결합 없이는 언어가 불가능하며, 낱말 없이는 사고가 불가능하듯이 인간의 말은 어휘 그 이상의 무엇이다. 그것은 낱말과 행위가 결합된 것word-and-action이다. 문해 과정의 인지적 영역은 반드시 인간과 그들의 세계의 관계를 포함해야만 한다. 이러한 관계는 세계[16]를 개조해가는 과정에서 인간이 만들어낸 생산물과 거꾸로 이러한 산물이 인간에게 작용하는 변증법적 관계의 원천이다(Freire, 1970a, p. 12).

어떠한 지적인 노력도 글말 능력의 획득보다 중요한 것은 없다. 입말에서 글말로 나아가기 위해 학생들은 별도의 도약을 해야 한다. 그들은 더 나은 추상화와 의미론적 확장 그리고 정교한 문장력이 요구되는 새로운 코드를 획득해야 한다.

많은 문해 교육자들은 입말의 단서가 부족한 추상적인 기호 체계를 통해 의사소통하는 학습의 중요성을 강조해왔다. 그러나 프레이리는 문해가 그 자체로 의식의 변화를 위한 핵심이 될 수 있다는 것을 보여주었다. 사회적으로 의미 있는 생성어가 문해 프로그램에서 사용될 때, 학생들은 그것을 통해 자신의 경험을 반추하며 비판적으로 음미할 수 있게 된다. 이런 면에서 성인에게 읽기와 쓰기를 가르치는 것은 더 이상 무의미한 '바 베 비 보 부'나 여타의 기계적인 단어 암기가 아니라, "세계를 이름 짓는naming the world" 힘겨운 도제 활동이다(Freire, 1970a, p. 11). 또한 이 이름 짓는 행위는 해방적인 활동이다.

칠레의 몇몇 지역에서 농업 개혁의 과정에서 문해 프로그램에 참여한 농부들이 자신이 일하는 흙길 위에 자신이 사용하는 도구로 "이 사람들은 말

---

16. 원문에서는 (transforming) the words라 적혀 있지만 이는 'the world'를 잘못 옮긴 것이다. 저자가 인용한 프레이리의 원저서 『Cultural action for freedom』에도 'the world'로 표기되어 있다.

의 씨를 뿌리는 사람이다."라고 적었다고 한 사회학자가 말했다. …… 사실 그들은 말의 씨를 뿌릴 뿐만 아니라, 생각을 토의하고, 세계 속에서 그들의 역할에 대해 점점 더 잘 이해하게 되었다(Freire, 1970a, p. 22).

이러한 교육을 통해, 학습자와 교육자는 전례 없이 폭넓은 맥락 속에 함께 뛰어든다. 또한 학생들의 사고는 더 이상 직접적인 경험에 갇혀 있지 않다. 교사와 학생 모두의 의사소통 범위가 확장됨에 따라, 언어 기호의 역할과 구조도 늘어나고 변화된다. 이 과정에서 "단지 낱말의 내용만 변하는 것이 아니라, 현실이 낱말 속에 일반화되고 반영되는 방식도 변한다"(Vygotsky, [1934] 1962, pp. 121-122). 그러나 이러한 변화는 고립되어 일어나지 않는다. 프레이리가 통찰력 있게 상기시키는 바와 같이, "고립된 인간이 있을 수 없듯이, 고립된 사고 또한 있을 수 없다. 어떠한 사고 행위도 생각하는 주체를 필요로 하며, 생각하는 주체들이 매개하는 사고 대상과 그 주체들이 언어 체계로 표현하는 의사소통을 필요로 한다"(Freire, 1973, pp. 136-137).

## 문해로부터 쓰기까지: 조사연구

문해는 사회적·개인적 현실을 비판적으로 재구성하기 위해 필요한 여타의 기술과 전략의 원천으로서 가치가 있다. 최선의 문해 프로그램의 목적은 "우리 사회의 신화에 의문을 품고서 현실 사회를 보다 더 분명하게 인식하고 그 대안을 찾기 위해, 그리고 종국적으로는 새로운 실천 방향을 찾기 위한 것"이었다(Holt, 1965, p. 103). 그러나 초보적인 문해 수준으로는 이러한 광범위한 목적을 달성할 수 없다. 민중의 언어 기술은 자신의 정치적·문화적 경험을 비판적으로 검토하고 이론적으로 정교화하는 수준에 이르러야 한다. 동시에 문해는 더욱 많은 사람들에게 직업 기술과 정보에 접근하는 방법을 터득하도록 해야 한다(Darcy de Oliveira & Darcy de Oliveira, 1976).

지금까지 많은 고급 문해 프로그램들은 명확한 이론적 접근틀을 통해서만 얻을 수 있는 일관성과 방향성이 결여되어 있었다. 미국을 비롯한 여러 나라에서 시행되는 몇몇 기초 문해 프로그램들은 직간접적으로 비고츠키와 프레이리의 원리들을 적용해왔다. 우리는 내적 언어가 글말로 옮겨 가는 변화에 대한 프레이리의 방법론이나 비고츠키의 가정이 기초 문해 프로그램에서뿐만 아니라 고급 글쓰기 기법의 발전을 위한 도구나 이론틀로 유용하게 쓰이리라 믿는다.

엘자써와 벨링 등은 뉴멕시코의 두 대학에서 프레이리와 비고츠키의 이론을 적용한 고급 문해 프로그램을 개발했다.[40] 다른 평범한 방법들과 비교할 때, 이러한 접근의 결과는 인상적이었다(Behling & Elsasser, 1976; Elsasser, 1976). 흔히 이용되고 있는 선집 중심의anthology-based 교육과정이 가정하는 바는, 학생들의 인지구조의 성격상 잘 고안된 문해 모형에 단순히 노출되는 것만으로도 전파력이나 효율성이 높다는 것이다. 반면, 행동주의를 기반으로 한 교육과정은 글쓰기 기술은 개별적 가르침을 통해 순차적으로 터득될 수 있는 특별한 과업으로 이해되어야 한다고 가정한다. 이 두 접근법과는 대조적으로, 엘자써와 벨링이 수행한 실험 연구는 교사 변인과 학습자 변인 그리고 사회 변화가 복잡한 상호작용으로 얽혀 있다. 나아가 이들의 방법은 글말 의사소통의 발전을 촉발하는 지속성과 변화의 역동성을 제공한다. 그러한 과정의 첫 단계에서 교사들은 학생들에게 이러한 상호작용에 대해 상세하게 설명한다. 그들은 또한 점점 더 많이 탈맥락화된 의사소통 형식에 대해 비고츠키의 정교한 사고 분석에 관해 토론한다. 이 분석은 보다 형식적인 입말 의사소통을 통해 익숙한 구두 언어로부터 정교한 문자 언어를 향해 간다. 그리하여 학생들은 글말을 통해 자기 생각을 표현하는 것의 장점과 단점 모두를 음미할 수 있다. 최초의 설명을 바탕으로 이루어진 몇몇 활동은 우리의 사고를 탈맥락화하고 정교화하는 과정을 보여준다. 학생들은 엘자써와 벨링이 고안한 초기 활동을 통해 글쓴이의 참조 체제를 공유하지 않는 청자를 위한 쓰기에 필요한 기법을 충분히 이해한 다음 글쓰기를 시도한다.

정교화 기술의 중요성은 비슷한 하나의 주제를 나타내고 있으나 각기 두드러진 특징을 표현하고 있는 몇몇 그림들을 전시함으로써 쉽게 이해할 수 있다. 그림들은 지역의 풍경과 같이 학습자에게 익숙한 환경을 묘사해야 한다. 알부케르케 대학에서 전시한 그림 속에는 산과 언덕이 그려져 있었다. 학생들은 각자 한 가지 그림을 선택하여 그 그림이 묘사하는 일련의 낱말 목록을 만들고 학급의 다른 구성원들이 그것을 쉽게 알아맞히도록 한다. 프레이리의 경우, 나무 판이나 슬라이드 위에 익숙한 그림들을 비춰주는 것만으로도 학생들이 앎의 행위에 영향을 미칠 수 있음을 목격했다. 그들은 앎의 대상과 거리를 좁히게 되며…… 탈코드화의 목적은 비판적인 수준의 앎에 도달하는 것이며, 이것은 학생들의 '현실real' 맥락에서의 상황에 대한 경험으로부터 시작한다(Freire, 1970a, p. 15).

알부케르케 대학에서 학생들이 목록을 공유하고 다른 사람이 선택한 것을 발견하고자 했을 때, 모두가 여러 낱말의 차이에 대해 더 잘 알게 되었다. 객관적이고 물리적인 속성을 나타내는 몇몇 낱말들(험준한 바위, 그림자, 봉우리)이 학생들의 입을 통해 지적된다. 시각적 자극(넓은, 신성한, 자유, 자부심)에 대한 주관적인 반응을 나타내는 낱말들은 개인적으로personally 기술된다. 대화, 특히 동일한 표상에 대해 개개인이 서로 다른 반응을 보이는 대화에서, 참가자들은 타인을 이해시키려면 다른 어떤 설명이 추가되어야 할지를 배운다. 그리하여 모든 형태의 의사소통, 특히 글쓰기에서 정교화의 필요성은 명백해진다.

두 번째 방법은 학생들끼리의 의사소통에서 생략된 것과 그것을 더 구체화하기 위해 얼마만큼의 상세한 설명이 필요한지를 보여준다. 이 방법은 식료품 쇼핑과 같은 평범한 일상 과업을 예로 들 수 있다. 각 학생들은 두 종류의 설명을 준비해야 한다. 하나는 자신을 위한 것이고 다른 하나는 미지未知의 타인을 위한 것이다. 자신을 위한 목록은 대개 타인의 시각으로는 이해할 수 없는 것으로서 최소한의 연상을 위한 낱말들로 구성된다. 다음과 같은 세 학생의 목록이 그런 것들이다.

| 학생 A | 학생 B | 학생 C |
|--------|--------|--------|
| 우유 | 비누 | 우유 |
| 계란 | 고기 | 고기 |
| 빵 | 칩 과자 | 계란 |
| 비누 | 맥주 | 감자 |
| 화장지 | 빵 | 아이스크림 |
| | | 비타민 |

참가자들은 만일 그 임무가 다른 사람에게 주어진다면 어떤 정보가 보태져야 할지에 대해 토론한다. 이를테면 크기, 등급, 상표, 형태, 가격한도 등이 될 것이다. 토론 후 몇몇 학생들은 곧바로 상세한 쇼핑 목록을 준비했다. 이런 목록이라면 대리인도 충분히 임무를 수행할 수 있을 것이다.

어떤 목록은 자기 자신을 위한 말로 똑같이 반복된 것도 있다.

| 학생 A | 학생 B |
|--------|--------|
| 크림, 균질 우유, 1.9리터 | 비누 2막대 |
| 1판, A등급, 큰 계란 | 햄버거 고기 1묶음 |
| 로만 밀 빵-큰 덩어리 | 포테이토 칩 1묶음 |
| 토니 비누 | 버드와이저 6병짜리 2팩 |
| 화장지(Toilet tissue)-개인용 | 빵 1덩어리 |

이어지는 대화에서 학생들은 식권으로 구매할 수 있는 음식은 어떤 것인지, 구매자의 위치에서 가장 가까운 가게가 어디인지에 관한 힌트를 덧붙였다. 이러한 언급은 계속해서 더욱 낯선 청중도 이해할 수 있을 수준의 정교한 글쓰기를 위한 기초를 제공한다. 그 구매자가 식권에 관해 모른다면 어떻게 할 것인가? 슈퍼마켓이 더 익숙하지 않을까? 당신의 이웃을 모를 수도 있지 않을까? 이런 과정에서 학생들은 완전한 서술과 설명의 필요성에 대한 최상의 인식을 얻었다. 따라서 처음에는 단순했던 과업이 모종의 대화를 자극했는데, 이는 프레이리가 소통적 교환에 대한 개인의 이해력 발전에서 중요한 것으로 간주한 것이다. 이 토론에 이어지는 과업은 토론 내용을 바탕으로 식료품 가게에 대한 에세이를 쓰는 것이다.

이 프로그램에서 활용한 세 번째 활동은 입말 언어에서 구술 단서와 시각적 단서에 대한 우리의 일상적 의존을 강조했고 학생들이 그들의 설명을 탈맥락화하는 데 도움을 주었다. 학급의 구성원들은 기하학적인 도안을 부여받아 그룹의 다른 사람들에게 그 도안에 대해 구두로 설명해야 했다. 그 설명은 충분히 명확하게 이루어져야 했고 그리하여 처음의 도안을 보지 않고도, 설명을 들은 사람은 그 도안을 적절하게 재현할 수 있었다. 몇몇 학생들은 학급 학생들을 바라보면서 그들과 말 또는 시각적 상호작용을 나눴다. 어떤 학생들은 집단에 등을 지고서 구술적 반응이나 시각적 반응을 배제한 설명을 했다. 다른 학생들이 재현해 보인 도안은 곧바로 설명 내용과 부합하는지에 대한 확인이 이루어졌다. 처음에 청자들과 상호작용을 한 학생들은 어떤 반응을 거부한 학생들보다 훨씬 더 과업을 잘 수행했다. 그러나 그 집단의 모든 구성원들이 청자의 욕구나 그들의 욕구에 부응하기 위해 어떤 정보가 제공되어야 하는지를 알게 될 때까지 과업의 변화가 계속되었다.

고급 문해를 위해 이론 중심의 프로그램은 결과적으로 개념적 지식을 펼치도록 장려되고 도움을 주도록 진행된다. 사고가 계속 확장되고 구체화되는 구술 토론 과정을 통해 미지의 타자를 위한 정교화 노력이 강조된다. 강사와 급우들로부터 글쓰기의 성공 또는 실패의 피드백이 즉각적으로 주어진다. 이러한 방법론적 연속성을 통해 초기 과업으로부터 확장된 형태의 글쓰기로 옮겨 가는데, 이는 전통적 작문 강좌에서 요구되는 것이기도 하다. 이러한 이론적 참조틀 내에서 강조되는 의사소통적 노력은 추상적 개념에 대한 규정definition이자 상상 속의 청자의 가치를 기반으로 한 설득이며, 개인적 경험의 독백이자 편집자에게 쓰는 편지이다. 글말 의사소통에서의 활동은 현장에 존재하지 않는 추상적 청중에 대한 탈맥락화를 필요로 한다. 각 과제는 몇 가지 주제에 대한 토론으로 시작될 수 있다. 공유된 지식은 무엇이며 공유되지 않은 지식은 무엇인가? 의도된 청중의 정보 욕구는? 글쓴이의 경험의 특수성은? 대상 청중의 언어적 편견은? 이러한 사실들에 대한 집단 토론은 학생들이 그들의 사고를 명확히 하는 데 도움을 준다. 이 토론은 또한 사고의 원천과 비판적 검토와 분석의 과정에서 생각의 변화가 일어나는 방식에 대한 이해를 돕는다.

## 글쓰기의 인지적·사회적 역동성

우리가 지지하는 문해 프로그램은 행동주의나 생득설에 기초한 교정적 교수 방법과는 근본적으로 다르다. 효과적인 접근은 기본적으로 행동의 생물학적 토대를 변화하는 사회 조건과 결부시키는 비고츠키의 상호작용론적 가정에 근거를 두어야 한다고 믿는다. 비고츠키는 이렇게 말한다.

아동기의 발달에 관해 연구하기 위해 우리는 서로 다른 두 중심 노선(생물학적인 것과 문화적인 것)의 변증법적인 통일에 대한 이해로부터 시작해야 한다. 그렇다면 이 과정을 분석하려는 실험자들은 아동 발달의 모든 단계에서 얽혀 있는 복잡성을 지배하는 요소와 법칙에 관해 연구해야만 한다(Vygotsky, 1978, p. 5).

이러한 상호작용에 대한 비고츠키의 탐구는 인간 유기체를 위대한 가소성의 하나로 간주하며 아이가 태어나고 성장해가는 역사적·문화적 맥락으로 보는 관점에 기초한다(John-Steiner & Souberman, 1978, p. 5).

우리가 제안하고 개발하고자 한 모형은 프레이리와 비고츠키 두 사람의 이론에서 출발했다. 그들은 언어가 개인적 맥락과 사회적 맥락의 부단한 상호작용을 통해 발달하고 확장되고 수정되어간다고 주장한다. 글말은 "상호 연관된 두 맥락에 대한 앎의 활동이다. 하나는 학습자와 교육자가 대등한 앎의 주체로서 참된 대화를 나누는 맥락이다. 다른 하나는 사실관계, 즉 인간이 존재하는 사회적 실재에 대한 현실적이고 구체적인 맥락이다"(Freire, 1970a, p. 14). 능동적이고 헌신적인 학습자들을 위해 고안된 교육은 글말의 본질과 그 효과적인 의사소통 가능성 그리고 글쓰기의 어려움을 이해하는 기회를 제공한다. 무엇보다 그러한 교육은 학습자들이 글쓰기를 통해 자신의 사고를 바깥으로 드러낼 수 있게 하는 일련의 전략을 제공한다. 이러한 전략을 발전시키려면 우리의 관심은 글말 생산물뿐 아니라 그러한 산물의 인지적 토대로도 향해야 한다. 언어의 구조에 대한 비고츠키의 이론과 그것을 의사소통을 위한 효율적인 글말과 입말 구사에 적용하는 문제는 교육 프로그램을 구상함에 있어 많은 가능성을 제안한다. 학생들에게 동기를 부여하거나 그들이 쓴 글을 격려함으로써 짧은 시간에 문해 기법을 발전시킬 수 있다. 그러나 인지적 과정에 기초한 프로그램만이 개인적 성장과 사회 변혁의 도구로 문해를 사용하는 장기적인 목적을 충족시킬 수 있을 것이다.

지금 이 순간은 대부분의 교육자들이 언어의 사회적 본질에 대해 인식하고 있을지라도, 막상 문해 프로그램이 시작되면 이 사실을 망각하기 쉽다. 프레이리와 비고츠키의 이론에서 공통적으로 강조되는 대화의 핵심 기능은 학습자들이 자기 삶에 의미 있는 이슈를 직면하고 그것을 입말과 글말을 통해 표출하기 위한 집단적 관계 맺음에 적극적으로 뛰어들 때 효과를 발휘한다.

## 참고 문헌

Behling, C., & Elsasser, N.(March 1976), *Role taking in writing,* Workshop conducted at the TESOL Convention, New York.

Cobb, C.(1965), Notes on teaching in Mississippi. In L. Holt(Ed.), *The summer that didn't end,* New York: Morrow.

Cole, M., & Scribner, S.(1974), *Culture and thought,* New York: Wiley.

Darcy de Oliveira, R., Darcy de Oliveira, M.(1976), *Guinea-Bissau: Reinventing education*(Document 11/12), Geneva: Institute of Cultural Action.

D'Eloia, S.(1975), Teaching standard written English, *Basic Writing,* 1, 5-14.

Elsasser, N.(1976), *Turning our thoughts inside out,* Unpublished manuscript, University of New Mexico, Aluquerque, N. M.

Freire, P.(1970a), *Cultural action for freedom*(Monograph Series No. 1), Cambridge, MA: Harvard Educational Review & Center for Study of Development and Social Change.

Freire, P.(1970b), *Pedagogy of the oppressed,* New York: Seabury.

Freire, P.(1973), *Education for critical consciousness,* New York: Seabury.

Greenberg, P.(1969), *The devil has slippery shoes,* London: Macmillan.

Holt, L.(Ed.)(1965), *The summer that didn't end,* New York: Morrow.

John-Steiner, V., & Leacock, L.(1978), The structure of failure. In D. Wilkerson(Ed.), *Educating children of the poor,* Westport, CT: Mediax.

John-Steiner, V., & Souberman, E.(1978), The dialectic of cognitive growth(Introductory Essay). In L. S. Vygotsky, *Mind in society: The development of higher psychological processes*(M. Cole, V. John0Steiner, S. Scribner, & E. Soubermna, Eds.), Cambridge, MA: Harvard University Press.

Labov, W.(1972), The logic of nonstandard English, *In Language in the inner city,* Philadelphia: University of Pennsylvania Press.

Laurence, P.(1975), Error's endless train: Why students don't perceive errors, *Basic Writing,* 1, 23-42.

Luria, a. R.(1976), *Cognitive development: Its cultural and social foundations,* Cambridge, MA: Harvard University Press.

Norris, R.(1970), *A Navajo community develops its own high school curriculum,* Unpublished manuscript, University of New Mexico, Albuquerque, NM.

Schoolboys of Barbiana.(1970), *Letter to a teacher,* New York: Random House.

Vygotsky, L. S.(1962), *Language and thought.*(Originally published, 1934).

Vygotsky, L. S.(1978), Mind in society: *The development of higher psychological processes.*(M. Cole, V. John-Steiner, S. Scribner, & Souberman, Eds.), Cambridge, MA: Harvard University Press.

35) 프레이리는 이 저항을 '침묵 문화'로 일컫는다. 프레이리에게 이 말은 피억압자들이 억압자들과 맞닥뜨릴 때 보이는 수동적인 저항의 형태의 의미이다. 프레이리가 사용하는 이 말의 의미는 피억압자들이 어떤 내적 결점(문화적이든 심리적이든 발생적이든)으로 인해 최소한의 수준에서조차 언어적 기술을 갖고 있지 못하다고 생각하는 언어 박탈주의자들(verbal deprivationists)의 생각과 혼동되어서는 안 된다.

36) 뉴멕시코 대학 영어교육원의 딘 브로드키 원장의 허락을 받아 기재한다. 이 예시와 함께 이어지는 두 예시도 그의 프로그램 속에 참여한 학생으로부터 나온 것이다.

37) 이 에세이에서 우리는 비고츠키의 '정교한'이라는 말을 그것이 보다 일상적인 말과 눈에 보이는 의사소통의 단서에 의존하기 않기 때문에 완전히 전개되고 최대로 탈맥락화된 말의 형태로 사용하고 있다.

38) 이 사례들은 뉴멕시코 대학 영어교육원(D'Eloia, 1975: 11)과 크리스 벨링(Behling & Elsasser, 1976)에서 인용했다.

39) 이 프로그램의 정보에 관해서는 프레이리(1970b와 1973, Brazil and Chile), Darcy de Oliveira and Darcy de Oliveira(1976, Guinea-Bissau), 홀트(1965)와 그린버그(1969, Mississippi), 노리스(1970, Ramah, Navajo Nation)를 보라.

40) 참여한 학생들은 주로 멕시코계 미국인과 미원주민이었다. 보다 큰 사회와 비교하여 그들 지역사회의 무기력함은 다른 국가의 농민과 노동자가 억압받는 많은 방식에서 유사하다.

# 4

## 미국 대학에서의 비문해와 소외: 파울로 프레이리 교육학의 적용 가능성

### Illiteracy and Alienation in American Colleges: Is Paulo Freire's Pedagogy Relevent?

린다 쇼와 발레리 페이스
Linda Shaw Finlay & Valerie Faith

이 논문은 파울로 프레이리의 철학과 방법론에 기초하여 미국 중상위층 대학생들의 언어 능력을 향상시킬 목적으로 가르쳤던 한 강좌에 관한 것이다.[41] 당면 목적은 의사소통 능력 향상이었지만, 우리는 성인 교육에 관한 폭넓은 의미를 발견했다. 미국 내 많은 사람들과 마찬가지로 우리 학생들도 읽기와 쓰기에 다양한 취약점을 드러냈고, 지적 호기심이 부족한 듯했다. 우리 학생들의 문제가 프레이리의 제3세계 학생들의 문제와 공통점이 별로 없으리라 생각했지만, 프레이리가 언어 학습에서 동기의 문제를 강조했던 점을 감안하여 우리는 프레이리의 원리와 이론을 구체화하여 제시할 수 있는 강좌를 설계했다.

처음에는 제3세계 교육학을 미국 대학의 중상류층 학생들에게 적용하는 것이 부적절하지 않나 싶었다. 이러한 우려는 정치적으로나 교육적으로도 그러했다. 첫째, 우리는 프레이리가 말하는 교육의 과정educational process을 기계적인 기법으로 환원시킴으로써, 문해를 발흥시키는 도덕적·정치적 각성을 자극하는 그 예리한 칼날을 무디게 하고 싶지 않았다. 둘째, 우리는 프레이리의 방법이 이미 기능적으로는 문자를 터득했지만 능동적인 사고력과 명료하고 일관적인 글쓰기 능력이 부족한 학생들에게 과연 도움이 될 것인가 하는 의구심이 들었다. 이러한 망설임에도 불구하고 우리는 1920~1930년대의 작품이 최근에 와서야 빛을 보고 있는 러시아 인지심리학자 레프 비고츠키(1962)의 발달심리학 이론과 프레이리의 교육 원리의 결합 가능성을 제시하는 한 편의 논문에 힘입어 우리의 연구를 진척해가기로 마음먹었다.

비고츠키에 따르면, 좋은 글쓰기는 추상적 사고와 관련이 있다. 비고츠키가 말하는 '추상적 사고'는 성공적인 입말과 글말 의사소통에 필요한 인지 과정에 관한 설명을 통해 이해될 수 있다. 입말 의사소통은 보통 화자가 의도하는 의미(예를 들면 얼굴 표정, 일반적인 사회적 배경, 생활 방식, 지리적 배경 등)에 수많은 외적外的 단서를 제공하는 맥락 속에 놓여 있다. 글말 의사소통에서 글쓴이는 자신이 잘 알고 있는 친숙한 청중으로부터 공통의 배경이 적은 낯선 청중에게로 주의력을 옮겨 가야 한다. 이 낯선 청중에 대해서는 오직 텍스트에 주어진 의미 외에 아무런 단서도 제공되는 바가 없다. 이러한 입말 형태에서 글말 형태의 의사소통으로 옮겨 감에 있어 가장 성공적인 수행이라 할 어떤 발달적 과정을 통해, 글쓴이는 최고로 조밀한 '내적 언어'(이 속에서 관련된 많은 유사한 의미들이 하나의 용어 또는 개념으로 정리된다)에서 최고로 정교한 글말 언어(이 속에서 숨어 있던 내적 언어가 글쓴이의 생각 형태로 바깥으로 드러난다)로 나아갈 수 있다. 의사소통은 글쓴이가 의도된 청중intended audience과 공유하고 있는 것이 무엇이며, 자신이 설명하고자 하는 것이 무엇인지를 지각하는 데 달려 있다. 따라서 글을 잘 쓰려면 언어적 분석뿐만 아니라 사회적 분석도 필요하다. 언어 형태를 파악하고 자신의 관점과 다른 사람들의 관점과의 관계를 이해해야만 한다. 후자의 요구는 종종 문해의 논의에서 제외되기도 하지만 매우 중요하다. 환경이나 경험 자체가 다름에도 불구하고, 러시아나 브라질의 농민과 중류층 대학생들은 공통적으로 그들의 문화 속에서 개인적 관점과 다른 사람들의 관점을 연관 짓는 능력을 지니지 못하였다. 이러한 결함은 문해의 장애를 낳는다.

비판적인 언어 사용과 사회적 관계 속에서 자아를 깨우치는 것 사이의 연계성을 중시하는 프레이리의 교육학은 비고츠키의 발달심리학과 닮은 꼴이다. 둘 다 내적 언어를 글말 언어로 옮길 때 인간과 문화 요소 간의 상호작용의 중요성을 강조한다. 그래서 우리는 프레이리와 비고츠키의 이론에 입각한 언어교육을 시도함에 있어 학생들이 언어와 사회와의 연관, 낱말의 사용과 현실적 삶과의 연관을 이해하는 것에 중점을 두었다.

실험에 참여한 27명의 학생들은 모든 학과에서 다양한 전공을 하고 있는 자발적 참여자들이었다. 19명은 본인 혹은 교사가 언어 능력이 부족하다고 판단한 학생들로 구성하였다. 이들 중 몇몇은 작문 코스에 통과하지 못하거나 불성실한 태도로 인해 학사 경고를 받았던 학생들이었다. 우리는 이전 수업에서 이 학생들과 함께한 적이 있었는데, 그때 우리는 이들이 논리적 사유에 어려움이 있으며, 구사하는 낱말들이 구체적인 생각과 대상 혹은 경험과 잘 연결되지 않는 듯한 느낌을 받았다.


## 의식과 언어

우리는 프레이리의 설명(1970, 1972)에서 교육의 과정 가운데 가장 중요하게 다루는 요소를 발췌하여 교과목의 구조를 고안했다. 프레이리에 따르면, 교육은 3단계의 과정을 거친다.

1. **조사**investigation  조사는 인간 의식이 고지식한naive 수준인지 미신적superstitious 수준인지 비판적critical 수준인지 검토하고 발견하는 것이다.
2. **주제화**thematization  주제화는 다음과 같은 과정을 포함한다. (a) 환원reduction, 고드화, 달코드의 방법으로 주제 영역 탐구하기, (b) 기존 주제를 바탕으로 새로운 생성 주제 발견하기.
3. **문제화**problematization  문제화는 다음의 과정을 포함한다. (a) 한계

상황limit situation의 발견과 (b) 그에 조응하는 한계 행위limit acts로
서 **참된 프락시스로 나아가는** 행위(해방을 위한 영원한 문화적 실천)
(Collins, 1977, p. 83).

첫 번째 단계인 의식의 조사는 프레이리가 '의식의 고고학'[17]이라 일컬
은 것과 관계있다. 프레이리의 많은 핵심 용어들이 그러하듯, 어원을 들여
다보면 이 말의 의미를 잘 이해할 수 있다. **arche**는 그리스어에서 온 것
으로 '원리' 혹은 '근본적이고 기본적인 것'을 의미한다. 의식의 고고학
은 의식의 근본적인 형태를 연구한다. 조사 단계의 목적은 세계를 바라보
는 한 인간의 의식을 가장 정확히 특징짓는 자발적 성찰 태도를 발견하
는 것인데, 이를 통해 사람들과 그들 행위의 바탕이 되는 사고의 연관성
을 밝혀낼 수 있다. 이 사고가 고지식한 형태인가 아니면 미신적 형태 혹
은 비판적 형태인가?

의식의 형태를 결정함에 있어 중요한 질문은 다음과 같다. 인간의 행위
와 언어가 그들의 세계를 만들어내는 원리를 인식하는가? 프레이리의 의
미로, 자연적인 것과 문화적인 것을 구분하는가? 자연은 결국 주어진 법
칙을 제공하는 것이지 선택하는 것이 아니다. 인간 제도의 영역인 문화는
역사적으로나 물적으로 조건화된 선택의 지배를 받는다. 자연의 모습을
띤 문화는 얼핏 인간 노력의 영향을 받지 않은 것처럼 보인다. 프레이리
가 피에르 퍼터Pierre Furter의 주석을 인용하여 말한 것처럼, "내가 행위를
할 만한 형태의 범위"라기보다는 "내가 적응할 수밖에 없는 거대한 현전
presence"처럼 보인다(프레이리, 1970, p. 81). 문화(인간 행위의 산물)와 자연을

---

17. 의식의 고고학(the archeology of consciousness)이란 개념은 프레이리의 후기 저서 『희망의 교육
학(*Pedagogy of Hope*)』에 등장한다. 이 책의 1장(章)에서 프레이리는 자기 영혼 깊숙한 곳에 자리
한 원인 모를 내적 억압의 기제를 스스로 정신 분석하여 치유하는 과정을 주옥같은 문체로 생생하
게 그려내고 있다. 『희망의 교육학』, 교육문화연구소 옮김, 아침이슬 출판(2002)을 보라.

구분하지 못하면 행위를 할 수 있는 능력뿐만 아니라 비판적으로 언어를 구사하는 능력이 손상된다. 의식의 고고학 과정에서 학생들과 교사는 고지식하거나 미신적이거나 비판적인 의식 가운데 가장 빈번하게 사용되는 언어에 초점을 둔다. 스스로를 문화 제작자로 여기는 학생들은 현실과의 관계와 현실을 변화시키는 힘을 경험한다. 이는 그들의 소외에 도전하는 것이다.

고지식한 의식의 주요 특징은 세상의 견고함과 불가피성을 무비판적으로 수용해버리는 것과 자기 관점에 매몰되는 경향성이다.

고지식한 사고의 소유자는 아주 기본적인 것이라 할지라도 자신의 사고틀과 위배되는 것은 거부한다. 고지식한 사람들은 개념이나 가치체계가 성찰 없이 형성되기 때문에 자신의 사고에 걸맞은 행동을 보여준다. 언어 수준면에서는 습관이 낱말 선택을 지배하고 사고와 가치관은 수준 이하의 일반화로 표출된다.

문화제도나 체제 그리고 신념을 더 이상 당연한 것으로 받아들이지 않을 때에도 사람들의 태도는 비판적이라기보다 미신적일 수 있다. 미신적인 의식을 지닌 사람들은 문화적 선택을 할 수 있다고 의식적으로 생각할 수 있지만, 그것을 어떻게 실현할 것인가 하는 차원에서는 무기력을 느낀다. 그들은 문화를 상속되거나 이미 만들어진 것으로 여기고서 문화를 유지시키고 만들어가는 데 자신이 일익을 담당하고 있음을 인식하지 못한다. 사회제도나 형식이 미스터리로 남는 정도만큼 그들은 주술적 지위를 부여받는다. 그들의 영향력은 알려진 원인과는 관계없이 통제할 수 없는 것처럼 보인다. 미신적인 의식의 언어 표현은 모호한 구절이나 수동태의 분상구조로 채워져, 상세한 분석이 결여된 은어隱語를 특징으로 한다. 그들은 설명할 수 없는 방식을 되풀이하며, 사회구조를 설명할 때면 "그것"이라는 모호한 표현을 자주 강력하게 구사한다.

이와 대조적으로, 비판적 의식은 두 개의 적극적인 인식으로 특징지어 진다. 문화제도는 인간의 목적과 행위, 그리고 문화제도에 대한 사람들의 인식을 형성하고 반영하는 언어에 의해 만들어지고 유지된다. 인간의 '세계'(예를 들면, 인간의 상호작용들, 즉 제도, 신념, 법, 관습, 종교, 언어 등을 지배하는 사회적 형식들)를 구성하는 제반 요소들은 인간에 의해 만들어진 것이기 때문에 변혁 가능성이 충분하다. 비판적인 의식과 더불어 사회제도는 분석되고 이해될 수 있으며, 대체로 공동체의 구성원들에 의해 만들어지고 수정되며 통제될 수 있다. 실제로 제도를 만들고 수정하는 데에는 집단적인 행위가 필요하다. 언어 사용이 문화에 대한 사람들의 인식을 형성할 뿐만 아니라 그 인식을 반영하기 때문에, 비판적 의식을 지닌 사람의 언어 수준은 곧 문화 요소를 이름 짓는 것이 굉장히 중요한 사회적 의미를 지닌다는 사실에 대한 이해력을 의미한다. 자신의 언어 사용법을 성찰하는 것은 습관적 사고를 비판적인 의식으로 개조해가는 중요한 수단이다. 이러한 중요성 때문에 그 성찰은 정교화를 요구한다.

## 언어적 사고

개인과 사회의 관계가 프레이리가 언급한 "사고 언어thought-language"로 매개되기 때문에 언어는 사회적 삶의 중요한 부분이다. "언어적 사고의 단위"로서 낱말에 관한 비고츠키의 설명은 프레이리의 의식 조사 방법 이면에 있는 원리를 명확히 한다. 비고츠키에 따르면 사고와 언어는 "낱말 의미word meaning"에서 일치된다.

감각sensation과 사고thought 사이의 질적인 차이는 사고 속엔 현실세계에 대한 일반화된 성찰이 존재한다는 것인데, 이러한 가정을 뒷받침하는 수많은 증거가 있다. 이는 또한 낱말 의미word meaning의 핵심이기도 한데, 결국 낱말 의미란 사고 행위를 뜻하는 셈이다. 그러나 한편으로, 의미는 낱말과 떼려야 뗄 수 없는 관계에 있는 까닭에 사고의 영역만큼이나 언어의 영역에도 속한다. 의미가 결여된 낱말은 공허하게 들리며, 인간의 말이기를 그친다. 낱말 의미는 사고인 동시에 말이기 때문에 우리는 낱말 속에서 우리가 찾고자 하는 언어적 사고의 기초를 발견한다. 그렇다면 언어적 사고의 본질을 탐색함에 있어 우리가 취해야 할 방법은 언어적 사고 단위의 발전과 기능 그리고 구조를 연구하는 것으로서 사고와 말의 분석을 포함하는 의미론적semantic 분석이어야 함이 명백해진다(Vygotsky, 1962, p. 5).

프레이리도 이 같은 생각을 품었지만 자세히 논하지는 않았다. 프레이리는 학습자들에게 그들의 일상 활동을 담은 사진을 보여주고 학습자들의 의식 형태를 탐색해갔다. 그리고 성찰 이전의 의식 수준을 보여주는 이미지를 묘사할 때 학습자들이 사용한 '사고 언어'에 관해 그들과 함께 살펴보았다. 사진을 통해 학습자들은 입말과 글말을 집중적으로 연구할 수 있었다. 이미지들은 자연과 문화의 차이를 나타낸 것들이었다. 인식에서 성찰로 옮겨 가는 결정적인 전환은 그림의 상징을 탈코드화함decoding으로써 이루어지는데, 의미 발생 지점으로서 이 상징이 언어적으로 표상하는 바는 마땅히 "인간의식의 소우주microcosm of human consciousness"(Vygotsky, 1962, p. 153)로 간주되는 것이다. 탈코드화는 내면의 사고를 바깥으로 드러내어 사회적·정치적 맥락과 연결 지어 분석하는 과정이다. 우리는 동일한 일반적 계획을 따르기를 원했지만, 우리 학생들은 문자를 터득한 상태에 있었기 때문에 곧바로 언어 대상을 연구하고 탈코드화하는 것이 가능했다.

## 핵심어: 과정의 시작

비판 이전의 관점을 정확히 반영하며 교사를 만족시키고자 하는 욕망이 최대한 배제된 순수한 언어적 성찰을 얻기 위해, 우리는 다음과 같은 과제를 학생들에게 부여했다. "지식이나 삶의 영역에서 여러분이 다른 사람에게 가장 중요한 것으로 내세우고 싶은 낱말 목록을 만들어보세요. 그러고서 여러분이 생각하는 적절한 방식으로 낱말들을 분류해보세요."[42] 학생별 키워드 목록이 모아졌고, 목록은 한 장의 용지에 기록되었다. 다음에 우리는 이 기록물을 학생들에게 돌려주고 낱말들의 분류 역할을 맡은 학생들로 하여금 자유로운 방식으로 묶어보게 하였다.

프레이리가 강조한 하나의 핵심은 교사가 아무리 학생들이나 학생들의 관심사에 대해 잘 알고 있다 할지라도, 주제는 의식의 고고학을 통해서만이 도출해낼 수 있다는 것이다. 이러한 키워드 연습과 낱말 묶음 작업을 통해 우리는 수업 과정에서 연구 대상으로 삼을 주제를 학생들과 함께 생성하는 작업이 필수 불가결함을 깨달았다. 그리하여 이 교수법은 문법이나 수사학을 강의하는 전문가인 교사로부터, 혹은 표준 교재 속에 나오는 단편소설의 연구 따위로부터 벗어난다. 주제들은 추상적 형식이 아닌 **그 주제들과 학생들과의 연관** 속에서 다루어진다.

키워드 과제를 통해 우리 수업에서 생성 주제가 확보되었다. 프레이리와 비고츠키가 같이 생각한 것처럼 사실 "하나의 낱말은 인간 의식의 소우주"이지만 낱말은 소우주에 대한 의식적인 이해 없이도 사용될 수 있다. 생성 주제들은 묻혀 있는 사고buried assumption[18]일 뿐이다. 이것들은 말해지지도 않으며unspoken 처음에는 말할 수도 없는unspeakable 것이다. 이것들은 겉으로 보기엔 별 연관이 없는 어떤 과업을 수행하고자 애쓰는 과정에서 놀라운 부산물로서 그 모습을 드러낸다. 분류된 핵심 낱말들을 돌려주었을 때, 학생들은 그것들을 상호 배타적인 두 낱말군으로 양분해서 나타냈다. 다섯 장의 기록지 외에는 모두 미세한 차이를 보일 뿐 다음과 같은 두 그룹으로 분류되었다.[43]

| 왼쪽 그룹 | 오른쪽 그룹 |
|---|---|
| 불의 | 감정 |
| 권력 | 행복 |
| 체제 | 믿음 |
| 그들 | 불교 |
| 정부 | 에너지 |
| 교육 | 예술 |
| 마음 | 전체 |
| 질서-조직화 | 신념 |
| 개념화 | 자유 |
| 환경 | 음악 |
| 억압 | 사랑 |
| 세계-경제 | 우정 |
| | 신 |

낱말 묶음 키워드를 회수하고 나서 첫 토론을 위한 수업이 있기 전에 우리는 미팅을 가졌다. 토론에 필요한 기본 배경을 공유하기 위해 우리는 '언어'라는 낱말의 약정적 정의[19]에 대해 설명했다. "언어란 문화적으로나 역사적으로 한 집단이 물려받은 자의적인 상징 체제이다." 학생들은 무슨 말인지 알아들을 수 없을 뿐만 아니라 그런 개념 규정 자체를 왜 하는지 모르겠다는 이유로 이 구체적인 정의를 거부했다. 이러한 정서적 거부가 우리를 당혹케 했다. 그래서 우리는 "언어란 (      )이다"라는 문장 속의 여백을 완성하게 함으로써 학생들 스스로 정의를 내리도록 유도하였다. 모든 학생들이 언어의 구조라는 의미보다는 바람직한 영향력이나 의

---

18. 묻혀 있는(buried) 사고란 비고츠키의 개념으로 '접힌(folded)' 사고를 말한다. 비고츠키는 사고와 언어가 동시에 일어나는 것으로 보았다. 우리 관념 속에서 막연한 생각으로 있던 것을 말로 풀어내는 과정에서 점차 아이디어가 구체화되고 확장되어가는 것을 누구나 경험했을 것이다. 머릿속에 접힌 상태로 있는 사고를 입말이나 글말로 펼쳐낼 때 우리의 사고가 발전하는 것이다.

19. 약정적 정의(stipulative definition)란 특정 용어에 대한 의미를 상호 간의 약속으로 새롭게 규정하는 것이다.

사소통 또는 자기표현이라는 의미로 언어를 규정했다. 그들은 언어를 사람들을 연결 짓는 일종의 마법으로 생각했다. 하지만 학생들은 언어의 힘을 신뢰할 수 없다고 판단하는데, 이는 아마도 언어가 그들에게 별 도움이 안 되는 경우가 많기 때문일 것이다. 의미 전달체로서 낱말에 대한 깊은 불신은 빈곤한 그들의 언어 기능을 감안할 때 충분히 이해될 수 있다. 이는 동작이나 때리기, 만지기와 같은 보디랭귀지가 언어 표현보다 훨씬 의사소통에 유용하다는 주장을 표명하는 것이다. 그리고 그들의 가장 심각한 정서적 거부감은 "조직적인 상징체계"라는 언어의 개념에 대한 것이었다.


## 억압에 관한 대화

묶음 키워드에 대한 토론을 통해 우리는 언어의 정의에 대한 정서적 반응을 이해할 수 있었으며, 이 토론의 맥락 속에서 비록 부분적이긴 하지만 언어를 '체계적으로' 규정하는 것이 중요하다는 것을 알았다.

에스메 왼쪽 그룹에 있는 낱말들은 우리 능력 밖의 것들이야.

조너선 오른쪽 그룹에 있는 낱말들은 우리가 통제할 수 있어.

로렐 그래 그 낱말들은 개인적이고 정서적인 것들이야. 왼쪽에 있는 낱말들을 이해하기 위해서는 분석력과 지성을 가져야 해. 하지만 오른쪽 낱말들은 개인적인 의미를 지닐 뿐이야.

엘렌 우리의 분노심도 거기에 해당하겠네.

앤 보자, 교육이 왼쪽에 놓여 있네. 나쁜 의미를 담고 있군. 나는 이들 낱말(왼쪽 그룹)에 대해 반감을 느껴. 오른쪽 낱말들은 좋은 느낌이야.

토니　오른쪽에 있는 낱말들은 개인적이고 감성적이지만 분석적이지는 않
　　　아. 우리는 공공 생활을 불신하고, 신경 끄고 살기를 원하지만 그러한 태
　　　도는 부정적인 결과를 초래해.
팻　그래, 이제 우리는 우리 자신을 좀 더 돌아봐야 해.


공공생활에 대한 개인적인 반발(제도에 의한 지배에 맞서 제도에 의한 지
배로부터의 자유)은 한 학생을 통해 공공연히 드러났다. 그녀는 학급 학생
들이 알아보기 쉽게 알파벳순으로 낱말들을 분류한 것처럼 보이지만, 사
실은 자기 나름의 기준에 따라 분류했다고 말했다. 처음 논의에서 나온
주제들은 여러 번 반복되어 다루어짐에 따라 깊이도 있어지고 마침내 학
급 내의 모두가 관심을 갖는 생성 주제로 발전해갔다. 비록 불완전한 형
태이긴 해도 한 학생이 이 주제에 대하여 최초로 명확한 관점을 제시했
다. 학생은 교육이라는 낱말이 왼쪽 그룹에 배치되어야 한다고 지적했는
데, 그 이유는 교육이 학생들을 '그들이' 지배하는 익명의 문화제도 속으
로 들어가도록 준비시키기 때문이라 한다.

'억압'이라는 낱말은 이 기간 동안 많은 토론에서 핵심 논점이었다. 학
생들은 자기네가 경제적 의미에서는 억압의 희생자들이 아니며, 오히려
한 학생이 말했듯이 그들이 받는 교육을 통해 자신들이 억압의 위치에
설 수 있다는 것을 분명히 알았다. 그러나 그들은 스스로를 경제적 특권
층의 사람들보다는 프레이리가 말한 피억압 농민들과 정서적으로 동일시
하였다. 학생들이 억압의 희생자(사회적 제도 측면에서의 무기력감)로 자신
의 정체성을 매긴 이유를 정확하게 말하기까지 몇 주가 걸렸다. 처음에
그들은 사신의 힘겨움에 대해 모호하게 말할 뿐이었다. 그들은 억압에 대
한 감정이 경제적 특권층의 입장과는 다르다는 것을 깨달았다. 샬로테는
이렇게 썼다.

나는 우리(학급 학생들)가 스스로를 '피억압자'로 부를 수 없는 사실이 우리가 속해 있는 상황에 대해 우리가 분노할 수 없는 것을 의미하는 것이 아닌가 하는 생각이 든다. 상황이란 게 뭔가? 내 관점으로 상황은 문화 변혁에 대한 우리의 욕구를 무시해버리는 교육 체제의 산물이라는 것이다. 우리 모두는 다소간에 고통을 받고 있다.

우리 수업에 참여하는 사람들은 경제적으로 주변부에 있거나 억압받고 있지는 않지만 또 다른 억압의 영향을 받는다. (우리는 결코 허기를 느껴본 적이 없으며 의료 지원 없이 살아간다.) 하지만 우리는 또 다른 억압의 영향을 받고 있다. '억압한다'는 말의 사전적 의미는 "마음을 짓누르거나 짐을 지우다"는 뜻이다. 우리는 교육 체제의 한계상황으로 말미암아 (정서적으로나 행동 면에서도) 짓눌리고 있지 않은가?

낱말 배치와 관련하여 한 학생은 '신'이 오른쪽 '선한' 목록에 있어야 한다고 했고, 다른 학생은 '교회'는 오른쪽에 있어서는 안 될 것 같다고 했다. 이 두 학생이 내린 결론으로부터 마침내 뭔가가 명백해졌다. 나머지 수업 시간에 격렬한 논의가 이어졌는데, 학생들은 모든 주요 문화제도에 대해 깊은 불신을 보였다. 그들은 교육이 제도를 자기 삶과 결부지어 이해하게 하기보다는 자기네들을 무비판적으로 제도 속으로 끌어들이도록 설계되었다고 판단했다. 예전에도 학생들은 막연하게나마 이렇게 인식했는데, 그 결과로 그들은 학교 이야기만 나오면 짜증을 냈던 것이다. 그들의 '실제real' 삶은 다른 곳에서 이루어졌으며, 그들의 '실제' 목소리도 다른 곳에서 낼 수밖에 없었다. 한 예로, 그들은 학교에서 '참 목소리'로 말할 수 있도록 격려받기보다는 '통과'하기 위해 '교사가 원하는 것'을 쓰도록 배웠다. 그 결과, 그들이 학교와 관련된 프로젝트를 위해 사용한 언어는 때때로 낱말의 의미가 문맥에 맞지 않는 잡동사니가 되곤 했다. 이러한 점들이 부각되자 학생들은 낱말을 그것의 본질적인 의미와 결부지어 생각하지 않았다고 지적했다.

"제가 y대신 x를 말해도 옳은 답이란 말인가요?"

"그렇습니다."

"그렇다면 단지 낱말 사용의 문제일 뿐이군요. 그런데 제가 어떤 낱말 대신 다른 낱말을 사용했다는 이유만으로 왜 저에게 나쁜 점수를 주십니까? **저는 y를 말하려고 했는데 말예요.**"

학생들은 지금까지 우리가 글쓰기 경험이나 기술이 부족했던 원인에 대해 더 깊이 파고 들어갔다. 그 진정한 이유는 의미 전달체로서 낱말이나 객관적 지식과 의사소통의 매개체로서 언어에 대해 우리가 가졌던 깊은 불신에 기인한다는 것을 학생들은 보여주었다.

사고 언어에 관한 조사 과정에서 명확히 정리된 중심 주제는 다음과 같다. 문화제도에 대한 그들의 뿌리 깊은 불신과 소외는 이러한 제도에 어쩔 수 없이 따르는 수동적이고 숙명적인 복종과 관계있다. 이러한 태도는 그들이 학교교육을 받는 동안 줄곧 자신의 사고 속에 상징으로 자리해왔다.[44] 이러한 주제가 설명되고 인식될 때 생산적인 실천으로 표출되었어야 할 에너지가 내면으로 침잠해 우울증을 경험하게 된 것이다. 겉으로는 나태와 무심함 혹은 동기 부족으로 보이는 것이 실은 이 우울증인데, 이는 잠재적 분노를 지닌 무언의 수동적 저항을 특징으로 한다. 우리 학생들은 교육 시스템에 참여 의욕이 없거나 그저 소극적으로 참여할 뿐이다. 그러나 그러한 교육이 목적하는 바는 학생들의 관심사와 무관하며 심지어 학생들의 욕구에 반하는 것이기도 하다.

언어에 대한 학생들의 관점은 일반적인 사회제도를 바라보는 그들의 입장을 말해준다. 학생들은 언어의 힘을 인정하기도 하고 부정하기도 했다. 그리고 그 인정과 부정 모두 비판적 분석에 바탕을 두지 않았다. 프레이리가 '침묵의 문화'를 구성원의 특성으로 표현한 것은 바로 이러한 비판적 반응의 결여를 말한다. 침묵이란 반응의 부재를 의미하는 것이 아니라 비판적 자질이 결여된 반응을 의미한다. 그들의 인정은 그들이 수동적으로 대하는 사회제도에 부여된 '자연적인' 지위나 주술적 힘을 묵묵히 승인하는 형식을 취했다. 또한 그들의 부정은 공공의 가치보다 사적 가치가 더 중요하다고 주장하는 식이었다. 교육자인 우리의 과제는 학생들에게 자신의 삶이 사회와 언어 둘 다와 역동적인 연관을 맺고 있다는 것을 이해시키는 것이었다.

## 목소리 내기와 각성

학생들은 교육의 과정을 자기 목소리를 밖으로 드러내도록 단련하는 과정으로 인식했다. 그들의 삶은 다음과 같이 양분되었다. 하나는 학교가 제시하는 '성공'의 범주로, 그들이 어쩔 수 없이 따르는 규정이며, 다른 하나는 사적이면서 말words을 넘어서는 '진실'의 범주였다. 지금까지 이 둘은 상호 배타적이었다. 일기journal의 도입부에서, 처음부터 언어에 대해 상당한 불신을 품고서 표준 철자법이나 문법을 사용하지 않는 한 학생이 자신의 일기에서 이러한 이슈에 대처하는 나름의 인식과 방법을 분명하게 보여주었다.

물론if course 당신은 당신을 힘들게 하는 함정이나 방해 요인이 줄곧 도사리고 있다는 점에 유의해야 한다. 그것들은 당신이 미처 생각지도 못한 멋진 방법으로 제시될 것이다.

텔레비션televisun

전기 히터                                     자동차

식기세척기

인간이 만든 이 모든 것들은 아름답다. 이것들은 인간 삶을 편하게 해준
다. 그러나 내가 우려하는 것은 진실이 간단하지 않다는 것과 그 해답이 무
뇌아 대열Mass Mushing of the Mind[20]에 동참하는 것은 아니라는 것이다.[45)]

첫 번째 과제는 학생들에게 의식의 형태로서 고지식한 의식과 미신적
인 의식 그리고 비판적인 의식의 의미를 명확히 이해시키는 것이었다. 학
생들은 프레이리 책에서 몇 구절을 읽은 후에 각 의식 수준에 대한 정의
를 적은 다음, 각 수준에 속한 사람이 지닌 사고 과정의 특징을 서술하
였다. 이것은 쉬운 일이 아니다. 정의definition를 객관성과 연관 짓고 서술
description을 주관성과 연관 지었는데, 각각의 쌍에서 많은 학생들이 후자
에 중요한 정서적 의미를 부여했다. 정의와 같은 객관적 속성은 거기에 임
의로 부여된 공적인 표준의 의미를 품고 있다. 이와 대조적으로 서술은
그 속에서 "주관적인 무엇이 문제가 되지 않는데", 이는 세계에 대한 개인
의 사적 인식은 논박될 성질의 것이 아니기 때문이다. 토론 수업에서 학
생들은 이러한 용어들에 대해 명확히 이해하지 못했다. 그래서 지적으로
나 정서적으로도 과제를 이행하는 것이 어려웠다. 객관성과 주관성과의
연관에 대한 철저한 논의가 필요했다.

프레이리의 관점에서 볼 때, 주관성과 객관성에 대한 학생들의 반응은
기반석이신 하지만 지식의 본질을 보여주는 아주 흔한 사고 형태로 이해

---

20.  Mass Mushing of the Mind: TV나 비디오의 저급한 영상물에 중독되어 아무 생각 없이 살아
   가는 미국 청년 군상을 지칭하는 말.

될 수 있다. 이러한 사고에 따르면, 지식이란 지식의 내용에 아무런 공헌을 하지 않고 그저 관조할 뿐인 인식자the knower와는 독립적으로 존재하는 대상체object의 특색features에 따라 결정될 뿐이다. 객관 세계는 인간 의식(주관성)에 의한 의미부여 활동과 독립적으로 존재하는 것으로 가정된다. 언어적으로 의미있는 것으로 규정된 특색들은 현실 세계reality를 구성하는 일부분으로 여겨지며 역사적으로 조건화된 관점들과 별개로 존재한다. 지식에 대한 이러한 개념은 사물object의 이미지 형성에 아무런 영향을 미치지 않는 사고로 사물을 표현할 것이라는 중립적인 관찰 언어observation language를 가정한다. 프레이리는 이를 '객관주의적objectivist' 지식 개념이라 일컬었는데, 그 반대 개념은 지식을 유아론唯我論으로 환원시키는 '주관주의적subjectivist' 입장이다. '객관주의적' 개념은 의미가 인간 행위자와 의식(주관성)을 통해 인간 세계에 들어오는 것을 부정한다. '주관주의적인' 입장은 의미 구성에서 의식 활동의 한계를 부정한다. 우리 학생들이 객관성에 대해 품은 생각은 지식에 대한 '객관주의적' 이상이었다. 이를 거부하는 학생들이 '주관주의적' 입장으로 돌아설 것이라는 점은 쉽게 추측할 수 있었다. 고지식하게도, 그들은 '주관주의적 입장'을 '자신의 처지'와 동일시했는데, 이러한 태도는 학교에서 배척되고 밀려났던 자신의 경험에 말미암은 것이었다. 그들은 '객관적인 무엇'을 인식자의 관심사를 배척하며 만인에게 공통된 개념이 가능하다는 지식과 혼동한다.[21] "앎의 행위에 있어서 주관성과 객관성 간의 필연적인 통일"에 관한 프레이리의 주장(프레이리, 1972, pp. 13-14)에 그들은 당혹했다.

주관성과 객관성에 대한 수업 논의에 앞서, 학생들은 종종 학생들 서로

---

21. 객관적인 것(being objective)과 객관주의적 지식 개념(objectivist notion of knowledge)은 구별되어야 한다. 프레이리가 거부하는 것은 후자이지 전자는 아니다. 그런데 학생들은 이 둘을 동일한 것으로 잘못 이해하고 있다는 말을 하고 있는 것이다.

서로나 우리 교사들을 이해할 수 없었다. 그 이유는 그들이 낱말들에 대해 그 공통적인 의미로서가 아니라 개인적 심리나 경험에 근거한 정서적 연상을 떠올리는 자극으로 반응하기 때문이었다. 점차 학생들은 이러한 반응에 함축된 '주관주의적' 입장과 비록 의미의 구성 속에 인간 의식(주관성)의 역할을 존중하지만 주관주의적이지 않은 지식의 개념을 구분하는 것을 배웠다. 이러한 개념에 따르면, 모든 지식은 주관적이다. 즉 지식은 사고의 특색이 반영된 개념들이다. 그런 식으로, 개념들은 자연적으로 주어지는 것이 아니라 인간이 의미를 구성하는 것이다. 의미는 인간 의식의 한 기능이다. 인간이 자연을 변화시키듯, 인간은 대화를 통해 객관적 의미들을 정립해간다. 일반화, 상징화, 그리고 대화는 객관적인 지식의 성립을 위한 조건들이다. 이러한 입장과 관련하여 가장 중요한 것은, 모든 지식은 한쪽으로 치우치기partial[22] 마련인 점이다. 왜냐하면 인식자의 시각(문화적으로나 이데올로기적으로, 시간적으로나 공간적으로 조건화된)에 따라 필연적으로 사물의 관점을 규정하고 한정지을 것이기 때문이다. 의미를 정립함에 있어 현실 세계의 특색에 대한 최선의 인식을 위해 특정한 하나의 관점에 의해 부과된 한계를 보완할 수 있는 필수적인 장치가 대화dialogue다.

프레이리가 일러두듯이, 안다는 것은 추측한다는 것이 아니다. 인간 사고의 특색으로서 모든 지식은 주관적이고 편향된 한편, 공상적이거나 객관적인 것과는 대조를 이룬다. 객관적인 특색은 다수의 주체들에 의해 인식될 수 있는 현실 세계의 특색을 말한다. 이것은 대화, 즉 여러 시각에

---

22. 'partial'이란 용어는 프레이리의 교육사상을 특징짓는 중요한 개념이다. 프레이리는 한쪽으로 치우치지 않은, 즉 공평무사한(impartial) 지식체계는 없다고 확신한다. 'partial'에서 한 걸음 더 나아간 개념이 'party-colored(당파적인)'이다. 프레이리에 의하면 모든 교육은 당파적이기에 "교육의 정치적 중립"이란 말은 원천적으로 허구임을 주장한다. 그러나 본문의 맥락에서 'partial'은 그런 무거운 의미로서가 아니라 그저 "순수하게 객관적인 지식은 없다."는 정도로 쓰이고 있다.

대한 언어적 상호 주관성의 공유에 사람들이 참여함으로써 정립될 수 있다. 이 말은 현실 세계가 인간 의식에 의해 창조된다는 뜻은 아니다. 다만, 인간이 집단적으로 그 인식 가능한 특색을 정립해감을 뜻한다. 주관성과 객관성을 적절히 이해하고 나면, 이 둘은 결코 분리될 수 없다는 것이 명백해진다. 프레이리는 이렇게 말한다.

> 주관성 없는 객관성은 생각할 수 없다. 각각은 상대방 없이 존재할 수 없으며, 서로 양분될 수도 없다. 객관성을 주관성으로부터 떼어내는 것, 현실을 분석하거나 현실 속에서 행위를 할 때 주관성을 부정하는 것이 객관주의다. 반면, 분석이나 행위에서 객관성을 부정하는 것은 유아독존적 입장을 견지하는 주관주의로 연결되는데, 이는 객관 현실을 부정함으로써 행위 그 자체를 부정하는 것이다.
>
> 주관성의 중요성을 부정하는 것은 불가능한 무엇, 즉 인간 없는 세계를 인정하는 것이다. 이러한 객관주의적 입장은 세계 없는 인간을 가정하는 주관주의적 입장과 마찬가지로 고지식하다(프레이리, 1970, pp. 35-36).

지식이 객관적이라고 말하는 것은 현실 세계가 여러 주체를 통해 인식될 수 있는 의미를 통해 그 실체를 드러낸다고 말하는 것이다. 프레이리가 논했듯이, 무엇이 필연적으로 주관적이라고 말하는 것은 의미가 인간 의식을 통해 존재를 획득함을 아는 것이고, 상호 주관적인 언어적 관계성인 대화를 객관적 의미의 토대로 파악하는 것을 뜻한다. 학생들은 지식이 주어진given 어떤 것과 구성된constructed 어떤 것(객체와 그 객체를 인식하고 해석하는 여러 주체들) 둘 다를 필요로 한다는 것을 알게 되었다.

이러한 논의가 지적 분위기를 환기시켜주는 것은 아니지만, 객관성을 추구하고자 하는 새로운 의욕을 불어넣었다. 이러한 논의는 학생들이 정의를 내리거나 서술하고자 할 때 즉시 효과가 나타났다. 학생들은 자유로운 연상association이 아닌 주의 깊은 관찰의 상징이라는 의미에서 훌륭한 서술description이 얼마나 객관적인지를 알게 되었다. 또한 그들은 모든 정의definition는 주관적이라는 것도 알게 되었다.[23] 왜냐하면 하나의 개인적·문화적 관점을 반영하는 언어로 규정되는 개념인 "중립적인 관찰 언어"는 불가능하기 때문이다. 비고츠키가 본 것처럼 모든 세계는 일반화와 해석이며, 어떤 대상의 반영이거나 복사 혹은 반복[24]이 아니다. 그리고 모든 (개인 혹은 문화) 해석은 객체(사물 혹은 개념)가 갖고 있는 의미의 맥락을 부여하는 주체(사고하는 사람)에 의해 사물(대상)을 해석하는 것이다. 성찰 없는 언어의 사용은 성찰 없는 문화적 개념의 수용을 뜻하며, 비판적 언어 사용은 문화 개념의 분석 능력으로 연결된다는 사실을 학생들이 알기 시작할 때 비로소 비판적 의식이 생겨난다. 학생들이 마침내 이러한 사실을 분명히 이해했을 때, 그들은 비판적인 언어 사용과 자신의 입장과 표현 개발을 서로 연결시켰다. 이 강좌에서 발견한 중요한 사실은 읽기와 쓰기에 관한 학생들의 무능력이 그들이 언어를 바라보는 관점과 연관되어 있다는 것이다. 학생들은 언어를 자기네가 불신하는 다른 문화제도와 마찬가지로 왼쪽 목록에 속한 것으로 보았다. 문화적 소외는 언어 양식으로 나타난다. 자신의 태도가 자기 개인성의 파괴와 연관되어 있다는 것을 분명히 알았을 때 그들은 언어를 자기 것으로 만들기 위한 투쟁을 시작했다.

23. 앞에서 서술(description)은 주관성, 정의(definition)는 객관성과 연결된다고 했다. 그런데 지금은 서술이 객관적이며 정의는 주관적이라고 논한다. 이것은 모순어법이 아니다. 주관성에 속하는 무엇이 객관적으로, 객관성에 속하는 무엇이 주관성으로 상호 전화(mutual transformation)하는 것이 프레이리가 말하는 주관-객관의 변증법적 원리인 것이다. 주관성은 객관성을 담보하고 객관성은 주관성을 담보할 때 우리의 인식(주관성)과 지식(객관성)은 진리에 가까워진다.
24. 현실 세계를 이런 식으로 바라보는 관점이 속류 마르크스주의 유물론적 세계관이다. 이 기계적 유물론의 인식론이 바로 프레이리가 비판하는 객관주의(objectivism)이다. 반대로 현실 세계의 객관적 조건은 무시하고 주체의 의식이나 의지 따위의 주관성을 절대시하는 주의주의(主意主義, voluntarism)의 관념론적 경향성을 프레이리는 주관주의(subjectivism)라 일컬었다.

## 언어와 현실 세계 개선을 위한 투쟁

언어를 통제하기 위한 투쟁에서 학생들은 가끔씩 한쪽에 치우칠 때도 있었지만, 자신이나 다른 학생들의 말 속에서 온전한 지식과 주관주의적인 입장을 구분하기 시작했다. 또한 학생들은 자기 내면에 있는 미국 제도들에 대한 강한 거부감이 자신의 무기력을 바탕으로 한다는 것, 사회를 바라보는 자신의 의식 수준이 비판적이라기보다는 미신적이었음을 깨달았다. 학생들에게 문화제도를 이해시키려고 우리는 프레이리의 이론에 근거한 분석을 제공하고 있는 버거와 루크만Berger and Luckmann의 책(1966)을 읽고 논의했다.

프레이리는 자신의 모든 글에서 지성과 도덕성의 개발을 위해 자연적 요소와 문화적 요소를 구분하는 것이 절대적으로 중요하다는 것을 말한다. 우리의 경험상 이런 구분이 비판적 의식 출현의 필수 요건임을 알 수 있다. 이 구분이 없으면 언어는 비판적 사고의 도구가 아닌 미신으로 기능하게 된다. 미신적 형태의 언어의 본질적 특색은 인간이 구성한 것을 자연스러운 팩트로 보이게 하고, 역사를 자연으로 변형시킨다. 현재의 사회 상황에 적응하는 행동은 그 실질적 의도를 품고 있다. 미신적인 말은 인간 행위자agency와 인간 제도와의 연관성을 은폐함으로써 사회구성체에 대한 분석을 불가능하게 한다.[46]

프레이리와 마찬가지로 버거와 루크만은 문화제도, 법, 관습 등이 개인의 의지나 목적과 무관한 실재reality와 구조를 갖고 있다고 생각한다. 하지만 이러한 구조는 자연적인 것이 아니라 문화적인 것이다. 이들 구조는 인간의 인식과 욕구, 문화적으로 '리얼하게' 아는 것을 반영하는 사회적 구성이다. 그러나 문화제도는 사람들 간의 주관적인 관계에서 나온다(Skiner, 1978, p. 28). 그러므로 제도적 세계는 대상화된objectivated 인간 활동이며, 낱낱의 제도 또한 마찬가지이다(Berger & Luckmann, 1966, p. 60). 위의 주장을 기록하는 것이 이 논문의 범위에 속하지는 않지만 학생들을 위해 분석의 중요성은 언급해야만 한다. 버거와 루크만의 글을 읽으면서 학생들은 사회적으로 규정된 역할이 어떻게 제도를 지탱해주며 언어가 자연과 문화의 혼동을 강화하는 사회제도의 물신성을 어떻게 정당화하는지를 알게 되었다. 이러한 인식을 통해 학생들은 미신적 성향을 덜 갖게 되었고, 또 자신의 세계를 이해할 수 있었으며, 나아가 그것에 영향을 미칠 수도 있게 되었다.

이러한 이론적 진리는 자신감과 자기 조절 역량을 가져다주었다. 제도는 인간 행위에 의해 만들어졌기 때문에, 이론적으로 학생들은 자신의 욕구와 신념에 따라 제도를 개혁하려는 행위를 할 수 있었다. 그러나 이러한 이론적 진리를 그들 자신의 실질적이고도 구체적인 개인적 세계로 가져갔을 때, 자신감은 이내 근심으로 바뀌었다. 이러한 근심이 이 수업에서 글쓰기 과업의 핵심이었다.

인간의 욕구에 반하는 체제 속에서 성공을 위해 묵묵히 달려온 그들의 소외와 그 필연적인 위선에 관해 학생들이 처음으로 목소리를 내기 시작했을 때, 그들은 이러한 상황에 대해 아무런 책임이 없다고 생각했다. 하지만 수업이 진행되면서 학생들은 점차 자기 상황에 대한 책임의식을 갖게 되었다. 제도가 인간의 구성물임을 안다는 것은 그것을 형성시킴에 있어 인간의 책임을 인정하는 것을 의미하지, 정치제도와 사회제도 그리고 (보다 직접적으로는) 교육제도 속에서 자신이 인식한 오류나 불의에 대해 침묵함을 뜻하지 않았다. 이론적 수준에서 이러한 앎을 승인하는 것과 그 앎을 바탕으로 행위를 하는 것은 별개의 문제였다. 행위를 함은 '현실(사적인)' 세계와 '학교(공적인)' 세계, 즉 어느 정도 상호 배타적인 두 세계의 통합을 요청한다. 또한 이는 학생들 자신의 삶뿐만 아니라 그들의 문화에 대해서도 책임감을 갖는 것을 의미한다. 궁극적으로, 개념의 지성적 이해를 바탕으로 통찰과 실천 사이의 모순을 깨닫기 시작하면서, 아래에서 언급할 언어와 글쓰기 그리고 교육을 향한 그들의 태도에 어떤 변화가 일어났다. 그러한 위기가 분노와 글쓰기 거부의 형태로 찾아왔을 때 그 해결에 필요한 이해력은 이미 그 속에 내재해 있었다. 이 수업을 다른 수업, 즉 학생들이 똑같은 곤경에 처하여 그것을 극복할 수 없는 다른 수업과 비교할 때, 우리는 학생들이 **직면하고 개선하고자 실천하는** 것을 돕는 이론적 접근틀의 가치를 확신해 마지않는다. 그들이 실천할 수 있었던 것은 언어를 통제하는 것과 그들 삶에 대한 책임감을 떠안는 것을 같은 성질의 것으로 볼 수 있었기 때문이다. 결과적으로 학생들은 사고의 품격, 특히 작문에 있어서 놀라운 변화를 경험했다.

학생들이 스스로 비판적 기술의 부족을 느끼며 나아가 참된 목소리를 못 내고 패배감에 떨었던 지점이 글쓰기였다. 여전히 그들은 자기 자신의 목소리를 내고, 자기 생각으로 사고하고, 자기 신념에 부합하는 행위에 책임을 지고자 하는 단계에 발을 내딛는 것을 두려워했다. 결국 그들에게 글쓰기 과제는 프레이리의 용어로 '한계상황limit-situation'을 제공할 뿐이었다. 글쓰기 과업은 그들에게 무리였다. 우리의 이런 경험을 프레이리의 분석이 잘 설명해준다.

사람들은 의식적인 존재이기 때문에 한계 설정과 자신의 자유 사이의 변증법적 관계 속에 존재한다. 그들은 자신이 대상화하는 세계로부터 스스로를 분리시킴으로써, 자신의 활동으로부터 스스로를 분리시킴으로써, 자기 결정권을 스스로에게뿐만 아니라 세계와 타인과의 관계 속에 위치지음으로써, 자신에게 한계를 부과하는 상황, 즉 한계상황을 극복한다. 희망 없음의 분위기를 창출하는 것은 그들 내부에 있는 자신의 한계상황이 아니라, 주어진 역사적 순간 속에서 그것들이 다른 사람들에게 어떻게(질곡으로 혹은 극복할 수 없는 장벽으로) 인식되는가 하는 것이다. 비판적인 인식이 행위로 체화될 때 희망과 확신의 분위기가 인간들로 하여금 한계상황을 극복하게끔 이끌어준다(Freire, 1970, p. 89).

학생들이 자기 생각을 참된 목소리로 자유롭게 표현하지 못하는 자신의 무능을 직면하는 지점이라는 차원에서, 글쓰기는 그들에게 한계 과업이었다. 특히 철학적으로 깨어 있는 학생들이 자기 자신의 사고와 학교에서 성공하려고 배운 학문적 전문용어 간의 격차를 느꼈던 것은 자신의 사회적 위치에 관한 일반적인 토론에서가 아니라 글쓰기에서였다.

## 자기 지식과 언어 그리고 공동체

학기 초에 몇몇 학생들은 유독 글쓰기에서 고지식함을 드러냈다. 이러한 학생들에게 언어 기술이란 학교 내의 몇몇 사람들에게만 주어진 '타고난' 재능에 불과했다. 하지만 특히 자신의 소외에 강한 목소리를 표출했던 학생들은 대부분 언어에 관해 고지식하기보다는 미신적인 의식을 갖고 있었다. 그들은 언어를 강압적인 사회 통제를 위한 도구로 보았다. 그들은 언어가 그들의 사고를 들여다보는 주된 수단이자 자기 지식을 위한 도구이며, 공동체를 형성하기 위해 사고와 감정을 공유하는 방법일 수 있다는 것을 믿지 않았다. 그들에게 언어는 신비화되어 있었다. 그들은 자신이 도달하고자 했던 학문적 수준에 적합한 용어와 형태를 인식하고 사용하는 것을 배웠다(그런 다음 표준화 검사를 통해 그들의 레벨 테스트를 받았다). 하지만 그들은 언어 사용의 이면에 있는 원리나 자신이 그저 흉내

내기 급급했던 구문의 의도를 이해하지 못했다. 그들은 글자the spell[25]를 배워왔는데, 이는 모호한 용어와 신비화된 통사론에 입각한 구문으로 구성된 것으로서, 이 먹물은 학생들에게 특정 상황, 구체적으로 제도와 관련된 상황에서 일정한 힘을 안겨다 준다. 한 학생의 글을 통해 우리는 이 먹물이 그녀가 동아리 활동을 하게 된 '동기'였으며, 자신의 관점으로 생각하고 그것을 자신의 목소리로 남에게 표출하는 능력을 터득하기까지 혹독한 대가를 치렀다는 것을 알게 되었다. 수업 시간에 그녀가 말하길, 자신은 늘 '쉬운' 코스에서 과제를 가뿐하게 제출해내고 A학점을 받았지만, 한 주제에 대해 깊이 있는 사고를 요하거나 생각과 감정 표현을 해야만 하는 코스에서는 글쓰기가 잘 안 된다고 하였다. 결과적으로 그녀는 이들 코스에선 글쓰기 과업을 전혀 이행할 수 없었고 미달 항목이 쌓여만 갔다. 그녀는 우리가 흔히 접할 수 있는 영리하면서도 모호한 구석이 있는 학생이었다. 글쓰기나 토론 과정에서 그녀는 활발하게 참여했지만 그녀의 글은 피상적이고 부정확하며 모호했다. 무엇보다 그녀의 글 속엔 자신의 살아 있는 목소리가 전혀 담겨 있지 않았다.

시간이 흐르면서 우리 모두는 왜 글쓰기가 학생들을 그토록 짜증 나고 힘 빠지게 했는지를 분명히 알게 되었다. 몇몇 학생들이 자기 자신의 목소리로 솔직하게 글쓰기를 두려워하는 것은 자신의 '공적인' 삶에 대한 최소한의 통제권을 포기하는 것을 두려워하는 것과 관계있었다. 나아가 이것은 강좌 초기에 그들이 '억압적이라고' 규정했던 그 제도의 힘을 그들이 얼마나 욕망하고 있는지를 보여주는 것이다. 프레이리의 철학과 우리 수업 목표의 맥락에서 보면, 학생들은 책임 있고 의식적인 언어의 사

---

25. 'spell'은 철자(글자)라는 뜻 외에도 '마법' 또는 '주술'이라는 의미가 있다. 글쓴이는 'the spell'에 강조 표시를 함으로써 이 두 가지 의미를 동시에 함축하고자 하는 뜻을 비치고 있다. 비판적 사고 없이 맹목적으로 글자 익히기에 급급한 태도는 프레이리가 말한 대중의 의식발전단계에서 두 번째 형태인 '미신적 의식(superstitious consciousness)'에 해당한다.

용은 우리가 알고 있는 것이 무엇인지를 알고자 하는 의지와 그 앎을 다른 사람들과 공유하고자 하는 의지를 요청한다는 것을 이론적으로는 인정했다. 하지만 그와 동시에, 문화제도의 억압적 속성에 대한 인식(이는 학생들의 글말 언어와 밀접히 연결되어 있다)이 커져감에 따라, 우리가 그 체제의 희생자이거나 체제 속에 편입되기를 욕망하는 사람 가운데 하나라는 사실을 인정하기가 두려웠다.

이러한 상황에서 우리는 두 가지 주요 목표를 생각했다. 첫 번째 목표는 학생들에게 생각하기와 언어에 관한 논의를 자극하는 것이었다. 이는 주로 비고츠키의 사고를 논의함으로써 접근해나갔다. 우리는 학생들이 비고츠키의 언어에서 낱말 의미가 "사고와 언어가 만나는" 지점이 되는지를 이해하기 바랐다. 우리는 학생들이 자신의 사고에 가치를 매길 때 낱말의 가치도 함께 매긴다는 것, 그리고 이를 통해 학생들이 성찰 이전의 언어와 성찰 언어 사이의 간극을 메꾸기 위해 고안된 글쓰기 연습이나 토론에 참여하게 되기를 바랐다. 우리는 비고츠키가 내적 언어라 일컫은 개념(이것은 접합agglutination과 응집heavy predication, 의미 축약semantic shortcuts으로 특징된다)을 안내하는가 하면, 내적 말inner speech을 최대한 조밀한 형태의 글말로 옮기는 방법을 설명했다. 이를 통해 학생들이 만족감과 자신감을 고양시키기를 바랐다. 글쓰기에 대한 학생들의 거부감이 우리에게 충격적으로 다가온 것은, 학생들이 자신의 말과 사고가 분리되어 있음을 깨닫는 것이 그토록 힘들다는 것을 우리가 잘 알지 못했던 점이다. 우리는 학생들의 입장에서 다음과 같은 의문에 맞서 이겨나가는 것이 그들에게 얼마나 두려운 것인지를 이해하지 못했다: 만약 나의 글 속에 내 생각이 담겨 있지 않다면 그 속에 들어 있는 건 대관절 뭐란 말인가? 이리저리하여 우리 수업에서 글쓰기를 한계 과업으로 규정하고 나서야 비로소 그들은 사고-언어 발달에 관한 비고츠키의 분석법을 다룬 토론에 활발히 참여하였다.

글쓰기 수업의 두 번째 목표는 비판적 이해 없이 흔히 사용되는 몇몇 구문을 짚어보는 것이었다. 먼저 우리는 먹물 언어가 여러 가지 방법으로 일반 동사simple verb를 배제하는 경향성에 대해 살펴보았다. 예컨대 먹물 언어는 수동태를 많이 사용한다("나는 ~을 알았다" 대신 "~라고 보인다"). 또한 동명사 대신 명사구를 사용한다("~에 관해 성찰하기" 대신 "~에 관한 성찰을 통해"). 우리는 이러한 먹물 언어의 구조가 인간 삶과 사고를 이루는 요소들을 한낱 사물로 격하시키며, 행위 주체와 행위 사이의 관계를 분명하게 나타내기보다는 희미하게 나타냄으로써 사고와 행위의 역동적인 본질을 어떻게 거세시키고 있는지를 지적했다.

우리가 학생들의 글쓰기에서 능동태/수동태와 명사구 사용에 관한 학생들의 말과 입장을 짚어보는 사이에, 학생들은 자신의 사고 형태가 자신의 언어 구조 형태 속에 반영되어 있음을 깨닫기 시작했다. 그들은 먹물 언어 기법들이 글쓴이로 하여금 문장 속에 있는 사고를 선명하고 완전하게 나타내는 것을 방해한다는 것을 알게 되었다.

학생들은 문법적으로 객체적 입장에 자신을 위치시킴으로써 습관적으로 자신의 생각을 수동태로 토론했다. "나는 ~라는 것을 알았다" 대신 "내가 알게 되기를…"이라 하거나 "나는 ~를 봤다" 대신 "~가 보여졌다"는 식이었다. 그들은 자기 자신을 문법적으로 주어로 인식하지 못한 것과 마찬가지로, 프레이리의 의미에서 세계를 향해 행위를 취하는 자유로운 주체로 스스로를 인식하지 못했으며, 이러한 잠재의식이 그들의 글 속에 담겨 있었다.

능동태/수동태 분석을 하면서 우리는 학생들이 문장이라는 아주 단순한 개념을 왜 그렇게 어려워하는지를 이해하기 시작했다. 비록 학생들이 연습 활동에서 추상적으로 제시되었던 오류들을 쉽게 인식하고 고쳐

나가기도 했지만 종종 파편화된 문장이나 산만한 문장으로 쓰는 것을 발견했다. 산만한 문장들은 대개 약간의 상호연관을 지닌 많은 주어와 서술어를 갖고 있지만 독자의 입장에선 이것들이 어떤 연관을 갖는지 정확히 파악하기 어렵다. 파편화된 문장은 하나의 주어를 제시하지만 그 주어가 무엇에 관한 것인지 알 수 없으며, 하나의 서술어를 품고 있는 경우라도 주어와의 구체적 연관성은 결여되어 있다. 파편화된 문장과 산만한 문장의 글쓰기로 말미암아 그들은 생각이 담긴 주제의 글을 제시하면서도 그 주제에 대한 자기 자신의 판단을 담은 주장의 책임을 회피해간다. 그들은 능동적이고 선언적인 문장이 요구되는 판단을 내림에 있어 자신감이 결핍되어 있었다. 그래서 그들은 그러한 문장들을 쓰지 않았다. 그들의 **심리학적 문법**psychological grammar은 매우 정확했다. 그들은 판단하고 진술하고 결정을 내린 뒤 그에 따라 행위를 하는 것은 자기 역량 밖의 일이라 믿었다. 그들이 자연스러운 목소리를 찾기 시작하기 전에, 스스로를 주체자로서, 인식자로서, 세계를 창조하기 위해 행위를 하는 책임을 진 사람으로 볼 필요가 있었다.

초기에 학생들이 글쓰기에 대해 품었던 분노의 이유가 지금은 명백해졌다. 글쓰기 수업에서 먹물 어법은 사람과 사람을 연결시켜주고 사고를 선명히 드러내는 도구가 아니라 다른 사람들을 통제하기 위해 생각이나 의도를 애매하게 처리하는 수단임이 분석되고 폭로되었다. 먹물 어법을 더 이상 쓰지 못하게 되자 학생들은 글쓰기를 제대로 하지 못했다. 더구나 학생들은 자기 자신의 먹물 어법에 대해서도 점점 혼란스러워했다. 그들은 먹물로 포장된 언어가 수사적으로뿐만 아니라 윤리적으로 바람직하지 않다는 것을 알고선 우리늘에게 가르쳐주기도 했다. 그것은 위선을 조장하며 우리를 '그들' 중의 하나로 만들면서 결과적으로 왼쪽 목록에 있는 키워드에 힘을 실어주었다. 이러한 분석이 낳은 필연적인 결실로서 먹물 언어가 그런 것이라는 집단적 공감이 형성되었을 뿐만 아니라, 수업의 초기에 혼란스러웠던 경험이 해소되었고, 학습을 위한 알찬 활동과 상황을 찾을 수 있는 능력이 발전되었으며, 수업의 마지막 달에 교사와 학생의 책임을 공유하는 공동체가 형성되었다. 그리고 무엇보다도 학생들의 글쓰기 실력에 상당한 질적 변화가 있었다.


## 마지막 성찰

우리는 학생들을 향한 존경심으로 이 강좌의 끝을 맺었다. 이 강의를 통해 우리는 주요 문화제도로부터 학생들이 뼈저린 소외를 겪고 있음을 알게 되었다. 수업을 통해 얻은 중요한 통찰은 이러한 소외가 일정 부분 비문해에서 기인한다는 것이다. 언어 결핍은 생각보다 훨씬 심각했으며, 몇몇 교육자(Shapiro & Kriftcher, 1976, pp. 381-386)가 언급하는 '높은 문맹률'에 대한 현재의 기계적 해결책 속엔 이 문제가 거론되지 않고 있다. 우리는 기계적 언어 사용에선 아무리 많은 훈련이 이루어진들 부질없다고 본다. 왜냐하면 문제의 근본은 소외에 뿌리를 두고 있기 때문이다. 우리 사회에서 일반적으로 통용되는 언어 사용법과 분석, 계몽, 자기표현, 의사소통의 수단으로서의 언어의 이상 사이에 있는 간극을 우리 학생들은 정확히 알고 있다.[47] 우리 학생들의 비문해는 개인적 실패의 결과일 뿐만 아니라 문화적 분열의 결과이기도 하다. 문화제도 속에 배어 있는 무력감은 우리 학생들로 하여금 다른 무기력한 사람들과 자신을 동일시하게 했다.

키워드 토론을 통해 우리는 학생들의 궁극적 관심사가 자신이 인식하고 지각하는 세계와 자신이 어떤 관계를 맺는가 하는 것임을 알 수 있었다. 학생들이 던진 질문은 그들의 교육이 그들에게 답을 주지 못한 것으로서, "어떻게 나를 세상에 맞춰갈 것인가?"였다. 강좌 가운데 학구적인 교과목들(교육철학, 지식사회학, 인식론, 언어기법)은 궁극적으로 그들에게 이러한 질문에 답할 수 있는 도구를 제공해주었지만 우선 그 질문이 명료해야 하고, 학생들이 생각해온 사회적 행동의 가치를 검증해야만 했다. 더구나 학생들의 글을 읽으면서 우리는 이러한 도구들을 획득하려면 학생들이 수업에서 "안전하다는 느낌"을 가져야만 한다는 것을 알았다. 학생들이 경계심을 풀고 자신의 사고와 기능 수준을 정직하게 탐색하고, 교사들이나 교사가 대표로 있는 제도에 대항하지 않고 함께 참여하려면 공동체의 안정감이 필요했다. 공동체감을 경험하고 '현실 사회 구조'에의 참여를 이해하고 나서야 비로소 학생들은 거리낌 없이 자신의 글을 다른 사람에게 노출시켜 분석과 비판을 받고자 했다. 우리 학생들에게 필요한 것은 '공동체'에 관한 **토론**이 아니라 학습을 가능하게 하는 관계의 형성과 관련한 경험이었다. 강좌의 마지막 3분의 1 단계에 이르러 그들은 평가하는 것과 평가받는 것 둘 다에 용기를 갖게 되었다. 그들이 세상 속에 처한 자신의 위치와 자기 목소리를 발견하는 것과 언어 기법 터득의 연관성을 알았을 때 하나의 극적인 변화가 생겨났다.

어린아이들을 가르칠 때는 수업 주제에 대한 학생들의 관심을 신뢰하는 것이나 학생들이 경계심을 풀고 적극적으로 학습에 뛰어들게 하려면 공동체 내의 정서적 안정이 필수적임을 인지하는 게 중요하다는 것은 자명한 교육 원리다. 그러나 성인 교육에서 이 원리는 무시되거나 그럴듯한 말뿐이기 쉽다. 프레이리의 철학은 우리로 하여금 기계적인 방법으로 어른들에게 읽고 쓰기를 가르치는 것을 기대할 수 없는 이유를 일깨워준다. 어른들에게서는 항상 다음과 같은 질문이 터져 나오거나 도사리고 있다. 즉 "그게 무슨 의미가 있는가?" 하는 것이다. 프레이리가 밝히고 있듯이, 어른들은 기법을 배우는 것과 그것의 개인적·사회적 의미를 성찰하는 것이 동시에 이루어질 때만이 읽고 쓰기를 배울 수 있다. 모든 인간의 과업 occupation은 몰입preoccupation이어야 한다. 우리는 학생들이 기술적 기능이나 지적 기능을 익히기 위한 학습에 에너지를 쏟기에 앞서, 그들이 자신의 글에 나타난 기술적 결함이나 지적 결함뿐만 아니라 글쓰기에 대한 자기 무능력의 개인적·사회적 의미도 분명히 이해할 필요가 있음을 알았다.

학생들의 키워드 논의를 통해 우리는 인식론 공부의 필요성을 명확하게 이해했다. 학생들은 우리에게 신비화된 매혹적 기제에 은폐된 미국 교육에 대한 프레이리의 비판이 교육과 글쓰기를 향한 신비화된 태도와 조응한다는 사실을 일깨워주었다. 그때까지 우리는 "앎이 목적론적 활동이며, 목적 없는 알기는 불가능하다."는 사실을 그저 어렴풋이 이해하고 있었는데, 학생들의 생생한 경험을 통해 명확히 알게 되었다.[48]

실비아 애쉬톤-워너Sylvia Ashton-Warner는 자신의 책에서 글말written word에 대한 반감에 대처하는 방안으로 마오리족 아이들에게 읽기 지도를 하려고 개발한 키워드 방법을 설명한다(1963, p. 34). 바로 이 관찰이 이 수업에서 우리가 지닌 동기의 하나였다. 성장기에 낯선 유럽 문화에 급격히 적응해야만 했던 마오리 아이들에 관해 그녀는 다음과 같이 말한다.

어린 마음의 성장을 갑자기 멈추고 그 위에 강요된 문화 틀을 덧칠하는 것은 아름다운 모습이 아니다. 어린아이의 성장을 훈련시키고 이식하는 여러 가지 방법이 있다. 아름다움의 참 개념은 유기적인 삶의 모양새를 취하는 바, 한 문화에서 다른 문화로 옮겨 가는 전환기에서 그것은 백척간두의 위기에 처해진다(1963, p. 34).

마오리족처럼 우리 학생들도 학교를 지배하는 문화, 즉 개인의 활동을 소비 경제의 필요에 종속시키는 문화를 두려워하고 불신한다. 하지만 우리 학생들은 어린아이가 아니기 때문에 자신이 이러한 문화와 가치를 유지하는 데 공범이 된다는 것을 깨달으면서 교육은 복잡한 양상을 띠게 된다. 그들은 소비 상품을 원하고, 권력과 정치적 힘, 여러 종류의 사회적 힘을 얻기 위해 학위를 원한다. 우리는 학생들과 함께 소비 사회의 가치(그들이 향유하는 상품들)와 사회제도로부터 벗어나고자 하는 "어린아이처럼 순수한" 본능 간의 모순에 맞서야만 했다. 우리 수업이 사회 전반의 모순을 해결할 수는 없지만, 성찰이 시작되고 의식적인 선택이 이루어지는 수준에까지 이를 수 있었다. 교사가 보는 앞에서 습관적으로 거부감을 표하던 우리 학생들의 글쓰기는 인간과 사회의 갈등을 바라보는 철학적·윤리적 관점이 발생하는 바로 그 지점에서 이루어졌다.

글을 맺기 전에 대화 과정에 대해 간단히 덧붙일 필요를 느낀다. 우리는 만일 우리가 처음부터 대화를 통해 학생들에게 안정감을 배려해주지 않았더라면, 이렇듯 좋은 결실을 기대할 수 없었으리라는 사실을 강좌 끝자락에 이르러서야 깨달았다. 대화는 객관적인 의미를 형성하는 필수 불가결한 조건이다. 우리가 겨냥했던 목적(언어와 사회 모두에 자신이 맺고 있는 역동적인 관계성에 대한 학생들의 깨달음)과 마찬가지로 대화는 인식론적 차원과 정치적 차원을 결합시킨다. 대화 속에서 객관적인 의미와 삶의 방향성에 대한 인식이 동시에 움튼다.

우리는 우리에게 필요한 가르침의 방법을 제3세계의 경험을 기반으로 한 철학을 통해 구하고자 했다. 프레이리의 철학이 단지 제3세계 사람들이 읽고 쓰는 방법을 가르치는 것에 특화된 것은 아니다. 그의 철학은 특정 문화나 인간의 일상적인 의도 그리고 이 둘이 어떻게 서로 연관되어 있는지를 살펴보는 데 유용하다. 우리는 모든 수준의 교육에서 그 핵심적 중요성을 일깨우기 위해 이러한 철학적 관심사들을 전면에 내세워야 한다. 우리가 구사하는 방법을 제대로 안내하려면 이 관심사들은 교사들과 학생들의 태도 속에 체화되어야 한다. 우리는 문화제도의 본질에 대한 진지한 연구와 함께 언어의 인식론적 차원, 어휘, 문법, 구분, 수사에 관한 윤리적 차원을 다루는 교육과정을 개발할 필요가 있다. 일단 이러한 근본적인 관심사가 학생의 내면에 자리 잡게 되면, 기술적 문제나 역량은 저절로 해결된다.

이 모든 것들은 미국 대학 교육 현장의 모습과는 거리가 먼 것 같다. 따라서 이러한 경험으로부터 우리가 얻은 지식이 다른 학생 집단에 적용 가능한지 알아보는 것이 중요하다. 성인 '문맹'이 점점 증가하건만, 지금까지 교육자들은 일반적으로 그 원인이 읽기와 쓰기의 역학 관계를 제대로 파악하지 못하기 때문이라고 여기고 있다. 이러한 증상들을 치유하기 위한 교과과정들이 조직되어 있지만 많은 연구 결과들은 이들 과정이 대체로 효과가 없음을 보여준다. 우리 연구는 문제의 원인이 기술적인 결함에 기인하지 않는다는 것을 보여준다. 국내 최고의 대학에 다니는 학생들과 그렇지 못한 대학에 다니는 학생들이 똑같은 양상을 보인다. 다양한 수준의 지적·기능적 발달 단계에 있는 학생들이 이 문제를 겪고 있다는 사실은 그 원인이 기계적이거나 개인적 차원에 있다기보다는 태도나 문화의 측면에 있음을 시사한다. 우리의 노력으로 이러한 문제를 뿌리까지 파고들었고 그 결과 우리는 다소 설득력이 미흡할지언정 가치와 의미 그리고 인간 의도에 관해 의문을 품기까지 이르게 되었다. 물론 프레이리는 자신의 관점과 교육학이 정통성이 없다는 이유로 자신의 입장에 대해 다음과 같이 생각하는 사람들도 있다는 것을 잘 알고 있었다.

그저 이상주의적이기만 하거나, 존재론적 소명의식이나 사랑, 대화, 희망, 인간성, 동정심 따위를 읊어대는 지극히 반동적인 "수다 떨기"에 불과하다

(Freire, 1970, p.21).[26]

하지만 학생들의 반응은 프레이리 방법의 가치를 확인시켜 주었다.

이 글의 마지막 진술은 우리 학생 가운데 한 사람의 글로 채우고자 한다. 실로 우리 수업의 경험과 희망을 정확하고 간결하게 그리고 아름답게 표현한 글이다.

교육철학 강의는 내게 큰 의미가 있었다. 이를 통해 나는 나의 동료들이나 지인들로부터 커져만 가는 소외감을 극복하는 방법을 발견했다. 프레이리, 비고츠키, 버거, 루크만에 대해 공부하기 전에는 내가 느꼈던 소외감을 설명할 수가 없었다. 이는 그동안 내가 문화 각성뿐만 아니라 자아 각성의 부족으로 고통을 받았음을 보여준다. 이제 나는 나 자신을 이해하는 것과 나의 문화를 이해하는 것이 함께 나아간다는 것을 알게 되었다. 나아가, 이러한 능력이 언어 구사력과 의사소통 그리고 자아 존중에서 생겨난다는 것도 알았다. 이러한 이해력에 힘입어 나는 세계를 이해하고 나의 포지션에 걸맞은 일을 시작할 수 있게 되었다. 더 이상 혼자라거나 두렵다는 생각이 안 든다. 얼마 전까지만 해도 내게 죽음이 드리워짐을 느꼈다. 내 운명을 절망적으로 받아들이고 체념하기만 했다. 그러나 그런 날은 갔다. 이제 나는 세계를 이해하고자 하는 목적을 달성하기 위한 도구인 언어를 갖게 되었다. 그 목적을 꼭 이룰 것이다.

26. 프레이리의 주저 『피억압자의 교육학』에서 인용한 것이다. 이 책의 서문에서 프레이리는 자신의 사상이 우익 분파는 물론 좌익 분파로부터도 환영받지 못할 것이라는 말을 남겼는데, 인용문의 글귀는 좌익 분파주의(sectarianism)의 관점을 표현한 것이다.

# 부록

(학생들이 대립되는 것끼리 따로 묶기 전의) 원 키워드 목록

| | |
|---|---|
| 죽음 | 교육철학 |
| 음악 | 억압 |
| 감정 | 불평등 |
| 내성(內省) | 이상주의 |
| 신념 | 사회 |
| 현실 | 변화 |
| 인간 본성 | 왜? |
| 겸손 | 가치 |
| 의사소통 | 에너지 |
| 연민 | 각성 |
| 미디어 | 숙고 |
| 창의성 | 우정 |
| 성장 | 의존성 |
| 정직 | 믿음 |
| 매개 | 인내 |
| 불교 | 삶 |
| 달리기 | 세상사람 |
| 지각 | 자연 |
| 관점 | 외교정책 |
| 깨닫다 | 예술 |
| 마음 | 만들기 |
| 순서 짜기 | 댄스 |
| 우주 | 상대성이론 |
| 자율 | 세계경제 |
| 교육 | 사진 |
| 독립 | 환경 |
| 문학 | 개념화하다 |
| 사랑 | 통합하다 |
| 과학 | 경험 |
| 주관적 | 다양성 |
| 자유 | 전체 |
| 신 | 남성다움 |
| 문화 | 돌봄 |
| 상대적(모든 것은 상대적이다) | 중요한 |
| 형태들(모든 형태들) | 그들 |
| 평화 | 예상 |
| 호기심 | 목적 |
| 감사 | 행복 |
| 훈련 | 체제 |
| 듣기 | 권력 |
| 발명 | 강좌 |
| 혁신 | 의식 |
| 발견 | 미신 |
| 동기 | 대안 |
| 정부 | 에너지-정보 문제 |
| 술 | 기능 |
| 신체반응 | 객관적 |
| 공간 | 여성 |
| 시간 | |

## 참고 문헌

Ashton-Warner, S.(1979), *Teacher*(First Edition 1963), New York: Bantam.

Barthes, R.(1972), *Mythologies,* New York: Hill and Wang.

Berger, P. & Luckmann, T.(1966), *The social construction of reality,* Garden City, NY: Doubleday.

Collins, D.(1977), *Paulo Freire: His life, thought and work,* New York:Paulist Press.

Elsasser, N., & John-Steiner, V.(August 1977), An interactionist approach to advancing literacy, *Harvard Educational Review,* XLVII(3), 355-369.

Freire, P.(1970), *Pedagogy of the oppressed,* New York: Continuum.

Freire, P.(1972), *Cultural acton for freedom,* Baltimore: Penguin.

Freire, P.(1973), *Educational for critical consciousness,* New York: Continuum.

Shapiro, N., & Kriftcher, N.(February 1976), Combatting the lower and higher illiteracies, *Journal of Reading,* pp. 381-386.

Skiner, Q.(June 15, 1978), The flight from positivism, *New York Review of Books,* p. 28.

Vygotsky, L.(1962), *Thought and language*(E. Hanfmann & Vaker, Trans.), Cambridge, MA: MIT Press.

William, R.(1976), *Keywords,* New York: Oxford University Press.

41) 이 강좌의 연표와 구조에 관한 상세한 설명은 저자들로부터 들을 수 있다. 이 강좌에서 사용한 교재들은 다음과 같다. 파울로 프레이리의 『Pedagogy of the Oppressed』, 『Cultural Action for Freedom』, 『Education for Critical Consciousness』; 데니스 콜린스Dennis Collins의 『Paulo Freire: His Life and His Works』, 레프 비고츠키의 『Thought and Language』, 피터 버그와 토마스 루크만Peter Berger & Thomas Luckmann의 『The Social Construction of Reality』.

42) 키워드 과제의 기원은 실비아 애쉬톤 워너의 『교사Teacher』와 레이몽 윌리암의 『키워드Keywords』에 관한 성찰의 결과였다.

43) 이들 그룹으로부터 만들어진 완전한 낱말 목록은 부록을 참조할 것.

44) 이 주제들은 우리 수업, 특히 특별한 상황에 놓여 있는 학생들에 관한 것이다. 이들은 다른 학생들에게는 생산적인 주제들이 될 수 없었고, 심지어 유사한 상황에도 그러했다. 비록 수업의 과정을 규정하는 원리가 만들어질 수 있었지만 내용은 만들어질 수 없었다.

45) 이 학생의 관점은 매우 분명하다. 이 글은 비고츠키가 말한 '내적 언어'의 특징들이 담겨 있어서 흥미롭다.

46) 프레이리의 사유에 대해 더 깊이 있게 들어가 보고 싶으면 롤랑 바르트(19xx, pp. 109-159)를 보라.

47) 그들의 먹물 언어가 얼마나 보상을 잘 받았는지를 보여주는 샘플을 찾는 데는 별 어려움이 없다. 『Nutshell』이라는 잡지에 있는 기사에서도 엿볼 수 있다. 이 잡지는 최근에 『Flowery Term Papers Win Teacher's Accolades』라는 이름으로 캠퍼스에 다음과 같은 내용으로 배포되었다.

시카고 대학의 조셉 윌리엄스 교수와 시카고 주립 대학의 로즈매리 헤이크 교수는 오늘날의 언어와 약간 변화된 언어 간의 가치에 관한 차이점에 관한 좋은 글을 썼다. 그들은 생각과 개념은 비슷했지만 서로 다른 두 글을 만들었다. 하나는 단순하고 직설적인 언어를 사용했고, 다른 하나는 장황하고 화려한 언어를 사용했다.

두 글은 먼저 9명의 고등학교 교사들에게 나누어 주었는데, 교사들은 최종적으로 장황하게 쓴 글에 거의 만점을 주었지만 너무 단순하고 얕은 직설적인 글에는 점수를 주지 않았다.

그러고서 두 글을 90명 이상의 교사들에게 나누어 주었더니 다시 화려한 언어가 더 좋은 점수를 받았다. 고등학교 교사 3/4 이상, 대학교수의 2/3 이상이 화려한 글에 높은 점수를 주었다. "화려한 언어에 너무 깊이 배어 있어서 이것이 잠재적인 것으로 되어버렸다."라고 윌리엄스 교수는 말했다(Nutshell, 1977/78).

48) 1974년 7월에 린다 핀레이가 프레이리와 대화를 나눈 기록을 참조하라.

# 5

## '더 이상 이방인이 아니다':
### 해방 문해 커리큘럼
"Strangers No More":
A Liberatory Literacy Curriculum.

카일 피오어와 낸 엘자써
Kyle Fiore & Nan Elsasser

바하마 대학

1979년 11월 17일


친애하는 카일과 팻 그리고 래리에게


우리의 기초 글쓰기 커리큘럼이 잘 돌아가고 있다고 생각합니다. 10주 동안 결혼생활이라는 생성 주제를 갖고 읽기와 쓰기 토론을 한 이후, 학생들은 새로 익힌 지식과 기술들을 자신의 의도대로 잘 활용해오고 있습니다. 지난밤에 마지막 시험(영어학부가 개발하여 시행하고 채점까지 하는)에 대비하여 배운 것을 총정리하고 있을 때, 나의 학생 루이제가 끼어들어 어떤 시험도 그 학기에 배운 것을 모두 평가할 수 없다고 말하였습니다. 다른 학생도 동의한다는 듯이 고개를 끄덕였고요. 그녀는 이렇게 말했습니다. "우리는 글쓰기를 배우면서 우리 자신에 대해서도 배웠어요." 완벽한 프레이리식 문장이었죠. 하룻밤으로는 부족했는지, 유레나는 모든 학생이 여성으로 구성된 그 반에서 배운 것을 요약해서 출판하자고 제안했습니다. 그때 모두들 좋다고 깡충 뛰었어요. 첫 번째 출판물이 디자인되어 나오자 대시니 세미콜론이니 하는 것들은 잊어버렸어요. 학기 초엔 이 여성들이 문단 개념을 이해하기도 벅찼는데, 이제는 선언문을 발표하고 싶어 하는 것이 믿겨지지 않네요. 또 편지 쓸게요.

사랑을 담아, 낸 드림

낸의 편지에 우리는 한껏 힘을 받았다. 그 학기에 낸은 1978년[49] 봄에 우리가 설계한 치료용 영어 프로그램 실험에 참여하고 있었다. 우리는 크리스마스 이후 가진 첫 모임에서, 맥주를 피처에 담아 나누어 마시면서 교실에서 겪은 좌절과 성공, 구속 등을 공유하기 시작했다. 이야기를 주고받다 보니, 우리 4명이 모두 커리큘럼을 찾고 있는 교사들이라는 사실을 알게 되었다. 표준 영어 문법책과 전통적인 커리큘럼들은 앨버커키 대학과 뉴멕시코 대학의 우리 학생들에게는 잘 맞지 않았다. 멕시코계 미국인 노동자들과 흑인들, 영국계 미국인들, 미국 원주민들이 우리 강좌의 수강생들이었는데, 이들은 글쓰기를 배워서 대학에 진학한 뒤 사회에 나가 일자리 얻기를 바랐다. 그러나 우리 학생들은 교실에 들어오자마자 자신이 낯선 세계에 들어온 이방인이라는 생각이 들었다. 교실 커리큘럼과 앨버커키에서 스페인어 사용자가 사는 지역, 뉴멕시코의 변두리와 원주민이 사는 지역에서 배운 지식 사이에는 높은 벽이 쳐져 있었다. 자신들의 문화를 부정하는 강좌에서는, 많은 학생들이 그토록 원했던 기능을 배우지 못했다. 소수의 학생들만이 필요한 기능을 성공적으로 배워나갔다. 그들은 자기네의 관습, 습관, 기술들을 뒤에 남겨둔 채 학교에 다녔고, 기존 질서에 적응하면서 사회에서 각자의 진로를 찾아나갔다. 문자를 익힘으로써 그들은 자신의 사회적 맥락을 통제할 수 있게 된 것이 아니라 그로부터 통제받게 되었다.

우리는 난관에 빠졌다. 우리는 학생들이 자신의 문화와 지식을 교실로 가져오기를 바랐다. 우리는 학생들이 글쓰기의 복잡한 과정을 이해하고 익숙해지기를 바랐다. 또한 우리는 학생들이 글쓰기를 자신의 사회적 환경에 개입하는 수단으로 사용하기를 바랐다. 이러한 것들이 우리 공동의 관심사였고, 우리는 우리 목표들을 충족시켜줄 커리큘럼을 만들어보기로 했다. 적절한 이론과 교육학을 탐색하던 중, 비고츠키[50]와 프레이리의 저작들을 찾았다. 이 학자들은 쓰기를 인지적 기술들과 사회적 학습들을 함께 아우르는 것이라고 보았기에 우리의 호기심을 유발했다. 두 사람의 접근법은 함께 나아가면서 서로를 보충해주었다. 비고츠키는 학생들 내면의 학습 과정들을 탐구하고, 프레이리는 외부의 사회적 환경의 영향력을 강조한다.

비고츠키의 저작은 글쓰기의 복잡한 과정을 명료화한다. 그는 쓰기를 배우는 것이 인지적 기술의 숙달과 더불어 새로운 사회적 이해력을 발달시킨다고 가정한다. 비고츠키에 따르면, 우리는 내적 언어inner speech와 사고 언어language of thought를 통해 우리의 삶을 범주화하고 종합한다. 내적 언어에서, 하나의 단어나 구는 다채로운 아이디어와 경험, 감정의 실로 수를 놓게 된다. 내적 언어의 다층적이고도 개인적인 성격은 낱말 연상 연습에 대한 한 여학생의 반응에서 확인된다. 섹스라는 주제를 놓고 그녀가 떠올린 낱말은 집, 시간, 경험 없음, 거친 행동, 동침 등이었다.

비고츠키의 설명에 따르면, 내적 언어의 상징이 서술 텍스트로 질적 변화를 이루기 위해 이 여성에게 필요한 것은, 의식적으로 협소한 사고 형태를 탈피하여 자기 글을 읽는 사람들과 공유하고 있는 사회적 맥락 속으로 뛰어드는 것이다. 이 공동의 인식틀 속에서만 그녀는 자기 글을 짓기 위해 자기 사고의 미스터리들을 펼쳐나갈 수 있다.

프레이리는 학습자의 환경에 초점을 맞추고서 쓰기의 사회정치적 측면들을 논의한다. 해방적(혁명적) 문해 프로그램들의 개발자로서 프레이리는 문해 프로그램의 목표가 학생들로 하여금 자신의 삶과 사회와의 연관성을 비판적으로 의식하고, 문해 능력을 자신의 환경을 변화시키는 수단으로 사용하도록 돕는 것이라 주장한다. 비고츠키와 마찬가지로, 프레이리는 텍스트에 대한 생각이 바뀌려면 자신의 사회적 맥락을 의식적으로 성찰해볼 필요가 있다고 생각한다. 프레이리는 자신의 삶과 사회 사이의 연관성을 의식하지 못하는 학생들은 자신의 문제를 개인의 문제로 생각한다는 말을 자주 언급하였다. 프레이리는 학생들이 사회가 자신의 삶에 미치는 영향력을 이해하기 위해 학생들과 교사들에게 자신의 일상 세계에서 가져온 생성 주제들에 대해 이야기해볼 것을 제안한다. 개인적 관점과 사회역사적 관점에서 노동이나 가족의 삶과 같은 이슈들을 조사하면서, 학생들은 자기 자신의 앎을 교실로 가져오고 사회적 맥락에 대한 자신의 지각을 넓혀간다.

이를테면 남편에게 매 맞는 한 여성은 단지 남편을 잘못 만나서 그렇게 된 것이므로 운명이라 여기며 참고 견뎌야 한다고 생각할 수 있다. 또 다른 여성은 남편의 기대에 맞춰 살기만 한다면, 남편이 때리지 않을 것이라고 생각할 수 있다. 이들이 만나 서로에 대해, 그리고 다른 여성들과 함께 이야기하게 될 때, 이 두 여성은 폭력성은 사회적 현상이라는 사실을 깨닫게 될 것이다. 그들은 그것이 공동체 사회에 널리 퍼져 있음을 깨닫는다. 여성들은 읽기를 시작하면서, 그들 문제의 많은 측면들이 사회적 영역에 뿌리를 두고 있음을 알게 된다. 그리고 법률 개선이나 매 맞는 여성들을 위한 쉼터, 경찰 측의 성의 있는 태도를 요구하기 위해 압력을 가할 수 있다는 것을 배운다. 지속적인 토론을 통해 이들은 문해 능력을 사용하여 법정에서 이의를 제기하고, 관공서에 탄원서를 보내며, 언론에 뉴스 기사나 편지를 써 보냄으로써 그러한 변화를 이끌어낼 수 있음을 깨닫게 된다.

우리는 비고츠키 이론과 프레이리 교육학을 토대로 커리큘럼을 짜기로 했다. 내적 언어에 대한 비고츠키의 이론은 학생들의 쓰기 과정을 도울 것이다. 프레이리의 교육학은 학생들이 자기 자신의 문화와 개인적 지식을 교실로 가져오게끔 격려하고, 자신의 삶과 사회의 연관관계를 이해하도록 도울 뿐만 아니라, 쓰기를 통해 자신의 환경을 통제하는 능력을 갖게 할 것이다.

전통적인 대학에 몸담고 있는 진보적인 문해 교사로서 우리는 프레이리식 접근법을 곧이곧대로 사용할 수 없음을 깨달았다. 프레이리의 기초 문해 프로그램들은 혁명적인 환경 속에 있는 교사들을 위해 개발되었기에 학기제의 시간 제약이나 학생들이 영어과 기준들을 따르도록 하는 학사 관리의 규제를 고려하지 않았다. 그러나 우리는 학생들의 비판적 의식을 신장시키려는 프레이리의 목표를 충족시키면서 고차원적인 문해 기술들을 가르치는 것이 가능하리라고 생각했다. 프레이리가 쓴 것처럼, "오늘 불가능한 것들을 성취하기 위한 최선의 방법은 오늘 가능한 것은 뭐든 하는 것이다"(Freire, 1978, p. 64).

그해 봄 우리는 매주 토요일마다 번갈아가며 각자의 집에서 만났다. 커피와 도넛을 먹으면서, 우리가 사용하고 있는 고급 문해 기법에 관해 이야기했고, 그러한 기법들을 비고츠키와 프레이리의 저작들과 연결시키는 방법들을 탐구했다. 우리는 내적 언어에 대한 비고츠키의 이론에 따라 낱말 연상 연습을 개발했다. 다음으로 우리는 프레이리 조사에 있는 은유적 형식들에 맞는 방식들을 계획했다. 5월에 일을 마쳤다. 같은 달 낸은 자신의 실험 결과를 메일로 우리에게 알려주었다. 다음 장에서 우리는 그녀의 편지들을 요약한 다음 그것을 우리 커리큘럼에서 1인칭 설명을 일궈내기 위해 고안한 학생들의 글쓰기 사본과 연결 지을 것이다.


**바하마 대학: 가능성 있는 실험**

학기가 시작되기 전에 미리 바하마에 도착해서 며칠 동안 그 대학에 관해 알아봤다. 뉴프로빙스 섬에 위치한 바하마 대학은 주야간 2부제 수업을 하는 2년제 대학이다. 그 대학 학생들의 90%가 흑인 바하마인들이다. 많은 학생들이 일과 후 야간에 등교한다. 이 학생들의 3분의 2가 여성이다.

예비 대학 프로그램으로 마련된 4개 영어 강좌 시리즈에서 첫 번째가 내가 가르치는 언어 기술 강좌다. 이 모든 강좌들은 전통적인 계열을 따라 가르친다. 문법을 익히기 위해 학생들은 시제를 바꾸고, 구두점을 추가하고, 괄호 안에 문장을 삽입하는 연습을 한다. 읽기 실력을 검증받으려고 학생들은 짧은 문단에서 4지선다형이나 참-거짓 질문에 대답한다. 한 동료의 말로는 작년에 45~60퍼센트의 학생들이 영어과 기준에 도달하지 못했다고 한다. 그녀는 또한 바하마 대학에서 영어 과목과 다른 교과목 학점 사이에 유의미한 상관관계가 없음을 보여준다. 그녀의 진술을 듣고 나는 우리의 커리큘럼을 개발해야 한다는 결심을 더욱 굳혔다.

나는 늘 해오던 수업에 익숙해 있는 학생들이 혹 나의 새로운 시도에 경계심을 품지 않을까 하는 걱정 속에서 첫날 야간 수업에 들어간다. 출석부를 넘기면서, 내 학생들이 모두 여성이라는 것을 알게 된다(나중에 알았지만, 전체 학생의 3분의 2가 여성이다). 내 소개를 시작으로 수업을 시작하면서, 전통적인 방식으로 영어를 가르치면서 내가 부딪혔던 문제점들을 설명해간다. 나는 학생들에게 실험적인 접근법을 사용할 것이라고 말한다. 아울러 우리가 주제들을 선택할 수 있고, 자료를 갖고 논의할 수 있으며, 결과들을 함께 평가할 수 있다면 이러한 실험이 성공할 것이라고 힘주어 말한다. 때로는 교실에 응집력이 결여될 수도 있음을 인정한다. 한 학생이 학기 말에 치르는 표준 영어 시험을 통과할 수 있을지 묻는다. 나는 그렇게 생각한다고 말한다. 하지만 전통적인 방식의 수업을 원한다면 다른 강좌를 신청할 것을 권고한다. 몇몇 학생들이 강의실을 나간다. 남은 학생들과 수업을 계속해간다.

공감대를 형성하려고 나는 그들의 직장 생활이나 이전의 학교교육에 대해서 묻는다. 그들 가운데 절반이 은행 직원들이다. 나머지는 컴퓨터 앞에 앉아 사무를 본다. 이 여성들은 직업세계에 진입하고 대학에 입학한 1세대 바하마 여성들을 대표한다. 그들의 교육 이력은 평균 6년이다. 초기 학창 시절을 떠올리면서 한 여성은 식민지 교본 속에 있는 시를 베끼면서 보낸 나날에 대해 이야기한다. 또 다른 여성은 어머니가 시장에 물건 팔러 간 동안 집에서 어린 동생들을 돌보던 시절을 속속들이 늘어놓는다. 그들 모두 글쓰기를 하면서 문제들을 기억해낸다.

여성들이 그들 문제의 원인을 이해하기 시작하면서 우리는 다가오는 3주를 내적 언어에서부터 완성된 형태의 글쓰기로 옮겨 가는 복잡성을 조사하면서 보낸다. 우리는 비고츠키 이론을 논증하기 위하여 개발한 일련의 낱말 연상 연습을 시작한다. 섹스, 가정, 노동과 같은 관심 낱말들 trigger words에 대한 반응들을 비교하면서, 여성들은 아주 초보적인 수준에서나마 다양한 방식으로 정보를 범주화하고 저장할 수 있게 된다. 어떤 학생들은 대조적인 감정적 반응들의 목록을 만들고, 다른 학생들은 시각적인 이미지들을 메모한다. 한 여성은 내적 언어의 낱말들을 하위 주제로 나눈다. "직업: 당신이 일하고 싶은 곳, 어떤 보스 밑에서, 담당 업무는 무엇" 생각을 조직하고 목록을 만드는 각자의 서로 다른 방식들을 비교하면서, 학생들은 왜 그들이 쓰기를 통해 자신의 생각을 정교하게 할 필요가 있는지에 대한 확고한 생각을 품게 된다. 강좌를 마무리하는 시점에서 우리는 각자 우리의 사적인 목록들을 공적인 산문으로 바꾼다.

자기 생각을 분명하게 드러내는 글쓰기 지도를 목표로 한 우리의 연구들 신선시키려고 나는 개인적인 지식의 가치를 강조하면서도 개인적 지식과 교실 지식 사이의 이분법을 깨트리는 정교한 글쓰기를 요구하는 어떤 주제를 찾아본다. 섬에 첫발을 내디딘 이방인으로서 나는 그들에게 "바하마에서 살기 위해 우리가 알아야 할 것이 무엇인가?"라고 묻는다. 나는 글쓰기를 과정과 결과, 그리고 개인적 관점과 사회적 관점, 구체적 지식과 추상적 지식 사이의 상호작용이라고 이야기하면서 과제를 내준다. 조개 샐러드 요리법에 대해 글을 쓰고자 하는 학생은 조개를 준비하는 것에 관한 구체적인 지식과 함께, 조개 요리에 관해 아는 면도 있고 모르는 면도 있는 불특정 독자에 대한 추상적인 지식도 갖고 있어야 한다.

여성들은 이 과제에서 수많은 난점을 안고 있다. 이 문제들은 프레이리가 직접적인 현실적 맥락에서 벗어나 더 넓은 관점을 정립해나가지 못하는 무능이라 일컬은 바로 그것이다. 어떤 학생들은 제안문을 아주 간단히 쓴다. 또 어떤 이들은 1인칭으로 쓰거나 관심 있는 주제들의 목록은 열거하지만 구체적인 정보는 포함되어 있지 않다. 학생들은 여전히 나의 의도가 뭔지 파악하기가 무척 곤혹스럽다고 불평한다. 내게 읽혀줄 목적으로 조개 샐러드 요리법에 관한 글을 쓴 학생은 내가 그 섬에서 이방인이라는 것을 알지만, 조개 요리는 모두가 알고 있는 음식이라는 것을 가정하고 글을 쓴다. 그러나 다른 한 여성은 자신의 글을 읽을 가상의 독자를 구상한다. "바하마에서 살기 위해 당신이 알아야 하는 것. 휴가 온 젊은 부부. 여가 활동. 어떤 취향의 소유자든, 당신이 바하마에서 뭘 할지 몰라 난처해하는 일은 없을 것이다……."

이 과제는 몇 차시 동안 계속된다. 학생들은 자신의 에세이를 쓰고 또 쓴다. 그동안 우리는 생성 주제를 조사하기 위해 우리가 사용하게 될 기본적인 절차를 개발한다. 첫째, 생활 속에서 당면한 주제를 갖고 논의한다(이를테면, "바하마에서 생존하기 위해 당신은 무엇을 알아야 하는가"). 그러면 한 학생이 자원해서 그 주제와 관련된 발제를 한다. 다른 여성은 이 발제의 요지를 간추리고 논리를 동원하여 에세이 개요가 잡히도록 도와준다. 학생들은 이것을 자기 원고를 작성하기 위한 가이드라인으로 활용한다. 내가 이 초고들을 다듬고 나서 모두 함께 그것을 읽고 비평을 나눈다. 긴 논의 과정을 거친 뒤, 여성들은 각자 동료들이 짚어준 문제점들을 보완하기 위해 자신의 원고를 다시 쓴다.

바하마에 관한 내적 언어에서 글쓰기로 옮겨 가면서, 학생들은 그 수업에 대한 더 많은 책임을 떠맡게 된다. 학생들은 글 쓸 때는 개인적인 관점에 사로잡혀 있지만, 토의할 때는 서로의 관점에 대해서 비판적으로 반응하기 시작한다. 점차 학생들은 자신의 환경을 조사하기 시작한다. 전에는 수동적으로 지식을 받아들이는 입장이었지만, 이제 그들은 지식을 좇는다.

프레이리는 자신의 주관성에 사로잡힌 학생들은 생성 주제를 조사함으로써 개인적인 벽을 뚫고 집단적인 사회적 관점으로 나아간다고 말한다. 그러한 주제들은 주의 깊게 선별해야 하며, 그 주제들이 학생들로 하여금 보다 광범위하고 공적인 청중을 위해 글을 쓰도록 격려하고, 또 그들의 삶을 변화시키기 위하여 글쓰기를 하도록 힘을 실어줘야 한다. 프레이리는 교사들에게 "사람들이 말하는 방식과 라이프 스타일, 교회에서의 행동과 노동을" 기록하면서 학생들의 문화에서 그들 자신을 친밀하게 포함하고 그들 삶의 모든 국면을 상세하게 관찰하는 주제들을 찾아보라고 충고한다(Freire, 1970, p. 103). 이러한 관찰을 다른 교육자 집단과 함께 분석함으로써, 교사들은 의미 있는 생성 주제를 깨닫게 될 것이다.

'문해 팀'을 대동하지 않은 이방인으로서 나는 프레이리의 충고를 따를 수 없을뿐더러 모르는 것이 많아서 학생들에게 의지하고자 한다. 우리는 생성 주제를 토의하고, 그들 각자는 해당 학기 동안 그들이 말하고 싶고, 읽고 싶으며, 그리고 쓰고 싶은 자신의 일상 삶으로부터 세 가지 주제들을 선택한다. 학생들이 제안서를 가져왔을 때, 나는 이 제안들의 목록을 만들었다. 우리는 간단히 이 주제들에 대해 토론한 다음 그들의 생성 주제로 결혼이 적합한지 투표한다. 이 주제는 그들의 삶에 경제적으로나 사회적으로 그리고 정서적으로도 영향을 미친다. 이 여성들의 90%가 전통적인 바하마 가정에서 양친의 보살핌 속에 성장했다. 이들 가운데 75%가 이제 어머니들이다. 이 어머니들의 3분의 2가 그들 자녀의 신체적·정서적 안정을 혼자서 책임져야 할 한 부모 가장들이다.

각자 주제를 선택하고 나면 여성들은 몇 개 그룹으로 나뉜다. 그들은 자신이 조사하고픈 결혼 영역을 토론하고 나서 집안일, 이혼, 섹슈얼리티, 가정폭력 따위를 포함한 하위 주제들의 개요를 짠다. 이러한 하위 주제 문제가 해결되고 나면 나는 읽을 자료를 찾아 나선다. 학생들의 삶과 사회를 연결시켜줄 글들을 탐색한다. 우리는 이 글들을 개인적인 문제들, 공통된 경험들, 그리고 넓은 사회적 세계에 관한 대화를 이끌어낼 기초로서 활용할 것이다.

대학 도서관에서 자료를 찾아보았지만, 현대 바하마의 결혼에 관해서 아무것도 얻을 수 없었다. 자료를 찾아 미국에 편지를 쓰고, 오래된 『미즈Ms.』 잡지에서 발췌하고, 시골 신문 판매점을 찾아다니면서, 우리 강좌의 개요에 적합한 한 다발의 글을 모은다. 첫 읽기 과제는 대중 잡지에서 끌어온다. 『신여성New Woman』에서 매 맞는 아내에 관한 기사, 『에보니Ebony』에 수록된 "불행한 결혼을 견뎌야만 하나"라는 제목의 기사. 학생들의 읽기 기능과 지식이 증가함에 따라 우리는 보다 고차원적인 텍스트들을 사용하게 될 것이다. 보스턴 여성건강부가 출판한 『우리의 몸과 우리의 자아Our Bodies Ourselves』, 태브리스와 오피어Tavris & Offir(1977)에서 출판한 『성차별 시각Sex Differences in Perspective』과 같은 것이 여기에 해당된다. 학기 말에 우리는 인도 농부의 결혼에 관한 카말스 마칸다야Kamals Markandaya의 소설 『선택받은 자의 행복Nectar in a Sieve』(1971)을 읽을 것이다.

학기 중 우리는 한 주를 할애하여 우리의 결혼 주제에 대한 각각의 하위 주제들을 공동 조사하는 데 보낸다. 나는 관련 자료를 내주어 각각의 주제를 소개한다. 여성들이 새로운 정보를 이해하도록 돕기 위해 나는 그들에게 친숙하지 않은 개념, 예컨대 성적 태도와 관련하여 '빅토리아 시대'의 가치관에 대해 논한다. 그 글들을 읽고 토론을 나눈 뒤 우리는 바하마에 관한 에세이 쓰기를 할 때 우리가 고안한 절차에 따라 발제를 한다. 기사를 토의하고 비판적 글을 쓸 때, 학생들은 전통적인 교양 커리큘럼을 따르지 않는다. 그들의 비판은 다른 사람의 의도나 의견에 구속받지 않을 뿐만 아니라, 모든 기사들을 동등하게 타당하다고 고려하지도 않는다. 차라리 그들은 그 기사가 그들의 개인적인 관점에 관련성이 있는지 없는지, 그리고 사회경제적인 제도로서 결혼에 대해 그들에게 말해주는 바가 있는지 없는지로 그들의 읽기를 판단한다. 학생들은『우리의 몸과 우리의 자아』에서 많은 가치를 발견한다. 그들은 시인 주디스 비올스트[27]를 망가진 중산층 주부라고 결론 내린다.

우리의 조사가 진행되는 동안 학생들은 결혼에 대해 조사-비평-글쓰기 능력을 연마함으로써 성격이 다른 3단계 과정을 밟는다. 그들은 자신의 경험을 보다 능숙하게 정교화하고 자신의 삶과 사회적 맥락 사이의 강한 연관성을 인지한다. 그들은 자신의 경험을 넘어 새로운 지식의 원천을 찾아 나선다. 마침내 그들은 사회가 그들 삶에 미치는 방식을 비판적으로 의식하게 되고, 글쓰기를 그들 자신의 사회적 환경에 개입하는 수단으로 이용하기 시작한다.

처음 몇 주 동안 많은 여성들은 개인적인 삶과 사회적 맥락 사이의 연관을 인식하는 데 어려움을 겪는다. 그들은 경험으로부터 나온 구체적

27. Judith Viorst(1931~ ): 미국의 시인이자 동화 작가이며, 저널리스트, 정신분석 연구자로도 활동한 인물.

인 지식을 사용하여 문제들을 분석한다. 학생들은 일화를 중심으로 논쟁을 펼친다. 나는 학생들이 폭넓은 시야를 갖게 할 생각으로 사회적 제도로서 결혼에 대한 정의를 내려보게 한다. 그 대답으로 학생들은 결혼생활에서 가장 중요한 것('소통', '사랑', '정절')이나 자신의 경험을 말한다('남자는 원하는 대로 오고 갈 수 있지만, 여자는 그럴 수 없다', '남자는 폭력적이다'). 결혼에 대한 사회적 정의를 겨냥한 질문을 던짐으로써, 광범위하고 추상적인 대답을 이끌어낸다. '합법적 절차', '연령 요구', '남성과 여성의 결합', '성관계에 대한 종교적 금기'. 이 목록을 검토하고 난 뒤에 학생들은 자기네들이 초기에 품었던 보다 개인적인 정의를 포기해야 한다고 말한다.

다음 순서로 학생들은 사회적 제도로서 결혼의 긍정적이고 부정적인 측면들의 목록을 만든다. 이 목록들은 개인적인 경험들과 이상적인 동경, 그리고 사회적 관습에 관한 것들이 섞여 있다.

| 긍정적인 측면 | 부정적인 측면 |
| --- | --- |
| 강간과 침입으로부터의 안전 | 의사에 반하는 성관계 |
| 귀가할 때 텅 빈 집이 아닌 점 | 안전하지만 메마른 관계 |
| 관계에 대한 공동체의 인정 | 자유의 상실 |

이 목록들을 비교하면서 여성들은 결혼의 사회적 측면에 대해 이야기하기 시작한다. 그들은 결혼의 주된 이점이 안전과 사회적 인정인 반면, 주요한 손실은 자유의 상실인 것으로 결론짓는다. 우리의 폭넓은 대화 이후에도, "결혼에 관한 최선의 또는 최악의 것들"에 관한 에세이에서, 그들은 공허한 일반화나 그들 자신의 경험을 되풀이하여 쓴다.

결혼생활에서 가장 나쁜 것

로제타 핀레이

결혼생활에서 최악은 안전security이다. 부부는 결혼생활의 매 순간 서로를 너무 편하게 생각하게 된다. 어떤 이는 이렇게 말한다. "모든 것이 좋아요." 나는 이미 내가 원하는 사람을 가졌기에, 더 이상 당신을 사랑한다고 말할 필요가 없으며, 최대한 그를 배려하고 있음을 보여줄 필요가 없다. 우리는 예전처럼 잠자리를 그리 자주 갖지도 않고, 그가 자기 친구들과 바깥에 있는 동안 나도 내 친구들과 외출한다.

바로 이 시점에서 남자는 가정을 벗어나 결혼으로 인해 그간 자신이 놓치고 있었던 어떤 인연을 찾아 나선다. 이 순간이 모든 문제가 발생하는 시점이며, 그 문제는 끝이 보이지 않는다.

### 결혼생활에서 가장 좋은 것

유레나 클레이튼

나는 남편과 함께 데이트를 즐겼고, 함께 무엇을 함으로써 우리 사이는 점점 가까워졌다. 결혼 후 남편의 일 때문에 우리는 그동안 함께해왔던 많은 것들을 포기하게 된다. 어쩌다 시간이 생기면 우리는 여행을 떠나 그저 함께 있는 것을 즐긴다. 일상의 짐으로부터 벗어났다는 기분은 여행에서 얻는 벅찬 기쁨이다. 우리는 영화를 보고, 연극을 관람하고, 테니스와 골프를 치거나 관광을 한다.

생일이나 결혼기념일 같은 특별한 날은 늘 기억하고 있다. 이따금씩 특별한 명분 없이 멋진 선물을 받으면 누구나 감사하고 또 그 마음 씀에 감동하게 된다.

인생의 목표를 달성하기 위해서 양쪽의 수입을 함께 모으는 것이 안전하다.

나는 이 두 에세이에서 고칠 부분을 제안하거나 다듬어준 다음 학생들에게 나누어 주었다. 학생들은 서로의 글들을 비평하고 글쓴이는 자기

몫을 고쳐 쓴다. 이 단계에서는 대부분의 학생들이 자신의 글쓰기를 확장해간다. 하지만 아무도 자기 경험에 관한 진부한 수준 이상의 글은 잘 못 쓴다. 글 전체에서 일관된 관점을 유지하는 경우도 극소수이다. 세 번째 초안을 쓰는 여성은 자기 글을 확장하고 또 기계적인 어법을 개선하더니 결론에서 보다 명료한 대조를 이끌어냈다. 그러나 여전히 그녀는 무의미한 일반론으로 되돌아가는 경향이 있다.

세 번째 초안

로제타 핀레이

결혼생활에서 최악은 정서적 안전이다. 부부는 결혼생활에서 서로를 너무 편하게 생각하게 된다. 어떤 이는 이렇게 말할 것이다.

"모든 것이 좋다. 나는 이미 내가 원하는 사람을 가졌기에, 더 이상 누구에게 예쁘게 보일 필요가 없다. 당신을 사랑한다는 말도 더 이상 할 필요가 없으며, 최대한 그를 배려하고 있음을 보여줄 필요도 없다. 우린 예전처럼 잠자리를 그리 자주 갖지도 않고, 그가 자기 친구들과 바깥에 있는 동안 나도 내 친구들과 외출한다."

결혼생활을 너무 당연한 것으로 생각해서는 안 된다. 모든 결혼생활 속에는 고쳐나가야 할 점이 있다. 결혼은 직장생활과도 같다. 이를테면, 누구든 직장생활을 하게 되면 모든 일상이 기계적으로 돌아간다. 일정한 봉급을 받고, 아침 아홉 시에서 오후 다섯 시까지 일정한 시간을 보낸다. 매일 일하러 가서 해야 할 임무를 수행한다.

결혼생활도 이와 아주 비슷하다. 이를테면, 누구든 일정한 동료와 함께한다. 매일 요리를 하고 집 청소를 하고 빨래를 한다. 아기를 낳고 기른다. 집안일과는 별도로 여자 운전사로서의 역할이 있고 사무실 일도 있다.

내 개인적인 생각이지만, 당신이 성공적인 결혼생활을 원한다면 해야 할 일이 훨씬 많다고 본다. 따라서 이 문제에 보다 많은 관심을 기울인다면, 우리의 결혼생활은 지금보다 훨씬 나을 수 있을 것이다.

다음 학기의 읽기 과업에서도 학생들은 비슷한 문제를 겪는다. 글의 주제는 매 맞는 부인에 관한 것이다. 비록 여성들이 그 글들을 읽을 수 있지만, 주된 것과 부차적인 것을 구분하는 데 어려움을 겪는다. 글쓰기에서 개인적인 경험들을 이야기하는가 하면, 읽기에서는 일화적 요소에 관심을 보인다. 그들은 언제, 어디서, 어떻게 프랭크가 말린을 때렸는지 밑줄을 긋는데, 이런 모습은 그들이 주된 개념을 비껴가고 있음을 보여주는 한 단면이다.

주된 아이디어와 예시 사이의 대조를 극명하게 보여주기 위해, 나는 학생들에게 칠판에 가정폭력의 주된 원인을 나열하게 한다. 그다음 우리는 원인과 일화 사이의 차이에 대해 이야기하기 시작한다. 몇 학기가 지나서야 학생들은 자신의 관점에서 주된 요지를 바르게 선택하도록 학습한다. 여러 학기 동안 여성들은 또한 자신의 삶과 사회세력 사이의 연관성에 대해 훨씬 더 잘 이해하기 시작한다.

나는 가르침과 배움이 하나의 과정이라는 것을 학생들에게 상기시킨다. 교실에서 무언가를 제시한다는 것은 그것을 가르치는 것이 아니다. 학습이란 학생들의 두뇌에서 지식을 확대하고 재조직하면서 인지적 변화를 겪을 때 일어난다. 단지 그때에 학생들은 아이디어를 동화시키고 거기에 따라 행동한다.

첫째 단계의 끝 무렵에, 학생들은 몇 가지 면에서 중대한 변화를 겪었다. 그들은 개인적인 차이에 대한 생각과 공유하고 있는 공통된 배경에 대한 감각을 가진다. 비록 그들이 여전히 지식의 원천으로서 개인적인 경험에 의존하지만, 바깥 세계가 어떻게 자신의 삶에 영향을 미치는지 인식하기 시작한다. 이러한 자각을 통해 그들의 글쓰기도 향상되었다. 학생들은 훨씬 세밀한 표현을 구사했다. 그들은 관점과 사례를 구분하여 글에 담는다. 그들은 한결 나아진 3인칭 시점의 기법을 구사한다. 그들은 예시를 들어가며 일반화를 명료하게 한다.

### '전형적인' 바하마 결혼생활

로제타 핀레이

"부유할 때나 가난할 때나, 좋을 때나 나쁠 때나, 아플 때나 건강할 때나, 죽음이 우리를 갈라놓을 때까지 언제나 함께하리라." 신께서는 그의 자녀들을 신성한 결혼식에 참여시켜 이러한 규칙을 준수하게끔 명령하셨다. 불행하게도, 대다수 바하마인들의 결혼생활은 긍정적인 측면보다 부정적인 측면이 훨씬 더 조명되는 것 같다. 전형적인 바하마인의 결혼생활은 함께하는 것으로 시작한다. 신랑과 신부는 서로를 사랑하고, 사랑하기에 남편은 설거지, 빨래, 쓰레기 버리기, 아침 식사 준비와 같은 집안일을 도울 것이다. 그 절정은 남편이 첫아이와 함께 밤을 지새우는 지점이 될 것이다.

매주 일요일 가족은 교회에 가고 함께 저녁을 먹을 것이다. 저녁 늦게 남편과 아내는 영화를 보러 가거나 하는 특별한 일을 꾀할 것이다.

주중에는, 남편과 아내 둘 다 일하러 나간다. 대개 그들은 맞벌이를 한다. 일과 후 아내는 저녁을 준비하기 위해 서둘러 집으로 간다. 각종 청구서들은 남편과 아내 월급에서 지불되고 가능하면 조금은 저축한다. 한동안 아내는 성관계나 말 들어주기, 그리고 집안일 같은 남편의 요구를 충족시켜줄 것이다. 그러다 갑자기, 알 수 없는 이유로 남편이 변하기 시작한다.

그는 밖에서 보내는 시간이 많아지고, 함께 분담해야 할 생활비를 주지 않는다. 집에 들어와서는 아이에게 고함을 지르고 아내를 구타하면서 바깥에서 받은 스트레스를 처자식들에게 전가한다. 그는 더 이상 집안일을 하거나 갓난아이를 돌보며 집에서 시간을 보내고 싶어 하지 않는다. 그는 단지 잠을 자러 집에 올 뿐이다. 아내가 돈에 대해 물으면 싸움으로 끝나기 일쑤다. 그러고는 다른 날 하루 이틀 훌쩍 집을 나가버릴 것이다.

아내는 이제 혼자서 청구서를 지불하고 아이들을 양육하기에 충분한 돈을 벌지 못하지만, 자신이 의지하고 또 가족을 보호해줄 남편은 없다. 그녀는 아무 데도 갈 데가 없다. 왜냐하면 남편에게 혼자서 나돌아 다니면 안 된다는 말을 거듭 들어왔기 때문이다. 바하마에서 이혼은 물으나 마나 한 일이다. 따라서 우리는 죽을 때까지 "억지로 웃으며 참고" 사는 수밖에 없다.

학기 중간에 대부분의 여성들은 두 번째 단계에 진입했다. 우리는 진도 나가기를 멈춘다. 그동안 얻은 것들을 되돌아보면서 여성들은 자부심을 갖는다. 그들은 수업에서 주도권을 더 많이 행사하며, 쓰기 작업에서 그들 나름의 이론을 만들어가기 시작한다. 어느 날 밤 우리는 대명사를 어떻게 처리할지에 대해 논쟁한다. 학생들은 자주 그들과 당신, 그녀(그)와 나를 혼동해서 쓴다는 것을 알면서도, 대명사를 바르게 처리하는 데 애로를 느끼는데 그 이유는 우리도 모른다. 그때 한 여성이 자신은 3인칭 시점에서 요지를 쓰는 데 별 어려움이 없다고 말한다. 그러나 그녀는 이러한 요지를 논증하거나 조언을 할 때면, 자신도 모르게 특정인을 언급하거나 2인칭 시점으로 넘어가버린다고 말한다. 몇 개의 에세이들을 검토해본 결과 급우들은 그녀의 관찰을 확인한 뒤 그러한 잘못을 바로잡아준다.

또한 학생들은 구두점 규칙들을 깨닫기 시작한다. 비록 나는 구두점을 강조하지는 않았지만, 그들은 읽기에서 패턴들을 관찰하게 되고, 그들 스스로 규칙들을 가정한다. '그러나'와 '이와 유사하게'와 같은 논리적인 접속어를 사용하게 되면서, 학생들은 첫 번째 문장이 세미콜론으로 끝나면 접속어나 콤마, 그리고 다른 문장이 뒤따르는지 묻는다. 서로가 서로를 상담하고 에세이들을 검토한 이후에, 학생들은 글쓰기에 이 규칙을 통합해나간다.

이 국면에서 학생들은 개인적 경험에 일방적으로 의존하는 수준에서 탈피한다. 그들은 교실 대화와 읽기에서 지식을 얻는 것에 훨씬 더 많은 자부심을 느끼게 된다. 어느 날 밤 우리는 여성들이 강간을 "바라는지" 아닌지 논쟁한다. 아내 때리기에 관한 읽기가 우리의 예상을 어떻게 바꾸어놓았는지를 기억하면서, 한 학생이 강간에 관한 추가 자료를 요청한다. 다른 학생들도 그녀의 요구를 받아들인다. 그들 자신의 호기심으로 촉발되어서, 그들은 수전 브라운밀러Susan Brownmiller의 책 『우리 의지에 반하여Against Our Will』에서 발췌를 하고는, 어떻게 그녀의 이론과 통계가 그들의 개인적인 미신과 신념들을 왜곡하고 강화했는지 토론한다.

그들의 자신감과 발전에 고무되어서, 나는 수사법을 소개하기 시작한다. 원인과 결과, 정의, 비교와 대조. 이러한 형식들에 명시적으로 집중하기보다는, 우리는 그러한 형식들을 결혼의 다양한 국면들에 대해 숙고하고, 관찰하며, 그리고 글을 쓰는 수단으로 사용한다. 아내가 매 맞는 것을 영속화시키는 사회적 힘에 대해 검토할 때, 우리는 원인과 결과를 다룬다. 매 맞는 아내와 강간에 관한 관계를 논증하려고, 우리는 비교와 대조의 방법을 사용한다. 학생들이 이러한 주제를 위해 작성한 개요는 이러한 두 가지 형식의 폭력 사이의 사회적 유사점과 차이점을 명료하게 해준다.

강간과 구타에 대한 비교와 대조

〈비교〉
-여성에게 가하는 잔혹성
-남성에 의해

-밤에

-경찰은 남성 편을 듦

-사회는 여성의 말을 믿으려 하지 않음

-여성으로서의 수치심

〈대조〉

-남편 대 낯선 사람

-예측 가능성

-강간에 대해서는 훨씬 엄한 처벌

-도발

　강간과 구타를 비교하고 대조하는 에세이에서, 여성들은 인지적 기능과 사회적 각성을 함께 터득한다. 그들은 이제 통일된 관점에서 보다 일관성을 갖고, 문장이 흐트러지지 않은 채로, 그리고 보다 복잡한 문장 구조를 갖고 글을 쓴다. 그들은 명료하고, 초점을 맞춘 사례들로 견고한 주장을 하기 위해 토론과 읽기에서 얻은 정보들을 개인적인 지식들과 함께 결합시킨다.

　　강간과 구타에 대한 비교와 대조

　　　　　　　　　　　　　　　　　　　　　　　　　로제타 핀레이

　FBI의 1973년 통계에 따르면 50만 건이 넘는 강간이 일어났는데, 이 가운데 뉴욕에서만 같은 기간 동안 14,000명의 아내 성폭행 신고가 가정법원에 접수되었다. 강간과 아내 패리기는 우리 사회에서 남성에 의해 자행되는 범죄라는 점에서 닮은꼴이다.

　불행하게도, 우리 사회 여성들은 남성인 법률가에게 도움을 청해야 한다.

아내 성폭력 불만에 대해 법으로부터 보호를 받기 위한 강간 소송에서 여성이 승소하는 경우는 매우 드물다. 경찰에 전화해봤자 도움이 되지 않는다. "이번 폭행에 목격자가 있습니까?" "보세요, 아줌마. 당신 남편이 생활비를 벌어다 주지 않나요?"와 같은 소리만 들을 따름이다. 그러고는 이렇게 결론 내린다. "집에서 그가 벌인 일은 그의 가정사일 뿐이야." "두 분 이제 그만 화해하세요." 경찰들은 강간 폭력에 대해 전화를 받았을 때 조금도 다르게 행동하지 않는다. 그들은 이렇게 말할 것이다. "지금 여기서 별다른 특이사항이 없이 순조롭게 진행된 것 같은데." "뭐가 문제죠?" "뭘 입고 있었죠. 팬티가 타이트하지 않았나요?" 반면에 아내 성폭력의 당사자인 여성은 가정법원에 그녀의 불만을 가져올지 말지 고민할 때 남편에 대한 그녀의 의존을 생각해봐야만 한다. 이를테면, 청구서의 돈을 누가 지불하지? 대부분의 경우 여성은 일하지 않고 남편 없이 무엇을 할까, 몇 년간 일하지 않게 되면 어디에 의존해야 하나 고민하게 된다. 이것이 여성이 덫에 걸려들어 이길 수 없게 되는 이유이다.

덫에 걸려드는 상황에도 불구하고 우리 사회 여성들은 여성에게 유리한 더 많은 권리를 쟁취하고 증거들을 가져오기 위해서 싸우기로 결정했다. 이를테면, 결혼 문제 전문 변호사 젓지 오니글리어는 여성은 집을 뛰쳐나가 친구나 이웃에게 가서 가능한 한 많은 소동을 일으켜야 한다고 조언한다. 목격자가 많을수록 유리하다. 강간 소송의 경우 피해자는 자신의 증언을 보강하려고 사진을 찍거나 증거(타박상이나 정액)를 확보해야 한다. 다른 것들은 강간 피해자의 이전의 성적인 행동과 관련하여 증거 채택에 오히려 방해가 된다.

우리 사회 여성들은 아내 성폭력과 강간으로부터 자신을 보호하고 싸우기 위한 집단과 조직을 만든다. 이를테면, 그들은 이웃이나 아파트에 있는 다른 여성들과 행동을 같이하기로 결의하고선 위급한 상황에서 호루라기로 신호를 보내기로 한다. 여성이 혼자 사는 경우 그녀는 이름의 첫 번째 글자만 전화번호부에 등록해야 하고 대부분의 강간 사건에서 지적되듯이 현관문과 바깥 창문을 잠가두어야 한다. 아내 성폭행 소송에서 우리 학생들은 경찰, 성직자, 그리고 사회봉사단체의 대표들을 초청해서 그 문제를 논의하기 위한 특별한 모임을 갖자고 제안했다. 우리는 이러한 모임이 강간과 아내 성폭행을 근절하는 데 기여하기를 기대한다.

세 번째 단계에서 학생들은 자신의 사회적 환경에 개입하기 위한 수단으로 글쓰기를 활용하기 시작한다. 학기가 끝나기 몇 주 전에 여성들은 결혼에 대해 모은 지식들을 "바하마 남성들에게 보내는 편지"라는 공개서한 형식으로 바하마 섬 신문에 출판함으로써 교실 바깥 세계와 공유하기로 결정한다. 이러한 선언문을 쓰는 데 4주가 걸린다. 수업 시간 외에도 우리는 일요일에 함께 모여서 그 작업을 위해 시간을 보낸다. 우리는 개인적인 편지 쓰기로 시작한다. 우리는 이러한 편지들을 교실에서 토론하고, 그다음 편지 모음의 윤곽을 잡는다.

> A. 서론
>> 1. 바하마 사회에서 여성의 역할
>> 2. 결혼생활에서 여성이 겪는 억압
> B. 남성의 무책임한 행동으로 인한 여성의 희생
> C. 가족에 대한 남성의 경제적 소홀
> D. 가사노동에 대한 남성의 소극적인 태도
> E. 아이늘에 대한 남성의 책임감 부족
> F. 여성을 성적으로 만족시켜주지 못하는 남성의 태도와 무능
> G. 결론: 바하마 남성들을 위한 권고

첫 번째 편지에서 여성들이 저마다 언급한 관심사들을 숙고한 이후, 나는 각각에 대해 좀 더 발전시켜나갈 특별한 제목을 달았다. 정교한 작업이 필요하다고 생각되는 곳은 공백으로 남겨둔 채, 나는 이 주제들을 텍스트로 조직한다. 이 시점에서 내 역할은 복사, 자르기, 그리고 붙이기 정도이다. 자신의 복사본을 들고, 각각의 여성은 자신의 편지를 편집하기 시작한다. 그들은 줄을 맞춰가면서 한 페이지에 한 시간을 쓴다. 모든 학기의 학생들은 자신의 기여를 격렬하게 옹호한다. 학생들은 구두점, 스타일, 그리고 의미론에 대해 주장한다. 그들은 남성의 무모한 행동 목록을 콜론, 세미콜론, 또는 종지부로 분리할지를 두고 논쟁한다. 한 여성은 **도박**에 대해 구어체로 일관하는 어법을 지적한다. 다른 여성은 '**사용하다**'와 '**낭비하다**' 가운데 어떤 것을 쓸지에 대해 묻는다.

그들은 듣는 사람의 입장을 헤아려 그들이 구사할 표현들의 효과를 계산한다. 그들은 연인 사이에서 발생하는 문제를 남성의 탓으로 돌릴지 아니면 두 사람 모두의 탓으로 돌릴지에 대해 논의한다. 한 학생은 편지가 남성이 여성에게 늘 저지르는 잘못에 대해 다루고 있으므로, 어떤 여성을 비난하는 것은 전술상 오류에 해당한다는 관점을 피력한다. 그들은 마침내 '**혼외정사**'라는 용어를 사용하기로 의견을 모은다. 그들의 사례를 분명하게 진술하고 싶지만 검열의 위험성을 의식해서, 성에 관한 단락을 여러 번 고쳐 쓴다. 드디어 편지가 나소Nassau 일간지에 게재된다.

바하마 여성들은 변화를 요구할 자격이 있다

친애하는 바하마 남성들에게

바하마의 사회적, 정신적, 경제적 성장은 여성들뿐만 아니라 남성들에게도 달려 있습니다. 오랫동안 아내와 자식들에 대한 남성들의 도움이 점점 줄어들고 있는 것 같습니다. 바하마에서 전형적인 결혼생활은 남편과 아내 모두 서로 사랑하고, 사랑하는 만큼 집안일도 남편이 도울 것이라고 생각하며 시작합니다. 남편은 밤을 지새우며 첫아이를 돌보죠. 매주 일요일 가족은 교회에 갈 것이고 함께 저녁식사를 합니다. 저녁 늦게 남편과 아내는 영화를 보러 가거나 특별한 곳을 찾습니다. 주중에는 남편과 아내가 다 같이 일하러 나갑니다. 일과를 마친 뒤 아내는 서둘러 집으로 와서는 저녁 식사를 준비할 겁니다. 남편과 아내의 봉급은 함께 모아서 청구서가 오면 지불합니다. 가능하다면 저축도 약간 합니다. 얼마 동안은 모두 가정에서 잘 지낼 것입니다. 그러다가 갑자기, 어떤 알 수 없는 이유로 남편이 변하기 시작합니다.

우리 집단의 여성들은 모두 남성들의 무책임한 행동의 피해자들입니다. 우리는 체벌, 경제적 결핍, 무례 그리고 바하마 남성들이 책임져야 할 정신적 고통과 영혼의 죽음에 대해 집중적으로 논할 것입니다. 체벌이란 여성들이 남편으로부터 두들겨 맞는 것을 말합니다. 경제적 결핍은 남편이 아내에게 매달 생활비를 점점 적게 주기 때문에 발생합니다. 무례는 남편이 바람이 나서 가정을 흔들어놓는 데 따른 피해입니다. 정신적 고통은 그러한 상황에서 필연적으로 생겨나는 수치심입니다. 영혼의 파멸은 온몸을 망가뜨리는데, 그 이유는 여성들이 너무 헛되이 봉사했다고 느끼기 때문입니다.

이러한 문제들은 남성들이 가정을 소홀히 하기 시작할 때 일어납니다. 바하마에서 남성들과 여성들 사이의 주요한 문제들은 아이 양육, 집 지키기, 재정, 그리고 성관계입니다. 남성들이 이러한 문제 대부분의 원인을 제공합니다.

대부분의 경우 남성들의 봉급은 여성들보다 많습니다. 이러한 사실에도 불구하고, 대부분의 바하마 남성들은 이런저런 방식으로 가족의 경제적인 부양을 무시합니다. 바로 이 문제로 인해 저축, 교육비, 식료품과 생활필수품 구입비, 심지어 저당을 포함한 경제적인 짐의 대부분이 여성들에게 떠넘

겨집니다. 남성들은 자신의 봉급으로 할 수 있는 다른 일들을 찾아냅니다. 어떤 남성들은 여성들이 청구서를 들이밀 때까지 기다립니다. 다른 남성들은 여성들이 모든 청구서를 지불하기를 기대합니다. 어떻게 여성들이 이 모든 일을 남성들보다 적은 봉급으로 처리하기를 기대할 수 있단 말입니까?

수 세기 동안 여성들은 홀로 집안일을 떠맡아왔습니다. 그래서 남성들은 여전히 여성들의 지위는 가정 안에 있다고 생각합니다. 남성들은 여성들이 하루 종일 일하고, 집에 와서는 요리하고, 설거지하고, 청소하고, 세탁하고, 자신은 거실에 앉아서 TV를 보는 동안 아내가 저녁을 준비하고, 아이를 침대에 데려다주기를 기대합니다. 과거에는 여성들이 일하러 나가지 않았고 전적으로 남편에게 의존해서 생계를 꾸려나갔습니다. 이제는 여성들이 바깥에서 일하고 있고 벌어들인 소득 대부분으로 그들 남편들을 돕고 있으므로, 남성들이 가사일을 함께하지 않을 이유가 없습니다. 남성들과 여성들 모두가 가정의 책임을 나누어 가져야 합니다.

아이를 낳기 위해선 두 사람이 있어야 하듯이 그 아이를 양육하는 것도 두 사람의 몫입니다. 아버지는 가정에서 충분한 시간을 보내지 않습니다. 아이의 인생에서 가장 중요한 단계, 아이에게 가장 소중한, 그리고 인생에서 단 한 번밖에 없는 순간은 아이가 처음 말을 할 때이고, 첫걸음을 내디딜 때이며, 처음으로 박수를 칠 때입니다. 방금 말한 순간이 도래했을 때, 집 주위를 배회하는 아버지가 아이의 인생에서 가장 소중한 존재입니다. 여기 바하마 아버지들은 진정한 아버지가 되는 데 실패하고 아이는 전적으로 어머니에게 의존하게 됩니다. 아이를 낳고서는 양육의 책임을 지지 않는 것은 자신의 남성상을 증명하는 좋은 방법이 아닙니다. 아이는 부모 양쪽의 관심과 사랑을 받아야 합니다. 그러나 이전에 남성들은 그들이 벌어들인 돈으로 자신이 하고 싶은 일을 해도 아이들은 잘 자랄 것이라고 안심해왔습니다. 아이들은 잘 먹고, 잘 입으며, 적절한 교육을 받아야 하는데도 불구하고, 남성들이 돌보지 않는다면 앞으로 세상에 태어날 또 다른 삶에 대해 왜 책임을 져야 할까요?

　남성들은 사랑을 나눌 때 파트너를 만족시켜줄 필요를 못 느끼는 것 같습니다. 불행히도 그들은 주로 자기 욕구를 충족시키는 데만 관심을 가집니다. 그들은 깊은 밤 가장 피곤한 시간에 집에 와서는, 침대에 올라가서 우리 여성들이 아무런 애정이나 사랑의 감정 없이도 그저 반응하기만 기대합니다. 대부분의 바하마 남성들은 성관계를 하기 전에 여성들의 몸을 주의 깊게 살펴보는 시간을 갖지 않습니다. 그래서 그들이 침대에 오르는 순간 여성들이 기분에 맞춰 응대해주기를 기대합니다. 그러나 여성들이 하고 싶은 기분이 들 때 그들은 반응하지 않습니다. 이것이 여성들의 불만과 화를 부추깁니다.

　위에서 언급한 것과 관련하여 바하마 남성들에게 보내는 우리의 충고는 다음과 같습니다.

a. 남성들은 적어도 한 달에 두 번 가족 예배에 참여해야 합니다.

b. 남성들은 대부분의 경제적인 짐을 여성들에게 부과하는 행위를 하지 말아야 합니다. 가계의 75%를 남성들이 수행해야 할 책임이 있습니다.

c. 남성들은 적어도 아이들의 먹거리를 사 오고, 학교 교육비를 내며, 옷도 사 와야 합니다.

d. 남성들은 한 주에 한 번은 아이들과 함께 레크리에이션을 즐기러 나가야 합니다.

e. 남성들은 가사노동을 똑같이 분담해야 합니다.

f. 남성들은 바람을 피워서 그들의 결혼이 손상을 입거나 파괴되도록 해서는 안 됩니다.

g. 남성들은 아내를 성적으로 만족시키기 위해서 더 많은 노력을 해야

합니다. 여성들이 쾌감을 느끼는 것들에 대해 이야기를 나누세요. 여성들이 관계를 가질 준비가 되어 있을 때까지 참고 기다리며 애무를 하세요. 여성들이 준비가 되기 전에는 클라이맥스에 도달하지 않도록 노력하십시오.

남성들은 사랑, 애정, 그리고 의사소통에 있어서 개선해야 할 여지가 분명히 있습니다. 노력하세요.

감사의 마음을 담아, 영어학과 016-06

생성 주제에 대한 조사를 통해 "바하마 남성들에게 보내는 공개서한"을 "강간과 아내 때리기", "결혼에서 최악의 것", 그리고 바하마에서의 삶이라는 초기 에세이와 비교하면서, 학생들은 읽기와 쓰기 기능을 발전시켰다. 이를 통해 학생들은 자신의 삶과 더 큰 사회 사이의 관련성을 인식할 수 있었으며, 자신의 환경에 개입하기 위해서 새로 발견한 쓰기 기법들을 사용하는 방법을 개발할 수 있었다.

학기 말에 이 모든 여성들은 대학이 주관한 영어 시험에 통과했다. 대부분 에세이에서 'B' 학점을 받았다. 뿐만 아니라 그들은 다른 나라의 여성들에 대해 읽고 이해력을 넓힌 다음, 바하마 여성들을 위한 책을 쓰기 위해 다음 해 봄에도 계속 만나기로 결정했다.

이러한 교육 실험의 성공은 진보적 문해 교사들이 프레이리의 교육학을 그들 학생들의 필요와 대학의 요구들에 맞게 변형시킬 수 있음을 말해준다. 이러한 접근을 통해, 학생들은 진정한 의미에서, 가장 심오한 의미에서 문해를 성취할 것이다. 그들은 현실을 이해하고 그 "현실을 변혁시킬 힘을 길러갈 것이다."

## 참고 문헌

Boston Women's Health Collective.(1976), *Our bodies ourselves*(2nd ed.), New York: Simon and Schuster.

Freire, P.(1970), *Pedagogy of the oppressed,* New York: Seabury.

Freire, P.(1978), *Pedagogy in Process,* New York: Seabury.

Tavris, C., & Offir, C.(1977), *The longest war: Sex differences in perspective,* New York: Harcourt Brace Jovanovich.

Markandaya, K.(1971), *Nectar in a sieve,* New York: New American Library.

de Loiveira, D., & de Oliveira, R.(1976), *Guinea-Bissau: Reinventing education,* Geneva: Institute of Cultural Action.

Vygotsky, L.(1962), *Thought and language*(E. Haufmann & G. Vaker, Trans.).

49) 이 논문에 기술된 커리큘럼은 낸 엘자써, 카일 피오어, 패트리샤 어빈, 래리 스미스가 개발한 것이다.

50) 특히 비고츠키(1962)를 보라. 베라 존 스타이너에게 감사의 마음을 표한다. 그녀는 자신의 지식을 우리와 함께 나누었고 비고츠키의 이론에 기여를 했다.

# 6

## 월요병:
## 비판적 문해와 생성 주제 '노동'
### Monday Morning Fever:
### Critical Literacy and the Generative Theme of "Work."

아이러 쇼어
Ira Shor

해변을 따라, 월요병의 그림자가 새로운 한 주를 시작하는 학교들을 엄습한다. 매주 새로 시작되는 소외alienation의 무게에 오랜 규율도 속수무책이다. 교사와 학생들은 긴장한 전사들처럼 서로 마주하고 있다. 어떤 일이 벌어질까? 월요일 아침 수업 종이 울릴 때 우리는 어디에서 시작하는가?

역설적으로 우리는 너무도 당연한 지점, 즉 우리가 서 있는 바로 이곳에서 시작하는 것 외에 다른 방법이 없다. 비판적 사고를 위한 교육은 저마다의 구체적 교실 상황에서 시작한다. 수업과 학업, 학교생활, 그리고 일상의 매 순간에 내재된 가능성과 한계를 통해서만 교육이 이루어진다. 새로운 이론과 새로운 실천 모두 교수 경험에 대한 반성을 함께 공유함으로써 도출되므로, 이 교육 프로젝트는 그 실천 주체에 의한 행위와 성찰이 거듭될 때만 의미를 갖는다.

프레이리 이론은 교육 부문에서 풍부한 원천이기 때문에 프레이리 문해팀의 교육 실천 내용을 구체적으로 살펴보면 도움이 될 것이다.[51] 수업 일정을 잡기에 앞서, 프레이리언 교육자들은 미래의 자기네 학생들의 삶과 언어에 관해 연구한다. 사회학적 탐구를 통해, 교육자들은 일상생활에서 나온 핵심 낱말 몇 개를 발견한다. 이른바 '생성어generative words'라 불리는 이 낱말들은 경험을 문제화하고 문해 교육을 하는 데 사용될 것이나. '벽돌', '쌀', '슬럼', '부'와 같은 생성어는 토론 가치가 있는 사회 주제들을 담고 있다. 이 낱말들은 또한 3음절로 이루어져 있기 때문에(tijolo, ti-jo-lo, 포르투갈어 '벽돌') 선정되었고, 그래서 각 낱말들은 음성 조각으로 쪼개지고 다시 조합해서 새로운 낱말로 만들 수 있다. 각각의 생성어는 '코드화'된다. 즉 문자화되기 전에 하나의 시각적 형태로 나타난다. 슬라이드 형태로 제시되는 시각적 코드화를 보고, 학습자들은 비판적 성찰을 저해하는 문해 이전의preliterate[28] 편견 없이, 그 낱말의 내용으로 대화를 열어갈 수 있다. 그림으로 제시된 문화 상황을 두고 토론하고 나서 낱말을 문자 형태로 제시한다. 이런 식으로, 학습자들의 구체적 삶 속에 뿌리내린 이미지와 대화 그리고 글을 통해 사회 비판적 문해 능력이 나오게 된다.

어떤 코드화나 생성어를 소개하기 전에, 프레이리언 문해 실천 팀들은 지역 상황을 연구하고 대화 기법을 터득하기 위한 자기 연찬을 꾀한다. 그리고 향후 쓰기와 읽기 학습에서 사용하게 될 그림이나 낱말들은 첫 학기 동안에는 제시하지 않는다. 모임 초기에는 자연과 문화의 차이에 관한 그림들을 전반적으로 훑어본다. 그 의도는 수업을 받는 학생들의 일상생활에서 증명된 능력이자, 문화를 만들 수 있는 인간 능력에 대한 의식을 고양시키는 것이다. 비판적 의식은 학습자가 인간의 능력으로 세계를 변혁할 수 있다는 인식을 갖게 될 때 생겨난다. 사냥꾼으로서의 인간, 농부로서의 인간, 건설자로서의 인간, 도구 제작자로서의 인간 등에 관한 대화가 열 장으로 구성된 일련의 그림을 관통하고 있다. 맨 마지막 그림은 문해 수업을 보여준다. 이런 탐구 활동은 역량 강화의 형태로 자신과 사회를 재인식하는 것에서 시작한다. 자신을 문화 생산자로 인식하고, 문화를 인간 활동의 산물로 발견함으로써 문해 활동은 촉진된다. 프레이리언 팀은 대화적 방법을 사용할 경우 17개의 생성어와 약 30시간의 수

---

28. preliterate는 어린아이나 성인 문맹자가 문자를 익히기 이전의 상태를 말한다. 반대로 문자를 익힌 상태를 postliterate라 한다. 유념할 것은, 프레이리적 의미에서 '문해'란 단순히 글자를 읽고 쓸 줄 아는 것이 아닌 '비판적 문해 능력'을 의미하는 점이다.

업만으로도 학습자들이 기본적인 문해 능력을 갖게 된다는 것을 알았다. 학습자가 자기 말을 문자로 익숙하게 받아들이기 시작하면 최초 3음절로 시작한 생성어들이 소리나 구조면에서 보다 정교한 형태로 발전해간다.

　이러한 교육 방식은 제3세계에서 문해 능력을 갖지 못한 농부들에게 유용한 방법으로 부상하면서 서구 사회에서도 도시 노동계층을 대상으로 한 후속 문해post-literate 교육에 종사하는 교육자들에게 시사하는 바가 있다. 미국과 같은 선진사회에서는 대중문화의 영향으로 대중들이 문자는 익혔으되 주변화되고 무비판적인 의식에 매몰되어 정치적으로 점점 둔감해지고 있다. 기술적으로만 진보된 이런 사회에서 대화적 교육과 문화 민주주의, 비판적 각성과 구조적 인식이 절실히 요구되고 있다. 하지만 브라질 또는 기니비사우의 교육 실천을 그대로 북아메리카로 옮겨놓을 수는 없는 노릇이며 지금 이곳에서 발흥시켜야 한다.


## 일상생활 문제 제기하기: 문해와 노동 주제

　노동! 인간은 노동만 하며 살 수도 없고, 노동을 하지 않고 살 수도 없다. 나의 학생들은 일자리를 구하려고 많은 시간 고생하지만 그들이 찾은 것이라곤 열악한 수준의 것이 전부다. 임금과 단조로운 업무에 화가 나지만, 누구든 소득 없이는 살아갈 수가 없다. 그래서 학생들은 점원, 파출부, 사환, 배달원, 타이피스트, 짐꾼, 햄버거 가게 점원, 카운터, 주유소 직원, 판매원 등과 같은 자기 능력 이하의 많은 일들을 되풀이한다. 학생들의 이런 경험은 행복하지 않지만, 노동 자체는 역동적인 수업 주제가 될 수 있다.

　나는 언어를 가르치는 많은 수업에서 노동을 주제로 다루었다. 이 프로젝트는 여러 가지 실제적인 목표, 즉 자기 교육과 동료 교육, 협동 작업, 자료로서 일상생활에 대한 관심, 그리고 구조화된 학습 과정에서 학생들의 주체적 등장 따위의 목표를 가지고 있다. 노동을 문해력과 의식을 진전시키는 수단으로 검토함으로써, 나는 대중적인 경험과 의식을 결합하는 이상의 무엇을 원했다. 문해 프로젝트로서 노동에 대한 연구는 학생들이 수업에 들어올 때 이미 지니고 있는 언어 역량에 근거해 있었다. 내가 의지한 자원은 단지 경험적인 것만은 아니었다. 학생들이 현재 지니고 있는 말하기, 듣기, 읽기, 쓰기 능력은 문해를 더 깊게 하는 언어적 기반인 반면, 자신의 노동 역사는 학습을 위한 프로그램 내용이 되었다.

이런 접근법은 짜임새 있는 노력, 통합적이고 점진적인 노력이 요구되는 것이었다. 이 접근법은 쓰고 편집하고 말하고 개념화하고 읽는 활동들을 통합하고 있었다. 학생들의 말과 삶이라는 배경에서, 궁극적으로 우리는 전체 사회에서 노동 지향적인 변화를 고려하는 것으로 나아갔다. 결국 문법에서 전통적인 학습의 가치를 중요시하는 '기본으로 돌아가기 back-to-basics' 운동의 대안으로 나의 이런 접근법을 사용했다. 이런 해방적 문해 접근법은 문화에 문법을 덧씌우는 게 아니라, 학생 현실에서 나온 재료로 문해 능력을 만들어낸다.

## 공부를 위한 준비: 소외 줄이기, 자료들을 갖고 연습하기

전통적인 교실에서 탈전통적인 수업을 조직하기는 쉽지 않다. 프레이리와 그의 동료들은 수업 시작을 위한 사전 활동으로 학생 연구에 많은 시간을 보냈다. 그들이 글 모르는 농부들을 대상으로 한 수업은 제도권 밖의 환경에서 이뤄졌다. 한때 학교 안에는 소외의 요소들이 많이 있었고,

이로 인해 학생들은 배움에서 멀어져갔다. 첫날 학생들의 적대감을 누그러뜨리려고 나는 내 이름과 수업명 등을 말한다. 수업 지도안에 따라 전달식 강의를 하는 대신 나는 학생들에게 한 명씩 앞으로 나와서 칠판에 자기 이름을 쓰고 자신이 누구인지, 왜 이 수업에 왔는지, 지금 또는 지금껏 어떤 직업을 가졌는지, 어디에서 사는지 등을 말하게 한다. 이렇게 함으로써 교사 존재의 무게는 덜고 학생들의 목소리는 높일 수 있다. 첫 시간부터 학생들은 훨씬 많은 이야기를 한다. 게다가 그들은 자기소개를 통해 상호 간에 돈독한 유대감을 갖기 시작한다. 서로의 이야기를 듣는 과정에서 이웃 동네에 살고 있거나 같은 프로그램에 등록했거나 같은 곳에서 일한다는 사실을 알게 된다. 또한 학교에 입학하거나 직장을 구하는 데 도움을 주고받을 수도 있다. 나는 맨 마지막에 내 소개를 한 뒤, 학생들이 자기소개에 활용한 자료에 대해 이야기한다. 간혹 나는 수업 시작할 때 여는 말로 학생들에게 그들이 내게서 어떤 말을 듣고 싶은 것이 있으면 써달라고 요청한다. 우리는 이 짧은 글을 큰 소리로 읽고, 이 수업에 대한 다른 사람들의 기대를 서로 비교해본다.

나는 나의 교육 방식을 학생들에게 안내하며, 그와 관련하여 내가 소중히 품는 가치에 대해서도 설명한다. 내가 학생들에게 요구한 첫 번째 과업은 자기 주도적이고도 비징벌적인nonpunitive 문해 학습 방법, 즉 자유 글쓰기를 구체화하는 데 도움이 될 것이다.[52] 이 기법은 탈전통적인 글쓰기 연습으로 더 잘 알려져 있다. 이것이 목표하는 바는 틀린 걸 고치려고 자꾸 멈추지 않고 정해진 시간 안에 학생들이 글쓰기를 하면서 작문 실력을 높이는 것이다. 이 즉석 글쓰기는 작문의 유창성을 촉진하기 위한 연습 방법이다. 일상생활에서 글을 쓰는 경우는 드물다. 많은 학생들은 영어 수업에서 주눅 들었던 경험으로 인해 자신은 정확하게 읽고 쓰고 말하거나 사고할 수 없다는 생각을 굳히게 된다. 멈추지 않고 계속 작문하는 이 단순한 행동은 이전 경험으로 인한 방해 효과retarding effect를 줄이는 한 방법이다. 즉흥적인 연습의 하나로서, 자유 글쓰기는 교사가 읽거나 고치거나 점수 매기는 게 없다. 자유 글쓰기의 이런 비징벌적인 방법은 학생들이 권위에 의해 위협당한다는 느낌 없이 그들의 재능으로 작문할 수 있도록 해준다. 한 주 한 주 지나면서, 학생들은 정해진 시간 내에 완성할 수 있는 글쓰기 양이 놀랄 만큼 증가한다. 낱말 사용이 능숙해지면서 자아를 회복하게 된다. 이로부터 언어 구사력이 발전해가는 모습을 쉽게 확인할 수 있을 것이다.

자유 글쓰기를 통해 허용적인 수업 분위기가 형성되고, 학생들의 목소리와 작문 기법이 어느 정도 발전했다면, 더 나은 문해 역량 개발을 위한 단계에 진입할 준비가 된 셈이다.


### 자서전과 미리 쓰기: 기억 속 자료들

대부분의 학생들은 자신이 학교에서 보여주는 언어 실력보다 더 많은 걸 갖추고 있다. 학생들의 이런 현실과 목소리에 주목하면 학생들의 잠재 능력을 이끌어낼 수 있다. 자서전, 기억, 지적 상상을 만들어내는 능력이 문해 역량을 공고히 하는 구체적인 초기 자원들이다. 학생들이 자유롭게 글을 쓸 만한 자극적인 주제 두 개를 들자면, "내가 만난 최악의 교사"와 "내가 겪은 가장 위험한 순간"이다. 나는 학생들이 이 주제들에 대해 적절한 분량의 글을 쓰라고 요구한다.

이런 글쓰기 단계에서 나는 '미리 쓰기prewriting' 방법을 제안한다. 이 방법은 학생들로 하여금 좋은 글감을 개발하도록 돕는다. 미리 쓰기는 글감을 문단으로 나누고 주제 형태로 만들기 전에 자료를 조직하는 작업이다. 이 간단한 방법은 세 단계, 즉 생각하기-목록 만들기-쓰기think-itemize-write로 나뉜다. 첫 번째는 눈을 감고 무엇에 대해 적을지 머릿속으로 좋은 그림을 그리는 단계이다. 그리고 자신이 보고 있는 모든 것들을 귀 기울여 듣기 시작한다. 마지막으로 글자로 된 목록에서부터, 자신의 생각에서 나온 모든 목록들을 문장 속에 넣었는지 점검하면서 작문을 한다.

미리 쓰기를 통해 학생들은 자신의 생각을 적합하게 쓰는 체계화 방법을 터득해간다. 지적 상상, 목록 만들기, 그리고 쓰기라는 이 일련의 활동을 계속 진행하면서 문서 자료를 만들어낸다. 상상 속 그림을 만드는 이 지극히 단순한 수준은 이미지들을 한 페이지에 나열된 낱말과 문장으로 바꾸는 좀 더 어려운 과정으로 나아간다. 또한 이 과정은 적합한 문장과 문단들로 전환할 필요가 있다. 이 방법은 학생들이 자신들이 이미 알고 있는 것들을 의식하도록 만든다. 시각적인 상상은 학생들로 하여금 좀 더 어려운 작문 과정으로 나아가도록 한다. 이 일련의 접근법을 통해 학생들은 백지를 받아 들고 멍한 상태에서 무슨 말로 글을 시작해야 할지 몰라서 머리가 하얘지는 고통을 피할 수 있다. 자신이 아는 것들을 체계화하는 학생들의 능력은 머리 하얘짐과 혼란 사이에 놓여 있다. 미리 쓰기를 통해 학생들은 손쉽게 체계화 방법을 터득해간다. '최악의 교사'나 '위험한 순간'이라는 주제는 학생들이 자기 생활에서 나온 주제에 다가가도록 해준다. 학생들은 교사들을 공적 차원에서 성토할 기회를 오랫동안 기다려왔고, 급우들이 겪은 위험한 순간들이 어떤 것인지 호기심을 갖고 있다.

학생 언어 자원을 학생들이 할 수 있는 최선의 글감으로 활용하도록 돕는 또 다른 튼실한 수단이 있다. 이 두 번째 방법은 '받아 적기dictation sequence'라 부를 법하다. 이 과정의 핵심적인 특징은 입말을 글말에 연결

짓는 것이다. 받아 적기는 지적 상상력만이 아니라, 단계적인 기법으로 말하고 듣고 작문하는 것과 관련 있다. 받아 적기 과정에서는 먼저 학생들을 두 그룹으로 나눈다. 한 사람은 작문 주제에 관한 자신의 언어적 사고 verbal thoughts를 불러주고 다른 한 사람은 그것을 종이에 받아쓴다. 그런 다음, 역할을 바꿔 기록자는 말하는 사람이 되고 말하는 사람은 받아서 쓰는 사람이 된다. 학생들은 상대방에게 말하기 전에 자신이 말하고 싶은 것에 관해 마음속으로 선명한 그림을 그리고, 기록하는 사람은 충분히 적을 수 있을 만큼 천천히 말할 것을 상대에게 요청하게 된다. 이 글쓰기 방법을 통해 동료 관계도 좋아진다. 학생들은 교사의 도움 없이 서로 협동해야만 과업을 완수할 수 있다. 과거 교사 중심의 학교교육에서는 학생들끼리 귀 기울일 필요가 전혀 없었는데, 여기서는 학생들이 서로에게 귀 기울여 들어야만 한다. 미리 쓰기 방법과 마찬가지로, 받아 적기에서도 다음 단계로 진전하는 데 어려움이 있다. 단순한 머릿속 상상으로부터, 우리는 상상으로 본 것을 크게 말하는 것에서부터 들은 그 낱말을 종이에 옮겨 적는 것으로 나아간다. 평소 자신이 구사하는 생활언어로 말하게 하면 학생들은 모두 달변가가 되기 때문에 구술언어 구사로부터 작문을 발전시키는 것은 매우 유용한 방법이 될 수 있다. 유념해야 할 것은 우리 문화에서 글말은 코드화된 말하기에 지나지 않는다는 것이다. 학생들은 자신의 입말을 글말로 종이에 적는 행위와 연결시킬 수 있어야 한다. 현재 학생들은 그러한 문해 행위에 익숙하지 않은데, 이는 권위적인 교실에서 그들이 말하지 않는 언어, 즉 표준 영어로 코드화할 것을 강요하기 때문에 그렇게 된 것이다. 동료의 말을 옮겨 적음으로써 학생들은 자기 생활언어의 가치를 발견해갈진대, 일단 신중하게 종이에 옮겨지고 나면 그것은 그들이 생각한 어떠한 것보다 훨씬 풍부한 글쓰기의 바탕이 된다.

미리 쓰기와 받아 적기를 통해 학생들은 자신감과 의식을 키울 수 있다. 또한 이 방법은 학생들이 교실 밖으로도 "가져갈 수" 있는 방식이다. 이 방법은 지도 교사나 문법책 없이도 학생 스스로 간단히 연습할 수 있다. 교사의 지도 없이도 학생들 스스로 연습하면 점점 좋아진다. 수업 속의 활동이라 해도 마찬가지다. 학생들이 자기 자신의 기억과 이미지로 사고하거나 동료의 말에 귀 기울이는 능력을 갖추면, 교사에 의존하지 않고 학생들이 주체적으로 우뚝 서게 된다. 교사도 교재도 이러한 자기 교육과 동료 교육의 중심이 아니다. 이 방식은 자연스럽게 수업 토론을 위한 워크숍 형태를 취하게 되고, 이 속에서 참여자들은 서로에게 동료의 청자가 되어 자신의 노동에 대해 쓰고 읽는다. 이는 또한 그간 교사들의 몫이었던 반응과 비판, 규칙, 교정에 대한 책임을 동료 집단으로 옮기는 역할을 한다.

이 평이한 문해 연습은 '나쁜 교사'와 '위험한 순간'이라는 학생들의 구체적인 경험을 토대로 한 주제와 결합되어 수업에서 활발한 토론을 이끌어낸다. 특히 교사를 주제로 한 글쓰기는 학생들이 깊이 파고들 수 있는 풍부한 글감을 확보할 수 있다. 이를 통해 학생들은 기껏 뒷담화나 해대던 소외된 방식을 벗어나 학교에 대한 적대감을 공론화의 장으로 가져올 수 있다. 학생들 내부에 있는 교사에 대한 반감을 공론화하는 것은 비판적 사고로 나아가는 한 방편이 된다. 이를 통해 학생들은 학교교육과 관련된 수많은 억압적인 기억들을 털어낼 기회를 갖는다. 학교에서 벌어지는 그 리얼리티를 감출 필요가 없는 바, 그것은 같은 공간에서 살아가는 교사인 나와 학생인 그들 모두를 위해 바람직하다. 경험과 감정을 공유하면서, 우리는 때때로 유사한 주제의 토론 연습을 해오고 있다. 나는 몇 차례의 수업에서 학생들에게 지금껏 우리가 들은 전부를 토대로 "나쁜 교사란 어떤 사람인가?"라는 물음에 답하는 형식으로 짧은 글을 쓸 것을 요구했다. 이것은 구체적인 것으로부터 일반적인 것을 추상해내는 기초적인 철학 작업과 관계가 있다. 이는 구조적인 관념을 위한 기초이며, 범주적 이해를 위한 논리적 기반이다. 학생들이 말한 나쁜 교사 모형은 나로 하여금 나의 교육 실천 태도를 돌아보도록 하는 데 도움이 된다. 연습을 하는 내내 나는 칠판 앞에 서서 학생들이 자기 경험을 끄집어내서 나쁜 교사의 패러다임으로 제시한 교사 자질을 범주화하는 기록자 역할을 한다. 나쁜 교사의 자질이란 지나치거나 너무 허술한 규율, 학생들에게 질문을 허용하지 않는 것, 질문에 대답하지 않는 것, 따라갈 수 없을 만큼 너무 빨리 말하거나 잠이 올 만큼 천천히 말하는 것, 너무 많은 숙제를 내는 것, 학생들에게 늘 고함지르는 행위, 학생들을 놀림거리로 만드는 것 등이다. 이 시점에서는 이제 학생들은 '부정negation'으로 나아가도록, 즉 나쁜 교사의 반대인 좋은 교사 모형에 관해 생각하기에 이른다. 그런 다음 또 다른 수업에서는 보통의 방식으로 돌아가 학생들이 겪은 최고의 교사들을 기록하며, 경험에 바탕을 한 일반적인 범주화 작업을 한다. 어떤 경우에 학생들은 자기 삶이라는 평범한 일상으로부터 보다 개념적인 관점을 터득해간다. 하지만 여전히 학생들은 비판적인 검토를 할 때조차도, 초월적 형태로 사고하지는 않는다. 그렇다. 아직은 모범적인 좋은 교사를 해방적 가치를 실천하는 사람으로서 정의하지 않는다. 이런 생각을 하는 데까지는 많은 시간이 걸리는 법이다. 자기 경험에 대한 글쓰기와 대화를 통해 비판적 분석이 이루어지면, 두 번째 문제-주제problem-theme인 "노동"을 소개한 뒤, 또 다른 자기 교육적 기법인 "소리 내어 말하기voicing" 단계로 넘어갈 시간이 되었다.

## 자기 교정적인 목소리

지금까지 수업에서 글쓰기를 통해 매우 흥미로운 자료들을 개발하고 조직해왔다. 자서전적 작문을 준비하는 동안, 학생들은 문해와 개념적 기술을 연습할 뿐 아니라, 함께 작업하며 그들 삶을 가치 있게 여기는 학습 과정을 진행해왔다. 학생들의 개인적 경험은 수업에서 충분히 주목받을 가치가 있는 일로 여겨진다. 이는 지금까지 자신이 겪어온 억압적 학교생활에 종지부를 찍고 자존감을 회복해가기 시작함을 의미한다. 이 프로젝트에서 다음 단계는 "지금까지 당신이 경험한 최악의 직업은 무엇인가"라는 질문에 학생들이 답하는 작문을 하는 형식이다. 아직 직업을 가져본 적이 없는 사람들에게는 자신이 정말 하기 싫은 최악의 직업은 무엇이라 생각하는지에 대한 설명을 요구했다.

나는 앞서 언급한 3단계, 즉 생각하기-목록 만들기-쓰기라는 세 가지 미리 쓰기 방법을 학생들에게 권고했다. 학생들의 짤막한 인생담이 준비되면, 자기 교정self-correction의 연습 기회를 제공한다. 자기 교정, 즉 소리 내어 말하기는 그 세 단계의 균형을 맞추려고 배치한 것이다. 소리 내어 말하기는 학생들이 자기 목소리로 말하면서 자연스러운 문법을 사용하도록 하는 자기 편집self-editing 수단이다. 이 방법은 매우 단순하다. 작문을 한 후, 학생들은 자신이 쓴 것을 큰 소리로 읽으면 된다. 말을 하면서 글쓰기에서 범한 문법적 실수를 자동적으로 고쳐갈 것이다. 학생들이 할 일이란 자신의 글을 읽어 내려갈 때 자기 목소리에 귀를 기울이면서, 버벅거리는 지점, 즉 미흡한 글쓰기로 인해 읽기가 막히는 부분에 주목하는 것이다. 말하기와 코드화 사이의 이런 발달적 구분은 학생들에게 자기 교육적 방법을 제공한다. 이 방법은 교사의 도움이나 문법책을 통한 학습 활동 없이 자신의 약점을 고쳐가는 강점이 있다. 이것은 인식론적으로 가능하다. 그 까닭은 말하기가 읽기와 쓰기보다 삶에서 더 이른 시기에 그리고 더욱 다양한 방법으로 습득되기 때문이다. 아이가 생애 초기에 언어를 듣게 되는 한, 한 언어를 말할 수 있는 능력은 정상적으로 그리고 자동적으로 얻어지는 기술이다. 말하기는 더 오랫동안 더 많은 연습을 한 언어로서, 학생들이 학교에서 공식적인 읽기와 쓰기 공부를 시작하기 전에 아이 때부터 깊이 뿌리내린 것이다. 게다가 말한 언어를 바꿔서 종이에 코드화하고 탈코드화하는 것을 어렵게 하는 정치적 방해물이 있다. 가정에서 자연스럽게 말하기를 배운 아이는 국가나 교회로부터 매우 엄격한 환경에서 일상생활 속 대화의 자유로움과는 거리가 먼 형태의 읽기를 배우게 된다. 이런 소외 요소들은 공식적인 언어 학습과 비공식적인 말하기 연습 사이를 더욱 낯설게 만든다. 그 결과 학생들은 자신의 작문 능력을 강화해줄 수 있는 풍부한 소통적 자원이자 자기 교육적 도구인 자신의 말하기에서부터 멀어진다. 소리 내어 말함으로써, 자기 편집을 해보는 연습은 자기 문제를 고치도록 돕는다.

학생들은 자기 목소리 속에 이미 문법이 들어 있음을 모른다. 좋은 문법은 오직 영어 교사들과 교과서의 몫이라는 미신을 품어온 것이다. 학생들은 비난받을까 봐 입을 떼기조차 두려워한다. 자신의 말을 중요한 것으로 가치 부여하는 일은 자기 회복적ego-restoring이다.

소리 내어 말하는 자기 교정은 학생의 삶을 바탕으로 문해 공부를 시작하는 아주 단순한 방법이다. 자기 공부 형식에는 몇 개의 수준이 있다. 말하기와 쓰기를 공부하는 동안, 학생들은 자신의 경험을 공부하면서 자기 공부를 한다. 이렇게 짜인 언어활동은 기술 향상과 의식 고양을 동시에 이루어낸다. 이 방법의 문제는 대중문화의 영향으로 학생들의 말하기가 어투나 표현법, 낱말의 제한을 받는 점이다. 이는 학생들 스스로가 만든 결과가 아니라 사회적으로 조건화된 결과라 하겠다. 그럼에도 학생들의 읽기와 쓰기 그리고 말하기는 학생들이 전통적인 학교 상황에서 볼 수 있는 것보다 훨씬 실력이 높다. 말하기가 신체 운동적athletic 기술이라는 점을 학생들은 간과하기 쉽다. 나는 학생들에게 자신의 말하기 습득 과정에 의식적으로 관심을 두고 말하기의 구성 요소들을 분석하라고 요청한다. 말하기는 머릿속 이미지들과 낱말들을 끌어내고, 공기를 들이쉬고, 부드럽게 움직이는 혀를 건너서 비강과 입과 구강으로 공기의 흐름을 조절하고, 입술을 움직이며, 이 모든 걸 능숙하게 해서 원하는 소리를 만들어내도록 단련된 것이다. 이 일련의 행동은 율동과 리듬에 대한 지식을 포함하고 있으며, 이는 목소리가 강조, 낱말의 표현, 구두법을 알아가는 문법적인 방식이다. 자신의 말하기에 담긴 재능을 체계적으로 인식하면서, 학생들은 문해 능력을 일깨우는 자기 학습을 확장해간다. 이런 방식으로 얻은 지식은 매우 힘이 있다. 학생들은 자신에게는 없다고 여긴 문해 능력을 이미 자기 안에 가지고 있는 것이다.

자신이 어떻게 말하기를 습득했던가를 생각한다면, 학생들은 자기 목소리 내기가 자신을 돕는 수단이 된다는 점을 한결 쉽게 받아들인다. 목소리 내기의 정당성은 교사의 강의 전달보다는 소리 내어 말하는 연습을 통해 획득된다. 교사가 지적할 수 있는 한 가지 문제는 엄격한 소리내기가 정확한 읽기로 연결되는 점이다. 자신의 실수를 찾는 과정에서 학생들은 눈으로는 글을 실수로 잘못 읽을지라도 자신의 혀는 교정할 내용을 정확하게 읽어낼 것이다. 말하는 목소리는 읽는 눈보다 강한 언어 도구이며, 그래서 소리 내어 말하기가 최선의 조력자가 되고, 눈은 강해져야만 한다.

처음에 학생들은 자신이 말할 때 자동적으로 실수를 바로잡고 있다는 사실을 모를 것이다. 각자 쓴 글을 교실에서 동시에 크게 소리 내어 말하는 동안 학생들은 자신이 틀리게 쓴 것을 저절로 바르게 말하게 될 것이다. 이렇게 하려고 우리는 서로 짝을 지어서 소리 내어 말한다. 한 학생이 자신의 작문을 크게 읽으면 다른 학생은 조용히 눈으로 따라 읽는다. 읽는 학생이 눈치 챈 뭔가를 말하는 사람이 전할 때마다 조용히 듣고 있던 상대는 자기 짝에게 다시 그걸 지적한다. 결국 이런 연습을 할 때 각자의 눈은 목소리가 만들어내는 즉각적인 교정에 더욱 예민해져서, 서로 짝지어 말할 필요가 점점 줄어든다. 이런 언어 수업을 통해 학생들은 자신과 타인의 글쓰기에 예전보다 더 많은 관심을 기울이게 된다. 학생의 입장에서 학생들끼리 서로 자세히 살펴보는 것이 익숙하지 않다. 보통 그것은 교사의 몫이며 교사는 학생들에게 부정적인 피드백을 전한다. 그러나 받아 적기 과정처럼 소리 내어 말하기에서는 교사의 비중을 줄이고 동료 관계를 강화한다. 이런 기본적인 문해 방법으로 우리는 '노동'이라는 주제에 대한 토론으로 넘어가게 되는데, 이 주제는 학생들의 공통적인 경험이기 때문에 수업을 하나로 모아낸다.

**최악의 직업들: 작문 주제 개발**

학생들이 지금까지 경험했거나 상상할 수 있는 최악의 직업에 대해 작문을 하라고 한 뒤, 우리는 미리 쓰기와 소리 내어 말하기 그리고 자기 교정의 과정을 밟는다. 이 기법을 사용하면서 나는 두 명의 지원자를 선발하여 학생들이 쓴 작문을 읽어달라고 요청한다. 이들이 글을 읽어 내려가는 동안 열악한 노동 경험에 대한 이야기는 많은 관심을 불러일으킨다. 학생들은 자신이 공통적으로 겪은 일자리에 대해 활발히 대화를 나눈다. 거의 모든 사람들이 대화에 참여할 얘깃거리가 있다. 주제에 대한 좀 더 심도 있는 조사를 위해 나는 두 개의 목록을 작성하게 한다. 방금 우리가 들은 최악의 두 일자리는 어떤 공통점과 차이점이 있는가? 우리는 이 간단한 구조화 연습을 하기 전에, 다시 한번 두 지원자의 보고를 듣는다. 나는 기록자가 되어 '공통점'과 '차이점'을 칠판에 적는다. 초보적인 개념 활동의 일환으로 어떤 규칙을 발견하기 위해 자신의 경험에 입각한 특징들을 추상화하는 작업을 통해 학생들은 평범한 주제에 대한 비판적 안목을 길러갈 수 있다. 공통점과 차이점을 구분하는 것은 모두가 쉽게 해냈다. 학생들이 저마다 목록을 읽을 때 나는 칠판에 그 반응들을 나열해 적는다. 이 기록은 지금까지 우리가 머리를 짜낸 결실로서의 공적 기록 public record이다.

목록은 검증이 뒤따라야 한다. 목록은 타당한가? 목록 속에 다른 항목들과 모순되는 항목은 없는가? 하나의 항목을 더하거나 빼서 만든 어떤 주장들은 반드시 우리가 다시 처음 보고서를 읽어보도록 요구한다. 우리는 때때로 두 지원자에게 그들의 작업 결과를 다시 읽어달라고 하고선 목록의 타당성을 결정한다. 목록을 채택하는 원칙은 그것이 비판적 사고를 촉진하는가의 여부이다. 나는 학생들에게 목록들을 세심하게 살펴볼 것을 요청한다. 개인이 경험한 최악의 일자리 중 하나로 햄버거 가게에서 저임금을 받으면서 단순 반복적인 주방 일을 한 것과 여름에 최저임금을 받고 하수구를 쳤던 일을 언급했다면, 이 경험 자료에서 우리는 임금과 노동의 종류 사이에 일반적인 결론을 이끌어낼 수는 있지만, 노동시간과 단순 반복성, 혹은 직장에서 동료와 상호작용에 대한 충분한 정보는 얻지 못한다. 만약 우리가 반드시 알아야 하지만 놓친 것을 자세히 알고 싶다면, 그 지원지 중 한 명에게 너 상세한 보고를 요구할 수 있다. 이런 방식의 비판적 교육은 자료의 출처를 매우 친숙하게 느끼도록 한다. 이런 식의 연습을 통해 자료 전체에 대한 합리적인 판단을 한다는 것의 의미를 명확하게 할 수 있다. 우리는 구체적인 것들을 의미 범주로 구조화한다. 이 정신 작용은 현실을 유의미하게 재인식하게 돕는 연습이다.

나의 학생들은 대부분 지금껏 자기 직장이나 자신의 글, 동료 학생들과 교사에 관해 이렇게 자세히 들여다본 적이 없었다. 자세히 살펴본 것이라곤 국어 수업에서 '문단 전개'와 '주제 구성'이라는 명목 아래 분석한 것이 전부였다. 현실을 비판적으로 재인식하기보다 수사학적인 수업을 통해 익혀온 '문단 전개' 따위는 당연히 학생들 안에서 무엇을 끌어내지 못했다. 작문 목록의 준비를 통해 우리는 파편화된 삶을 체계적으로 분석한다. 처음 지원자들에게 더 상세한 내용을 물으면서 우리는 더 풍부한 정보를 얻게 되고, 이로 인해 개념적 분석, 즉 '노동'에 대한 구조적인 분해를 한결 더 진전시켜갈 수 있다. 계속해서 더 많은 정보를 캐낸 다음, 나는 다음 질문을 한다. 한 직업이 가진 모든 측면을 나열한다면? 이 질문을 통해 우리는 다시 구체적인 예에서 일반적인 사례를 추상화하는 활동을 하게 된다. 학생들은 '노동'의 구성 요소에 대한 새로운 목록을 만든다. 임금, 시간, 혜택, 지역, 고용 기간, 상사, 동료, 노동의 종류, 특수 훈련 등. 추상화의 고급 수준은 어떤 주제에 대한 구조적인 분석을 위한 모델이 된다.


## 개념적 작문: 점점 깊이 들어가기


이런 식으로 아이디어를 확장해가는 연습을 통해 가끔씩 우리는 두 일자리 보고서에 관해 더욱 정교한 분석을 계속해갔다. 때론 신선한 변화를 도모하려고 두 명의 새로운 지원자에게 우리 글에 대한 비평을 부탁하고 그들의 보고서와 비교해보기도 했다. 초기에 이런 꼼꼼한 비평적 검토를 통해 주제 정하기와 관련한 글쓰기 실력은 증대되나, 개념적 사고의 확장이 이루어지려면 더 많은 훈련이 요구된다. 우리의 문제 주제나 문해 작업을 진척시키기 위해 나는 네 명의 학생들에게 자신이 작성한 최악의 일자리에 관한 보고서를 읽도록 요구하는 한편, 나머지 학생들에겐 보다 개념적인 작문을 시도해보라고 한다. 자신이 겪은 최악의 일자리가 일반적인 최악의 일자리와 어떤 공통점이 있는가? 이 과제는 지식의 범주를 추상화하는 것과 관계있다. 학생들은 어떤 한두 개의 나쁜 일자리가 아니라, 주변부 노동marginal labor의 전체적 측면에 관해 글을 쓴다. 이 탐구 단계에서 나는 칠판 옆에 서서 학생들이 최악의 일자리에 관한 글을 읽어 내려가는 것을 들으면서 이따금씩 고양되는 감정에 사로잡히곤 한다. 나는 학생들이 말하는 형편없는 노동의 특징에 대한 새로운 작문 목록을 만든다. 이 지점에서 학생들의 사고 활동은 그 어느 단계에서보다 치열하게 이루어지는데, 그 까닭은 자신의 현실로부터 소외된 노동의 일반적 특징을 추출해내기 때문이다. 그것은 저임금, 의사결정권 없음, 낮은 책무, 틀에 박힌 반복적인 업무, 필요 없었던 창조성과 의존성을 골자로 한다. 최악의 노동조건에 대한 개념적 모형을 잘 만드는 것으로 부정의 연습은 충분하다. 이어서 학생들은 좋은 일자리의 특성을 쉽게 찾아낸다. 최상의 일자리는 고임금, 창조적인 업무, 능력과 권위, 책무성이 주어지며 특별한 훈련과 교육이 요구되는 직업이다. 내가 학생들에게 어떤 직업이 최상의 노동 유형인지 물으면, 의사, 법률가, 건축가, 작가, 가수, 운동선수, 임원, 모델, 예술가, 조종사 등이라는 대답이 나열된다. 글의 재료를 이렇게 확장해간 다음 이어지는 단계에서는 "우리 사회에서 최상의 일자리와 최악의 일자리는 어떤 차이가 있는가?"라는 질문에 대해 작문하는 연습을 한다.

지금까지 우리는 사회생활 속의 노동을 체계적으로 분석함으로써 개념화 기법과 글쓰기 기법을 익혀왔다. 이런 연습 덕택에 학생들에게 혼란스러운 인상을 준 것이 무엇인지 명확히 알게 된다. 비판적 검토 역량을 발전시키는 것은 매우 유용하지만, 이는 주로 경험적인 기술에 머무를 수 있다. 즉 사물의 외양을 묘사하는 훈련과 같은 정적인 지식 활동이 될 수 있다. 경험적인 관찰은 중요한 지적 기술 중 하나이지만 그것은 목표가 아니라 초월적 사고로 나아가기 위한 기초이다. 이런 개념화 연습을 한 학생들은 사물을 주의 깊게 관찰할 수 있고 일반화할 수 있는 사람으로 자신을 변화시켜가지만, 그들은 아직 그들이 추상화한 것을 뛰어넘는 데까지 이르지는 못한다.

초월적 인식은 지금까지의 이원론적 설정을 다양화함으로써 어느 정도 진전시킬 수 있다. 우리는 나쁜 교사와 좋은 교사, 최악의 일자리와 최고의 일자리에 대해 글쓰기를 해왔다. 이어서 나는 학생들에게 '유니언 잡 union jobs'으로 알려진 노동 영역에 대해 생각하게 한다. 노동조합이 결성될 경우 얻는 경제적 혜택을 묻는 것부터 시작하는 것이 쉽다. 유니언 잡의 물질적 혜택은 최악의 직장과 비교해 확연히 높은 수준이다. 학생들은 정기적 인상이 보증되는 시급제, 질병수당, 초과근무, 휴가수당, 연금계획 등을 포함한 보상 목록을 만든다. 유니언 잡에 대한 이런 체계적 분석은 아직 조직화된 사무실, 상점, 공장에서 일한 적이 없는 모든 사람들에게 전달된다. 사회 전체적으로 4분의 1의 직장에 노동조합이 있어도, 언론에서 파업과 계약 협상에 대한 부정적 이미지와 함께 임금 인상을 물가 상승과 연관 지어 보도하기 때문에 학생들은 노동조합에 대해 제대로 알지 못한다. 우리가 분석해온 최악의 일자리 조건들과 비교해보면 노동조합을 통해 얻는 경제적 이득만으로도 눈에 두드러진다. 사회적 삶의 새로운 영역이라 할 노동조합에 대해 체계적인 상상력을 획득하는 것은 교육적으로 풍부한 가능성을 보증하는 소중한 시간이 아닐 수 없다. 이 시점에서 거시적 노동운동사를 다소 유기적으로 결합시킬 수 있다. 대파업의 역사적 순간들(1877, 1886, 1894, 1912, 1934, 1937년 등)에 대해 알고 있는 학생은 거의 없을 것이다. 또한 약간의 상상력을 발동한 글쓰기를 통해 학생들은 계급 이익이 역사의 흐름과 관계있음을 명확히 이해할 수 있다. 이를테면 학생들에게 회사 운영자나 노동자의 관점에서 각각 노동조합이 왜 좋은지 혹은 나쁜지 자신의 생각을 표현하는 간단한 글을 지어 발표하게 한다. 각각의 입장에서 피력하는 페르소나 스피치persona speaking를 통해, 학생들은 노동조합의 발전과 퇴보의 경우 얻는 것과 잃는 것이 무엇인지 명확히 알 수 있다. 이러한 간학문적 성격의 문해 연습을 확장하기 위해 "임금 인상이 정말로 인플레이션을 유발하는가?"와 같은 질문은 유용하다. 학생들은 이런 질문에 활기찬 흥미를 보이는데, 이로부터 형식적인 경제학이 생생한 토론의 장과 결합된다.

제3의 노동 형태, 즉 유니언 잡에 대한 숙고나 노동운동사와 경제학의 간학문적 소재들이 몇 주간의 수업에서 터득해온 비판적 검토 능력과 결합되어 일정 수준의 초월적 사고가 개진되기에 이르렀다. 노동에 대한 세 가지 중심적인 질문, 즉 권력, 생산, 분배의 영역에 대한 질문을 통해 학생들은 노동에 대한 건설적인 대화를 열 수 있다. 노동은 어떻게 조직되는가? 노동은 무엇을 생산하는가? 노동의 생산물과 이윤은 어떻게 분배되는가? 이 문제들은 체계적이고도 방대하다. 학생들에게는 수업에서 경험적이고 개념적인 학습을 할 수 있는 구체적인 형태가 필요하다. 권력에 관심을 집중하기 위한 한 방법으로, 다음과 같이 묻는다. 만약 당신이 직장에 지각하거나 실수를 했을 때, 상사는 당신을 해고할 수 있는가? 당연히 그렇다고 답할 것이다. 좋다. 그렇다면 만약 상사가 늦게 직장에 나오거나 실수한다면, 당신은 상사를 해고할 수 있는가? 당연히 그렇지 않다고 답할 것이다. 생활에서 접하는 이런 사소한 사실은 일상적 경험 속에 뿌리내린 고질적 불의를 진지하게 고민하도록 만든다. 어째서 직장에서 동일한 일을 하는 사람들에게 동일한 임금을 지급하지 않을 수 있는가? 이 문제 제기 토론은 위계서열 관계에 대한 토론으로 이어지곤 한다. 나는 칠판에 피라미드 구조에 대해 적고 그 아래 학생들이 일을 해왔던 몇몇 곳들, 병원, 학교, 은행 등의 다양한 목록을 적는다. 각 직장의 피라미드에 우리는 관료적 권력의 수준에 따라 이름을 붙였다. 말할 필요도 없이 학생들은 우리가 그린 모든 피라미드의 맨 밑바닥에 자신들이 처해 있었음을 알아챈다. 나는 내 지위를 대학 위계 구조 속에 배치하지만 밑바닥이라는 문제는 여전히 흥미를 끈다. 밑바닥이라고 다 같지는 않다. 노동세력의 연대를 방해하는 다양한 방식으로 노동력은 계층화되어 있다. 나는 다음과 같이 묻는다. 밑바닥의 평사원은 얼마나 많은 방식으로 나뉘어 있는가? 직업 수준, 임금 등급, 고용 기간, 노동의 배치 등을 제쳐두더라도, 우리는 성별, 인종, 나이 같은 요소들이 또 다른 밑바닥을 분리한다는 것을 안다. 피라미드의 아래로 내려갈수록 권력, 임금, 특권이 줄어들 뿐 아니라, 노동력을 분절시키는 요소의 숫자는 늘어난다. 이런 형태의 대화는 수업마다 아주 다양해지고, 때로 막다른 지점에 이르기도 하고 때로 더 깊이 대화가 이어지기도 한다. 권력과 노동조직의 문제에 계속 관심을 기울이려고, 이때 나는 노동에 대한 좀 더 초월적인 사고를 돕는 독서 자료를 안내한다. 나도 역시 학생들이 복사된 자료를 이해하는 능력, 즉 미리 읽기를 향상하는 문해 기법을 안내한다.


## 노동 재설계: 미리 읽기와 다지기

이 시점에서 학급 대화의 수준은 문제 주제를 다룬 독서물을 소개할 만큼 충분히 무르익어 있다. 나의 학생들에게는 교재를 해독하는 문해 활동이 작문만큼이나 어렵기 때문에, 나는 인쇄물 자료들을 나누어 줄 때는 반드시 정교한 이해 기법을 알려주어야 했다. 읽기 기술은 각자가 경험한 주제들과 관련된 진지한 교재들을 다룰 때 향상된다. 한 사회 속에서 노동의 변화를 다룬 독서물을 신중하게 선택하는 동안, 나는 학생들의 독해 기술을 연습하도록 돕는 체계적인 순서를 알려준다. 이 순서는 '미리 읽기prereading'라 일컫는다.[53]

미리 읽기의 첫 단계는 교재에 대한 흥미를 자극하는 것이다. 대중매체와 록 음악의 감각적인 유행에 사로잡혀 있는 관계로, 학생들은 인쇄된 글자와 같은 '느린' 미디어의 진중한 검토 방식엔 익숙하지 않다. 미리 읽기는 지각 속도를 늦춘다. 학생들이 글을 읽기에 앞서, 나는 선정 도서의 일반적인 주제에 대해 말하고, 학생들에게 그 책들 속에 담겨 있을 법한 가설적인 문제를 만들어보라고 요구한다. 처음에는 이 방법이 익숙하지 않아서 반응이 매우 늦다. 누군들 책의 일반적 주제만을 듣고서 어떻게 그것이 담고 있는 문제를 상상할 수 있겠는가? 나는 주제를 다시 말해주고 때때로 간단한 문제를 하나 알려준다. 마침내 누군가가 한두 개 질문을 하고, 세 번째, 네 번째, 다섯 번째 질문에 이르며, 놀랄 만큼 짧은 시간 안에 대부분 학생들이 자료들을 보기 전에, 교재의 일반적 주제와 관련된 오십 개에서 백 개의 질문을 말하게 된다. 이런 형태의 준비를 통해 독서를 위한 준비 수단으로서 상상하기와 말하기 능력 외에 많은 것을 성취할 수 있다. 상상하기 속도와 말하기 속도는 대중문화의 쇄도와 사려 깊은 독서 사이의 간극을 늦춰주는 교량 역할을 한다. 게다가 인쇄 매체의 권위가 해체되어 있다. 대체로 학교교육의 권위주의적 태도 때문에 학생들에게 제공하는 교재는 전문지식의 분위기가 풍긴다. 미리 읽기의 경우 읽기 주제에 대한 학생들의 생각과 말들이 교재를 만드는 출발점이다.

학생들이 교재에 의해 압도당하기는커녕 오히려 교재가 학생들의 언어 속으로 흡수될 것이다. 이러한 역전 현상은 학습 과정에서 학생들이 주체로 등장하도록 자극하는 구체적 도구이다. 두말할 필요 없이, 교재가 답하고 있는 잠재적인 여러 문제들을 만들고 나면, 학생들은 그 교재를 정말로 읽고 싶어 하고, 얼마나 많은 것들이 실제로 해명되는지를 알게 된다. 호기심의 자극은 과정 전체를 위한 발전적 실험이다. 만약 학생들이 읽기 자료를 거부한다면 비판적인 과정은 그들의 소외를 극복할 수 없다. 만약 질문 형태의 미리 읽기 방식이 자료에 대한 흥미를 일으킨다면, 그 과정으로부터 학생들이 외면해온 지성주의가 다시 회복될 것이다.

미리 읽기의 첫째 기법(미리 질문하기)은 학생들이 어디에서든 활용할 수 있는 방법이다. 읽기 자료에 대한 준비된 질문을 전개한 뒤, 학생들은 계속해서 선정된 독서 자료를 읽는다. 읽기 과정에서 각 질문에서 얼마나 많은 실질적인 답변이 이루어졌는지, 혹은 보다 확장된 미리 읽기가 이루어졌는지를 기록한다. 내가 수업에서 시도한 확장 기법은 미리 쓰기에서의 받아 적기와 유사한 것이다. 인쇄물을 나눠 주기 전에 우리가 주제에 대해 만들 수 있는 예비 단계의 모든 질문들을 기록하게 한다. 그 뒤 나는 내가 자료에서 읽은 서문 구절을 학생들에게 말 그대로 따라 적도록 요구한다. 내가 몇몇 문단을 천천히 읽고 학생들은 받아 적기로 그대로 옮겨 적는다. 그리고 적은 내용을 개별적으로 또 짝을 지워서 즉각적으로 자기 교정을 위해 소리 내어 말한다. 마지막으로, 나는 교재를 내주고, 학생들에게 자신들이 적은 것이 출력물과 어떤 지점에서 다른지 의식하면서, 원래의 교재와 학생들이 적은 것을 비교하라고 요구한다. 이런 확장된 준비는 주의 깊게 듣고 옮겨 적기 기술을 사용하여 정밀한 읽기를 향상시켜간다. 그리고 눈은 두 개의 코드화된 형태(출력물과 자신이 옮겨 적은 것)를 비교하는 연습을 한다. 이는 말하는 언어와 쓰는 언어 사이의 의식적 관계를 연결 짓는 좋은 방법이다. 이 때 나는 학생들에게 전체를 읽고 그것의 요약문을 써보라고 요청한다. 우리는 서로의 요약문을 큰 소리로 읽는 것을 듣고, 이것이 이해 능력을 향상시키며 동시에 독서 내용에 대한 비판을 시작할 수 있는 수단이 된다.

어떤 자료를 소개할지 정하면서 나는 몇 가지를 찾아본다. 선정된 자료들은 적절한 회화체의 관용구를 사용해야 한다. 만약 그 언어가 전문적, 기술적, 추상적, 형식적 어법이라면 학생들의 주의를 끌지 못할 것이다. 고도의 비판적인 사고와 논쟁은 접근 가능한 언어에서 출발해야 하는 까닭에, 나는 노동이라는 문제 주제에 대한 글을 찾으려고 대중매체, 책 등을 조사한다. 나는 글로 적힌 것들을 매우 좋아하지만, 그 자료들은 동시에 토론에서 초월적 자질로 나아가도록 돕기 위해 하나의 문제, 비판, 혹은 전환적 사고를 제기해야 한다. 자료의 범위는 꽤 넓었다.

- 도산 직전의 철강공장을 노동조합이 인수하여 생산성을 32% 늘리며 파산으로부터 공장을 구한 사례.
- 디트로이트의 자동차 공장에 근무하는 한 청년 노동자에 관하여: 이 노동자는 늘 장기 결근과 근무 태만을 일삼으며 노동조합과 회사 모두를 힘들게 했다.
- 한 대학총장이 안식년에 단순노동을 몸소 체험하면서 이를 통해 위계질서의 불합리성에 대해 알고자 한 사례.
- 피스톤 공장에서 일하면서 직장 내 민주주의 부재와 부당 해고를 경험한 어느 대학교수의 사례.
- 직장 스트레스와 소외의 위험성에 관하여: 이 둘 모두 심장병과 관계있다.
- 슬럼가의 한 학생에 관하여: 그는 아메리칸 드림을 간직한 채 가난

과 최악의 일자리에서 올라가기 위해 일하고 있다.

- 매력적인 동시에 논란의 대상인 프로 야구선수 빌 월튼에 관하여: 그는 자신의 직업과 정치를 결부시킨다.

- 사브 공장[29]의 직무 재설계에 관하여: 이 공장에서는 조립라인 생산의 대안으로서 근무팀체제work team approach가 이루어져왔다.

- 워싱턴 IGP 보험회사에 관하여: 그 회사는 여러 해 동안 노동자 통제를 해왔다.

- 미시간 공장에 관하여: 중간 관리를 대부분 없애버리고 평사원들에게 자신의 노동계획표를 조직하도록 한 다음 감독자의 월급을 노동자의 부가 혜택으로 돌려주고 있다.

수업에서 매번 모든 글을 다 읽지는 않는다. 한 학기 내에 다 읽을 만큼 시간이 충분치 않을뿐더러 토론이 필요 없는 경우도 왕왕 있기 때문이다. 우리가 읽은 것들 속에는 문제 제기의 여지가 많았다. 우리는 다음과 같은 이슈에 관해 짧은 작문을 한다. 사람들은 감독자 없이 자신의 노동을 관리할 수 있는가? 임금을 위한 공정한 정책이란 무엇인가? 위계서열의 대안이 있는가? 노동이라는 문제 주제에 대한 탐구를 계속해나가고 다양하게 하는 동안, 짧은 보고서 속에 지금껏 연습한 작문 기술이 남아 있게 된다. 긴 글쓰기를 하기 위해서 우리는 각자 확장된 프로필을 써나간다.

---

29. 사브(Saab): 1947년 자동차 회사로 출발한 스웨덴의 항공기 및 자동차 회사로, 경제위기로 몇 번의 인수를 거쳐 2012년 현재 스웨덴, 일본, 중국의 컨소시엄 회사인 '내셔널 일렉트릭 비히클 스웨덴(National Electric Vehicle Sweden, NEVS)'이 운영하고 있다.

## 프로필 작성: 개인적 경험의 발굴

우리가 읽은 두 개의 글은 프로필 형태이다. 하나는 빈민가에서 자란 학생에 관한 것, 다른 하나는 빌 월튼[30]에 관한 것이다. 첫 번째 글은 개인 자서전처럼 쓰여 있고, 두 번째 글은 전문 작가가 쓴 잡지 글이다. 교실 차원을 넘어 의식을 확장해가기 위해 이 문제 대화를 지속하는 한 방법은 학생들에게 두 노동자의 프로필을 작성하게 하는 것이다. 한 사람의 나이는 대략 스물다섯, 다른 사람은 쉰을 넘었다. 목표는 학생들이 외부인들을 인터뷰하는 것이며, 그래서 그들이 두 세대의 노동자들 프로필을 비교하는 형식으로 글을 짓는 것이다. 이 야심찬 활동을 위해 우리가 읽은 두 개의 프로필은 사전 모델이 된다. 그러나 아직 학생들은 지금까지 제기한 이슈들에 그다지 깊이 들어가지는 않는다. 취업 이력, 생활양식, 노동과 사회생활에 대한 태도까지 조사하려고, 우리는 인터뷰 질문 내용을 미리 준비한다. 나는 모든 학생들이 인터뷰 대상자에게 묻고 싶은 질문을 스무 가지씩 만들게 한다. 우리는 각자가 질문 목록을 큰 목소리로 읽는 것을 듣고, 학생들이 들었던 그 많은 질문에서 자신의 질문을 차용할 것을 권한다. 질문 모형을 개발하는 것은 비판적 조사를 위한 출발점이다. 학생들은 가장 중요한 질문이 무엇인지 이해하기 위해 지금까지 배운 것을 활용해야 한다. 질문 목록은 수업의 중간 '평가'에 해당한다. 이 질문 목록은 현재까지의 비판적 진전 여부를 평가하는 수단이 된다. 인터뷰를 위한 질문의 설계는, 지금까지 개발해온 자료들을 자연스럽게 발전시키기 위한 과업으로 개념적인 것과 경험적인 것을 결합한다. 학생들이 구조적인 인식을 얼마나 많이 보유하고 있느냐가 바로 이 질문 목록

---

30. Bill Walton(1952~ ): 미국 야구선수 출신의 TV 해설자. 만능 스포츠맨인 월튼은 프로농구 선수로도 활약을 펼치며 리그 최우수 선수로 뽑히기도 했다.

에 의해 분명히 드러날 것이다. 교실 밖에서의 면담을 잘 수행하기 위한 유익한 방안은 교실 내에서 면담을 연습하는 것이다. 학생들은 자신의 확장된 질문 목록을 참고로 학생 상호 간의 프로필 작성을 연습하게 되는데, 이는 학생들이 수업 구성원이 아닌 외부인에 대해 글쓰기를 하기 전에 미리 해보는 사전 연습이다.

긴 작문을 하기 전에, 프로필 작성을 연습하려면 분류해야 할 많은 자료들이 생겨난다. 이 분류 과정을 통해 면담자들은 각 주제가 담고 있는 정보에 대해 개념적 조사를 하게 된다. 프로필의 재미있는 요소 중 하나는 많은 정보들을 어떻게 범주적으로 조직화하느냐에 관심을 불러일으키는 점이다. 이를 위해 전체 학급이 한 학생에 대한 면담을 실시해본다. 기록하는 각 학생들은 동일한 내용을 듣지만, 똑같은 프로필을 만들지는 않는다. 학생들의 다양한 작문을 비교함으로써, 자료의 효과적인 조직화에 관해 유용한 토론을 할 수 있게 된다. 이 사람의 경험에 대한 최고의 소개와 결론은 무엇인가? 누가 어떤 세부적인 사항을 강조했으며 왜 그랬는가? 누가 결정적인 정보를 빠뜨렸는가? 글 쓰는 사람이 일반적인 해석을 한 구체적 사실은 무엇인가?

'노동'에 관한 이러한 문제 제기 학습은 전체적으로 학생들이 매우 일상적인 것을 특별히 재인식하도록 하는 도구를 제공한다. 이는 문해 역량과 문제와 관련한 의식을 제고한다. 또한 학생들의 경험과 언어 자원을 기반으로 한 연습이기 때문에 학생들에게 심리학적 타당성도 제공한다. 이 연습은 경험적인 동시에 점진적인 방식이기 때문에, 점점 난이도가 높아지는 과정을 밟아 마침내 비판적 문해력을 갖추도록 짜여 있다. 자서전과 말하기, 지적 상상을 활용함으로써 수업은 놀랄 만큼 빠르게 개념화 능력을 향상시킬 수 있다. 읽기와 쓰기, 즉 입말의 코드화와 탈코드화 방법을 습득하는 것은 구조적인 사고력을 향상시키는 것보다 더 오랜 시간이 걸린다. 비판적 분석의 입말 기능을 익히는 것보다 읽기와 쓰기 기능을 익히는 것이 더 어렵기 때문에, 한 학기가 끝날 무렵 학생들의 글쓰기는 실제로 그들이 수행할 수 있는 것보다 다소 적은 개념적 성찰이 담기기 마련이다. 탁월한 분석 능력은 학생들이 지닌 가장 강력한 언어 구사 능력, 즉 말하기에서 나타날 것이다. 그래서 대부분의 수업 과정에서 작문보다는 학급 대화에서 비판적인 수업이 잘 이루어진 것은 당연하다. 작문과 비판적 대화 모두 처음보다 발전해가지만, 발전 속도에선 차이가 있다. 비판적 사고력을 검증하는 최고의 방법이 대화이며, 그 과정에서 읽기와 쓰기 실력은 나날이 향상된다. 마침내 사고와 언어 속에 노동의 세계가 자리하게 된다. 노동은 여전히 낯설지언정alienating, 비판적 사고는 익숙해진다.

51) 교실에서 프레이리의 활동에 대해 구체적인 설명을 바라면, 신시아 브라운의 단편 『30시간 안에 문해 완성하기: 브라질 북동부에서 행한 파울로 프레이리의 과정』을 보라. 이 책에 프레이리의 편지가 포함되어 있다. 프레이리의 번역 작품 중에서 그의 방법을 가장 상세하게 설명한 것은 『비판적 의식을 위한 교육*Education for Critical Consciousness*』(New York : Seabury, 1973)이다.

52) 자유 글쓰기를 비롯한 여러 가지 학생 중심의 탈전통적 접근법에 관한 것으로, 켄 모리스Ken Marroris의 『업토트*Uptaught*』(뉴욕: Hayden, 1970)와 피터 엘보우Peter Elbow의 『교사 없이 글쓰기*Writing Without Teachers*』(뉴욕: Oxford, 1973)를 보라.

53) 미리 읽기와 자유 글쓰기를 소개하기 위해, 나는 스테이튼아일랜드 대학의 빌 버나트에게 빚지고 있다. 그의 책 『공정한 글쓰기*Just Writing*』(뉴욕 : Teachers and Writrs, 1977)는 매우 값진 자료다. 또한 버나트와 밀러의 『작가 되기*Becoming a Writer*』(뉴욕: St. Martin's Press, 1986)도 보기 바란다.

# 7

## 기초를 넘어:
## 고등학교의 비판적 독서 지도
### More Than the Basics:
### Teaching Critical Reading in High School.

낸시 지멧
Nancy Zimmet

나는 북뉴턴고등학교에서 영어와 읽기를 가르치고 있다. 이 학교의 커리큘럼-II 반 학생들은 대개 백인 노동계급 가정의 자녀들이다. 이들은 보스턴 근교의 아파트나 2가구 주택에 사는데, 이곳에서 몇 블록 떨어진 언덕 위에는 호화 호텔을 방불케 하는 단독주택이 즐비해 있다. 언덕 위에서 온 아이들, 즉 커리큘럼-I 학생들은 웰슬리나 보우도인, 펜, 혹은 하버드로 진학할 것이다. 내가 맡은 학급 내에서는 소수의 커리큘럼-II 학생들이 웬트워스 기술학교나 보스턴 주립대 또는 북동부에 있는 직업학교에 진학할 것이다. 많은 학생들은 자동차 정비공이나 전기 기술자 혹은 목수가 될 생각으로 고등학교 내의 기술-진로 프로그램에 참여하고 있다. 커리큘럼-I 학생들이나 우수반 학생들은 특별활동에서도 두각을 나타낸다. 커리큘럼-II 학생들은 학구적으로나 사회적으로도 '제2인자'의 위치에 있다. 나의 학생들은 자신의 지식에 별 믿음을 갖지 않으며 자기 경험으로부터 얻은 지식의 중요성을 폄하한다.

그들의 일상은 빈둥빈둥 노닥거리거나 잡담을 즐기는가 하면 교사에게 수업 그만하자고 부추기느라 시간을 보낸다. 돌아다니는 아이들도 많고 지나치게 시끄럽기도 한데 이런 시끌벅적한 상황은 교사가 "이제 그만하고 공부하자"라는 말이 나올 때까지 계속된다. 그들은 이내 복종한다. 이러한 시간 때우기식 일상은 그들 사이를 더 가깝게 하기보다는 서로를 너욱 고립시킨다. 상대방의 말에 귀 기울이는 것은 그들의 입장에서 어려운 일이며 긴 대화는 아주 드물다. 그들은 교사로부터 단 하나의 정답만을 얻고자 한다. "선생님은 교사니까 그 답을 알고 계시잖아요." 그들에겐 수업 내용이나 과제에 대해 질문하고자 하는 생각이 전혀 일어나지 않는다. 수시로 숙제에 대한 불만의 목소리가 터져 나오지만 그 누구도 교사의 반응을 기대하지 않는다. 커리큘럼-Ⅰ의 상급반에 들어가지 못한 것이 신경은 쓰이지만, 왜 자신이 커리큘럼-Ⅱ에 속해야 하는가에 대해서도 아무런 토론이 이루어지지 않는다. 그 누구도 왜 그들이 커리큘럼-Ⅱ에 배정된 이유를 말해주지 않았지만, 그들은 커리큘럼-Ⅰ이 그들에게 무리이며 그걸 감당할 만큼 자신이 똑똑하지 않다고 생각한다. 그들은 의문을 품지 않는다. 그저 의아해할 뿐이다.

숙제할 때나 수업 받을 때나 시험 칠 때나 그들은 늘 읽기와 사투를 벌인다. 그들은 이 문제를 삶에서 꼭 알아야 할 과업으로 보는 대신, 누가 그들에게 강제로 시켜서 완수해야 하는 것으로 받아들인다. 교사가 '좋은 선생'이려면, 그들을 공부하게 해서 읽을 수 있게 하고 숙제하도록 해서 읽기에 관해 토론할 수 있게 해야 한다.

이 학생들이 문자를 해득하고 기초적 읽기 수준을 넘어 읽기를 평가하게 하거나 그들이 배운 것을 새로운 사고로 통합하게 하는 것, 다시 말해, 비판적 읽기를 가르치는 것은 읽기 기법을 익히기 위한 어떤 기계적 과업 이상의 무엇이 요구된다. 이는 읽기 태도의 총체적 변화를 요구한다. 파울로 프레이리(1970, 1973)와 해롤드 허버Harold Herber(1978)의 개념을 사용해서 나는 그러한 변화가 일어나도록 애썼다.

나는 나의 학생들이 자기 삶에서 적극적이고 능동적인 역할을 수행하게 하려면 무엇보다 자신감을 갖게 해야 한다는 것을 깨달았다. 그들은 자신의 삶에서 터득한 기능이나 지식이 매우 중요하다는 것을 깨달아야만 했다. 나는 그들이 읽기 능력에서 한계가 있다는 것을 솔직하게 인정하길 바랐다. 무엇보다, 그들이 함께하며 서로 돕는 법을 배움으로써 그러한 어려움에 대처해나가기 시작할 것을 기대했다.

나의 학생들이 학교생활에서 갖는 소외감이나 불안감이 그들 학습의 중요한 문제였기 때문에 나는 학교교육 자체를 공부의 대상으로, 즉 프레이리의 용어로 "실존적 상황을 문제화하기"로 마음먹었다. 우리는 게임이나 습작, 토론, 인터뷰와 같은 다양한 활동을 벌였다. 거침없는 14세의 아이들이 한 가지 활동을 오래도록 하고 싶어 하지는 않을 것이기 때문이다. 그들은 특히 허버가 고안한 게임을 좋아했다. 소집단으로 나뉘어 '교육'이란 낱말과 연관되는 낱말을 최대한 많이 만들어내는 게임이었다. 3분 뒤에 각 그룹은 전체 학생들을 향해 자신이 만든 낱말 리스트를 불러주고 다른 집단의 학생들은 자기네가 만든 낱말 리스트에 추가를 한다. 대부분의 낱말은 학교와 관련된 것들이지만 학식 있는 사람들이 쓸 법한 것들도 몇 개 들어 있었다. 몇몇 학생들은 그들의 부모님이나 조부모님이 구사하는 어법을 언급하기도 했는데, 이것은 그들이 제도권의 형식 교육기관을 통해 배운 것이 아니다. 우리는 교육받은 것이 무엇을 의미하는지와 그들 부모님과 그들 자신이 이미 알고 있는 지식에 대해 토론하기 시작했다. 교육의 정의에 대해 교실에서 배운 것 이상으로 확장해감으로써 학생들은 마침내 자신과 자기 가족들이 교육받은 사람들이며, 학교 우등생들의 교육과는 다르긴 해도 엄연히 교육받은 것이라는 사실을 알게 되었다.

우리는 학교에서의 경험에 대해 얘기하기 시작했다. 학생들은 학교의 첫날에 있었던 일, 즉 학생들이 스스로를 어떻게 보았으며 자신이 다른 학생들을 어떻게 생각했는지, 또 교사들이 자기네들을 어떻게 보았는지에 관해 글을 쓴 뒤 그 글을 바탕으로 토론을 나누었다. 녹음기를 사용하면서, 그들은 매 학기마다 학교에서 있었던 일 가운데 가장 또렷하게 기억에 남는 일에 관해 얘기했다. 우리는 우리 학급 외의 학생들을 인터뷰했다. 우리는 학생들의 사진을 찍었다. 학교식당에서 당근을 썰어 먹는 장면에서부터 도서관에서 열심히 숙제를 하는 모습까지 그들 일상의 모든 것을 카메라에 담았다. 마침내 학교의 매일매일의 삶을 담은 사진 에세이를 완성했다.

우리는 어떤 공통점을 발견했다. 학생들이 애써 만든 "우리는 학교에 대해 완전히 무관심하다"는 이미지에도 불구하고, 모든 학생들이 학교 일정이 시작되기를 기대한다는 것과 모든 학생들이 새로운 학급에 대해 많은 관심을 가지며 배움의 열망과 잘하려고 하는 욕구로 충만해 있다는 것을 깨달았다. 하지만 그들에게 남겨진 열망은 이런저런 두려움 때문에 위축되었다. 교사의 말을 알아듣지 못하리라는 두려움, 교실 학습이나 과제 학습을 수행할 수 없을 것이라는 두려움, 낮은 학점을 받을 것에 대한 두려움, 학교에서 친구를 사귀지 못할 것이라는 두려움, 거대한 학교 건물 속에서 길 잃고 헤맬 것이라는 두려움은 학생들이 그 누구와도 나눌 수 없고 스스로가 해결해야만 하는 것이다. 그리고 그들이 갖는 많은 두려움의 핵심은 읽기 문제였다. 이러한 학교 문제들이 논의되는 과정에서 쑥 군덕거리고 킥킥대고 장난질을 일삼던 학생들이 차분해지더니 마침내 진지함이 묻어난 말을 하기 시작했다. 태도의 변화나 자신감의 발전을 위해서도 확실히 읽기 문제는 해결되어야만 했다.

우리는 학교에서의 타인의 경험을 주제로 한 단원의 읽기 공부를 시작했다. 이는 프레이리가 주장했던 것으로서 학생들 삶 속의 상황을 대상화함으로써 그들이 토론을 할 수 있게끔 하는 시도였다. 학생들의 적극적인 참여를 독려하기 위한 모든 시도를 하면서 나는 그들을 일련의 활동으로 이끌었는데, 내가 보기에 다들 성공적으로 잘 해나갔다. 이러한 활동들은 허버가 말한 세 수준의 읽기로 학생들을 이끌기 위해 고안된 것이다. 세 수준의 읽기란, 학생들이 단순히 어떤 정보가 제시되었는가를 확인하는 글 읽기literal와 학생들이 문장들과 그 파생된 의미와의 관계에 대해 탐색하는 해석하기interpretive, 그리고 학생들이 글쓴이의 사고의 기저가 무엇인지 생각해보고 자신의 경험에 비추어 자료를 평가하고 새로운 아이디어를 형성해가는 적용하기applied이다. 이러한 활동들은 학생들에게 원인/결과, 비교/대조, 시간 순서 그리고 단순 나열의 유형으로 작업하도록 요구했는데, 이를 통해 그들은 자기네들이 이미 성공적으로 활용한 연관성을 의식적으로 인지할 수 있게 된다.

오토 프리드리히Otto Friedrich(1974)의 단편소설을 활용하여 나는 몇몇 학생들의 두려움에 초점을 맞추면서 원인/결과 패턴을 지도하기 위해 일련의 경험을 고안했다. 그 소설 자체는 매우 짧고 읽기에도 별 어려움이 없었다.

내레이터의 말로 "약간 지진아"로 분류되는 조지 그래스는 1940년 버몽 학급에 들어간다. 학교 첫날에 그는 그의 어머니가 가장 멋지게 보일 것이라 기대한 옷을 입고 있었다. 그는 갈색 카디건 위에 예쁜 단추가 달린 갈색 정장 옷을 입었다. 그날부터 며칠 동안 조지는 "주목을 피하기 위해 최선을" 다했다. 1주일 뒤 역사 교사 미시즈 포브는 학생들이 친 시험지를 되돌려주면서 학급 학생들에게 조지의 시험지를 이해할 수 없었다고 말한다. "조지는 모든 물음에 '채소'라는 말만 답으로 썼어요." 학생들이 키득거리기 시작하자 그녀는 시험 문제를 하나씩 읽을 때마다 조지가 답한 '채소'라는 말도 덧붙였다. 교실이 웃음바다가 되는 동안 조지는 "창백하고 굳은 얼굴로 무기력하게" 앉아 있다. "역사 수업 시간"이 끝났을 때 조지의 학교생활도 끝났다. "조지는 다음 날 학교에 오지 않았다. 영원히."

우리는 이미 시험에 대해 토론한 바 있다. 학생들이 어떤 종류의 시험을 치러야 하는지, 가르침의 한 방법으로서 시험에 대해 학생들이 무엇을 생각하는지, 답을 잘 모르는 문제를 만났을 때 그들의 기분이 어떠한

지, 다른 학생들보다 더 나은 답을 썼다는 것을 알게 되었을 때 학생들이 어떻게 반응하는지에 대해 토론하였다. 내가 그 소설을 나누어 주었을 때 저절로 허버의 첫째 활동 단계인 글자 읽기가 시작되었다.

활동

반 전체 아이들이 모두 조지 그래스를 비웃었습니다. 아래의 목록으로부터 그러한 웃음의 원인이 무엇이며 그 웃음이 어떤 결과를 초래했는지 생각해봅시다. 학급 토론에서 각자가 선택한 이유를 말해야 합니다. 모든 문장을 다 이용해서는 안 됩니다.

조지는 주목을 끌지 않으려고 애썼다.

조지는 뒷자리에 앉았다.

조지는 갈색 정장을 입었다.

나이가 있고 아둔한 아이들은 침묵을 지키는 게 바람직하다고 믿는다.

조지는 점심을 혼자 먹었다.

미시즈 포브는 역사 시험을 냈다.

미시즈 포브는 조지의 답을 이해할 수 없다고 말했다.

조지는 시험지에 모든 답을 '채소'라고 적었다.

조지는 구석에서 눈을 크게 뜬 채로 앉아 있었다.

내레이터는 뭔가 놀라운 일이 일어나고 있었음을 알았다.

미시즈 포브는 조지에게 다음에는 더 잘해야 할 것이라고 말했다.

조지는 다시는 학교에 오지 않았다.

학생들은 처음에 혼자서 활동하다가 다음에는 소집단 활동으로 서로의 답을 비교해갔다. 오직 충분한 토론이 이루어졌을 때만 우리는 학급 활동을 재개했다. 그 순간에는 가장 소심한 학생조차 소집단 내에서 자신의 대답을 말하는 기회를 가졌다. 소집단 활동을 많이 거치면서 거의 모든 학생들이 전체 학생들 앞에서 말하는 자신감이 충만해 있었다.

해석 단계로 넘어가면서 나는 소설 속에서 학생과 교사 사이의 관계에 대해 바르게 서술한 문장을 골라보라고 했다.

활동

참이라고 생각하는 문장을 고르시오. 그리고 그것을 선택한 이유를 한 문장 이상 쓰시오. 여러분의 이유는 그 소설 속에 있는 정보에 근거를 두고 있어야 합니다.

학생들은 서로 도왔다.
학생들은 서로를 두려워했다.
학생들은 교사를 두려워했다.
학생들은 교사로부터 인정받기 위해 서로 경쟁해야만 했다.
교사는 학생들로부터 인정받기를 원했다.
교사는 학생들의 공부를 도왔다.
교사와 학생들은 학급에서 일어난 일에 대해 함께 결정했다.

몇몇 문장에 대해 의견을 같이한 뒤에 우리는 이러한 연관성의 원인에 대해 이야기했다. 이를테면 "왜 학생들은 서로 돕지 않았지?" 하는 것이다.

적용 단계에서 마지막 활동은 학생들에게 읽기 자료에서 제시된 개념에 대해 비판적으로 사고할 것을 요구한다. 그것은 학생들에게 그 소설뿐만 아니라 자신의 경험에 근거하여 자신이 선택한 답의 이유를 말하는 것이었다.

활동

소설에 등장하는 학생들의 경험뿐만 아니라 여러분 자신의 경험으로부터 판단하여, 여러분이 참이라고 생각하는 문장을 고르시오. 소설의 내용뿐만 아니라 여러분 자신의 경험을 토대로 이유를 말해보세요. 완전한 형태의 문장을 구사해야 합니다.

시험을 치게 하는 것은 좋은 교육 방법이다.

시험은 학생들을 주눅 들게 한다.

학생들은 두려움을 느낄 때 더 빨리 배울 수 있다.

학생들은 상처받을 때 더 빨리 배울 수 있다.

가난한 학생들은 부유한 학생들보다 학교에서 더 많은 두려움을 느낀다.

학생들은 학교에서 대부분의 시간을 편안한 마음으로 보낸다.

학교교육을 위한 최선의 분위기는 편안한 것이다.

학생들은 서로 경쟁할 때 가장 잘 배울 수 있다.

교사들은 학급에서 일어나는 일을 통제한다.

대부분의 학생들이 어떤 일을 할 때, 집단과 함께하지 않는 것은 거의 불가능하다. 심지어 여러분이 잘못되어가고 있음을 알 때도 그러하다.

대부분의 교사들과 학생들은 타인의 감정에 대해 민감하지 않다.

많은 경우 학생들은 학교에서 할 일을 이해하지 못한다.

세 번째 활동이 끝나갈 무렵, 예전에는 입도 벙긋하지 않던 학생들이 학교에 대해 자신들이 품는 두려움을 훨씬 편한 마음으로 이야기할 수 있었다. 우리는 학생들의 삶의 상황에 집중하였다. 학생들의 느낌으로 이런 상황은 자신이 진정으로 하고 싶어 하는 것을 하는 것을 방해하고, 자신이 진정으로 되고 싶어 하는 유형의 사람이 되고자 하는 것을 막는 질곡의 상황이다. 학생들은 읽기 자료를 이해하지 못할까 봐 두려워하며, 읽은 것을 기억하지 못해 '역사 수업'에서의 조지 그래스처럼 시험 칠 때 몸이 돌덩이처럼 굳어질까 봐 두려워했다. 그들은 '공부하는 것' 외에 시험을 어떻게 준비해야 하는가에 대한 아무런 요령이 없다. 한 학생에게 그게 무슨 뜻인지 물었을 때 그는 그저 고개를 갸우뚱했을 뿐이었다. 가끔씩 그들은 학교에서 너무 두려운 나머지 집중을 할 수 없었다. 낙제할까 봐 두려워서 아무것도 생각할 수 없게 된 것이다. 어떨 때 그들은 학업이나 그들이 학교에서 갖는 어려움에 대해 전혀 신경을 쓰지 않는 척했다. 학업을 수행하기 위해 자신의 무능을 헤쳐 나가야만 하는 어려움을 회피하려고 그들은 아예 시작조차 하지 않으려 한다. "나는 학교 일에 신경 끄고 살아요."라는 냉담한 이미지는 이렇게 만들어졌다.

자신이 처한 곤경에 대한 학생들의 반응은 대부분 프레이리가 말한 '고지식한' 방식이다. 즉 그들은 학교에서 겪는 자신의 상황이 학구적으로나 사회적으로도 이미 결정된 것이기에 변화가 불가능하다고 생각하는 것이다. 그들은 읽기에서도 결코 실력을 향상시킬 생각을 해본 적이 없으며, 학교에서의 생활을 어떻게 잘해보려는 생각도 품어본 적이 없었다.

나는 이것을 일련의 문제로 제시하고자 했다. 이전에는 학생들이 이 상황을 어떻게 대했을까? 거기에 대안은 없었던가? 만약 그들이 주어진 읽기 내용을 이해하지 못했다면 도대체 이루어진 것이 무엇일까? 만약 그들이 읽기 공부나 시험 자체가 적절하지 않다고 생각했다면 그들이 할 수 있었던 것은 무엇일까? 만약 학생들이 자신의 공부나 커리큘럼-II에 속한 것에 대해 신경 쓰지 않는 척하는 것을 멈추었다면 그들이 무엇을 할 수 있었을까? 그들이 취할 수 있는 행동은 어떤 것들이었을까?

우리는 몇 가지 답을 생각할 수 있었다. 많은 답이 아니라 단지 몇 가지밖에 생각할 수 없었다. 그 활동의 끝 무렵에도 학생들은 여전히 처음에 제기했던 의문이나 문제들에 대해 얘기하였다. 적어도 우리는 그러한 침묵의 주제, 즉 배움의 열망과 두려움, 고립 그리고 자신의 문제를 이겨내고자 하는 절실한 욕망에 대해 토론하기 시작했다. 그들이 절대 바뀌지 않을 것으로 본 상황들은 이제 언젠가는 극복될 수 있는 문제들이었다.

학생들은 자기 가족에 대해 자부심을 갖고 말했다. 그들은 자신이 이미 중요한 지식과 기술을 지니고 있다는 것을 깨달았다. 학생들은 자신이 삶에서 터득한 지식을 학교 공부에서 써먹었다. 그들은 그곳의 문제들이 더 이상 적절하지 않다고 생각하지 않았다. 읽기 공부를 바라보는 그들의 태도는 그것이 힘들고 따분한 일이라는 생각에서 자기 자신과 자신의 삶에 관하여 많은 것을 배울 수 있는 길이라는 믿음으로 바뀌었다. 새로운 읽기 기법을 통해 그들은 학교 공부를 할 때 어떤 자신감을 갖게 되었다.

학습 활동을 함께하며 자신의 경험에 대해 가치를 부여하는 것을 배움에 따라 학생들은 개인으로서나 집단의 구성원으로서 자기 정체성에 더욱 확신을 갖게 되었다. 그들은 서로 돕기 위해 함께할 수 있었으며 더 이상 교사에게만 의지하지는 않았다. 단 5분을 넘기지 못하던 우리의 대화는 25분 동안 지속되었다. 가장 내성적인 학생도 학급에서 많은 친구를 만들었으며 편안한 마음으로 토론에 참여했다. 학교에서 그들에게 무슨 일이 일어나고 있었는가를 물음으로써, 자신이 예전에 문제들을 어떻게 대했는가에 대해 스스로에게 물음으로써, 그들은 학급에서 진정으로 활기찬 학생들이 되었다. 이제 나의 학생들은 이 새로운 행동방식과 새로운 사고방식을 학급 바깥의 학생들에게 전수해줘야 할 것이다.

# 8

영어와 크레올어:
## 대학 글쓰기 프로그램에서
## 언어 선택의 변증법

English and Creole:
The Dialectics of Choice in a College Writing Program.

낸 엘자써와 패트리샤 어빈
Nan Elsasser & Patricia Irvin

Whey me dey stretch out pon me lodgin a could sense
something in de air. A done whey me an me landlard,
Pantius, gon got it out tomorrow Satidy shen he come long
dung yah fu he rent(Fraites, 1983).[54]

크레올어로 쓴 이 인용문은 가난한 소작인에 대한 지주의 학대 행위, 크레올어를 구어로만 쓰게 한 사회언어학적 규범, 그리고 영어 수업에서 비표준어 사용에 대한 편견을 고발한 한 에세이에서 발췌한 것이다. 글쓴이는 버진아일랜드 대학 영어과에 우수한 성적으로 입학한 신입생이다. 그와 몇몇 학생들이 모국어인 크레올어로도 설득력 있는 글을 쓸 수 있다는 것을 알았을 때, 그들은 실험적인 글쓰기 과정에서 크레올어를 구어로만 쓰도록 폄하하고 영어 수업에서 크레올어를 쓰지 못하도록 했던 것에 도전할 목적으로 글쓰기에 착수했다.

지금까지는 카리브 지역에서 표준 크레올어 문해 개발에 관심이 적었다(Craig, 1980; Re. Joseph, 1984). 노예화와 식민주의의 영향도 있고(Alleyne, 1976), 다른 한편으론 크레올어 특유의 기능적 특징 탓에 언어의 발전이 이루어지지 않았기 때문이다. 크레올어가 하나의 언어로서 인정받지 못한 것은 낮은 위상과 관계가 있다(Keens-Douglas, 1982). 따라서 크레올어 문해를 개발하자면 사회언어학적 규범을 문제 삼아야 한다.

스폴스키와 엔젤브레흐트, 오티즈Spolsky, Engelbrecht and Ortiz(1981)는 방언의 사용과 개발을 촉진하는 다섯 가지 요인을 다음과 같이 제시한다.

첫째, 방언을 소개한 사람들 자신이 방언을 사용해야 한다. 둘째, 전통적으로 그 공동체에 영향력 있는 사람들이 그것을 수용해야 한다. 셋째, 방언이 기존 토착 생활 내에서 순기능적으로 사용되어야 한다. 넷째, 지역민 주도의 강력한 학교 시스템을 통해 방언의 사용과 개발이 지속되고 지지받아야 한다. 다섯째, 방언이 생활에서 통용되는 생생한 언어이어야 한다. 이 모형은 사람들이 특유의 언어를 구사하는 사회(예컨대, 나바호-영어와 과라니-스페인어)에 대한 광범위한 연구에서 나온 것이다.

그러나 동東카리브에서 크레올어 문해 개발에 영향을 준 요인들은 다양한 언어 집단과 지역 방언들 때문에 혼란스럽다. 예컨대 키티티아 Kittitian 크레올어를 쓰는 사람은 "i gat wan neks haas self."라고 말하는데, 똑같은 뜻으로 세인트 토마스[31] 사람들은 "I iivn gat an^da haas."라고 말하며, 바베이도스[32] 사람들은 "hi gɔt ə neks hɔrs sɛlf."라고 말한다. 영어로 이 문장은 "더구나 그에겐 말 한 마리가 더 있어요."로 번역된다 (Hancock, 1985).

미국령 버진아일랜드만 해도 다음과 같은 여섯 개의 주요 언어 집단이 있다.

- 버진아일랜드 영어식 크레올어 집단(세인트 토마스, 세인트 존, 크루시아, 영국령 버진아일랜드의 언어계열)
- 산타크루스 일대 크루즈 토리코인의 스페인어 집단(특히 캄푸리코와 마추찰에서 쓰이는 언어)
- 버진아일랜드 이외 지역의 영어 크레올어 집단(키티티아인, 네비지아인, 안티구아인 등)

31. 세인트 토마스(St. Thomas): 버진 제도 내의 미국령 섬.
32. 바베이도스(Barbados): 서인도 제도의 남쪽에 위치한 영연방 내의 독립국.

- 버진아일랜드 프랑스어 크레올어 집단(세인트 토마스, 특히 노르드 빌리지와 프렌치 타운에서 쓰이는 언어)
- 버진아일랜드 이외 지역의 프랑스어 크레올어 집단(도미니카인, 세인트루시아인, 그보다 작은 지역인 아이티인계의 크레올어 사용 집단을 포함하고 있음)
- 아메리카 영어 집단(흑인과 백인 영어 사용 집단)

또한 아랍어, 힌두어, 포르투갈어, 스페인어를 사용하는 작은 집단들이 분포한다(Cooper, 1985b).

이들 언어를 구별하는 것은 하층 방언에서 상층 방언에 이르는 크레올어의 다양한 분포로 말미암아 어렵다(Cooper, 1979). 하층 방언의 크레올어를 쓰는 키티티아인이 "mi a wan big uman."이라고 말한 것은, 중층 방언의 크레올어로는 "a iz a big woman."이다.[55] 영어로 이 문장은 "나는 성인 여성이다."(Cooper, 1985a)로 표현된다. 또한 영국인 영어, 미국인 영어, 교양 있는 서인도제도인의 영어와 같은 다양한 영어가 경쟁적으로 쓰이고 있다(Allsop, 1978).


## 동부 카리브해의 사회언어학적 규범

크레올어는 활발하게 이용되는 구술 언어다. 다양한 종류의 크레올어는 사실 비공식적인 상황에서 모든 서인도제도인이 사용하고 농촌과 노동자 계층의 많은 서인도제도인이 거의 모든 상황에서 사용한다. 그러나 이 언어는 동부 카리브에서 사회의 엘리트나 전통적으로 영향력 있는 사람들이 공식적이고 전문적인 상황에서는 쓰지 않는다. 그들에게는 크레올어가 낮은 지위의 언어이다. 지역 고등학교 학생들에게 실시한 이중 언어 사용자 언어반응검사matched-guise test[56]에서, 크레올어를 사용한 사람들이 표준 영어를 사용한 동일한 사람들보다 반응 점수가 일관되게 낮게 나왔다(L. Joseph, 1984). 즉, "말하는 사람이 'I have a patient......'[33]라고 표준 영어로 말을 시작했을 경우, 그 사람이 상식이 풍부하고 유망한 지적인 의사라고 생각하는 응답자가 더 많았다. 그러나 동일한 화자가 크레올어로 'I go' dis patient......'라고 말했을 때, 상당수 응답자들이 그 사람을 평범한 여종업원, 판매 종사자, 혹은 잡역부라고 생각했다"(p. 26).

크레올어와 영어에 대한 지배적인 태도 유형은 버진아일랜드 교육지에 실린 다음과 같은 글에 잘 나타나 있다. 즉 "분별 있는 교사는 서인도제도의 아이들이 성공하려면 두 가지 '언어'를 말해야 한다는 것을 잘 알고 있다. 간단하게 운동장에서나 쓰는 크레올어 방언은 이야기를 하거나 농담을 할 때 알맞고, 표준어인 영어는 학교뿐만 아니라 기업과 정부의 언어이다."라고 쓰여 있다(Rezende, 1984).

크레올어는 칼립소[34]나 레게[35] 음악 가사처럼 몇몇 고유한 상황에 사용된다. 또한 인기 있는 대중 시인들은(Keens-Douglas, 1979) 크레올어로 시를 쓰며, 많은 연극이 크레올어로 쓰이고 공연되었다. 세인트 토마스 지역 신문인 『데일리 뉴스Daily News』는 다음 예문과 같은 세인트 토마스 크레올어로 쓴 칼럼을 매주 싣고 있다.

---

33. patient는 일반적으로 '환자'라는 의미가 있지만, '고객'을 의미하기도 한다.
34. 20세기 중반 트리니다드토바고에서 유래한 아프로-카리비안 음악. 이 음악은 아프리카 음악과 프랑스 음악의 영향력이 혼재되어 있는데, 아프리카 특유의 정교하게 발달한 리듬과 유럽 전통의 화성적 창법을 특징으로 한다. 아프로-카리비안 음악은 미국 재즈 음악 발전에도 중요한 영향을 미쳤다.
35. 1960년대 후반 자메이카에서 생겨난 음악으로 칼립소풍의 아프로-카리비안 음악과 미국의 리듬 앤 블루스와 재즈의 영향을 받아 발전했다. 레게 음악은 1980년대 밥 말리에 의해 선풍적인 인기를 끌며 전 세계적으로 알려졌다.

"Hey Miah-I hope you takin a good ressup after all dat out-gladidniss you wus carryin on wid."

"Meh dere Stella-it look like you never goin change from you ole ways to new ways. Nobody in sayin 'outgladidniss' no motis havin a good time, mekin yourself merry-doan care wat you tink wen change come you gat to go along wid it-keep up wid time."

"Well, meh dere chile, wedder you rite or you rong, I ain goin downstrive wid you-I know juss how to tark to who wen I want, good anuff to mek dem understan wat I sayin"(Petersen, 1984).

칼럼은 사설란에 실려 있고 보통 중요한 문제를 다루지만, 내용보다는 해학적이고 민속학적인 가치로 진가를 인정받는다는 점을 주목해야 한다. 실제로 이 칼럼을 쓴 피터슨이 얼마 전 사망한 저명 현지 공무원에 대한 글을 쓸 때, 표준 영어로 글을 씀으로써 그녀 역시 크레올어를 중요한 자리에 내놓을 가치가 없다는 듯한 태도를 보여주었다.

크레올어에 대한 태도 변화는 서인도제도의 문화(일부 사람들에겐 크레올어로 글쓰기를 의미한다)를 유지하고 발전시키는 데 점점 더 많은 관심을 기울인 결과일 것이다. 트리니다드[36]의 유명한 시인 킨스 더글러스Keens-Douglas는 "나에게, 서인도제도의 작가란 방언으로 글을 쓰는 사람"이라고 글을 쓴 서인도제도 사람과 일반 서인도제도의 작가를 구분하고 있다(1982). 더욱이, 지역 민족주의의 부상과 독립 후 새로 등장한 엘리트 계급의 출현으로 크레올어 문해 개발에 도움이 되는 정치적 분위기가 조성되었다. 이미 독립 국가의 학교 교육과정은 서인도제도의 언어, 문학, 역

36. 카리브해 남동부 국가 트리니다드토바고의 남부 섬.

사를 보다 많이 포함하는 내용으로 개정되었다. 1978년 카리브 검정위원회가 정한 중등 교육 졸업 자격(1981~1982년의 자격 요건) 교과목 시수에서 서인도제도 문학이 상당히 자리를 차지하고 있다. 섹션 A에는 서인도제도 작가가 쓴 장편소설 한 편(세 편 중에서)과 단편소설 한 편이 실려 있다. 희곡은 셰익스피어와 쇼의 작품이다. 섹션 B에는, 서인도제도의 작가가 쓴 여덟 편의 저술이 있다. 또한 아프리카 작가가 쓴 작품 두 편과 아프리카계 미국인이 쓴 한 편이 있다. 시집 여섯 권이 교수요목에 실려 있고, 그중 네 권이 서인도제도 시문집이다. 기초 일반 능력 섹션에서, 대문자 표기법은 서인도제도의 관례에 따랐다. 예컨대 '정부'와 '교장'은 대문자로 표기된다. 묘사된 상황들은 전반적으로 서인도제도의 것이다. 예컨대 배수탑 아래에서 어린 동생을 씻기고 있는 아이, 서인도제도인의 영국 이주에 관한 협상, 교복 착용을 반대할 기회에 관한 내용이 실려 있다.

1981년 세인트루시아에서는 교육 목적상 표준 철자법을 개발하고 채택했는데, 캐링턴Carrington(1981)은 표준철자법의 장점을 다음과 같이 요약했다.

……쓰기 기법의 발달과 더불어 크레올어를 사용할 기회를 갖게 되자, 지금껏 정보 전달과 "세련된 언어 구사languagehood" 그리고 자신감을 차단해온 장벽이 무너졌다. 이 땅에 수백 년 이상 많은 사람들이 그들 사회에서 완전한 의사소통을 차단당하였다. …… 그들이 영문도 모른 채 일방적으로 지도받으며 단순히 노동자로 살아가는 신세를 넘어 그들의 사회를 건설하는 데 함께할 수 있도록 해주는 소통 도구에 대한 처절한 갈망이 있었다.

## 버진아일랜드 대학의 사회언어학적 패턴들

버진아일랜드 대학CVI 학생들의 언어 배경을 알아보기 위해 17세에서 20세의 신입생들에게 설문지를 돌렸다. 응답 결과 학생들의 출신지는 동부 카리브해 모든 섬에 망라되어 있었다. 학생의 3/4이 그 부모가 다른 섬들로부터 이주해 온 1세대 버진아일랜드인이었다. 학생의 7/8이 크레올어를 사용하는 출신이지만, 그들이 구사하는 언어가 무엇인지 물었을 때, 크레올어를 쓴다고 답하지는 않았다.

크레올어는 식당이나 기숙사 그리고 도서관에 있는 학생들의 대화에서 들을 수 있다. 또 학생 후원 칼립소 대회나 문화적 테마를 설명하는 촌극에서도 사용되고 있다. 종종 연극학과에서 크레올어로 대화하는 서인도 연극을 제작한다. 반면에 교직원들은 캠퍼스 밖에서는 비공식적으로 크레올어로 말하는 것을 인정하지만, 캠퍼스에서는 거의 크레올어를 쓰지 않는다. 이와 같이 버진아일랜드 대학에서 사용하는 언어 형태는 나머지 동부 카리브에서 발견되는 이중 언어 현상에 순응하고 있다. 즉, 교육적이고 전문적인 목적에는 크레올어가 아닌 영어가 사용되고 있다.

더 넓은 사회와 마찬가지로, 버진아일랜드 대학에서도 크레올어로 글을 쓰는 것은 제한되어 있다. 글로 쓰인 크레올어는 몇몇 언어학 과정에서 분석 주제는 되더라도, 학문 연구나 교수 언어상의 문서에는 사용되지 않는다. 그러나 학생들은 그들이 발간한 신문에 몇 편의 순수한 크레올어로 쓴 시를 아래와 같이 게재한다.

President Freddie!
Over here awhile!
Wha' yuh tink a dat?

Tink it can pass?

Me no tink so, yuh know:

See how it stain up an'ting?

Check a nex' one:

Yuh fine it better?

It look wors' to me!

It can't even refec

Yuh ugly face

Put it on de side

An'lewwe check a nex' one:

Wha' yuh tink?

Is any better?

No way: is same ting!

Pull ten one time—

One mus' good.

Not one good, sah,

No, not one!

Well, lewwe keep lookin':

Nex' one: not good

One more: no way

Nex': no···

Bu' Freddie, al' gone, yuh know.

No more lef' to examine—

No more lef' to use!

An' ah hungry, you know!

An' not one piece a clean

Cutlery to use in dis cafeteria!

Yuh tink is bes' ah use

Me durty Rebels fingah?

(Farouk, 1984)


또한 교수들은 몇몇 문학 강좌에 서인도제도의 장편소설, 단편소설, 시, 희곡을 배치하는데, 그중 일부는 크레올어로 쓴 것이다. 한 언어학과 교수 요원과 순수한 버진아일랜드인이 최근 노예 반란을 기념하는『모닥불 전쟁The Bonfire War』이라는 크레올어로 쓴 희곡을 발표했다(Sprauve, 1984).


숲 속의 평평한 빈터. 여성과 청소년이 포함된 12명에서 14명의 노예들이 원을 이루고 있다. 이들 중 절반은 앉아 있거나 무릎 꿇고 있다. 한가운데에 켄타Kenta가 한 손에는 막대를 다른 한 손에는 횃불을 들고 몸을 웅크리고 앉아 있다.


KENTA  Everybody here?

MA TUBGA  Wey paat klaes dey?

KENTA  He go come. He know all a' dis a'ready. OK! Everybody hearin'?

CHORUS  Yes, Pa.

MA TUBGA  You!(tugging on boy). You list'nin, baay?

BOY  Yes, Ma.

CHORUS  Yes, Pa.

BOY  Yes, Ma,

KENTA Everybody seein'?

CHORUS Yes, Pa.

BOY Ma, tain if "everybody seein' and hearin'" he should say ...... tis if everybody LOOKIN' and LIST'NIN.

MA TUBGA Hush yo mouth, chile, wen big people talkin.

KENTA Yo seein' de fo't here(drawing a structure on the ground)......

위에서 baay(boy)라는 낱말을 대사에는 크레올어로 쓰고 지문에는 영어로 쓴 것이 눈에 띈다. 이것은 글쓰기에도 널리 볼 수 있는 두 언어 간의 이중 언어적 관계의 사례다. 즉, 크레올어는 구어체 표현에 쓰고, 반면에 영어는 서술체에 쓴다.[57] 그래서 대부분 서인도제도의 문학에서는 대화에서만 크레올어를 쓴다. 아래의 발췌된 이야기는 이야기 전체가 크레올어라는 점이 이채롭다. 이 글은 「여리고 성벽 둘레에서Roun' de Walls of Jericho」라는 글로, 정기적으로 크레올어로 시와 단편소설을 쓰고 있는 세인트키츠 출신의 언어학부 교수(Cooper, 1982)가 쓴 것이다.

Soapie stan' de thinking more dan Plato. Is Buckra what mek life so hard for one suddn like me. He take all we lan' and now we gat fo' wuk so hard. Me mother suck salt to sen' me to school and if it wasn't for the English language ah woulda move up to fif standard, and get a good job. But me no lucky like Buckra son, John, who head so hard that he can't even catch cold. But he wearing tie and collar, anyhow.

## 사회언어학적 규범의 결과들

이러한 사회언어학적 규범을 교육자들이 묵묵히 따르면 엄청난 학문적, 정서적, 심미적 결과가 초래된다. 버진아일랜드 대학 신입생의 80퍼센트가 최저 영어 능력 기준을 충족시키지 못하여, 무학점제 영어 보충 강좌에 등록해야 한다. 세 학기에서 다섯 학기 영어 수업이 끝난 뒤에도 60퍼센트 혹은 그 이상이 영어 졸업 시험에 합격하지 못한다.

크레올어에 대한 부정적인 태도는 학생들이 '절름발이' 영어나 '속어', 혹은 '칼립소'라 불리는 세인트 토마스의 엉터리 비언어로 말하고 있다는 그들의 확신에서 드러난다. 학생들 자신의 말에 따르면 다음과 같다.

> 이 섬에 사는 사람들은 엉터리 영어로 말하고 낯선 속어를 쓴다. 일부 속
> 어는 우습기 그지없다. 데니스 쿰마르배치

> 버진아일랜드나 카리브해에서 태어나고 자란 사람들은 영어에 장애가 있
> 음을 알 것이다. 우리 고유 언어는 엉터리 영어이다. 패트리샤 리디

또한 현재의 이중 언어 현상으로 비공식 영어가 침체되었다. 이런 예로서 카리브 지역 중등 교육 자격시험에 가족 간 전화 대화가 학생들에게 출제되었는데, 이 대화는 비공식 영어가 적합했었을 내용이었다. 그러나 대화가 공식 서인도제도 표준어나 영국식 표준어로 대신 쓰여, 지나치게 격을 올린 부자연스러운 말로 들린다.

> 나는 약간의 타박상을 입었지만 괜찮다. 그들은 상태를 지켜보려고 셀마
> 를 밤새도록 병원에 남겨뒀지만 오늘 아침에 셀마를 집으로 돌려보냈다. 아

마 그녀는 무엇보다도 놀랐을 것임에 틀림없다.

지금, 너의 이모 엘라인이 지난 밤 케네디 공항에서 셀마를 만나야만 했고 아마도 몹시 걱정하고 있다. 너는 엘라인 이모가 얼마나 걱정할지를 알게다. 셀마는 한 주 내 다른 비행기를 탈 수 없어서, 그녀의 계획을 바꾸어야만 했다(카리브 검정 위원회, 1979, p. 5).

버진아일랜드에서 크레올어와 영어, 카리브 문화와 미국 문화를 엄격하게 구분함으로써 글쓰기 과정에서 소외와 침묵을 낳았다. 더구나 영어로 쓴 비공식 상황의 기록물이 없고 교육기관이 크레올어에 붙인 오명 때문에, 학생 문학 잡지에 실린 다음 글의 예와 같이 학생들은 '정확하게'는 쓰지만 실생활과 거리가 있고 재미없게 쓴다(O'Neal, 1982).

셰익스피어는 영국을 "위풍당당한 왕들의 옥좌, 왕홀의 섬", "이 축복받은 땅, 이 지상왕국, 영국"으로 묘사한다. 반면에 어떤 서인도제도의 가수는 그가 노래를 부를 때, "영국은 개"라고 하여 영국을 "개"로 묘사한다. 뒤의 진술은 앞의 것과 분명히 다르다. 충성스러운 영국인이었던 셰익스피어는 그의 조국에 대한 가치를 긍정적으로 판단하여 표현하고 있다. 영국에서 안좋은 경험을 했던 서인도제도의 가수는 부정적인 판단을 표현하고 있다. 이렇듯 한 가지 사물이나 한 사람에 대하여 반드시 동일한 가치를 지니지 않고 있음을 알 수 있다. 개인이 한 가지 사물이나 한 사람에 대해 두는 가치는 그의 경험 방식에 의존하기 마련이다(p. 23).

학생들은 그들이 쓰는 '방언'이 글쓰기에 방해가 된다는 가정을 지니고 있었다. 아래의 발췌문은 버진아일랜드 대학 문학 잡지에 실린 한 학생의 글(Liburd, 1982)에서 나온 것이다.

많은 고등학생들과 대학생들이 글쓰기에서 심각한 문제에 직면해 있다. 학생들은 표준 영어로 짜임새 있게 잘 쓴 한 편의 작품을 낼 수 없어 점점 좌절하고 있다. 학생들이 문제를 겪는 데는 여러 요인들이 있다. 첫째, 학생들이 방언을 쓰는 것은 그들의 글쓰기에서 매우 중요한 한 부분이 되어왔다. 학생들은 표준 영어로 글을 쓸 만큼 충분한 시간을 갖지 못하고 있다. 비록 표준 영어를 쓴다 해도, 그것을 방언과 함께 쓰고 있다⋯⋯.

대부분 학생들은 현재 시제와 과거 시제를 분명히 구별하지 못하고 있다. 이런 점은 학생들의 방언 사용에서 매우 뚜렷이 발견되고 있다⋯⋯(p. 40).

그러나 글을 쓰는 능력과 영어로 말하고 쓰는 능력을 혼동하는 것은 잘못이다. 영어로 말은 못하더라도 글은 잘 쓸 수 있다. 이와는 반대로, 버진아일랜드 대학 배치 고사에서 발췌한 작문 문제에 대한 답변처럼, 말은 할 수 있으면서도 글은 형편없이 쓸 수도 있다.

에세이 문제: 특별하게 대접받은 음식의 특이하거나 인상 깊은 점들을 기술하시오.

뷔페 파티

어떤 사람이 말하길, "뷔페 파티에서 음식 장만을 위해서는 대개 기술과 재능이 있는 사람이 필요하다."라고 한다. 또 어떤 사람은 "특별한 때에 특별한 음식을 마련하고 요리할 때, 누구나 그에 대한 자부심을 갖는다."고 말했다. 한마디로, 뷔페 파티는 모든 음식과 음료가 뷔페 방식으로 제공되는 파티이다.   샤론 아바 굼바

에세이 문제: 자기가 갖고 싶은 물건에 관해 서술하시오.

나만의 물품

옷이 나에게 스타일로 등장한 것은 7살 때였다. 해마다 가끔씩 아버지께
서는 푸에르토리코에 가서 나더러 원하는 것을 고르라고 말씀하셨다. 그래
서 나는 내가 본 가장 예쁜 드레스와 블라우스를 고르곤 했다. 7살 때부터
옷은 나에게 신이 되었다. 그러나 이젠 그렇지 않다. 종종 우리가 가장 애착
을 갖는 물품이 우리 삶에서 가장 위험한 물품이 될 수도 있다. 로린 메이슨


크레올어 문해를 가르치는 것에 대한 저항은 다음과 같은 세 가지 가
정으로부터 나온다. 첫째, 학생들의 글쓰기 능력에 한계가 있는 것은 언
어적 간섭에 의한 것이다. 둘째, 크레올어로 글쓰기에 투여한 시간은 영
어 글쓰기를 배우는 학생들의 능력 신장에 지장을 준다. 셋째, 크레올어
문해를 가르치는 것은 크레올어를 구어 기능으로만 규정한 현행 사회언
어학적 규범을 어기는 것이다. 게다가 교육자들은 현존 크레올어 문헌, 사
전, 철자법이 없다는 이유로 가르치지 않는 것을 정당화하고 있다. 그러
나 크레올어 문해력을 기르기 위한 가르침을 기피한 결과, 크레올어의 표
준화된 철자법, 사전, 문헌 개발이 침체되고 말았다(Craig,1980; R. Joseph,
1984).

우리가 경험한 바에 따르면, 서인도제도 학생들의 글쓰기 문제는 용어
의 구조언어학적인 의미로 보아 '간섭'보다는, 오히려 그들이 크레올어로
글쓰기를 기피하는 것은 바로 그들 자신이 고유 언어를 폄하하고, 사실
은 옳은 언어를 갖지 못하여 조잡한 식의 영어로 말하고 있다고 확신하
는 탓이라는 점을 알 수 있다. 언어가 없이 글을 쓴다는 것은 불가능하지
는 않지만 어렵다. 그리고 그것은 역사적으로 자신의 언어를 경시해온 교
육제도에서는 표현력과 유창성을 기르려는 시도에 대해 정서적인 탈진을
초래한다.

대학 수준에서는, 표준 영어로 글 쓰고 배우는 것에 대한 저항은 다음과 같이 크레올어와 영어 간의 갈등 관계를 적극 이용함으로써 완화될 수 있다. 첫째, 별개의 규칙이 지배하는 언어 체계로서 크레올어와 영어를 구분하는 틀을 제공할 것, 둘째, 언어 선택과 언어 태도에 내재된 역학 관계를 조정할 것, 셋째, 크레올어 연구와 크레올어 글쓰기를 학문 연구와 작문법 학습과 통합하는 것이다.

이 글의 나머지는 버진아일랜드 대학 쓰기 프로그램에 크레올어와 영어를 통합하려는 우리의 노력을 기록하고 있다. 우리는 우리의 교육과정이 과도기적이지 않고 대조 분석에도 바탕을 두고 있지 않음을 강조하고 싶다. 우리는 지금 진행 중인 두 언어로 글과 말로 표현하고 토의하는 영어 보충 과정과 우등 과정을 가르쳤다. 이 실험적 프로그램에서 우리가 배운 점은 크레올어로 쓰고 말하는 것이 반드시 영어 학습과 충돌하지 않는다는 것이었다. 오히려 학생들은 두 언어를 분류하고 통제하며, 사용하는 것을 배웠다. 이들 학생들의 크레올어 글쓰기는 크레올어의 역할을 확대하는 첫걸음이 될 것이다.


## 대학 글쓰기 교육과정

우리는 크레올어 언어학자의 프레젠테이션으로 수업을 시작했다. 그는 영어와 크레올어의 음운론적, 의미론적, 구문론적 체계를 설명하였다. 모두가 그러한 것은 아니지만 대부분의 학생들의 '문법' 공부는 영어에만 한성되었다. 따라서 규칙에 맞는 크레올어를 생각한다는 것은 뜻밖으로 놀라운 것이었다. 강의 효과는 바로 나타났다. 보충학습을 받던 한 학생이 "나는 하나의 언어를 갖고 있음을 깨달았다."라고 글을 썼다. 앞글에서 살펴봤던 '뷔페 파티'라는 형편없는 글을 썼던 바로 그 젊은 여성은 강의를 한 언어학자에게 보낸 감사의 편지에서 다음과 같은 글을 썼다.

표준어와 비표준 방언 간의 차이로 우리는 혼란스러웠어요. 그러나 이제 우리는 '엉터리 영어'가 아닌 크레올어로 말하고 있음을 깨닫게 되었어요.

학생들이 크레올어도 하나의 언어임을 깨달았을 때, 글로 된 언어에 대한 인식이 바뀌기 시작했다. 그때까지만 해도 대학 수준의 글쓰기 능력이 부족한 탓을 '엉터리 영어'와 글쓰기에 대한 부정적인 경험 탓으로 돌렸다. 어느 학생이 말한다.

글쓰기에 관한 기억이라곤 내가 글쓰기를 무척이나 싫어했다는 것 밖에 없어요. 내가 마음먹고 글을 쓰려고 할 때마다 내가 쓴 철자가 맞는지 확인하기 위해서 사전을 찾아 헤매야만 했어요. 헨리 토드먼

그러나 크레올어에 대한 강의와 토론 이후, 한 학생은 다음과 같이 썼다.

나는 방언을 주로 사용하는 사회에서 자랐다. 이것이 내가 대학 수준의 영어를 할 수 없는 근본 이유라고 믿는다. …… 학교에서는 표준 영어를 배웠지만, 교실 밖이나 집에서는 방언 영어를 썼다. 그러므로 학교에서 배운 영어와 밖에서 사용한 방언 영어 간에는 차이가 있다. 그렇다고 해서 내가 수학, 물리, 화학, 생물과 같은 과목을 통달하는 데 별 어려움을 겪진 않았다. 이들 과목은 고교 수준이었고 나는 높은 성적을 받았다. 그러나 영문법이나 영어 언어 역학처럼 대학 수준의 실력을 요구하는 부분에서는 제대

로 이해하지 못했다. 케네스 스미스

크레올어로 문해력을 기른다고 해서 영어 학습의 진전에 아무런 방해를 받지 않는다. 오히려 아무런 공식 철자법이 마련되지 않은 까닭에 비표준어 글쓰기와 씨름하는 과정에서 문법적 관습이나 문법 '규칙'이 존재하는 신비한 이유를 알게 되었다. 크레올어 언어학과 언어의 체계적 언어 구조에 관한 단원에 대해 몇몇 보충반 학생들이 보여준 즉각적인 반발심은 자신의 글쓰기 문제에 대한 새롭지만 한결같이 단순한 반응이었다. 즉 학생들은 그들 자신의 언어로 쓸 수만 있다면, 잘 쓸 수 있을 것이라고 했다. 그들은 그렇게 쓰기로 했다. 그들은 수업에 초대했던 크레올어 작가에게 편지를 쓰기 시작했다. 안티구아Antigua 방언으로 아래의 편지를 쓰는 데 거의 두 시간이 걸렸는데, 그 까닭은 맞춤법, 낱말 선택, 방언 선택, 적합한 말투에 대해 논쟁을 벌였기 때문이다.

Deyee Mrs. Petarsin:

Ahwe de studnt an de profesar ah de English Class OII waar fo sah tank uy fo de spekin pan Wensday.

Ahwe min lub fo heer yu reed de dilek an tark bout de difference ah how people min lib from lang time from how dem lib teday.

De whoola class tek in plenty from wa yo sey. Ahwe hope yo injay heerin ahwe plants pan tanded spekin size up to dilek spekin in de karibyan.

We de class lub yo kalum an glad fo see who writ tum.

Tank yo fo sharin yo litle submn wit awweya clas, and we realy realy much oblige.

이 경험이나 혹은 이와 비슷한 경험을 통해 학생들은 규칙이라는 것은 영어 교재에서 소개하는 자의적인 관습이 아니라 상호 간에 쉽게 소통하도록 돕는 도구라는 것을 배웠다. 또 다른 사례로, 우등반 학생인 러노어 조셉은 크레올어 언어학자인 빈센트 쿠퍼Vincent Cooper가 단편소설 「여리고 성벽 둘레에서」를 집필하면서 언어와 철자 선택에 따른 어려움을 언급한 것을 듣고 난 후, "나는 방언으로 글쓰기가 그렇게 많은 생각을 요한다는 것을 미처 깨닫지 못했다. 그 글에 대한 나의 존경심은 깊어만 갔다."라고 썼다.

출간된 크레올어 문법과 사전이 부족했기 때문에 학생들은 자기 나름의 글쓰기 모형을 찾아야만 했다. 어떤 학생은 『세인트 토마스 데일리 뉴스』의 아로나 페터슨이 쓴 칼럼에 나오는 철자법과 문자를 모델로 삼았다. 어떤 일화를 씀에 있어, 그는 대안적 문체에 관해 크레올어 사용자들과 장시간 토론을 하였다. 토론 내용인즉, "de young people dem"과 "dem young people" 중 어떤 게 더 나은가 하는 것이었다. 또한 한 우등반 학생은 자기 토박이말로 글쓰기가 어렵다는 점을 다음과 같이 보고하였다.

"나는 이 에세이를 쓰기가 매우 어려웠다. …… 방언을 글로 적는 데 신경을 쓴 탓에, 종종 이야기 줄거리와 구성 등을 잊어버리기도 한다."

그녀는 자신이 직면한 문제들을 어떻게 해결했는지를 다음과 같이 설명했다.

나는 중층 방언mesolect을 쓰기로 했는데, 왜냐하면 그것이 하층 방언 basilect보다 쉽기 때문이다. …… 나는 낱말을 써 내려가기 전에 그 철자가 맞는지 신경을 써야만 했다. …… 말하기에서는 'th' 음이 사실상 'd' 음으로 소리가 난다. 나는 'dere'와 'there' 같은 낱말들로 인해 글쓰기가 하층 방언으로 전락하게 되는 것을 몰랐다. …… 그래서 나는 그런 경우에는 'th' 음을 선택했다. 쉘릴 리처드슨

크레올어를 탐구하면서 학생들은 전반적으로 언어에 대한 관심을 더욱 갖게 되었는데, 그들의 어휘력이나 글쓰기는 이러한 변화를 잘 보여주었다. 6주도 되지 않아, 보충반 신입생들은 쉽고도 정교한 문체로 언어에 관한 글을 썼다.

쿠퍼 박사는 다양한 방언에 대해 언급하면서 어떤 방언은 수용되고 어떤 방언은 오명을 쓰게 되는 이유에 대해 말씀하였다. 바바라 레지스트

빈센트 쿠퍼 박사는 방언에 대해 강의하였다. 그는 크레올어가 언어가 아니라고 우기는 신화 때문에 크레올어를 버리지 말라고 우리들에게 충고하였다. …… 결론에서 쿠퍼 박사는 버진아일랜드 방언은 다른 모든 언어 체계와 같이 (1) 음운 체계, (2) 일관된 규칙성, (3) 어형성의 규칙, (4) 합의의 규칙, (5) 문법, (6) 의미론 등을 지니고 있으며 따라서 (7) 명백히 글로 나타낼 수 있다고 말했다. 클리브 멀룬

지금까지 학교에서는 버진아일랜드 사람들의 입장에선 표준 영어로 글쓰기가 어렵다는 사실을 무시해왔다. 우리는 우리 고유의 언어인 크레올어를 쓰면서 자라왔다. …… 우리가 표준 영어를 써야 하는 까닭은 다음과 같다. 우리는 미국의 속국이고 이 나라는 표준 영어를 강조한다. 또한 우리는 표준 영어를 사용하는 세계 속에 싣고 있나. 먼 옛날 라틴어가 그러했듯이 영어는 현대의 국제어다. …… 그러나 우리는 우리 자신의 언어를 무시하거나 폄하하지 않는 범위 내에서 표준 영어를 유창하게 구사하는 능력을 길러야

한다(Smith & Lauchau, 1983).

특히 보충반 학생들이 언어 선택을 결정하는 역학 관계에 대해 민감한 반응을 보였다. 쿠퍼 박사가 한 문단으로 요약 발표한 내용에 관해 몇몇 사람들이 언어 사용의 정치적인 면과 사회적 면에 대해 논했다.

그는 '방언'이라는 용어를 언어의 다양성으로 정의한다. 또한 그는 표준 어를 권력의 지원을 받는 하나의 방언으로 정의한다. 그는 사람들이 방언을 사용하는 것에 정치적 역학 관계가 중요한 영향을 미친다고 말했다. 쿠퍼는 말한다, 문제가 되는 것은 사람이지 언어는 아니라고.  델타 우즈

"언어는 동일한데 사람들이 차이를 만들어낸다."고 빈센트 쿠퍼 박사는 말했다. 이 말을 좀 더 실감나게 말하자면, 정치적 후광 아래 경제적으로 윤택한 큰 지역에 사는 사람들이 그들만큼 부유하지 못한 작은 지역에 사는 사람들보다 더 낫다고 생각하는 것과도 같다. 계속해서 그는, 크레올어를 없애버리면 카리브 지역 사람들의 생명력과 문화적 정체성이 말살될 것이라고 하였다. 그는 소설 「여리고 성벽 둘레에서」에서 방언으로 글을 쓸 수 있고 그것이 하나의 언어라는 것을 보여주는 이른바 비표준 방언을 사용하였다.  헨리 토드먼

우등반 학생들은 크레올어에 대한 그들 자신의 태도와 그 태도의 변화에 대해 토론했다. 그런 다음 학생들은 자기네 공동체내에 배어 있는 부정적 생각을 바꿀 방안을 모색하였다. 네비스 출신의 17세 학생은 다음과 같은 글을 썼다.

나는 8년 6개월 동안 버진아일랜드에서 살아왔다. 아직도 몇몇 사람들이 늘 나에게 방언으로 말하고 있어서, 나는 방언을 유창하게 말할 수 있다. …… 오래도록 나는 그들이 쓰는 말에 따라 사람들을 분류하였다. 이제 나는 더 이상 언어를 토대로 사람들을 평가하진 않지만 그들을 교정하고 싶은 의욕을 품는다. …… 내가 크레올어를 사랑하면서도, 가끔씩 나는 크레올어로 말하고 싶지 않고 또 크레올어를 듣고 싶지 않을 때가 있다. …… 이럴 때면 내가 위선자라는 생각이 든다. 르노어 조셉

자신의 태도가 어디서 유래했는지를 조사하기 위해 한 여학생은 자신의 고등학교에서 8주 동안이나 이중 언어 사용자 언어 반응 검사matched-guise test를 실시하여 크레올어와 표준어 대한 별개의 반응을 기록하는 보고서를 작성하였다(L. Joseph, 1984). 결론부에서 그녀는 다음과 같이 썼다.

나는 크레올어에 대한 사람들의 태도를 보다 많이 알게 되었고, 프로젝트를 시작한 뒤로 몇 번이고 크레올어를 옹호하게 되었다. …… 나는 크레올어에 대해 내가 가진 일말의 부정적인 태도조차 없애기 위해 열심히 노력하고 있다.

또 다른 우등반 학생은 다음과 같은 경각심을 일깨우는 말로 자신의 크레올어 글쓰기의 서문을 시작했다.

나는 이런 종류의 글쓰기에 뛰어들 필요는 없다고 생각한다. 나는 이전의 책들이 글을 써온 방식에 대한 보다 상세한 연구를 해야겠다. 나의 주된 관심사는 이들 책에 대한 사람들의 반응과 그 책들이 보다 많은 독자에게 읽혀지거나 그렇지 못한 이유에 관한 것이다. 빈센트 브라운

학생의 말에서 그가 이 문제의 복잡성을 인지하고 있는 듯하다. 만일 크레올어 문해력을 발전시키려면 좋은 의도만으로는 충분하지 않다. 기존 사회언어학적 규범을 지지하고 있는 역학관계에 대한 이해가 필요하다.

앞의 인용문에서 보았듯이, 입학 배치 고사에서 미숙한 성적을 보였던 보충반 학생들도 학문적 어휘에 익숙해지면서 지역신문의 독자 투고란에 교육제도를 비판하는 글을 신기도 했다. 우등반 학생들은 크레올어 원문의 작품을 발행하고 크레올어에 대한 태도에 관한 조사연구를 했다. 또한 그들은 언어 코드 전환[37]을 지배하는 사회언어학적 규범에 관한 기록을 남겼다(L. Joseph, 1984; R. Joseph, 1984; Richardson, 1984). 이런 활동은 드문 일이었을 뿐만 아니라, 특히 본고장에서 가르치기를 원하는 학생들에게는 모험 행위였다. 그들이 크레올어 문해 발전을 부르짖음으로써, 자신들을 사회적·경제적 배척에 노출시키는 것이었다. 아래 투고 글은 저자가 지역신문 『카리비안 컨택트』에 보내기로 결심하기 6개월 전에 쓴 것으로, 이 글을 출간하는 데서 초래될 보복의 위험을 무릅쓴 것이다.

크레올어가 대중의 언어라고는 하나, 영국령 서인도제도에서는 '정규' 영어로 말하는 것을 크게 강조한다. 우리가 첫 마디를 내뱉는 순간부터, 우리 부모들은 우리들에게 표준 영어로 '적절히' 발음하고 말하기를 권한다. 유치원과 초등학교 시절 내내, 선생님들은 우리가 중학교에 갈 때가 되면, '영국 정통' 영어를 확실하게 구사할 것이라고 확신하셨다.

우리는 하나의 유사 엘리트 사회에 몰입해 있는데, 이 사회에서는 영어의

---

37. 언어 코드 전환(code switch): 대부분 사람들은 상황에 따라 다른 언어 코드를 사용한다. 아버지가 집에서 가족이랑 이야기를 하다가 갑자기 상사 혹은 거래처로부터 전화를 받을 때 목소리와 말투가 달라지는 것이 좋은 예이다. 언어 사용자가 어떤 상황이나 처지에 있을 때, 그때마다 자기가 적합하다고 느끼는 서로 다른 언어 코드를 구사한다. 따라서 대화의 의미는 언어의 내용뿐만 아니라 어떤 언어 코드를 사용하는가에 있다.

사용이 우리의 지적 능력과 학문적 성취를 가늠하는 척도가 된다. 우리는 정상에 서서 무기력한 대중을 내려다보면서 소수 집단끼리만 소통할 수 있는 언어 장벽을 구축한다. 이런 장벽이 한번 구축되고 나면, 우리는 겸손한 자신의 처음 모습을 망각하고 표준 영어를 유창하게 구사함으로써 사회적으로 높은 단계에 올라선 것처럼 행동한다.

우리들 대다수는 우리의 크레올어를 언어가 아닌 '엉터리 영어'로 여긴다. 이런 태도는 부모나 교사, 그리고 우리 또래들이 우리가 크레올어를 말할 때 우리를 교정한 것이나 우리가 나이 어린 아이들을 교정한 것에서 기인한다. 그러나 진정 우리가 교정해야 할 것이 무엇이던가? 우리가 크레올어로 말할 때 그것은 완벽하여 전혀 교정이 필요치 않다. 애석하게도 우리들 대다수는 크레올어와 관계를 끊으려고 하면서도, 대학에 가거나 다만 해외에서, 그리고 다른 곳에서 크레올어나 방언으로 쓴 훌륭한 책을 마주할 때만 그 진가를 깨닫게 된다.

지금까지 서인도제도 크레올어로 쓴 작품은 거의 없다. 그 책임은 우리 고유어의 역사적 가치를 인정하고 널리 알리는 데 주도적 역할을 해야 할 우리 대학생들에게 있다. 또한 우리들은 우리의 크레올어로 글을 쓰고 작품을 출간해야 하며 다른 사람들도 이와 같이 하도록 권고해야 한다. 이 글과 작품은 시, 소설, 희곡 형태를 지닐 것이며 크레올어 독서 능력 개발을 위한 매체로서 어느 지역의 신문이든 가능한 한 이용해야 한다.

내 말은 표준 영어를 완전히 무시하자는 것이 아니다. 내가 말하고자 하는 것은 우리가 크레올어와 크레올어 사용자를 배척하지 말아야 한다는 점이다. 자메이카인들은 이 목표로 향한 적극적인 행보를 보였다. 자메이카 학지들은 자메이카어 사선을 편찬했다. 도미니카인과 세인트루시아인들은 함께 '퀘이올어' 사전을 만들었고, 도미니카 국영 라디오 방송에서는 모든 영어를 퀘이올어로 번역했다. 또한 국영 라디오는 매년 하루를 할애하여 오직 퀘이올어로만 방송했다.

비록 우리가 많은 반대에 부딪치고 심지어 조롱을 당할지라도, 우리들은 각자 어디서든 무엇을 시작해야 한다. 앨리스 워커[38]나 사무엘 셀븐[39], 쉬누어 아케베[40] 같은 사람들에게도 이 과업이 결코 쉽지 않았다. 우리는 이겨내야만 하며 언젠가는 크레올어 작가들이 응당한 존경을 받게 될 것이다.

이제 우리는 독립 국가이고 우리 자신의 작품 저작 전통을 계발할 필요가 있다. 우리의 크레올어는 이런 전통의 기반이 되어야 한다. 한때 노예였던 우리 선조의 풍부한 역사를 알고자 할 때, 보다 애국적인 인물이 되고자 노력할 때, 우리에게 속한 모든 것을 소중히 여기는 법을 배우도록 하자. 그 소중한 것들 속에 크레올어가 자리한다. 크레올어는 노예생활을 하던 우리 조상들이 창조한 예술 작품이며, 그 자체가 영어를 말하는 서인도제도에 사는 바로 우리 모두가 소중히 품어야 할 값진 선물이기도 하다.

보충반과 우등반 학생들 모두 문법적 관례의 역할, 표준화된 철자법, 두 언어의 수사학적 가능성을 이해했다. 두 집단은 언어가 그들의 삶에 영향을 주는 모습을 연구할 때 이런 지식을 적용했다. 6주 동안의 보충 과정에서 연구 경험이 없는 학생들은 교수들과 다른 사람들에게 접근하여 면담하였고, 설문지를 만들고 조사 활동을 폈으며, 대학도서관 내 캐리비언 관련 자료실에서 크레올어에 대한 문헌을 읽으며 시간을 보냈다.

---

38. Alice Walker: 1944년 2월 9일, 당시 인종차별이 심했던 미국 남부 조지아 주에서 태어났다. 1960년대부터 흑인 민권운동에 관심을 기울이며 이후 유색인종 여성들의 권리 옹호에도 앞장서 왔다. 1982년 출간한 소설 『컬러퍼플(The Color Purple)』로 퓰리처상과 전미 도서상, 미국문학평론가협회 최우수상을 수상했다.
39. Samuel Selvon: 1923년 트리니다드에서 태어났다. 그의 대표적 소설 『고독한 런던 사람들(The Lonely Londoners)』은 그의 고유어인 크레올어로 대화나 내레이션 형식으로 쓴 신기원을 이룬 작품이다.
40. Chinua Achebe: 1930년 나이지리아 아남브라 주의 오기디에서 태어났다. 서구 문명의 침입으로 파괴되는 아프리카 토착민들의 생활을 생생하게 그려낸 작품들을 발표하여 '아프리카 현대 문학의 아버지'라고 불린다. 대표작은 1958년 발표한 『모든 것이 산산이 부서지다(Things Fall Apart)』이다.

그들의 연구 결과는 편집자에게 보낸 글에 발표했다.

우등반 과정의 연구는 더욱 광범위하고 정교했다. 몇 가지 경우 그 결과는 책으로 출간할 만한 것이었다. 최종 논문의 질은 시작 단계에서 이 학생들이 지녔던 일천한 학술 연구 경력에 비추어 모두의 예상을 뒤엎는 것이었다. 학기 초에 그들은 저널 색인 목록이 뭔지도 몰랐으며, 특별한 정보를 제공하는 참고 문헌 일람표나 카드 목록 활용법을 알지 못했다. 학생들은 커다란 문제를 접근하기 쉽도록 세분화하는 방법을 몰랐다. 몇 몇 학생들은 초안에 상세한 연구 계획을 포함시킬 것을 요청받고서는, 그들이 누구와 대화를 나누었고, 그 사람이 있었는지, 언제 얼마나 도서관에 들렀는지 등 신문 잡지에나 언급할 내용을 썼다. 그들은 신입생에 불과하고 언어학 과정도 통계학 과정도 전혀 밟지 않았지만, 사회언어학자인 라보프와 하임즈Labov and Hymes가 이룬 작업을 수행해냈다. 그들은 통제된 실험을 설계하고 관리했다. 그로부터 8주 후, 고도로 세련되고 창의적인 연구물을 제출하였다.


## 사회언어학적 규범에 도전하기


동부 카리브 지역에서 광범위하게 통용되는 크레올어와 영어를 섞어 쓰는 이중 언어 사용diglossia은 교육적으로나 정서적으로 그리고 경제적으로 값비싼 대가를 치르고 있다. 국어, 역사, 사회과에서 크레올어를 배제함으로써 학생들은 자신의 언어와 역사에 대해 알지 못하고 또 그것을 글로 쓸 수 없다. 많은 학생들이 학교를 중퇴하거나, 글을 읽을 수는 있으되 쓸 수 없는 반+문맹자라는 수치심과 혼란 속에 대학을 졸업한다. 표준 영어를 쓰는 데 성공한 이들도 실제로는 자유자재로 구사하지 못하는 경우가 굉장히 많다. 그 대신 코드가 그들을 통제한다. 그들은 자신의 경험을 표현하고 그들의 꿈과 열망을 정확하게 드러내는 나름의 코드를 만들기보다는 외적으로 강제되고 적응된 무난한 언어 구사 방식에 입각하여 자신의 생각을 짜 맞춘다.

많은 교육자들이 사회언어학적 현 상황에 내재된 문제를 인정하고 있지만, 크레올어 문해 교육 시간은 영어 수업 시간을 깎아 먹게 되어 학생들의 영어 공부에 지장을 초래한다는 고정관념 때문에, 그러한 문제의식을 기피한다. 그러나 버진아일랜드 대학 1학년 보충반과 우등반 학생과의 경험에서 볼 때, 이러한 가정은 근거가 희박하다. 사실 크레올어의 연구와 사용을 통해 사회언어학적 규범에 맞서 도전함으로써 일반적인 학습이나 특히 글쓰기 학습에 대한 관점이나 태도에 큰 변화가 일어났다. 영어 중심 수업을 받은 학생들보다는 크레올어 중심 수업을 이수한 보충반과 우등반 학생들이 더 많은 글을 썼고, 보다 주의 깊고 설득력 있게 글을 썼다.

고작 6주간 진행한 보충 과정에서, 수업 시간은 크레올어 언어학자들과 작가들 그리고 칼립소 음악가들의 이야기를 듣는 것에 할애되었다. 이들은 언어와 언어 태도 그리고 언어의 선택 문제에 관해 논했다. 학생들은 그룹을 지어 고교 국어 교육과정을 조사하는 공부를 하였고 지역신문 독자투고란에 글을 기고했다. 그들은 소설을 읽고 서평을 썼다. 몇몇은 크레올어로 글쓰기를 시도했다. 대부분 학생들은 교실 수업에서 원래의 습관대로 크레올어를 썼는데, 특히 열띤 토론을 벌일 때 그러했다. 그럼에도 그들이 영어 학습에 곤란을 겪거나 시간을 "허비했다"는 징후는 전혀 보이지 않았다. 가을 학기가 시작될 때, 보충반의 65퍼센트 학생이 배치고사에 합격하여 대학 영어에 등록했다.

우등반 과정은 두 학기에 걸쳐 폭넓은 실험 실습을 하는 과정으로 편성되었다. 첫 1학기 중간 무렵 크레올어 언어학 강의가 끝난 뒤 학생들은 아케베Achebe(1967), 볼드윈Baldwin(1963), 킨스더글라스Keens-Douglas(1979), 오카라Okara(1969), 쉔지Shange(1977), 셀본Selvon(1970), 워커Walker(1982)의 작품을 읽었고, 각 저자들이 어떻게 접근해서 언어 선택의 쟁점을 풀어나 갔는지를 분석했다. 그들은 중요한 구절을 큰 소리로 읽고서 저자의 노력 을 비평했다. 예를 들어보자.

> 구절: the black coat wearing man, 이 표현이 너무 아름다워 이것을 영
> 어 구절로 표현해버리면 아름다운 장미에 식초를 뿌리는 격이 될 것이다.
> 그런데 최남단의 흑인 미국 방언에 다음과 같은 표현이 있다.
> "He don't say nothing. Eat."(그는 말이 없다. 먹는다.) 이것은 딱 단 두 문
> 장에 불과하다. 그러나 표준 영어 방식으로는 그들이 표현하는 비약적인 종
> 지법의 맛을 살려낼 수 없다. 르노어 조셉

학기 말 여섯 명의 학생들이 크레올어로 에세이를 썼다. 부과된 에세이 외에도 그 학급은 90분의 크리스마스 라디오 쇼를 쓰고 제작하였으며, 대부분 크레올어로 썼다. 대본을 쓰려면 학생들은 작업을 나누어 해야만 했다. 그들은 매주 한 번 저녁에 모임을 가졌다. 이러한 실천은 2학기 내 내 계속되었고, 그 학기 말 우등반 학생들은 앞에서 말한 사회언어학적 연구를 마무리했다.

언어와 쓰기에 대한 학생들의 흥미는 기말 시험이 끝나도 식지 않았다. 논쟁적인 기사를 즐겨 쓰던 여름 보충 과정의 한 학생은 자신이 속한 기 숙사의 비공식적인 기자로 활동을 계속했다. 보충 과정을 시작할 때 가장 형편없던 작가였던 한 학생은 매주 저녁 자신이 쓴 글을 읽는 우등반 학 생들의 세미나에 참석하기 시작했다. 그는 『리더스 다이제스트』에 제출하

기로 계획한 두 개의 짧은 기사를 가져왔다. 크레올어로 쓴 기사는 다음
과 같다.

알마 양과 스텔라 양은 공원 벤치에 앉아 이야기를 나누고 있다.

MISS ALMA  Gal, gess who I see today? Michael Jackson! I thought
dat wen a big celebrity like dat sho he face in public he wadda
get trampled by dem young people.

MISS STELLA  MISS STELLA dere chile, you sho tain somebody else
you see? It got many people who dus dress up just like Michael
Jackson you know.

MISS STELLA  No, gal, dat person I saw had look everything like
Michael Jackson. …… Look! look him dere again!

MISS STELLA  Meh chil, dat's me son, John.

사이먼 모데스트

**그는 영어로 또 다른 기사를 다음과 같이 썼다.**

나는 도처에 일자리를 구하던 중, 식당 창문에 붙은 청소부 구인광고를
보았다. 나는 몹시 지친 나머지, 마지막으로 한 번만 더 도전해보기로 했다.
나는 내 앞에 세 사람이 대기하고 있다는 것에 짜증이 났지만, 접수원으로
부터 번호표를 받아 앉아 쉬고 있었다. 누군가가 급히 면접을 보고 나가버
렸기 때문에, 순서가 빨리 다가왔다. 나는 왜 그런지 궁금하지 않을 수 없
었다. 그 후 내 번호가 호출되었다.

내가 감독관의 사무실로 향하던 중, 살짝 삐져나온 빗자루에 걸려 넘어
지고 말았다. 당황한 나머지 나는 빗자루를 옆에 치우고 들어갔다. 내 면접

시간도 다른 사람들과 똑같이 짧았기 때문에, 얼른 내 번호표를 휴지통에 던지고 나와버렸다.

사무실 밖에서, 체구가 작은 접수인의 얼굴에 비친 음흉한 웃음이 나를 잠시 붙들어놓았다.

"왜 웃고 있어요?"라고 불만을 드러냈다. 그녀는, "당신에게 비밀 한 가지를 말해주겠는데, 당신은 이 일자리를 잡았어. 왜냐고? 당신이 그 빗자루를 집었으니까."라며 기밀사항을 털어놓듯 말했다. 사이먼 모데스트

우등반 학생들은 뿔뿔이 흩어졌다. 지금 어느 학생은 스탠퍼드 대학에서 아프리카 미국인들의 언어적 동화同化에 대한 비판적 관찰의 글을 쓰고 있고, 몇몇 학생은 언어학 강좌에 등록을 했으며, 한 학생은 저널리스트가 되었다. 다른 두 학생은 버진아일랜드 대학 학습센터 작문 강사로 일하고 있다. 그리고 크레올어 연구 논문을 썼던 모든 학생들은 일 년 후에도 계속 논문을 수정하고 있다.

이들 학생들의 노력은 크레올어에 대한 기존의 태도를 바꾸는 첫 시도이자 중대한 행보이다. 크레올어를 (비정상적이거나 비공식적인 유형의 영어가 아닌) 정당한 언어로 인정하는 교육 프로그램은 두 언어를 사용하고자 하는 서인도제도 학생들의 자아인식과 의지, 그리고 글 쓰는 능력에 변화를 가져다줄 것이다. 그러나 크레올어를 오로지 학교 내에서만 사용하는 경우, 단지 해학적인 목적으로만 쓰이는 경우가 너무 흔하다. 이것에서 학생들이 도출한 결론은 분명하다. 한 우등반 학생이 한 학생의 '문화적' 발표를 본 후, 다음과 같은 글을 썼다.

우리의 방언은…… 큰 웃음거리를 만드는 데 흔히 사용되고 있다. …… 우리 서인도제도인은 단지 웃음거리에 불과한가? …… 우리는 단지 브로내

슨지Bro'nasnsi의 예언(토요일 밤을 기억하라?)에 따라 얹혀 살아가고 있는가?
거기 모든 것이 서인도제도 사람의 삶인가? 약간의 웃음, 한 병의 술, 아내
와 자식? 르노어 조셉

또 다른 학생은 십 대 임신에 관해 쓴 그녀의 크레올어 에세이에 나오
는 유머를 다음과 같이 언급했다.

비록 나의 에세이는 비극적인 기록, 아기의 죽음으로 결론을 맺고 있지
만, 그런 중에도 약간의 유머를 가지려는 억제할 수 없는 갈망을 갖고 있음
을 알았다.

방언은 예컨대, 『산에 올라가서 전하라GO Tell It on the Mountain』[41]에 나오
는 즐거움을 위해 필요한 게 아니라 나를 위해 필요하다(쉐릴 리처드슨).
학생들은 크레올어가 전통 언어뿐만 아니라 현대적으로도 순기능적 측
면이 있다는 것을 알았다. 그들은 자아 인식과 타자 인식에 관한 현 언어
정책의 결과를 조사했다. 그들은 이중 언어를 새로운 패턴으로 재정립하
는 것이 극히 어렵다는 것을 경험했다. 보충반 학생들이 크레올어로 글쓰
기를 할 수 있다는 것을 알았을 때, 글쓰기에서 표준문법과 철자법 그리
고 사전의 유용성을 깨달았다. 또한 그들은 어떤 언어이든 글쓰기가 뒤
따라야 한다는 것을 알았다. 끝으로 그들은 언어의 우수성이 세대에 걸
쳐 전승될 필요가 있다는 것을 알았다. 크레올어는 지금까지 잘 사용되
지 않은 까닭에 그 학술적 기능이 개발되지도 않았다. 크레올어의 기능

---

41. Go Tell It on the Mountain: 19세기에 미국 흑인 노예들 사이에서 불리던 스피릿추얼. 산에 올
라가서 "아기 예수가 태어나심"을 만방에 알리라는 내용의 노랫말을 담고 있어 지금 이 노래는 크
리스마스 노래로 애창된다.

을 개발 보전하려면, 그 지지자들이 대중에게 크레올어가 하나의 언어라는 점을 일깨워줘야 하고, 현재의 교육 방식이 비효율적이기 때문에 새로운 문해 교육을 위해 사전과 문법, 해설집을 개발해야 한다는 것을 계도해야 한다.

## 감사의 말씀

이 논문은 포스트중등과정교육진흥재단의 미나 쇼네시 협회의 후원으로 작성하였다. 우리 학생들과 연구자들에게 영감을 준 카리브지역 크레올어 사용법 개발에 헌신하신 빈센트 쿠퍼 박사에게 이 논문을 바친다. 우리는 모든 학생들에게 감사드리며, 특히 우리와 함께 학생들의 지식, 경험, 연구에 너그럽게 동참해주신 분들로 에드워드 제임스, 쉐릴 리처드슨, 르노어 조셉, 론 조셉, 패트릭 프레이츠, 앨리슨 헥터, 빈센트 브라운, 클리브 멀룬, 켈리 찰스웰, 헨리 토드먼, 엘리스 웹스터에게 깊은 감사의 마음을 전하고 싶다. 이 글의 초고를 세심하게 읽고 도움 말씀을 주신 길버트 스프로브 박사님, 클리프 래쉴리 박사님, 사이먼 존스-헨드릭슨 박사님, 존 홈 박사님께도 감사드린다.

## 참고 문헌

Achebe, C.(1967), *A man of the people.* New York: Anchor.

Alleyne, M. C.(1976), Dimensions and varieties of West Indian English and the implication for teaching. In V. R. D'Oyley(Ed.), *TESL talk*, [Special newsletter issue].

Allsop, R.(1978), Washing up our wares: Toward a dictionary of our use of English. In J. Rickford(Ed.), *A festival of Guyanese words*, Georgetown: University of Guyana.

Baldwin, J.(1963), *Go tell it on the mountain*, New York: Dial.

Caribbean Examinations Council.(June 1979), *Secondary education certificate examination: Paper 2-basic proficiency*, Barbados: Caribbean Examinations Council.

Caribbean Examinations Council.(June 1981), *English syllabus addendum: English B examination*, Barbados: Caribbean Examinations Council.

Carrington, L. D.(1981), A seminar on orthography for St. Lucian Creole, January 29-31. *In Language and development: The St. Lucian context*, Castries, St. Lucia: Folk Research Centre and Caribbean Research Centre.

Cooper, V.(1979), *Basilectal Creole, decreolization and autonomous language change in St. Kitts-Nevis*, Unpublished doctorial dissertation, Princeton University, Princeton.

Cooper, V.(1982), Roun' de walls of Jericho, *CVI Viewpoint.*

Cooper, V.(1985a), A sociolinguistic profile of the Virgin Islands. In V. Clark, V. Cooper, & P. Stridiron(Eds.), *Educational issues and concerns in the United States Virgin Islands*, St. Thomas: Virgin Islands Teacher Corps Project, College of the Virgin Islands.

Cooper, V.(1985b), Personal communication.

Coumarbatch, D.(16 September 1983), Grammer skills a must at CVI, Daily News [St. Thomas], p. 6.

Craig, D. R.(1977), Creole languages and primary education. In A. Valdeman(Ed.), *Pidgin and Creole linguistics*, Bloomington: Indiana University Press.

Craig, D. R.(1980), Models for educational policy in Creole-speaking communities. In A. Valdeman & A. Highfield(Eds.), *Theoretical orientation in Creole studies*, New York: Academic Press.

Farouk.(November 1984), Me durty Rebels fingah, *CVI Post.*

Fraites, P.(1983), Me and me Ianlard, *Out of Thin Air*, 2, 31-32.

Hancock, I.(1985), A preliminary classification of the anglophone Atlantic Creole. In G. Gilbert(Ed.), *Pidgin and Creole languages: Essay in memory of John E. Reinecke*, Ann Arbor: Karoma.

Joseph, L.(1984), *Attitudes of St. Thomas adolescents towards Creole*, Unpublished manuscript, College of the Virgin Islands.

Joseph, R.(1984), *PanCaribbean Creole- A need,* Unpublished manuscript, College of the Virgin Islands.

KeensDouglas, P.(1979), *Tell me again,* Port of Spain, Trinidad: Keendee Productions.

KeensDouglas, P.(April 1982), Unpublished interview with N. Elsasser and V. Cooper, St. Thomas, VI.

Lahming, G.(1953), *In the castle of my skin,* New York: McGrawHill.

Liburd, A. E.(1982, Spring), Some writing problems of students in the VI., *Passages,* 7, 40.

Okara, G.(1969), The voice, New York: Africana Publishing.

O' Neal, A.(1982, Spring), The origin and nature of values, *Passages,* 7, 23.

Peterson, A.(May 5, 1984), Some words gone outa style, but dey meaning is dere, Daily News[St. Thomas], p. 7.

Rezende, E.(May 1984), A West Indian dilemma in British schools, *Virgin Islands Educational Review.*

Richardson, S.(1984), *A case study of a Kittitian's use of the dialect continuum: How language shifts according to audience, topic and context,* Unpublished manuscript, College of the Virgin Islands.

Richardson, S.(1985), A gift to be treasured, Manuscript submitted for publication.

Selvon, S. (1970). *The plains of Caroni.* London: MacGibbon & Kee.

Shange, N.(1977), *For colored girls who have considered suicide when the rainbow is enuf,* New York: Macmillan.

Smith, K. & Lachau, O.(1983, September 23), Creole is a language, *Daily News*[St. Thomas].

Spolsky, B., Englebrecht, G. & Ortiz, L.(1981), *The sociolinguistics of literacy*(Final report, NIEG790179), Albuquerque: University of New Mexico.

Sprauve, G.(1984), The bonfire war, Unpublished manuscript, St. Thomas, VI.

Valdeman, A., & Highfield, A.(Eds.)(1980), *Theoretical orientations in Creole studies,* New York: Academic Press.

Walker, A.(1982), *The color purple,* New York: Harcourt Brace Jovanovich.

54) 버진아일랜드 대학생들이 쓴 글의 모든 인용문은 그들이 본래 썼던 대로 옮긴 것이다. 어떠한 편집상의 수정도 없었다.

55) 하층 비어(basilect)란 그 표면적인 특징으로 공식적인 수도권 중심부 언어를 가장 적게 닮은 크레올어를 가리킨다. 상층 방언(acrolet)은 표면적인 특징이 공식적인 수도권 중심부 언어를 가장 많이 닮은 크레올어를 가리킨다. 중층 방언(mesolect)은 하층 비어과 상층 방언의 중간 형태를 지니는 크레올어를 가리킨다.

56) 이중 언어(토속어) 사용자 언어 반응 검사(matched-guise test)는 두 가지 언어로 말하는 이중 언어자의 말을 녹음하고 화자의 순서를 뒤섞은 다음, 테이프에서 나오는 것처럼 각기 서로 다르다고 안내한 화자에 대한 태도를 적을 것을 요청받은 실험자들에게 녹음테이프를 틀어준다. 언어 1과 언어 2를 말한 동일한 조합의 화자를 이용함으로써, 동일 화자에 대한 태도 점수의 차이가 언어 자체에 기인한다고 볼 수 있을 것이다(옮긴이 주). 이는 1960년 Lambert가 도입한 검사로 아무런 관련 정보가 없는 청자가 이중 언어를 사용하는 화자의 이중 언어로 된 동일한 말을 듣고 그에 대한 청자의 태도와 반응을 알아보는 사회언어학적 실 검사이다(옮긴이 주).

57) 이중 언어 현상(diglossia)이란 특정 사회에서 두 언어를 중복적으로 사용하지 않고 보완적으로 사용하는 것을 말한다. 찰스 퍼거슨의 「이중 언어 현상」(Word, 15, 1959: 325-340)과 조수아 피쉬맨의 「이중 언어 현상을 지닌 이중 언어 사용과 이중 언어 현상이 없는 이중 언어 사용의 비교」(Journal of Social Issues, 23, 1967: 29-38)를 보라.

# 9

## 생존 영어의
## 잠재적 교육과정
The Hidden Curriculum of Survival ESL.

엘자 로버츠 오어바흐와 데니스 버기스
Elsa Roberts Auerbach & Denise Burgess

베트남전쟁 이후 미국으로 들어오는 망명자나 이민자들이 급증하면서 성인 ESL을 수강하는 학습자들을 어떻게 가르칠 것인가에 대한 관심이 폭증하였다. 이들 학습자들의 절박한 요구에 부응하여 생존 영어survival English[42]를 다룬 새로운 문헌들이 쏟아져 나왔다. 언어 교육에서 '의사소통' 능력을 강조하는 생존 영어 교재들은 문법보다는 언어의 실제 사용에 초점을 두고 있다. 이들 교재가 목표로 하는 바는 "학습자들로 하여금 새로운 사회에서 유용하게 쓸 수 있는 실질적 언어 구사력을 가르치는 것이다"(Vaut, 1982, p. 1). 그런 교재는 실질적이고도 현실을 기반으로 한 학습자 중심의 특성으로 인해 널리 각광받고 있다.

생존 영어식 접근 방법이 실천가나 출판업자에 의해 '예술 수준'의 ESL로 광범위하게 받아들여지고 있지만, 그 이론적 가정과 함의에 대한 비판적 분석은 거의 이루어지지 않았다. 이론과 실제의 이러한 분리에 대해 레임즈Raimes는 "많은 학자들이 방법을 만들어내는 지적 상상력보다는 교실 방법론을 지나치게 추구하고 있다"(1983, p. 538)고 말한 바 있다. 생존 영어 ESL은 레임즈(1983)가 말했듯이 '의사소통적' 관점에서 재평가해야 할 교육과정의 전형이다. 그녀는 새로 출간된 많은 교재들이 사실상 언어와 사고를 분리하고, 언어 수업과 의미 생산을 분리시키면서, 언어 상호작용의 내용보다는 형식에 초점을 두고 있다고 논박한다.

게다가 교육과정사회학자들(Bourdieu & Passeron, 1977; Apple, 1979; Anyon,

---

42. 이 글에서 '생존 영어'에 해당하는 원어는 'Survival ESL'이다. 'ESL'은 'English as a Second Language'의 약자로서, 영어를 모국어로 쓰지 않는 사람들을 위한 제2언어로서의 영어를 뜻한다.

1980; Giroux, 1983a, 1983b)은 사회정치적 함의의 관점에서 성인 교육과정에 대한 비판적 분석을 요구한다. 그들은 어떤 교육과정도 중립적이지 않다고 주장한다. 각각의 교육과정은 암묵적으로나 명시적으로 사회질서에 대한 특정 관점을 반영한다. 이들 '잠재적 교육과정'은 교실 밖 학생들의 역할에 영향을 미치는 사회적 의미, 제한, 문화적 가치를 생산해낸다. 가르치는 자들에 의한 교육과정 선택은 학습 과정에 대한 그들의 관점과 학습의 사회적 맥락, 그리고 사회에서의 학생들의 위상을 반영한다. 그들의 선택은 학생들에게 매우 실질적인 영향력을 미친다. 지루(1983)는 특정 교재들이 학생 및 교사와 사회 사이에 의미를 매개하는 방법에 대한 가정을 검증하는 데 실패함으로써 학생들이 자신의 의미를 만들어내고 비판적 사고를 계발시킬 수 있는 여지를 앗아갔다고 주장한다.

생존 영어 영역에도 재검증의 요청이 일고 있다. 생존 영어 교재가 인기를 끌고, 그 위상에 있어서 의사소통적 수업 경향을 띠며, 그것이 사회문화적 성격을 지녔기 때문이다. 특정 텍스트가 교육과정과 동일시될 수는 없지만, 그것들 가운데 교육과정의 성격을 담고 있는 경우가 있다. 텍스트에 대한 검증은 성인 ESL 교육과정을 위한 목적과 방향을 분석하는 필수적인 단계이다. 이 논문의 목적은 여러 텍스트를 비교 검토하거나 개별 텍스트의 서열을 매기려고 하는 것이 아니라, 현재 이용되고 있는 텍스트들에 대한 탐색을 통해 생존 영어 모형survival model의 이론적 가정과 사회적 함의에 대한 논쟁의 기초를 마련하기 위한 것이다(텍스트의 목록을 적어놓은 부록을 보라).

## 생존 영어 경향의 근원

비록 '생존 기술survival skills'이라는 말이 "학습자가 거주하는 특정 지역사회에서 익혀야 할 최소 수준의 필수적인 기술"로 정의되었지만(Center for Applied Linguistics, 1983, p. 162), 실질적으로 이 용어는 회화 능력이 전혀 없는 경우부터 중급 수준까지의 학습자를 위한 문해 능력이나 직업 준비를 위한 기초기술을 지칭하는 말로 광범위하게 사용되어왔다. 이러한 유형의 텍스트들을 아우르는 하나의 특징은 일상생활의 문제들(쇼핑, 은행업무, 주거문제, 보건 등)을 상황적으로 구성하는 점이다. 대부분 저자들은 문법적 틀을 거부하고 "학습자들이 언어에 **대해 아는 것**"이 아니라 "언어를 가지고 **할 수 있는 것**"에 초점을 둔다(응용언어센터 the Center for Applied Linguistics, 1983, p. 11). 생존 영어 경향의 기본 정신은 성인을 위한 언어 학습은 경험 중심이어야 하며 현실 삶을 기반으로 해야 한다는 것이다. "성인은 그들이 속해 있는 상황을 위해 그리고 상황으로부터 학습을 시작한다"(Center for Applied Linguistics, 1983, p. 72). 학습의 성공은 학습 내용이 학습자들에게 얼마나 유용한가에 달려 있다. 이와 같이 "교육과정, 교수 방법과 기법, 평가 자료, 그리고 사정 도구들은 학습자들과 교실이 현실 세계의 언어 요구에 더 근접할 수 있도록 발달되어왔다(응용언어센터, 1983, p. 1).

현실과 관련된 이러한 관심은 성인교육과 제2언어교육 양쪽의 이론 발달로부터 비롯된다. 성인 학습 이론으로부터 성인은 복잡한 개인적 이력과 책임감, 욕구 그리고 목표를 지닌 사람으로 인식되어야 한다는 관점이 나온다(Knowles, 1973). 성인 학습자가 일상생활 속에서 수행해야만 하는 여러 과업은 점차 교육과정 계발의 초점이 되었다(Grognet & Crandall, 1982, p. 3). 텍사스 성인수행능력센터(Northrup, 1977)는 "오늘날 사회생활을 하기 위해 성인이 필수적으로 터득해야 할" 65개의 수행 능력을 규정함으로써 경험 중심 학습이라는 개념을 구체화하였다(응·용언어센터, 1983, p. 9). 이러한 연구에 힘입어, 성인의 기초교육을 위한 모형으로서 수행 능력 기반 성인교육(Competency-based adult education, CBAE) 모형이 개발되었다.

성인교육에서 일어난 이러한 움직임은 ESL의 기능적·개념적 흐름과 의사소통 중심 흐름의 성장과 거의 동시에 일어났다. 후자의 특징은 실제 언어 사용에 대한 관심, 학습자 중심의 교실, 인문학적 접근 방식의 수업, 언어 학습보다는 언어 획득 지향 등으로 요약된다(Raimes, 1983, p. 543). CBAE와 ESL이 서로 나란히 나아가는 특성으로 인해 수행 능력 기반 ESL(CBE/ESL)이라는 개념이 생겨났는데, 이 개념은 생존 영어 교육에서 점점 많은 호응을 얻게 되었다. 수행 능력 기반 ESL 교육과정은 "행동(behavior)이라는 말을 포함하는 행동 목표로 진술된 과업 중심의 목적"(응·용언어센터, 1983, p. 9)에 도달할 수 있도록 가르친다. 이들 수행 능력은 흔히 텍사스 성인수행능력연구센터(Keltner and Bitterlin, 1981; Keltner, Howard, & Lee, 1981)가 규정한 용어에 따라 정의된다. 언어 학습은 이제 "관리할 수 있고 즉각적으로 파악되는 덩어리로 분해된다"(Grognet & Crandall, 1982, p. 3). 그러한 언어 학습의 목적은 특정 기능과 관련된 언어의 숙달로 제시된다. 또한 수행 척도는 수행 능력과 연관되어 있어서 학습자들은 언어 숙달에 대한 사전 검사와 사후 검사를 받을 수 있다.

실생활의 과업과 그 과업에 필요한 언어 사이의 명백한 관심이라는 측면에서, 생존 교육과정은 그것들이 상황 면에서나 의사소통 면에서 실제적인 목적을 얼마나 잘 달성할 수 있는가 하는 관점에서 검토되어야 한다. 테일러Taylor(1982)가 지적했듯이, 언어교육의 장에서 '현실'이라고 불리는 것이 사실상 현실이 아닐 수도 있다. 이와 같이 우리는 **내용**(생존 영어 교재에 제시된 실제 세계)이 성인 ESL 학습자들이 실제로 교실 밖에서 마주치게 되는 상황을 얼마나 잘 반영하고 있는지, 언어의 형식(교실에서 일어나는 언어 상호작용의 유형)이 외부 세계의 실제 생활을 얼마나 잘 반영하고 있는지를 질문해야 한다. 더욱이 현실의 선택과 제시가 어떻게 학습자들의 사회적 역할을 형성하는지를 우리는 반드시 검토해야 한다.

## 상황적 현실

낮은 수준에서 현실 상황을 제시할 때 나타날 수 있는 한계 중의 하나는 문장 구조가 단순하다는 것이다. 언어적 제한의 결과로서, 생존 영어 텍스트에 수록된 대화문들은 흔히 〈보기 1〉과 〈보기 2〉에서 나타나는 것처럼 오해를 불러일으킬 정도로 지나치게 단순화되어 있다.

1  A. 돈을 어떻게 빌릴 수 있나요?

   B. 돈을 왜 빌리려고 하나요?

   A. 차를 구입하려고요.

   B. 돈이 얼마 필요한가요?

   A. 2,000달러입니다.

   B. 이 신청서를 작성해주세요.

   A. 언제 돈을 받게 됩니까?

   B. 일주일 내로요.

(Freeman, 1982, p. 101)

2  A. 저 집 가격이 어떻게 되죠?

   B. 한 달에 460달러입니다.

A. 보증금은 얼마인가요?

B. 200달러입니다.

A. 언제 이사할 수 있습니까?

B. 다음 주에 가능합니다.

(Mosteller & Paul, 1985, p. 188)

더욱 심각한 한계는 많은 텍스트들이 이주민들의 사회경제적 여건을 고려하지 않는 점이다. 수업 내용으로 채택되는 것은 주로 중류 계급의 가치와 문화·재정적 상태를 반영한 것들인데, 이를테면 골프를 치면서 하루를 보내는 학습자에 대한 대화 설정은 골프가 특별한 문화 혹은 특별한 계급과 연관된 스포츠라는 점을 간과하는 것이다(Delta Systems, 1975/1976, pp. 21-23). 전화기를 이용하여 신용카드로 물건을 사고, 음식을 배달시키고, 스키를 타려고 눈이 내렸는지 정보를 알아낼 수 있다는 예를 거론하는 문장들은 생존 ESL 학습자들에 적합하지 않아 보인다 (Cathcart & Strong, 1983, p. 214).

이처럼 명백하게 이주민들의 생활과 거리가 먼 비현실적 사례 외에도 미묘한 측면에서 왜곡된 부분이 생존 영어 텍스트 전반에 걸쳐서 만연해 있다. 이러한 부분은 건강, 주거, 노동을 다루는 단원 등에서 확인된다. 전형적인 건강 관련 단원은 증상 기록, 진료 예약, 간단한 진단과 지시와 처방 이해하기 등에 초점을 맞추고 있다.

3 A. 여보세요, 그린 박사의 병원입니다.

B. 저는 매리 톰슨입니다. 제 딸 새라 때문에 전화 걸었어요. 새라가 지금 열이 나고 발진이 일어났어요.

A. 검진하러 언제 갈까요?

B. 지금 바로 오세요.

A. 알겠습니다. 곧 뵙겠습니다.

(Keltner et al., 1981, p. 55)

4 몸에 좋은 음식을 드세요.

침대에 누워 계세요.

수면을 충분히 취하세요.

담배 피우지 마세요.

술 마시지 마세요.

힘들게 일하지 마세요.

근심하지 마세요.

밤늦도록 시간 보내지 마세요.

늦게 자지 마세요.

(The Experiment in International Living, 1983, p. 52)

〈보기 3〉은 몇 가지 이유에서 오류를 범하고 있다. 이주민들은 개인 병원보다 지역 보건소나 응급실을 더 많이 이용한다. 의사가 연락을 받자마자 환자를 보러 간다는 것은 매우 이례적이다. 그리고 이 전화 내용으로 미루어 증상에 대한 좀 더 상세한 정보 제시가 요청될 것 같다(열과 발진이 일어나기 시작한 시점이나 기타 등등).

보건과 관련된 경제 문제가 대부분의 텍스트에서 누락되어 있다. 예를 들면 어느 한 단원에서 초진 환자에게 간호사가 병원비 결재를 요청하자 환자는 왕진비도 보험 처리되는 것으로 알고 있다고 반응한다(Keltner & Bitterlin, 1981, p. 61). 병원에서는 보통 초진 환자에게 선결제를 요구한다. 이주민들은 대개 보험에 들지 않은 경우가 많다. 혹 보험에 들었더라도 왕진비를 감당하기가 쉽지 않다. 〈보기 4〉에서 말하는 권고 사항들은 생존을 위해 일해야 하는 사람들에게는 실천 불가능한 것들이다. 월러스틴(1983a, p. 40)이 지적했듯이, 이런 단원들은 의사의 지시대로 따르는 데 현실적인 어려움(환자는 여가 시간을 가질 형편이 못 되기에)이 있음을 인식하지 못하거나, 그들이 병을 유발할 수 있는 비위생적인 조건에서 생활한다는 사실을 간과하고 있다. 건강 문제와 관련된 경제적 조건 혹은 사회적 조건을 다루지 않는 것은 학습자들에게 무력감을 가중시킬 수 있다.

이처럼 학습자가 현실을 인식하는 데는 교육과정에 **포함되지 않은 것**이 교육과정에 **포함된** 내용 못지않게 중요하다. 붐비는 병원, 오랜 기다림, 생활조건이나 노동조건의 비위생성, 비싼 의료비, 의사소통 문제와 같은 요인들을 텍스트가 다루지 않는다면, 학습자들은 일상에서 부딪히는 어려움에 대처하지 못하게 될뿐더러, 학습자들이 부대끼는 이런 경험들이 정당성을 상실하게 된다. 그 대신 이런 문제들은 다소 비정상적이라거나 혹은 더 나쁘게는 학습자 자신의 결함 때문이라는 관점만 확대시킬 뿐이다.

이런 면에서 『현장 영어회화: 보건과 안전English Spoken Here: Health and Safety』(Messec & Kranich, 1982b)은 주목할 만하다. 이 교재는 건강관리에 대해 좀 더 포괄적인 관점을 제시한다. 이 책은 의사에게 가야 하는 공포와 오래 기다려야 하는 불편함, 비용, 그리고 부당한 대우(보기 5)에 대한 토론을 이끌어낸다. 이 책은 사설 의료시설과 공공 의료시설을 비교하면서 예방 약품, 가정 구호, 스트레스 완화에 대해 토론한다. 학습자들은 공식화된 행동요령보다 선택권을 부여받는다.

5 의사에 대해 친구들과 대화를 나누시오. 의사에 관해 친구들에게 질문을 해보시오.

1) 의사의 어떤 점이 좋은가요?

2) 의사의 어떤 점이 좋지 못한가요?

3) 의사를 만나기가 쉬운가요?

4) 의사를 만나기 위해 오래 기다려야 합니까?

5) 의사가 진료비를 많이 청구합니까?

6) 의사가 여러분을 어떻게 대하던가요?

(Messec & Kranich, 1982b, p. 65)

주거 단원은 전형적으로 아파트 구하기, 임대계약 협상하기, 집주인과의 의사소통, 하자보수 문제 등에 대한 정보를 포함한다. 또 광고 읽기, 하수도 설비 보호, 임대신청서 작성을 포함하는 수행 능력을 다룬다. 보건 단원의 경우처럼, 주거 관련 단원도 흔히 중산계층의 관점을 반영한다. 이러한 중산계층의 관점과 이주민들이 직면하는 실제 생존문제와의 간극은, 보스턴으로 망명 온 인도차이나반도 사람들의 주택 문제를 다룬 『보스턴 글로브Boston Globe』에서 발췌한 이야기(보기 8)와 〈보기 6, 7〉을 비교하면서 확인할 수 있다.

6 A. 부엌에는 새 싱크대와 스토브가 있고요. …… 침실에서는 아름다운 강을 볼 수 있어요.

B. 그렇군요. 방은 몇 개인가요?

A. 방 3개와 옷장 1개가 있어요. 욕실은 최신식입니다.

B. 샤워 룸과 욕조가 있나요?

A. 예, 있습니다.

B. 좋습니다. 계약합시다.

(Freeman, 1982, p. 53)

7  당신은 아파트에서 정숙을 유지해야 합니다. 아파트를 깨끗하게 청소하고 잘 관리해야 해요. 만약 문제가 발생하면 집주인에게 바로 이야기하세요. …… 아파트가 마음에 안 들거나 비싸다고 생각하면, 이사를 해도 좋습니다.(Walsh, 1984a, p. 53)

8  "기저귀는 하기스 제품이 좋아요." 르쑹이 말했다. "추울 때 그것으로 창문 틈새를 막을 수 있어요.""하지만 제일 큰 문제는 추위가 아니에요." 느규엔 반 샌이 말했다.
"무엇이 파손되거나 천장에 금이 가거나 화재가 났을 때 누군가에게서 도움을 받을 수 있는가 하는 것이 중요해요."
"우리가 열 번이나 열다섯 번 전화를 걸어도 아무도 오지 않아요. 내가 원하는 것은 쥐를 없애서 그놈들이 아이들 근처로 가지 못하게 하는 거예요." 그가 말했다.
"내가 그들에게 쥐와 사람에 대해서 말했더니, 그는 쥐를 잡아먹으라고 말하더군요." 싱하가 말했다. "그는 웃으면서, 우리가 개를 먹을 수 있듯이 쥐도 잡아먹을 수 있어." 하고 말했어요.(Barnicle, 1984)

열악한 조건을 수긍하거나 그 조건을 변화시키려고 싸워야만 하는 임차인들의 상황은 생존 영어 텍스트에서 언급되지 않는다. 하수도 설비와 유지비와 관련하여 임차인의 책임에 대해서는 상세하게 토론하지만 주인의 의무는 대부분 생략한다. 주거 문제를 토론할 때, 그것을 해결하는 방법에 대한 토론은 거의 이어지지 않는다. 예를 들어, 메섹과 크라니치 Messec & Kranich(1982a)가 무책임한 집주인에게 항의하는 대화를 포함시켰다 하더라도 그것을 해결하는 대안적 행동 과정에 대한 토론은 없는데, 이것은 단원의 목적이 생존을 위한 의사소통보다는 언어 연습이라는 감각을 강화한다.

〈보기 9〉와 〈보기 10〉은 주거 문제를 제기하는 전략에 대한 토론을 자극하는 내용이다.

9  A. 우리는 이사를 나왔어요. 집주인은 우리에게 보증금을 되돌려주지 않아요.

　　B. 집을 깨끗하게 치웠나요?

　　A. 예, 그렇게 했습니다. 아무런 문제가 없어요.

　　B. 왜 변호사에게 도움을 청하지 않습니까?

　　A. 우리는 아는 변호사가 없어요. 그리고 변호사 비용이 너무 비싸고, 돈이 없어요.

　　B. 법률구호단체를 찾아보세요. 누군가가 당신을 도와줄 거예요.

(Keltner et al., 1981, p. 176)

10  아파트에 문제가 발생했을 때, 가능한 한 빨리 집주인에게 통보해야 합니다. …… 납득할 수 있는 시간 안에 필요한 수리를 해주지 않는다면 문제에 대해 글로 작성해서 다시 집주인에게 보내고…… 집주인에게 통지한 날짜를 기록해놓거나 보낸 편지의 복사본을 간직하세요. 만약 주인이 계속 늑장을 부린다면, 지역 정부기관의 도움을 받을 수 있습니다.(Foley & Pomann, 1982, p. 41)

이 책은 각각의 상황에서 교사가 재량껏 단원 내용을 학습자 자신의 경험과 연관 지어 토론할 수 있도록 해놓았다.

노동에 대한 단원은 직장을 구하는 관건이 자기소개서를 얼마나 잘 작성하는가, 인터뷰를 할 때 어떤 옷을 입는가, 약속을 어떻게 잘 지키는가 등에 달려 있음을 강조한다. 이러한 기술들이 유용한 것은 사실이지만, 이것들로 충분하지는 않다. 월러스틴(1984, p. 481)은 문서 작업을 강조하는 것은 "당혹스러운 새로운 문화에서의 무력감"만 가중시킬 뿐이고, 이주민들로 하여금 자신의 기존 재능을 개발하는 데 방해가 된다고 말한다. 직장을 구하는 데 이러한 기계적이고 탈맥락적 관점은 〈보기 11〉과 〈보기 12〉에 잘 나타나 있다.

11 여성은 드레스나 스커트를 입고, 블라우스를 걸칩니다. 남성은 재킷을 입고 넥타이를 맵니다.
   질문을 주의 깊게 듣고 대답은 신중하게 하세요.
   자신이 어떤 일을 하게 되는지 물어보세요.
   자신의 이력을 요약해서 외워두세요.
   자신감을 가지세요.(Freeman, 1982, p. 92)

12 나카무라 양은 직장을 찾고 있습니다. 일본에서 그녀는 웨이트리스였습니다. 그녀는 매일 신문을 뒤지고 있습니다. 지난주에 그녀는 고용센터에 갔고, 직원들은 그녀에게 도움을 주었습니다. 그들은 그녀에게 인터뷰를 보도록 했습니다. 먼저 그녀는 인사과에 전화했고, 약속 날짜를 잡았습니다. 그녀도 신청서를 보냈습니다. 그녀는 인터뷰하는 날 매우 좋아 보였고…… (면접관이) 그녀에게 풀타임과 파트타임 중에서 어떤 것을 원하느냐고 물었습니다. 그녀는 풀타임으로 일하기를 원했습니다. 현재 그녀는 직업을 갖게 되었습니다. 그녀는 시간당 $3.50와 약간의 팁을 받습니다. 그녀는 매우 행복합니다.(Keltner et al., 1981, p. 136)

〈보기 11〉은 내용이 너무 모호해서 유용하게 써먹기 힘들다. 게다가 그 내용은 일반적인 가이드라인만을 제시하고 있다. 사실 이 내용은 많은 직장에서 사용하기에 부적절하다. 〈보기 12〉에 나오는 대화의 숨겨진 메시지는 만약 당신이 나카무라 양처럼 적절한 절차를 밟는다면 직장을 구할 수 있을 것임을 암시한다. 반대로 당신이 문제를 가지고 있다면 그것은 의사소통을 적절하게 나누지 못한 탓이라는 것을 뜻한다. 직장 구하기에 대한 이러한 관념적 묘사는 비슷한 종류의 다른 텍스트 속의 다음과 같은 현실적 관점과는 커다란 대조를 보인다.

13  A. 피곤해 보이네. 요즘 어떻게 지내?

　　B. 2주 동안 직장을 구하고 있는데, 하나도 못 찾았어.

　　A. 구인광고는 찾아봤어?

　　B. 그래, 그러나 모두 유경험자를 원한다고 해.

　　A. 지방고용센터는 가봤어?

　　B. 응. 거기에 가서 신청서 남겨놓고 왔어. 1주일 내로 다시 오라고 말했어.

(Keltner & Bitterlin, 1981, p. 132)

〈보기 13〉은 구직자가 직면하는 좌절감을 묘사하는 흔치 않은 방식을 취하고 있다. 대부분의 텍스트들은 장기 대기 상황, 부당한 대우를 받는 상황, 거절 상황에 대처하는 내용을 담고 있지 않다. 그들은 미국인과의 경쟁, 불경기, 차별 대우와 같은 사회적 요인들을 거의 다루지 않는다.

현실을 지나치게 단순화하는 **기술**에서 벗어나서, 여러 텍스트들은 학습자들이 특수한 역할에 대처할 수 있도록 **처방**해야 한다. 교육과정사회학자들이 지적하는 것처럼, 교육은 "계급 재생산의 과정에서 중요한 사회적 정치적 힘을 발휘한다"(지루, 1983a, p. 267). 교실은 "직업현장에서 이루어지는 '수용된' 사회적 관계를 구현하는 가치와 규범을 재생산한다"(지루, 1983b, p. 9). 생존 영어 교재에서, 이러한 잠재적 교육과정은 흔히 학습자들로 하여금 저급한 지위를 받아들이게 하며, 그에 걸맞은 굴종의 언어를 가르친다. 『오프닝 라인즈*Opening Lines*』(외국생활 경험The Experiment in International Living, 1983, p. 178)는 이주자들이 선택할 수 있는 직업으로서 낮은 수준의 직업(버스 안내원, 종업원, 웨이터, 웨이트리스, 요리사, 가정부, 잡역부, 공장 노동자, 접시 닦기 등)만을 약술함으로써 다른 텍스트들이 무엇을 의도하는지를 명확하게 드러낸다.

〈보기 14〉에 나오는 우스꽝스러운 대화는 많은 이주자들이 경험하는 고용 갈등의 본질을 보여준다.

14　A. 라오스에서 무슨 일을 했습니까?

　　B. 15년 동안 대학에서 학생들을 가르치다가, 10년간 교육부 담당관으로 일했습니다. 그 뒤에는……

　　A. 알겠습니다. 중국요리를 만들 수 있습니까?

　　　　　　(외국생활 경험The Experiment in International Living, 1983, p. 177)


이들의 대화는 본국에서 전문직에 종사했던 이주민들이 직면하는 모순을 의미 있게 토의하는 기초가 되기보다, 학습자들로 하여금 문제를 탐색하지 못하게 해서(혹은 두 나라 말을 구사할 수 있는 전문직 보조원이 되기 위한 선택권을 아예 논의조차 하지 않음으로써) 그들의 딜레마를 사소한 것으로 치부해버린다. 그 대신에 교사는 학습자들에게 "왜 이주민들이 밑바닥 일부터 시작해야만 하는가?"(1983, p. 387)를 묻도록 가르친다. 이 질문에 대한 가정(이주민들은 밑바닥부터 시작해야 한다는 것)은 그 자체로서 그들에게서 하찮은 직업 이상을 배제시키는 결과를 가져온다. 그 질문의 대답으로 주어지는 것들은 이주민들이 언어 구사 능력이나 인간관계 그리고 신용 문제에서 부족하다는 것 등이다. 여기서 또다시 더 넓은 사회적 맥락이 무시되고 있다. 이 대답이 지닌 함축된 의미는 이주민들이 밑바닥에서부터 시작해야 한다는 것이다. 그 이유는 경제의 구조적 요구(예를 들어 외국인 노동자들이 전통적으로 사회적 요구를 충족시켰던 값싼 노동력의 필요성)가 그들의 선택권을 제한한다기보다는 그들이 여러모로 부족하기 때문이라는 것이다(Auerbach, 1984).

직업에서의 생존은 흔히 순종적 인간이 되는 것과 맞물려 있다. 학습자들은 언어가 권력 위계의 최하위에 놓이는 것과 연관되어 있음을 배운다. 이것은 다음과 같이 지위를 나타내는 표현에서 볼 수 있다. 즉 예비 직업 ESL 학습자들은 명령을 내릴 수는 없고 명령에 복종해야 하므로, 명령법을 '이해하도록' 배우지 명령법을 '사용하도록' 배우지는 않는다. 대부분의 생존 영어 텍스트에서 언어의 기능은 승인, 명료화, 재확인, 허가 등에 대한 물음을 포함하는 반면에, 칭찬하기, 비판하기, 불평하기, 거절하기, 반대하기의 내용을 담지는 않는다. 『호프웰 노동 시리즈The Hopewell Work Series』(Husak, Pahre, & Stewart, 1976)는 응용언어센터에서 적극 권장하는 교재인데, 〈보기 15, 16〉에서 직업에 성공하기 위한 규범의 목록을 학습자들에게 제시한다. 〈보기 17〉은 『성인용 기초 생존 영어 Ⅱ』(Walsh, 1984b)에 나오는데, 이런 종류의 처방주의prescriptivism는 결코 과거의 것이 아님을 보여준다.

  16 나는 깨끗하고 단정해야 한다.
     나는 친절하고 공손해야 한다.
     나는 다른 사람을 도와야 한다.

나는 불평하지 말아야 한다.

나는 직장에서 어리석은 짓을 하지 말아야 한다.

나는 직장에서 참아야 한다.

만약 상사가 나의 실수에 대해서 말하면 화내지 말아야 한다.

(Husak et al., 1976, p. 2)

16  새라는 미용실에서 일하고 있었다. …… 때때로 팀장이 그녀가 저지
른 실수를 지적했다. 새라는 화를 내거나 항변하지 않았다. 그녀는 팀
장에게 일을 더 잘하기 위해 더 열심히 노력할 것이라고 말했다. 그녀
는 다른 사람보다 더 열심히 일했다. …… 새라는 훌륭한 일꾼이다. 왜
그런가?(Husak et al., 1976, pp. 34-35)

17  좋은 일꾼이 되려면 다음과 같이 행동해야 한다.

지각하지 마라.

결석하지 마라.

열심히 일해라. 게으름 피우지 마라.

친절해라. 모든 사람과 사이좋게 지내라.

다른 직장 동료들과 잘 지내라.

그들에게 인사해라. 그들에게 밝게 웃어라.

깨끗하고 단정해라.

만약 문제가 생기면 상사에게 말해라.

만약 당신이 시원찮은 일꾼이면 회사는 당신을 해고할 수 있다.

그러면 당신이 다른 직업을 구하기도 어려워질 것이다.

(Walsh, 1984, p. 66)

이들 각각의 사례에서, 노동자는 복종해야 한다는 말을 듣고 그의 상사가 무엇을 요구하든지 시키는 대로 해야 한다. 동시에 그들은 다른 동료와 사이좋게 지내야 한다는 말을 듣는다. 현실에서 이 둘의 목적은 서로 모순적일 수 있다. 순순히 비위를 맞추기 위해 노력하고 남보다 더 열심히 일하고 무분별하게 명령에 따르기만 하는 노동자는 직장에서 동료들에게 원망을 듣거나 배척당할 수 있다. 미국의 모든 직장에는 미묘한 세력 균형이 존재한다. 그리고 이러한 역동성을 모른 채 작업장에 들어오는 이주민은 어려움에 직면할 수 있다. 더욱이 문제가 생겼을 때 즉시 상사를 찾아가라고 제안하는 텍스트는(몇몇 상사는 그들에게 위험한 일을 하도록 요구하거나 그들의 작업 범위를 넘어선 일을 시키는 경우가 있음) 많은 문제의 근원이 그 상사 자체에서 나온다는 가능성을 간과하고 있다. 학습자들에게 어떻게 직업을 얻고 유지할 것인가를 가르칠 것을 요구하는 반면에, 예비 직업 단위에서는 일을 하면서 생기는 갈등에 대해서는 거의 다루지 않는다. 예비 직업 단위는 노동자의 권리나 선택권은 언급하지 않고 그들의 의무와 책임에만 초점을 둔다.

이런 식으로 교재가 구성된다면 외부 사회의 권력 관계가 교실에서도 그대로 재생산될 것이다. 학습자는 "그들의 지적 능력이 성인들과 같기 때문에"(Freeman, 1982, p. v) 존중받아야 한다는 지속적인 주장에도 불구하고, 여전히 학습자들은 무능한 자로 묘사되고 어린애처럼 취급된다. 『오프닝 라인즈』의 모든 장들은 학습자들의 실수를 묘사하는 "익살스러운" 만화로 채우고 있다. 예를 들어 어떤 학생이 약국에서 우편물을 보내려고 애쓰는 식이다(외국생활 경험, 1983, p. 89). 비록 교사가 공손하라고 요구하지 않더라도, 학생들은 설로 공손해지는 걸 배우고(외국생활 경험, 1983, p. 19), 수업은 명령법으로 진행된다. 또 어떤 저자들은 아이들에게나 보통 사용하는 '우리we'라는 형식을 취한다.

학습자들을 멸시하는 묘한 형식이 있는데, 이는 문화 정보가 제시되는 방식에서 나타난다. "성인교육 프로그램은 언어를 획득하기 위해서 제2문화에 통합되도록 성인에게 요구해서는 안 된다"(응용언어센터, 1983, p. 55)는 것에 일반적으로 동의한다. 생존 영어 텍스트의 도입 부분은 학습자의 문화를 수용할 필요성을 강조한다(Delta Systems, 1975/1976). 동시에 모든 생존 영어 텍스트의 목적은 미국인의 문화규범, 즉 "학습자들에게는 결핍되어 있지만 지역사회가 요구하는 여러 기술"(Vant, 1982, p. 1)을 가르치는 것이다. 다수의 교육과정 저술가들은 학습자 자신들의 문화를 받아들이면서 새로운 문화를 가르친다는 목적을 조정하는 데 어려움을 느낀다. 실제로 미국의 문화규범은 학습자들의 경험에 대한 참조나 문화적 차이에 대한 고려 없이 제시된다. 독서물과 문화 노트는 행동 수칙을 제시한다. 그리고 각 단원에서는 학생들에게 가르치기 위해 이러한 행동들의 수행 기술을 내용으로 담는다. 많은 경우에 가이드라인은 불변의 표준으로 제시된다. 예를 들어 『기초 성인 생존 영어Basic Adult Survival English』는 "오리엔테이션 노트: 교통"이라는 하위 표제 하에서 "미국에서는 차가 필요하다. 거의 대부분 사람들이 차를 가지고 있다. 어떤 가정은 차를 두 대나 세 대를 보유하고 있다"(Walsh, 1984a, p. 85)고 표현하고 있다.

> 18 식사 후에는 양치질을 꼭 해라. 양치질을 할 수 없다면 양치물로 씻어내라. 음식물이 이 사이에 끼면 이쑤시개를 사용해라. 매일 치실을 이용해라. …… 1년에 두 번씩 치과에 가서 치아 상태 검진을 받아라.(Freeman, 1982, p. 43)

〈보기 18〉은 "성인 학습자를 존중하라."고 주장하는 텍스트에서 발췌한 것인데도, 이 저자는 개인위생 관리를 (명령문으로) 지시하고 있다. 사실 개인위생 문제는 문화에 따라서는 토론하기에 곤란할 수 있다. 또 다른 텍스트들은 학습자들에게 쓰레기는 비닐주머니에 담아 묶어라, 일주일에 한 번꼴로 냉장고에 성에를 제거하라, 쇼핑 목록을 작성하라, 방취제나 곤충 스프레이를 사용하라고 말한다(Walsh, 1984a).

'표준'으로서 문화적 정보를 제시하는 것에 덧붙여, 많은 생존 영어 텍스트들은 문화적 적응을 일방적 과정으로 보고 있다. 텍스트들은 흔히 학습을 위한 매개물로서 이전에 이미 갖고 있는 지식이나 경험을 사용하기보다는 학생들이 '알지 못하는' 것에 집중함으로써, 성인교육의 기본 원리를 어기는 경우가 많다. 아주 소수의 생존 영어 텍스트만 이를 다루며, 자신의 경험에 대한 학습자 스스로의 존중과 문화적 비교를 체계적으로 통합한다. 주택, 가족구조, 그리고 구직과 같은 영역에서 차이에 대한 정보를 밝히는 경우는 거의 없다(아마 그것은 그 목표가 미국의 방식을 가르치기 위함이기 때문일 것이다). 이러한 접근 방법은 읽기 이해력을 높이려고 배경지식을 활성화시키는 것의 중요성을 보여주는 쉐마 이론schema theory의 연구 결과와 모순된다(Carrell and Eisterhold, 1983). 어떤 텍스트는 명백한 문화적 차이조차도 생략한다. 〈보기 19〉에 나오는 읽기 내용은 문화적 차이에 대한 것이다.

> 19 미국인의 관습은 라오스 사람들의 관습과 다르다. 여기에서 매우 이상하고 혼란스러운 것을 발견한다. 미국에서는, 남자와 여자가 자주 손을 잡고 걷는다. 때때로 다른 사람이 보더라도 키스까지 한다! 라오스에서 우리는 이렇게 하지 않는다. 사람들은 미국에서 매우 다양한 옷을 입는다. 흔히 여성들은 짧은 팬츠와 소매 없는 블라우스를 입는다.(Kuntz, 1982, p. 6)

카버와 포티노스Carver and Fotinos(1977)는 학생들에게 문화적 차이를 고찰하라고 지속적으로 격려한다. 예를 들어, 심지어 야채 이름에 관한 간단한 단원(1977, p. 21)에서도 그들은 "이들 야채 가운데 당신의 고국에서 볼 수 있는 것은 어떤 것인가?"와 같은 것을 묻는다. 미국의 의상 관습에 대한 읽기 내용은 〈보기 20〉에 제시된 질문에 나온다.

> 20  당신의 나라에서는 학교에 갈 때 어떤 옷을 입는가? 교회에 갈 때
> 는? 파티에 갈 때는? 일하러 갈 때는? 당신의 나라에서도 사람들이 자
> 신들이 원하는 대로 머리 길이를 자유롭게 할 수 있는가? 그렇지 않다
> 면, 이유는 무엇인가? 이 그림과 같이 국민들이 옷을 입는 것에 대해
> 당신은 어떻게 생각하는가?(Carver & Fotinos, 1977, p. 11)

교육과정에서 문화적 차이와 갈등을 배제하는 텍스트는 문화 변동을 상호작용적 과정이라기보다는 일방적 과정으로 정의한다. 그들은 은연중에 하나의 규범 체계를 다른 규범에다 부과하는 기계적 과정으로서 새로운 문화에 대한 학습의 관점을 촉진시킨다. 이러한 관점은 의미 있는 문화 변동, 즉 오래된 문화와 새로운 문화의 비판적이고 선택적 통합의 과정을 통한 문화의 창조를 허용하지 않는다. 생존 영어 텍스트가 문화적 차이를 비판적으로 고찰하는 것보다 행동을 변화시키는 것에 초점을 두는 정도만큼 프레이리가 말했던 적응에 기여하게 될 것이다. 프레이리(1981, p. 4)는 '**적응**adaptation'과 '**통합**integration'의 차이에 대해서 다음과 같이 설명한다.

> 통합은 자신을 현실에 적응시키는 능력과 함께, 선택을 하고 그 현실을
> 변화시키는 비판적 능력으로부터 생겨난다. 개인이 자신의 선택 능력을 상

실하고 타인의 선택에 의존하는 만큼, 외적 처방에 의존하고 자기결정권을 포기하는 만큼, 그의 삶은 통합적이길 그친다. 다만 그는 적응해갈 뿐이다.

## 의사소통의 현실

언어 그 자체를 가르치기보다 의사소통을 가르치는 것이 생존 영어 교육과정 개발자들의 목적이기 때문에(응용언어센터, 1983, p. 6), 문장들이 '**의사소통이 이루어지는 현실성**'을 얼마나 많이 담고 있는가를 고찰하는 것은 매우 중요하다. 텍스트 안에 어느 정도로 현실적 담론이 담겨 있고, 어느 정도로 내용물이 학습자 사이의 진정한 의사소통을 자극하는가?

레임즈(1983)의 비판은(이른바 많은 의사소통적 접근법이 사실상 전통이나 형식 중심의 방법을 변형한 것에 지나지 않는다) 많은 생존 영어 텍스트들에도 그대로 적용된다. 일부 책들의 조직 원리는 계속해서 구조화되고 있다(예: Delta Systems, 1975/1976; Cathcart & Strong, 1983). 장lesson을 계열화하는 구조적 준거를 사용한 것이 단원unit 사이의 의미론적 일관성을 해친다. 예를 들어 "당신 나라에서 어떤 일을 했나?"라는 장에 이어 "우리는 서커스에 갔다"(Delta Systems, 1975/1976)는 장이 나온다. 두 장 모두 과거시제의 구조에 초점을 맞춘 반면에, 이들 두 주제의 나열은 어울리지 않는 것처럼 보인다. 대화보다는 문법상의 통제에 관심을 둠으로써 말도 안 되는 우스꽝스러운 대화를 이끌어낼 수 있다. 예를 들어, 금방 새로 도착한 이주민이 영어로 아이들과 대화 나누는 것을 묘사하는 것을 표현하기도 하나. 특별한 형식을 가르치려는 시도는, 〈보기 21〉과 〈보기 22〉와 같이 의사소통상 비현실적인 문장을 만들어내기도 한다.

21 당신은 남자입니까?

여자입니까?

(외국생활 경험The Experiment in International Living, 1983, p. 37)

22 안녕, 벤. 오늘 기분 어때?

좋아, 고마워.

오늘 무슨 요일이야?

목요일이야.

(델타 시스템Delta Systems, 1975/1976, p. [5]12)

대화문이 현실을 반영하는지를 검토하는 것으로는 충분하지 않다. 텍스트들이 교실에서 의미 있는 의사소통을 주고받을 수 있도록 구성되어 있는가를 따져봐야 한다. 학습자들에게 유용한 의사소통 구문은 어떤 것일까? 대부분의 경우 학습자들은 대화문을 통해 문법적 지식이나 문화 관련 정보를 습득하고 나서 연습문제를 통해 심층적으로 익혀간다. 텍스트는 실생활에 적용할 수 있는 언어 및 행동에 대한 내용과 형식 모두를 제공한다. 그러나 학습자들은 교사나 다른 학습자들에게 경험이나 새로운 아이디어를 주지 못한다. 형식적인 질문, 즉 교사는 이미 알고 있는 특정 정보를 다룰 뿐인 기계적인 물음들이 빈번하게 사용된다. 예를 들면 『생활영어Everyday English』의 거의 모든 장은 "이것은 토마토입니까? 아니오. 그것은 사과입니다."(Shurer, 1980, [food] p. 1)와 같은 식의 질문으로 시작된다. 이런 형태의 질문이 교실 밖의 실제 대화에서는 거의 이루어지지 않음에도 불구하고(Long & Sato, 1983), 생존 영어 텍스트에서는 빈번하게 나온다. 정보 격차는 대개 기나긴 일련의 "의사소통 연습"(Raimes, 1983, p. 544) 이후에야 나타난다. 언어 획득의 관점에서 볼 때, 워쇼스키

Warshawsky(1978, p. 472)가 주장하듯이 구문 형식은 그것이 정보 전달 과정에서 중요한 역할을 떠맡을 때 가장 잘 획득된다고 한다면, 의례적인 말의 반복 학습은 비효율적일 수밖에 없다.

부분적으로는 평가에 대한 관심 때문에 대화문을 얼마나 의미 있게 구성하였나에 대해 관심이 부족해질 수 있다. 교육에서 책무성을 새로이 강조함에 따라, ESL 교육과정 개발자들은 학력 진척 수준을 수량화하는 한 가지 방법으로 행동 목표와 수행 척도에 초점을 맞춰왔다(Tumposky, 1984). 세계에 대한 지식이나 사유 기술은 평가하기가 쉽지 않다. 이러한 능력은 교육과정을 입안할 때 명시적 목표, 즉 "특수한 기술에 관한 말을 얼마나 잘 내뱉는가 하는 식의 수행 중심의 언어 구사력"(Grognet & Crandall, 1982, p. 3)으로 나열할 수 없다. 텀포스키Tumposky가 경고한 것처럼, 이러한 행동주의적 경향성은 가르치는 이의 입장에서 "평가하기 쉬운 낮은 수준의 기술"(1984, p. 305)에 집중하는 수업을 초래할 수 있다. 레임즈는 이러한 계량화의 관심이 언어의 진정한 의미, 즉 의사소통적 본질에 모순된다고 말한다. "지금까지 우리는 언어를 조각들로 따로따로 분리해왔다. 언어의 창조creating보다는 조합assembling을 강조해왔다."(1983, p. 539) 언어 수업이 학습자의 사고와 마음을 움직이게 할 때에야 비로소 의사소통적이라 일컬을 수 있을 것이다.


## 문제 해결 대 문제 제기

생존 ESL 교재는 매우 현실적이고 긴급한 사회문제에 대한 반향에서 만들어졌고, 상황적으로 현실적인 교재가 되기를 시도해왔다. 그리고 성인 학습자를 존중하고 그들이 새로운 문화에 적응할 수 있도록 돕고자 했다. 그러나 이 논문이 보여주고자 했듯이, 이런 목적과 관련된 텍스트들 사이에 그리고 이들 텍스트 안에 상당량의 불공평성이 숨어 있다. 많은 경우에, 생존 영어 텍스트는 현실에 대한 이상적인 관점이나 학습자들을 향한 보호자적 태도, 문화에 대한 일방적인 접근 방법, 단지 표면적으로만 의사소통적인 언어 획득의 모형을 제시한다. 일부 텍스트들은 이주민들의 미국 사회 적응을 도와주려고 하지만, 학습자들을 순종적인 역할 속으로 사회화시키는 효과를 품기도 한다. 좋은 의미와 훌륭한 의도에도 불구하고, 왜 생존 영어 텍스트들이 명시된 목적을 달성하지 못하는가?

프레이리(1981)가 지적한 '문제 해결problem solving'과 '문제 제기problem posing'의 차이는 이러한 의문에 통찰력을 선사한다. 프레이리는 급변하는 사회적 상황에서 교사들은 그들 자신의 역할을 **조력주의**assistencialism[43]로 간주하는 경우가 많다고 한다. 즉 그들은 학생을 대신해서 학생들이 문제를 해결할 수 있도록 도움을 주는 교육복지를 중재해야 한다고 믿는다. 교육과정 개발자들은 학습자들이 무엇을 필요로 하는지 평가하고 그 해결책을 처방한다. "전문가는 현실과 어느 정도 떨어져서, 그 현실을 구성 요소로 분석하고, 가장 효율적인 방법으로 문제를 해결할 수 있는 수단을 고안해내고, 그런 다음 전략 혹은 정책을 제안한다."고 굴릿 Goulet(Freire, 1981, p. ix)은 말한다. 교사의 과업은 학습자들이 사회의 요구에 대처하기 위해 필요로 하는 미리 정해진 지식과 기술을 전달하는 것이다. 교사는 '제공자'이고, 학습자들은 교육과정의 '고객' 혹은 '소비자'이

---

43. 보편적인 교육학적 가치관으로는 '조력자로서의 교사 역할'에 대해 긍정적으로 생각하기 쉽다. 그러나 프레이리에게 '조력주의'는 역사 과정 속에서 민중의 참여를 저해하는 점에서 심각한 병폐로 간주된다. 조력주의는 학습자를 수동적 객체로 취급하여 침묵과 수동적 태도를 갖게 하며 판단을 엘리트에게 맡겨버리는 대중화(massification)로 연결된다. 조력주의는 대중화(11장 옮긴이 주 참고)의 결과이자 원인이다(Freire, Education for Critical Consciousness, 1973: 15-16).

다. 프레이리는 이러한 관점을 은행 적금식 교육이라 부른다. 교사는 흥미와 가치를 축적하는 예탁소를 만든다(Berthoff, 1984, p. 3). 부와 정보 그리고 지식의 전달은 교사에서 학생을 향한 일방통행으로 진행된다. 해결책은 학생들을 '위해' 발견되고, '그들에게' 강요된다. 학생 중심적이어야 한다고 주장하지만, "그와 같은 접근 방법은 실제로 학습에 대한 모든 책임을 교사에게 지운다"(Tumposky, 1984, p. 306). 프레이리(1981)에 따르면, 이러한 접근 방법의 가장 큰 위험성은 문제를 확인하고 이를 비판적으로 사고하도록 허용하는 조건을 창조하기보다는 무력한 민중들의 침묵과 수동성을 강화한다는 것이다.

생존 영어 교재에서는 문제 해결이 미국 사회에서의 성공에 필요하다고 판단되는 특정 기능에 초점을 두고서 현실을 그러한 기술을 익히기 위한 상황 설정으로 짜 맞추는 형식을 취한다. 이주민 세계의 복잡한 현실은 단순화되고 축약된 형태로 제시된 채, 무엇을 말하고 어떻게 행동해야 할 것인가에 관한 처방책 형태의 수업이 이루어진다. 현실 속의 문제 상황을 다루는 장면에서도, 그저 유머의 소재로, 언어 연습으로, 혹은 보충 활동으로 다루어진다. 〈보기 23〉과 〈보기 24〉에서처럼, 문제 해결을 위해 학습자 나름의 전략을 개발하도록 자극하는 질문이 주어지는 경우는 거의 없다.

23 누구에게 전화를 걸어야 하는가? 어디에 가야 하는가?

   1) 만약 아이들을 돌보아주는 것에 대해 알고 싶으면,

      나는 _____

   2) 만약 장사에 대해 배우거나 직업을 얻고 싶으면,

      나는 _____

   3) 가장 가까운 운동장에 내 아이를 놀게 하고자 한다면,

나는 _____

(Keltner & Bitterlin, 1981, p. 185)

24 아래의 상황에서 당신은 무엇을 해야 하는가?

물세탁이 가능한 새 셔츠가 첫 세탁을 하니 줄어들었다.

가게에서 지금 막 사 온 우유가 상해 있다.

(Carver & Fotinos, 1977, p. 36)

이러한 상황은 그래도 주어진 문제들이 꽤 분명한 편이고, 분명한 대답을 기대할 수 있는 것처럼 보인다. 더욱 복잡한 문제, 예를 들어 구직의 어려움이나 집주인과의 문제와 같은 경우에는, 학습자들에게 선택의 범위에 대해 토론하고 함께 전략을 고안하도록 격려하기보다는 그 해결책(직업 재교육이나 법률상의 치료요법과 같은)을 제시해버린다.

반대로 문제 제기식 교육관은 현실 속 문제 상황을 확인하고 분석하는 것을 교육과정의 핵심으로 본다. 교사의 역할은 지식을 전달하는 것이 아니라 학생들이 그들의 현실을 비판적으로 사고하는 과정에 들어가도록 초대함으로써 그들 자신의 교육 속에 학습자를 참여시키는 것이다. 이 노력의 목적은 해결책을 찾는 것이 아니라 학생들 자신의 선택 가능한 대안을 탐색하고 또 만들어볼 수 있도록 그들을 관여시키는 것이다. "지도 extension[44]로서의 교육(우리가 가치 있다고 판단하여 학생들에게 전하고자 하는 관념으로 학생들을 데려가는 것) 대신에, 대화가 있는 교육을 해야 한다"(Berthoff, 1984, p. 3).

44. 'extension'은 '확대' 또는 '확장'의 뜻이지만, 문맥상 '지도'로 옮긴다. 이 용어는 프레이리의 유명한 논문 제목 "지도냐 소통이냐(Extension or Communication)"에서 따온 것으로 보인다. 이 논문에서 프레이리는 민중을 교육하는 방식으로 지도부가 일방적인 지시 대신에 민중과 소통할 것을 주장한다.

문제 제기를 성인 ESL 교육과정의 출발점으로 삼고자 하는 교재 가운데 현재 유일한 것은 월러스틴(1983a)의 책이다. 이 책은 학생용 텍스트보다는 교사용 자료집으로 제작되었는데, 미국에서 생존 영어 문제와 관련한 프레이리의 관점을 채택하고 있다. 이 책은 다음과 같은 가정을 기반으로 한다. 즉, 교육은 민중의 삶 속 문제 상황에서 출발해야 하고, 대화를 통해 학습자들이 현실에 대한 비판적 관점을 계발할 뿐만 아니라 현실 참여로 그들의 삶을 개선해가도록 해야 한다. 각각의 보기 단원은 학습자들의 삶 속에 놓인 모순을 반영하는 주제를 그림이나 대화의 형태로 코드화해야 한다. 교사의 역할은 학습자의 아이디어를 이끌어낼 목적으로 일련의 귀납적 질문을 던지고서 학습자들 사이의 대화를 촉진하는 것이다. 교사는 학습자의 사고를 일반화할 수 있도록 도와주고, 주제를 학습자의 삶과 연결시키며, 변화에 대응하기 위해 행동을 취할 수 있도록 도와준다. 다른 생존 영어 교재들과 달리 어휘나 문법, 기능 연습보다는 의미 교환과 의미 창조의 과정을 우선시하고 있다. 놀라운 점이 있는데, 월러스틴(1983b)이 발견했듯이 심지어 언어 학습 초기에도 간명한 코드의 사용, 소집단 활동, 대화할 때의 신체적 활동, 참가한 이중 언어 사용자가 보내는 지지만으로 문제 제기 환경을 창조할 수 있다는 점이다.


## 결론


이주자들이 구직과 주택 문제, 건강관리 등과 관련된 언어를 익힐 필요가 있다는 것은 의심할 여지가 없다. 망명자들과 이주민들은 급격한 변화의 과정에 깊숙이 들어와 있고, 그들은 변화에 직면할 수 있는 도구를 필요로 한다. 문제는 그들이 생존 언어를 배워야 **하는지 말아야 하는지**가 아니라, '어떤' 목표를 설정해서 '어떻게' 해결할 것인가이다. 교육에서의 문제 제기적 관점은 교사가 학생에게 전달해야 할 (언어적·문화적) 지식체계로서 생존 기술을 가르쳐야 한다는 관념에 이의를 제기하는 것이다. 예를 들어 주택과 직장에 대한 언어는 생존에 필요한 가장 중요한 기술의 기능으로 가르칠 필요가 있다, 즉 비판적으로 생각할 수 있는 능력이 필요하다는 관념을 제시한다. 런던London이 말했던 것처럼, "점점 중요하게 부각되는 것은 무엇을 생각할 것인가가 아니라 어떻게 비판적으로 생각할 것인가이다. 급격히 변화하는 세계 속에서 살아남기 위해 사람들에게 필요한 것은 학습하는 방법을 학습하는 것이다"(Collins, 1983, p. 181).

문제 해결 방식에서 한결 새롭고 두터운 역량 강화 방식으로 발전해 가려면, 교사는 다음과 같은 점들을 고민해야 한다. 즉 기존의 교재를 검토하고, 현실을 잘 반영하기 위한 간명한 질문들을 만들어낼 것이며, 어느 정도 선까지 학습자들의 노력을 부추길 것이며, 어떤 유형의 사회적 역할을 포함시킬 것이며, 또 창의적이고 비판적인 사고를 위해 얼마나 많은 기회를 부여할 것인가를 숙고해야 한다. 이들 질문에 대답하고, 우리가 사용하는 교재에 내포된 가치를 명료하게 함으로써, 지루(1983b, p. 11)가 말한 것처럼, 우리는 새로운 양식의 교육과정을 향해 한 걸음 더 나아갈 수 있다.

교육과정과 교육학의 모든 측면에 관한 우리의 선택이 일정한 가치를 지니고 있음을 인정함으로써 우리는 우리 자신의 가치를 타인에게 강요하는 아집으로부터 벗어날 수 있다. 무엇을 받아들인다 함은 현실이 결코 주어지는 것이 아니라 끊임없이 탐구되고 분석되어야 한다는 관점에서 우리의 사고를 진전시킴을 의미한다. 다시 말해, 지식은 문제 상황으로 제기되어야 하며, 토론과 소통이 보장된 교실의 사회적 관계망 속에 문제 상황으로 설정되어야 한다.

수업에 대한 우리의 지식을 문제 제기함으로써, 우리는 학습자들을 위해 여기서 제안한 바를 올바르게 행할 수 있다. 우리 스스로에 대한 비판적 자기 검증이야말로 우리의 수업에 학생들이 참가하도록 초대하는 교육 실천의 전범이 될 것이다.


## 감사의 말

이 논문의 초고에 대해 통찰력 있는 논평을 해준 앤 베르토프, 닐 브루스, 그리고 도나우두 마세두에게 감사의 마음을 전하고 싶다. 논문의 내용과 형식 양면에서 가치 있는 제안을 많이 해준 비비안 자멜과 스티븐 게이즈에게 특히 감사를 드린다.

## 참고 문헌

Anyon, J.(1980), Social class and the hidden curriculum of work, *Journal of Education, 162*(1), 67-92.

Apple, M.(1979), *Ideology of curriculum,* London: Routlege and Kegan Paul.

Auerbach, E. R.(1984), *Shopfloor ESL: The language of self-defense,* Paper presented at the 18th Annual TESOL Convention, Houston, March 1984.

Barnicle, M.(1984, December 10), Their home in America. *Boston Globe,* p. 25.

Berthoff, A. E.(1984), Reading the world… reading the word: Paulo Freire's pedagogy of knowing, *Scholarship in teaching,* Boston: University of Massachusetts.

Bourdieu, P., & Passerson, J.-C.(1977), *Reproduction in education, society, and culture,* Beverly Hills, CA: Sage.

Carrell, P. L., & Eisterhold, J. C.(1983), Schema theory and ESL reading pedagogy, *TESOL Quarterly, 17*(4), 553-573.

Center for Applied Linguistics.(1983), *From the classroom to the workplace: Teaching ESL to adults,* Washington, DC: Author.

Collins, M.(1983). A critical analysis of competency-based systems in adult education, *The Adult Education Quarterly, 33*(3), 174-183.

Freire, P.(1981), Education as the practice of freedom, *In Education for critical consciousness,* Paulo Freire, 1-61. New York: Continuum.

Gaies, S. J.(1983), The investigation of language classroom processes, *TESOL Quarterly, 17*(2), 205-217.

Giroux, H. A.(1983a), Theories of reproduction and resistance in the new sociology of education: A critical analysis, *Harvard Educational Review, 53*(3), 257-293.

Giroux, H. A.(1983b), *Toward a sociology of curriculum,* Manuscript.

Grognet, A. G., & Crandall, J.(1982), Competency-based curricula in adult *ESL, ERIC/CLL News Bulletin, 6*(1), 3-4.

Knowles, M.(1973), *The adult learner: A neglected species,* Houston: Gulf.

Long, M. H., & Sata, C. J.(1983), Classroom foreigner talk discourse: Forms and functions of teachers' questions, *In Classroom oriented research in second language acquisition,* H. W. Seliger & M. H. Long(Eds.), 268-284. Rowley, MA: Newbury House.

Northrup, N.(1977), *The adult performance level study,* Austin: The University of Texas.

Raimes, A.(1983), Tradition and revolution in ESL teaching, *TESOL Quarterly, 17*(4), 535-552.

Taylor, B. P.(1982), In search of real reality, *TESOL Quarterly, 16*(1), 29-42.

Tumposky, N. R.(1984), Behavioral objectives, the cult of efficiency, and foreign language learning: Are they compatible? *TESOL Quarterly, 18*(2), 295-310.

Vaut, E. S.(1982), ESL/coping skills for adult learners, *Language in Education: Theory and Practice, 46*. Washington, DC: Center for Applied Linguistics.

Wallerstein, N.(1983a), *Language and culture in conflict: Problem-posing in the ESL classroom*, Reading, MA: Addison-Wesley.

Wallerstein, N.(1983b), Problem-posing can help students learn: From refugee camps to resettlement country classrooms, *TESOL Newsletter, 17*(5), 28-30.

Warshawsky, D. R.(1978), The acquisition of four English morphemes by Spanish-speaking children. *Abstract in Second language acquisition: A book of readings*, E. Hatch(Ed.), 472. Rowley, MA: Newbury House.

Weinstein, G.(1984), Literacy and second language acquisition: Issues and perspectives, *TESOL Quarterly, 18*(3), 471-484.

---

## 부록: 현재 활용 가능한 교재

Carver, T. K., & Fotinos, S. D.(1977), *A conversation book : English in everyday life, Book Two*. Englewood Cliffs, NJ: Prentice-Hall.

Cathcart, R., & Strong, M.(1983), *Beyond the classroom*, Rowley, MA: Newbury House.

Delta Systems.(1975/1976), *English as a second language: A new approach for the twenty-first century*, Arlington Heights, IL: Author.

The Experiment in International Living.(1983), *Opening lines: A competency based curriculum in English as a second language: A teacher's handbook*. Brattleboro, VT: Author.

Foley, B., & Pomann, H.(1982), *Lifelines: Coping skills in English*, New York: Regents.

Freeman, D. B.(1982), *Speaking of survival*, New York: Oxford University Press.

Husak, G., Pahre, P., & Stewart, J.(1976), *The work series: How I should act at work*, Sewickley, PA: Hopewell.

Keltner, A., & Bitterlin, G.(1981), *English for adult competency, Book II*, Englewood Cliffs, NJ: Prentice-Hall.

Keltner, A., Howard, L., & Lee, F.(1981), English for adult competency, *Book I*. Englewood Cliffs, NJ: Prentice-Hall.

Kuntz, L.(1982), *The new arrival: ESL stories for ESL students, Book Two*. Haywood, CA: Alemany.

Messec, J. L., & Kranich, R. E.(1982a), *English spoken here: Consumer information*, New York: Cambridge.

Messec, J. L., & Kranich, R. E.(1982b). *English spoken here: Health and safety*, New

York: Cambridge.

Mosteller, L. & Paul, B.(1985), *Survival English: English through conversations,* Englewood Cliffs, NJ: Prentice-Hall.

Shurer, L.(Ed.)(1980), *Everyday English, student book I,* Haywood, CA: Alemany.

Walsh, R. E.(1984a), *Basic adult survival English with orientation to American life, Part I,* Englewood Cliffs, NJ: Prentice-Hall.

Walsh, R. E.(1984b), *Basic adult survival English with orientation to American life, PartII,* Englewood Cliffs, NJ: Prentice-Hall.

# 10

## 여성주의적 가치:
### 여성학 교수법을 위한 지침
Feminist Values:
Guidelines for Teaching Methodology in Women's Studies.

낸시 쉬니드윈드
Nancy Schniedewind

여성학에서 학문 내용에 관한 제법 창의적인 토론은 있으나 우리가 어떻게 가르쳐야 할 것인가에 대한 관심은 부족하다. 호우Florence Howe(1977)는 자신이 검토한 여성학 프로그램 가운데 혁신적인 교수법이 거의 보기 드문 것을 알고 깜짝 놀랐다고 말했다. 내가 보기에 학생들은 정규 수업 못지않게 프로그램 과정이나 그 잠재적 교육과정을 통해서도 많은 것을 배운다. 따라서 교실에서의 상호작용이 여성주의적feminist[45] 원칙을 많이 반영할수록 과정과 내용 사이의 일치는 더 잘 이루어지며, 학생의 학습이 보다 일관적이고 더 강력히 이루어질 수 있다.

적절한 내용이 무엇인가에 대해선 어느 정도 의견이 일치한다. 여성학 수업에서는 다음과 같은 것을 분석한다. (1) 전통적 훈육에서 여성의 자화상, (2) 여성이 억압받는 방식이나 해방을 위한 대안, (3) 개별 여성의 억압이 어떻게 정치적·경제적·사회적 구조와 연결되어 있는가. 덧붙여, 우리는 학생들이 자신의 삶을 더 잘 통제할 수 있는 지식과 기술을 익힐 것을 소망한다. 끝으로, 우리는 여성들이 학문적 성취와 개인적 역량 개발을 위해 힘쓰도록 독려하고자 한다.

이 에세이에서 나는 일정한 여성주의적 원칙을 담고 있는 교육과정을 검토할 것이다. 나는 교수법과 관련한 5개의 과정 목표를 규정하고서, 내가 뉴욕 주립대학에서 실시한 많은 여성학 강좌에서 사용한 방법을 예로 들 것이나.

45. 이 글에서 feminism은 '페미니즘'으로, 형용사형인 feminist는 '여성주의적'으로 옮기기로 한다.

페미니즘 교육에 함축된 민주적 학급의 과정에서 강조하는 것은 지금 껏 많은 이론가들과 실천가들로부터 제기된 평등주의적 교육 형식과 다르지 않다. 그러나 평등주의적 교육 방법은 반민주적인 내용을 담고 있을 가능성도 있다. 조너선 코졸(1972)은 교과 문제나 1960년대와 1970년대의 주류 자유학교운동의 가치에 대해 비판적 입장을 명확히 한다. 페미니즘 교육학은 평등주의적 내용과 과정의 통합을 주장한다.


## 상호 존중, 신뢰, 교실공동체의 분위기 확산


여성들이[58] 스스로를 민중으로 자각하고 교실 내에서 진솔한 의견을 개진하고 위험을 감수하며 서로 지지할 때, 공동체 내의 여성주의적 가치와 의사소통, 평등의식 그리고 상호 협조가 강화된다. 여성학 자체에서의 교과 문제가 그러한 공동체 영역 내로 진입할 때, 특정 교수 방법은 과정을 촉진하게 된다.

첫 수업 시간에 나는 학생들이 빨리 친해지도록 상호작용 활동을 하게 한다. 이를테면 나는 학생들에게 "자신이 모르는 사람과 짝이 되어, 자신이 롤 모델로 존경하는 여성에 관해 짝에게 이야기해보라."고 한다. "당신이 존경하는 여성의 품성에 관해 토론하라. 그녀의 특징 가운데 당신과 닮은 것은 무엇인가? 당신은 어떤 것을 발전시키고 싶은가?"와 같은 과정을 통해 학생들은 여성 롤 모델에 대한 개념을 공유할 뿐만 아니라 자기 자신과 파트너에 대한 개인적 통찰력을 갖게 된다.

학생들의 진솔한 참여를 돕기 위해 나는 전체 수업 시간 내내 피드백 수단으로 활용할 개인 상호 간의 단순한 의사소통 기술을 가르친다. 'I-메시지'는 여성들에게 능동적이고도 생산적인 비판적 피드백을 상호 협력적인 방식으로 서로 나누는 수단을 제공한다(Gordon, 1974). 'I-메시지'란 "당신이 어떤 행위를 할 때, 어떠한 결과로 인해 나는 어떤 감정을 느낀다."는 형식이다. 이를테면 "수Sue, 당신이 학급을 장악할 때 나는 화가 나는데, 왜냐하면 나는 여기 있는 모든 사람들의 생각을 듣고 싶기 때문이에요."라는 식이다. 이를 통해 학생들은 다른 사람에게 그녀를 일반화하지 않고 어떤 구체적인 행동을 통해 그녀를 느낄 수 있게 된다. 그것은 무엇을 강요하는 대신 듣는 사람에게 그녀의 행동을 수정하게 하는 선택을 부여한다. 'I-메시지'는 배우기도 쉽고 학생들끼리나 교사와 학생 사이에도 공유할 수 있으며 진솔한 학급 분위기를 산출하는 데 효과가 있다.

학생들 내의 민주적인 과정은 공동체와 상호 존중을 위해 아주 요긴하다(학생과 교사 사이의 그러한 민주적 체제에 대해 다음 장에서 논할 것이다). 개별 여성이 학급생활에서 시간과 관심과 권력을 제대로 쓰는지 의식하면 할수록 집단의 과정은 잠재적으로 더욱 민주적으로 될 것이다. 집단 역학관계를 학생들이 인식하게 하는 유용한 한 방법은 집단 내에서 사람들이 수행하는 역할의 리스트(즉 토론 진행자, 선의의 비판가, 포섭자, 논변가, 의견 철회자 등)에 관해 브레인스토밍을 한 다음 각자에게 자신의 전형적인 역할이 무엇인지 말하게 하는 것이다. 각각의 구성원들이 적절한 역할을 떠맡을 때 한 집단이 가장 효율적이 된다는 것에 대해 설명하라. 학생들이 서로 돌아가면서 리더를 맡도록 기회를 부여하라. 사람은 적절한 역할을 맡았을 때 리더가 될 수 있으므로, 이 집단 이론은 전형적으로 위계적인 리더십 관점을 민주화한다. 이것은 또한 여성들에게 상호 협력적인 구조 속에서 낯선 역할을 수행할 기회를 준다. 교육 기간 동안 집단 역학에 대한 학생들의 관심은 민주적 참여를 촉진한다.

여러 학기에 걸쳐 나는 교육과정의 초기에 과정 기술process skill을 가르쳤지만 시간이 지나면서 학생들이 지속적으로 그것에 집중하도록 돕지는 못했다. 그로부터 나는 학생들이 "오늘은 어느 정도로 리더십을 떠맡아야 하는가?" 혹은 "수업 마치고 헤어지기 전에 혹 'I-메시지'를 제기하고 싶은 사람이 있는가?" 하는 질문 시간을 갖는 게 민주적 절차를 강화하는 데 필수적임을 깨달았다.

끝으로, 축하 행사는 공동체를 강화시킨다. 기나긴 수업의 휴식 기간 동안 기분 전환이나, 가끔씩 저녁 회식하기, 시와 노래를 수업과정에 결합하기, 이 모든 것은 에너지를 촉진하고 연대의식을 굳건하게 한다.


## 리더십 나누기

여성주의적 가치는 위계적 권위를 참여적 의사결정으로 대체할 것을 주장한다. 이는 조직의 해체를 뜻하지 않는다. 다만 민주적인 조직체계를 요청할 뿐이다. 교실에서 교사는 학생들과 리더십을 나눌 수 있다.

맨 처음에 수업의 일정을 짜는 것은 기본적으로 나의 몫이다. 그러나 수업이 진행되면서부터 나는 학생들이 그 과정에 참여하도록 한다. 그 일련의 과정에서 학생들은 소집단으로 나뉘어 그 과정에서 자기네들이 원하는 것과 원하지 않는 것을 종이에 기록한다. 나도 이 활동에 참여한다. 우리는 함께 그것을 교실에 붙이고서 각 소집단이 기록한 것을 읽고 의견을 나눈다. 가끔씩 나는 학구적인 동시에 사적인 내용을 기록한다. 나는 상호 협력적인 기획이나 글들을 기대하고 권장한다. 나는 모든 학생들이 모든 기록물을 다 읽어오기를 원한다. 나는 모든 학생들이 자신의 학습은 물론 타인의 학습에 대해서도 책임감을 갖기를 원한다. 나는 늦게 시작하는 것이나 늦게 마치는 것을 원치 않는다. 나는 뒷담화를 원치 않는다(사람들은 상대방에 대해 그들 앞이 아니라 뒤에서 말하기를 좋아하는 경향성이 있다). 학생들의 기대에는 일반적인 것 외에도 내용 지향적인content-oriented 것들이 담겨 있다. 나는 일을 하고 싶다. 나는 학급 내에서 인종차별주의나 성차별주의에 대처해나가는 방법을 배우고 싶다. 나는 너무 바쁘게 처리해야 하는 과제를 원하지 않는다. 나는 내 삶에서 의미가 있는 것을 배우고 싶다.

　나는 내 입장에서 수용하기 힘든 행위를 자제해줄 것을 학생들에게 요청한다. 수용하기 힘든 행위란 다음과 같다. (1) 소집단 참여 활동을 거부하는 것, (2) 수업에 출석하지 않고 혼자 리포트 쓰기, (3) 리포트 작성하지 않기. 나는 학생들의 기대에 부응하기 위해 나의 요구 사항을 수정할 수 있다. 이를테면 나는 과제물로 학술지 작성을 포함시켰는데, 학생들은 여성학 관련 학술지 과제가 너무 많아 힘들다고 했다. 나는 그것을 충분히 이해했고 그 과제를 없앴다. 우리는 심화학습반의 교육과정에 대해 열띤 토론을 펼친 끝에 서로의 동의하에 분명한 과업 목록을 설정했다.

　학기 중에 나는 수시로 학생들에게 학업이 진행되고 있는 상황에 대해 문의한다. 나의 물음은 구두로 이루어지지만 학생들의 답변은 글로 제출하게 한다. 전형적인 물음은 다음과 같다. (1) 이 수업에서 여러분의 공부에 도움이 되는 것은 무엇이며 공부에 방해가 되는 것은 무엇인가?, (2) 이 수업이 더 나은 것이 되려면, 나는 _____을 해야 하고, 강사는 _____을 해야 한다. 대표적인 대답은 다음과 같다. 내 공부에 도움이 되는 것은 다양한 활동들과 수업이 활기차게 진행되는 점, 흥미 있는 주제의 학습이다. 내 공부에 방해가 되는 것은 읽을 것이 너무 많은 점과 똑같은 사람들이 토론을 지배하는 것이다. 이 수업이 더 나은 방향으로 나아가려면 나는 더 많은 시간을 들여 읽기 공부를 해야 하며, 수업에 더 열심히 참여해야 한다. 그리고 강사는 소집단 활동에 더 많은 시간을 할애하고 다양한 외부 연사를 초청해주길 바란다. 그 뒤 내가 지적한 특정한 문제 영역에 대해 몇 가지 질문을 했다. 그중 하나는 "토론에서 모든 사람들의 적극적인 참여를 위해 그룹 또는 내가 할 일은 _____이다."라는 물음이다. 흔히 나오는 대답은 말을 적게 하기, 다른 사람에게 의견을 묻기, 더 솔직하게 말하기, 아무개에게 그 사람의 비판적인 태도 때문에 내가 말하기가 두렵다는 것을 알리기 등이다. 나는 전체 답변을 정리하여 다음 학기 수업에서 학생들에게 들려준다. 그것에 대해 토론을 나누면서 우리는 문제 지점을 다루게 되고 학생과 강사 양자가 적절한 변화를 추구한다. 설문지 작성 시간은 10분으로 제한하고 토론에 긴 시간을 할애한다. 나는 의사결정 공유를 위한 이러한 노력이 꽤 효과가 있다는 것을 알게 되었다.

이런저런 방법으로 내가 학생들과 리더십을 나누는 과정에서 나는 전적으로 평등한 학급 운영을 하지는 않는다. 내가 더 많은 리더십을 가지며 어떠한 학생보다 더 많은 권한을 행사한다. 그럼에도 나는 학생들이 자신과 집단을 위한 책임감을 배우는 장이 필요하다는 것을 알았다. 많은 이들에게 이것은 새로운 경험이다. 나는 학생들이 이러한 경험과 기술을 저절로 갖추어 수업에 들어온다고 생각하지는 않는다. 상급 과정의 여성학 수업에서 학생들은 더 많은 상호작용을 나눌 준비가 되어 있으며 그 수업에서 나의 영향력은 그만큼 축소된다.

강사들끼리도 리더십을 나눌 수 있다. 이를테면 3개 교수진이 입문 과정과 간학문 과정으로 '여성상'에 대해 지도한다(Schniedewind, 1978). 가르치기만 하는 것에 비해 이러한 활동에 시간을 투자함으로써 다른 사람의 아이디어와 지지를 얻어가면서 수업의 질이 확연히 향상되는 이점이 있다. 우리는 (1) 동료의 생각에 자극을 주며, (2) 각자의 다양한 전문성에 터한 관점들을 교환할 수 있다. (3) 독서력을 증진시키기 위한 지식을 축적할 수 있다. (4) 각자의 토론 집단에 관한 문제를 공유하고 그 해결책을 강구한다. (5) 수업에 대한 비판을 꾸준히 개진한다. (6) 빡빡한 일상 속에서 매주 자연스럽게 가치 있는 만남의 시간을 가질 수 있다.

한편, 대학이나 지역사회에 속한 많은 여성들이 강의를 맡는데 이들은 각자의 전문성에 터한 다양한 주제의 수업을 진행한다. 예를 들어 변호사는 '여성과 법률'이라는 주제의 강의를, 심리학자는 '프로이트 심리학', 사회활동가는 '여성의 건강 문제', 지역 내 낙태 지지 단체의 간사는 '낙태 정치학', 지역 여성 방송국의 임원은 '예술 속의 여성', 매 맞는 여성을 위한 법제정 추진 위원장은 '여성을 위한 변화 창출'을 주제로 강의를 맡는다. 그리하여 '여성상'은 각계각층의 여성들이 펼치는 다양한 리더십이 공유되어 지역사회의 총역량으로 발전한다.

## 협동적 구조

협동적 규범에 기초한 학급은 페미니즘이나 교육적 관점으로도 바람직하다. 교육학이나 사회심리학의 많은 연구 결과들은 협동적으로 조직된 학급에서 지적·정의적 학습 능력이 향상된다는 점을 지적하고 있다 (Johnson & Johnson, 1975).

협동 지향적 조직화는 독립심을 향상시키는 한 방법이다. 개별 학생이 협동적인 목표를 성공적으로 달성해갈 때, 그녀와 관계를 맺고 있는 다른 학생들도 함께 그 목표를 달성해갈 때, 그 활동은 협동 지향적이다. 다시 말해, 집단의 구성원들은 생사고락을 같이하는 것이다. 이를테면, 학생들이 읽기 과제를 완수했을 때 그들은 소십단을 형성한다(나는 읽기를 게을리하는 학생이 있으면 그녀와 대화를 나누고서 개별 과업을 제시한다). 각 그룹은 서로 다른 질문을 부여받아 창의적인 방법으로 과제를 통합하게 된다. 이를테면 고든Gordon의 〈미국 근로 여성〉과 러너Lerner의 〈백인 미국 사회 내의 흑인 여성〉의 도입부를 읽은 후에 학생들을 그룹으로 나누어 그룹별로 다음과 같은 질문을 제시한다. (1) 고든과 러너의 역사관과 역사 기술 방식을 비교해보세요. (2) 여성 노동의 가치와 본질에 대해 혁명기와 오늘날이 어떻게 다른지 서술해보세요. (3) 여러분이 1830년대 매사추세츠 주 로웰 공장의 소녀라 생각하고 친구에게 편지를 쓰거나 여러분의 삶에 관해 쓴다면 뭐라고 말하겠습니까? (4) 남북전쟁 이전의 흑인 근로 여성과 백인 근로 여성 사이에 두드러진 공통점과 차이점은 무엇일까요? 이 질문들에 관해 토론하는 과정에서 학생들은 자기 집단의 동료들이 반응을 제대로 하는지 주시해야 한다. 그들에게 주어진 시간은 20분이다. 학생들이 대집단 대형으로 다시 모이면 각 소집단별로 자기 집단의 반응을 발표하고 그에 대한 평가를 한다. 나는 대개 ∨, ∨⁺, ∨⁻의 체크부호를 쓰는데, 집단별로 등급을 매기는 것은 그리 어렵지 않다. 이러한 과정을 통해 집단의 구성원들은 읽기 공부를 하고 읽기 자료를 동료들과 비판적으로 분석하려는 책임감을 갖는 동시에 동료들의 학습에 대한 책임감도 공유해간다.

이 방법을 실천할 때 가장 큰 문제점은 학생들이 강좌 개시 이전에 자신에게 익숙하지 않은 읽기 공부를 미리 해야 한다는 생각을 갖게 하는 것이다. 이 강좌를 열면 대부분의 학생들은 읽기 공부를 미리 하고 와야 한다는 생각을 한다. 그러나 언젠가 수업 초창기였는데, 학생 일고여덟 명으로 구성된 한 그룹이 (미리 읽어오기에) 참여할 수 없었다. 그들은 당일 활동의 이수증을 받지는 못했지만 대신 나는 그들에게 대안적 활동을 제시했다. 그럼에도 비참여자가 아주 많았던 것은 결국 집단의 사기를 떨어뜨렸다. 보통 이것은 단지 시작할 때의 문제에 불과했는데, 강의 이전에 읽는 규범은 신속히 확립되기 때문이다. 이 전략을 구사하는 학급에서 나는 최소한 주 2회씩 그렇게 추진한다.

협동심을 고취하는 또 다른 방법이 있다. 흔한 방법은 토론을 위한 작은 집단으로 학급을 쪼개는 것이다. 개별 과제 대신 팀 프로젝트 과제를 내주는 것도 좋은 방법이다. 이를테면 간학문 과정인 '여성과 일'에서 A학점을 계약한 학생들(아래 참조)은 프로젝트 과제에 협력하는 태도를 보여야 한다. 프로젝트 과제 자체가 포괄적인 것으로서 몇몇 사람들의 노력의 결실이다. 지난 학기에 어떤 그룹은 뉴욕 주 근로 여성의 법적 권리에 관한 핸드북을 작성하여 지역사회의 여성들에게 배부해주었다.

서포터 그룹을 운영하는 것도 협력을 이끌어내는 한 방안이다. '여성의 자아 신장 교육'은 학생들에게 다음과 같은 역량을 길러주고자 하는 수업이다. (1) 개인 행동의 역기능적 패턴을 정의하고 분석한 다음 그것을 바꾸려고 노력하기, (2) 그러한 패턴이 유지되고 지속되게 하는 사회적 요인을 규정하고 분석하기. 이 수업에서 학생들은 중간 학기에 3인 1조로 구성된 서포터 그룹에 참여한다. 후속 수업에서 일정한 기간 동안 그들은 자기 행동의 역기능적인 패턴을 분석하고 개선하기 위한 시도를 한다. 서포터 그룹은 명백히 개인적인 내용을 다루는 수업에 익숙하지만, 다른 곳에서도 유용하다. 이를테면, 어떤 수업의 초기 단계에서 나는 여성들이 한 학기 동안 개인의 발전을 위해 각자가 이루고 싶은 개인적 목표를 두 가지 선택하게 한다. "나는 토론 시간에 자신 있게 말하고 싶어요." "나는 과제 수행을 미적거리지 않고 제때에 완성 짓고 싶어요." 또는 "나는 내 동료들이나 강사님에게 피드백을 줄 때 단호하게 주고 싶어요." 등이 전형적으로 나오는 말들이다. 3인조 서포터 그룹에서 학생들은 자신의 목표에 내해 토론을 나누고 각자 목표를 달성하도록 서로 도울 것을 약속한다. 나는 학기 중에는 두세 차례의 짧은 시간을, 학기 말에는 한 차례의 긴 시간을 서포터 그룹 미팅을 위한 시간으로 제공해준다. 비록 수업에서 주된 활동은 못 되지만 서포터 그룹은 개인의 발전을 위한 협력적 구조를 통합한다.

대부분의 대학 교육과정에서 평가 시스템은 경쟁적 분위기를 만든다. 그러나 때때로 통과/미달 옵션은 수업 전반에 유용하게 쓰인다. 나는 '여성의 자아 신장 교육' 수업에서 이 대안적 방법을 이용하는데, 내 입장에서 다른 사람의 지식에 등급을 매기는 것이 주제넘은 일이기 때문이다. 학점에 예민한 시대에 반한다는 나의 두려움이 무색하게도, 학생들은 통과/미달 시스템에 호응한다. 첫 수업 시간에 나는 학생들에게 수업 이수 표시 외에 별도의 평가 정보가 필요한 경우 서면 평가서를 써주겠다는 약조를 한다.

서면 평가서가 필요하거나 그것을 선호할 경우, 계약학점제a contract grading system는 대부분의 경쟁심을 평가 과정 밖으로 끌어낸다. 이 시스템에서 나는 교수요목에 A-B-C를 받기 위한 요건에 관해 적어둔다. 학생들은 각자 받고 싶은 학점을 정한 뒤 그것을 받기 위해 필요한 과업을 수행한다. 나는 각 과업에 요구되는 기준을 설정한다. 기준은 수업에 따라 다르지만 내가 가장 중요하게 생각하는 일반적인 준거는 다음과 같다. (1) 과업 수행이 얼마나 철저히 이루어졌는가? (2) 내용을 적절히 이해하고 있는가? (3) 글쓰기가 짜임새 있게 이루어졌으며, 철자와 맞춤법이 정확하고 논리적인가? (4) 비판적인 분석이 이루어지고 있는가? (5) 적절한 맥락에서 학생들의 삶과 연결 짓고 있는가? 이상의 기준들은 내가 과거에 설정한 것들인데, 첫 수업 시간에 학생들과 함께 새로운 대안 기준을 개발할 필요가 있다. 학생들은 그러한 명확한 기준을 높이 평가하며, 경쟁 요소 없이도 전통적인 방식의 학업 성취를 능가하는 성취를 보인다.

계약학점제를 시작할 때 나는 한 가지 실수를 범했는데 그것은 과제 기한 날짜를 학기 말에 너무 많이 편중해서 설정한 것이다. 과제 수행 수준이 주어진 조건에 충족되지 않을 때 나는 그것을 돌려주고 다시 수행할 것을 요구하기가 망설여졌다. 학기가 다 끝나가기 때문이다. 그로부터 나는 계약학점제가 성공적으로 이루어지려면 다양한 과제들이 학기 전체 기간에 골고루 분산 배치되어 학생들이 부적절한 과업 수행을 개선할 충분한 시간을 가져야 한다는 것을 깨달았다.

## 인지적 학습과 정의적 학습의 통합

페미니즘은 지적 역량과 정서적 역량 양면에 가치를 둔다. 페미니스트들은 남성 지배적인 사회관계망 속에서 지나치게 이성 중심적인 기조를 바꾸고 인간 욕구와 감정을 높이 사는 것을 우선시하기 위해 분투한다. 유사한 맥락에서 우리는 오랫동안 성차별적 규범과 제도에 의해 억압받아온 여성의 지적 역량을 증진하기를 갈망한다. 우리의 교육은 인간 학습의 중요한 두 영역인 인지와 정서의 통합을 꾀할 수 있다. 대부분의 학구적인 여성들이 인지적 교육 활동에 능숙하기 때문에 여기서 나는 그러한 교육과정에 정의적 학습을 통합시키는 방법을 제안하고자 한다.

한 가지 보편적인 방법은 학술지를 이용하는 것이다. '여성의 상'에서 우리는 학생들이 각자 한 권의 학술지를 선택하여 그 속에 있는 글이나 강의를 분석한 다음 그 자료를 자신의 개인적 경험과 연결 짓게 한다. 강사의 입장에서 학술지에 있는 글이나 언사는 시간과 감수성이 필요한 것이다. 그러나 학생들에게 그 가치는 의미심장하다.

실험적인 활동들(감정을 끌어내기 위해 +조화된 참여 경험들)을 통해서도 학생들은 자신의 경험과 수업의 이슈를 연결 지을 수 있다. 시뮬레이션 게임들은 친숙한 예이다. 대부분의 훈련에서 심지어 보다 단순한 경험들을 담을 수 있다. "학습 환경에 내재된 인종차별주의나 성차별주의의 이슈"의 예를 들면, 학생들은 제도화된 인종주의나 성차별주의에 대한 글을 읽고 나서 공동 활동에 참가한다. 여기서 그들은 파워 그룹의 '내부자' 입장과 '외부자' 입장을 왔다 갔다 하는 경험을 한다. 나는 한 지원자가 원의 바깥에서 내부로 침투하는 연습을 할 것이라고 설명한다. 다른 사람들은 모두 손을 잡고 닫힌 원을 만들고 지원자는 여러 가지 전략을 써서 원을 뚫고 들어오거나 포기하는 시도를 한다. 나는 활동을 열어가는 도중에 사람들에게 이 활동을 하면서 어떤 것을 느꼈는지, 그들의 경험을 사회 내의 공고한 인종주의와 성차별주의와 비교해보라고 한다. 우리는 공고한 원 내부에 있는 사람들이나 원 바깥에 있는 사람 모두가 갖고는 있으되 결코 생각해본 적도 결심해본 적도 없는 대안을 탐색한다. 특히 우리는 '권위'가 '게임'의 규범을 결정하는 탓에 백인들과 남성들이 선택권이 있어도 실제로는 하지 않는 선택에 주목한다. 이 활동에 대해 토론할 때 어떤 학생들은 자기네들이 그 규범에 도전하려 했지만 용기 있게 말하지 못했던 것을 알게 된다. 나는 그 연습 활동 속에서 그들이 보여준 개인적 행동이 실제 삶 속의 자신의 행동을 어떻게 반영하고 있는지 생각해보라고 이야기한다. 원 안에 있었던 몇몇 학생들은 자신들이 집단 규범에 기꺼이 순응하고자 하였으며, 상황 속에서 모든 대안을 창의적으로 생각해보려는 자세가 결여되어 있었고, 위험을 감수하는 것을 두려워했다고 말한다. 이러한 실험적 활동은 개인적으로나 사회적으로도 강력한 배움을 이끌어낸다.

정의적 학습은 학생들이 몸소 접촉해야만 하는 학습 활동에 관한 질문을 통해 인지적으로 조직된 수업 속에 통합될 수 있다. 이를테면 아그네스 스메들리의 『대지의 딸*Daughter of the Earth*』을 읽은 뒤 내가 한 여러 질문 가운데 두 가지를 들 수 있다. "마리가 여성으로서 갈등하는 주된 모순은 어떤 것들인가? 여러분들의 삶 속에서 이 같은 딜레마는 없는지 그리고 그것을 어떻게 해결해가는가? 학생들이 지적하는 딜레마는 다음과 같다. (1) 가족의 책임과 속박 그리고 자신의 한계를 벗어나고자 하는 욕구 사이의 긴장, (2) 독립성과 애정에 기초한 인간관계 둘 다를 만족하는 삶을 추구하기 어려운 여성의 한계, (3) 개인적 욕구와 뜻깊은 사회 변혁 운동에 힘써야 하는 당위성 가운데 어느 것에 치중할 것인가 하는 갈등. 이 소설 속의 날카롭고 위력적인 주제들은 학생들의 경험과 연결되며 그러한 질문을 주고받는 토론을 통해 의미 있는 통찰력이 자라난다.

끝으로, 문학과 시 그리고 노래들을 수업 속에 투입함으로써 분석적인 글쓰기를 통해서는 결코 이끌어낼 수 없는 정서를 학습할 수 있다. '여성과 일' 속의 다양한 단락에서 사용된 단편소설 가운데 매리 윌키스 프리먼Mary Wilkes Freeman의 「루이자Louisa」나 메리델 러슈어Meridel LeSueur의 「나는 행진 중이었네I Was Marching」, 틸리 올센Tillie Olsen의 「여기 서서 다림질하고 있지I Stand Here Ironing」, 앨리스 워커Alice Walker의 「엄마의 정원을 찾아서In Search of Our Mothers' Gardens」 등이 좋은 예이다. 강좌의 마지막 수업에서는 많은 시간을 할애하여 근로 여성의 투쟁을 주제로 한 좋은 노래 몇 곡을 불렀다. 나는 의기소침한 이들을 독려하기 위해 배경음악이 흐르는 상태에서 녹음한 말과 열정을 전한다.


## 실천


우리가 성차별적인 사회에 살고 있는 한 페미니즘은 불가피하게 제도와 규범을 혁파하기 위한 모종의 실천을 함의하기 마련이다. 아마도 대학에서 페미니즘의 가장 큰 적은 행동하지 않는 관념으로 포장된 커리큘럼에 쉽게 순응하는 자세일 것이다.

현장 중심의 실천을 나의 수업에 녹여내는 일은 실로 힘든 목표다. 실천을 위한 프로젝트는 '여성과 일' 수업에서는 A학점을 목표로 한 학생들의 필수 과업이고, '학습 환경 속의 인종주의와 성차별주의 문제' 수업에서는 모든 학생들에게 필수 사항이다. '학습 환경 속의 인종주의와 성차별주의 문제' 수업에서 학생들은 반인종차별주의와 반성차별주의 커리큘럼 프로젝트나 학교 또는 학급 차원의 연수 프로그램을 계획하고 추진해 간다. 그들은 창의적이고 도전적인 커리큘럼과 게임 그리고 아동 도서를 집필하고 응용한다(Schniedewind, 1977).

또한 나는 '여성학 현장 활동'도 제안하고 있다. 여기서 학생들은 매 맞는 여성들을 위한 법률 프로젝트, 미드허드슨 낙태 지지 연맹, 여성위기센터와 같은 기존 여성 프로젝트에서 인턴 과정을 밟는다. 수업과 연계되어 격주로 열리는 세미나는 이론과 실제를 통합하려는 장으로서 사회 변화를 위한 전략들을 주제로 한다. 이들은 재거나 스트롤 같은 논객이 쓴 페미니즘 논설을 읽으며 이러한 시각에 입각해 그들이 연구하는 프로젝트들을 분석하고 개선하기 위한 다양한 토론을 나눈다. 이러한 토론을 통해 자신들이 일상에서 다루지 않았던 가치와 목표를 발굴하고 관심을 갖게 된다.


## 결론


페미니즘은 형식적인 교육 내용뿐만 아니라 다양한 경험을 통해서도 배울 수 있다. 수업 속에 페미니즘을 담는 것은 진보적이고도 민주적으로 그리고 느낌으로 가르치는 것이다. 그러한 가르침은 위대한 능력과 지혜를 지닌 한 사람이 다른 사람들에게 지식을 배급하는 교육 방식, 파울로 프레이리(1971)가 말한 은행 적금식 교육을 거부하는 것이다. 여성주의적 교육은 우리가 학생들과의 대화에 뛰어들어 그들을 인간으로 맞이하고 공동체 속에서 그들과 더불어 배워가는 것을 내포한다.

그러한 가르침은 쉽지 않은 법인데, 이는 전통적인 교육의 산물인 우리 자신이 다시 배워야 하기 때문이다. 이상적인 수업은 앞서 논한 다섯 가지 목표를 담고 있어야 하지만 현실적으로 쉽지는 않다. 내가 소중하게 발견한 것은 수업 과정과 내가 신봉하는 여성주의적 원칙 사이의 연관성을 학생들에게 진솔하게 전달하는 것이다. 그러한 토론을 통해 과정들의 허구가 벗겨질 뿐만 아니라 학생들로 하여금 교실 밖의 사회적 관계망을 비판적으로 분석하여 그 은폐된 성차별적 가치를 드러내도록 한다.

## 참고 문헌

Freire, P.(1971), *Pedagogy of the oppressed,* New York: Continuum.

Gordon, T.(1974), *Teacher effectiveness training,* New York: Peter Wyden.

Howe, F.(1977), *Seven years later: Womens Studies in 1976,* Washington, DC: national Advisory Committee on Womens Educational Programs.

Johnson, D., & Johnson R.(1975), *Learning together and alone: Cooperation, competition and individualization,* Englewood Cliffs, NJ: Prentice-Hall.

Schniedewind, N.(1978, Winter), Women's image: An interdisciplinary introductory course. *Womens Studies Newsletter.*

주석


58) 여성학 수업을 듣는 학생 대부분이 여성이었기 때문에, 나는 여성형 낱말을 사용한다.

# 11

## 비판적 수학 교육:
### 파울로 프레이리의
### 인식론을 적용하여

Critical Mathematics Education:
An Application of Paulo Freire's Epistemology.

매릴린 프랑켄스타인
Marilyn Frankenstein

기초 수학과 통계학 지식은 우리 사회의 경제·정치·사회 구조를 대중적으로나 민주적으로 제어하는 중요한 일부분이다. 기술공학적 지식을 이용해 경제적·사회적 현실을 모호하게 만들어버리는 경우가 너무나 잦기 때문에, 해방적 사회 변화를 위해서는 기술공학적 지식을 제대로 이해해야 한다. 우리가 해방 교육을 위한 구체적 전략을 개발할 때, 이런 수학적 문해mathematical literacy를 포함하는 것이 매우 중요하다. 통계학은 사람들이 이해하기 어렵다는 이유로, 흔히 '전문가들'에게 맡겨버리곤 한다. 또 이런 지식은 탈가치적value free이라고 여겨 거의 의문시하지도 않는다. 지식에 대한 장악력을 높이고 비판적 의식을 고양시키는 수학 교육 접근법을 개발하려면 구체적인 교실 실천을 안내하고 설명할 적절한 교육 이론이 요구된다. 나는 파울로 프레이리의 '피억압자의 교육학'이 교실 실천의 이론적 기초를 제공할 수 있다고 본다.

프레이리의 교육 이론은 복잡하다. 이 글에서 나는 프레이리가 제기했던 문제들, 특히 미국 학교 교사들에게 절박한 문제들을 집중적으로 살펴보려고 한다. 이런 이유에서 나는 프레이리의 이론 가운데 혁명적인 정당 지도자들이 교육자가 되어야 한다거나, 이들 지도자들이 "혁명적 노동자로 거듭나기 위해 계급 자살을 감행하는" 부르주아 출신일 수도 있다는 담론 따위는 다루지 않을 것이다(Freire, 1978, p. 16). 내가 탐구하려는 바는 프레이리 득유의 인식론, 교육과 사회 변화의 관계에 관한 이론, 비판적 의식 고양을 위한 방법론이다. 비판적 교육이란 그 주체들이 자신의 기존 지식을 재고하고 재창조해야 하는 문제 제기 방식이어야 한다는 프레이리의 주장을 상기해보자. 그렇다면 이 연구 또한 마땅히 우리의 사고를 확장하도록 도와주는 탐구의 한 형식이어야 하지, "프레이리가 정의한 해방의 공식"을 무비판적으로 따르는 것이어서는 안 된다. 이 글에서 나는 도시 노동계급 성인들[59]을 대상으로 사회과학 관련 기초 수학과 통계학을 가르쳤던 경험에 대해 논할 것이다. 이 논의를 통해 프레이리 이론이 비판적 교수에서 구체적 문제와 해결책을 규명하는 방식과 수학 교육이 해방적인 사회 변화에 기여하는 방식을 설명하고자 한다.

## 프레이리가 미국 교사들에게 제기한 문제들

### 지식이란 무엇인가?

프레이리의 인식론은 오늘날 교육 이론을 지배하고 있는 실증주의 패러다임을 단호히 반대한다. 실증주의자들은 지식을 중립적이고 탈가치적이며, 객관적인 것으로, 즉 인간 의식 바깥에 존재하는 것으로 생각한다. 게다가 지식을 인간이 어떻게 사용하는가와 철저히 분리된 것으로 본다. 학습이란 이런 고정된 사실들을 발견하고, 발견된 바를 기술하고 분류하는 것이라 본다(Bredo & Feinburg, 1982). 실증주의 교육 이론을 비판하였던 지루(1981)는 실증주의 패러다임이 무엇을 놓치고 있는지에 주목한다.

지식이 객관적이고 탈가치적이라는 가정 아래, 지식이 사회적으로 구성되는 점이나 '가공되지 않은 사실들'을 선별하고 조직하고 평가하는 이면에서 작용하는 이해관계에 대한 문제는 은폐된다. 직관, 통찰, 철학, 비과학적 이론 틀에서 나온 정보나 '데이터'는 적절한 지식이 아니라고 인식된다. 그래서 가치란, 다만 '사실'의 복제품이며, 기껏해야 '관심사' 혹은 최악의 경우 비합리적이고 주관적인 감정적 반응으로 치부된다(pp. 43-44).

파울로 프레이리는 이렇게 주장한다. 지식은 고정되어 있지 않다, 즉 객관성과 주관성 사이의 이분법, 성찰reflection과 행위action 사이의 이분법은 없으며, 지식은 중립적이지도 않다.

프레이리가 말하는 지식은 사람들이 세계에 대해 성찰하고 행위를 할 때 지속적으로 창조되고 재창조되는 것이다. 그래서 지식은 객체들의 추상적 속성 안에 항구적으로 고정된 것이 아니라 하나의 과정이다. 이 과정 속에서는 기존 지식을 얻는 것과 새로운 지식을 생산하는 것이 "동일한 사이클 안에 있는 두 계기moment"[46]이다(Freire, 1982). 더욱이 지식은 주체를 요구한다. 앎의 대상인 객체는 필요조건일 뿐 충분조건은 아니다.

> 지식은…… 호기심을 품고서 세상을 직면하는 주체를 필요로 한다. 지식은 현실을 변혁하려는 주체들의 행위를 요청한다. 지식은 끊임없는 탐색을 요구한다. …… 학습 과정에서 진정으로 배우는 유일한 사람은…… 그 배움을 재창조하는 사람이다(Freire, 1973, p. 101).

지식은 인간 의식과 별개로 존재하지 않는다. 지식은 우리가 함께 탐색하고 세계를 알려고 노력하는 결과로 만들어진다.[60]

그래서 세계는 '부여된 것given'이라기보다 '부여하는 것giving'(Collins, 1977, p. 82)이고, 앎의 길에서 주관성과 객관성은 각각 따로 있지 않다.

46. 헤겔 변증법의 개념으로 계기(moment)란 어떤 것을 움직이게 하여 결성짓는 근서의 의미로 쓰인다. 변증법적으로 사고한다 함은 연관의 맥락에서 사물을 바라보고 이해하는 것을 뜻한다. 이론과 실천(성찰과 행위), 주관성과 객관성, 의식과 세계 등의 서로 대립적인 두 계기들을 각각 별개의 것으로 보는 것이 아니라 변증법적 통일의 개념으로 파악하는 것이다. 이에 반해, 이들 계기들을 각기 따로따로 생각하는 양자택일의 사고방식이 바로 이 장(章)에서 비판하고 있는 실증주의적 사고이다.

세계와 역사의 변혁 과정에서 주관성의 중요성을 부정하는 것은 사람 없는 세계를 인정하는 것과도 같다. …… 다른 한편, 분석이나 행위에서 객관성을 부정하는 것은 세계와 동떨어진 사람을 가정하는 것이다. (또한) 객관적 실재를 부정함으로써 행위 자체를 부정하게 된다(Freire, 1970a, pp. 35-36).

주관과 객관의 통일성 때문에 사람들은 세계의 특정 국면을 완벽하게 알 수는 없다. 어떤 지식도 '종결된' 것은 없다. 사람들이 변하듯이 사람들이 생산하는 지식도 변한다. 그러나 지속적인 탐색과 대화를 통해 우리는 더 효과적으로 행동할 수 있다는 점에서 우리의 이해력을 점차 정교하게 발전시킬 수 있다.

새로운 행동을 견인하는 지식에 대한 성찰과 행위는 앎의 분리된 두 계기가 아니다. 궁극적으로 세계 변혁의 행위를 수반하지 않는 성찰은 무의미하고도 소외를 유발하는 수사일 뿐이다.[61] 비판적 분석이 결여된 행위는 진보적 변화를 일으킬 수 없다. 성찰 없이 사람들은 서로의 성공과 실수를 통해 배울 수 없다. 구체적인 개별 활동들은 더 큰 집단적 목표와의 관계 속에서 평가되어야 한다. 단지 프락시스praxis-현실의 재창조를 위한 성찰과 행위의 변증법적 상호작용-를 통해서만 사람들은 사회적 삶을 조절하는 주체가 된다. 한편, 프락시스는 중립적이지도 않다. 지식은 그것이 어떻게 사용되고 왜 사용되는지 또 누구의 이해관계 속에 있는지와 무관하지 않다. 프레이리의 주장에 따르면, 이를테면 감자 농사법처럼 중립적이라 생각되는 기술적 지식에서조차도 그러하다.

감자 농사에는 농업의 측면을 넘어선 뭔가가 있다. …… 우리는 감자 심는 방법만 갖고 있지는 않다. 우리는 감자를 생산하는 동안 누구를 위해 어떤 감자를 심을 것이며 누가 어떤 역할을 맡을 것인가 하는 물음도 갖게 된다. 그리고 한 가지 더 있다. 농부들이 노동의 과정이나 노동의 의미에 대해 생각하는 것은 매우 중요하다(Brown, 1978, p. 63).

프레이리가 말하는 지식의 목적이란, 우리 시대의 근본 모순인 지배와 해방의 모순을 해결함으로써 민중들이 비인간화를 극복하고 스스로 인간화의 길을 가는 것이다.

프레이리의 인식론을 특징짓는 또 하나의 개념이 있으니, 지식을 구성하는 객관적·주관적 요인들이나 앎의 과정에서 기능하는 성찰과 행위의 두 계기라는 복잡한 내용을 쉽게 풀어내기 위한 비법으로 '변증법'이라 일컫는 것이다. 이 개념에 대해 지루(1981)는 다음과 같이 정의한다.

비판적인 사유와 행동이 기능하는 바는…… 사람들로 하여금 자신이 살고 있는 세계를 분석하고, 세계를 변화시키는 것을 방해하는 제약들을 인식하게 하여, 마침내 그 세상을 변혁하기 위한 총체적 투쟁에 나서도록 돕는 것이다(pp. 114, 116).

지루가 말한 변증법 정식의 핵심 범주인 총체성, 매개, 내면화, 초월은 현실 세계를 비판적으로 이해하기 위한 다양한 차원의 프레이리 지식을 상세하게 개념화한 것이다. **총체성**totality은 어떤 사실이나 상황을 역사적·사회경제적·정치적·문화적 맥락에서 이해하는 것과 관계가 있다. 세계의 특정 국면을 알기 위해 우리는 그것이 품고 있는 인과관계나 다른 현상과의 연계성, 그 현상 유지로 인해 이득을 볼 인물들, 우리의 인간화와 비인간화에 영향 미치는 방식 따위에 관심을 기울여야 한다. 우리가 이런 물음들에 천착할 때, 우리가 정립해나갈 해답들은 사회의 제도적 구조에 의해, 우리 개개인과 계급의 역사에 의해, 우리의 심층 심리학에 의해, 우리의 인간관계망에 의해, 우리가 속해 있는 구체적 순간의 특정 세부 사항들에 의해 매개된다. **매개**mediation 범주는 우리가 의미를 구성해가는 주관적·객관적 힘들의 막을 걷어냄으로써 평소 "당연하다고 생각해온 것들"에 대해 의문을 제기한다. **내면화**appropriation의 범주는 인간 행위(우리 사회를 특징짓는 지배관계를 사람들이 어떻게 지속하면서도 동시에 바꾸려하는지)에 대한 우리의 태도에 주목한다. 이리하여 비판적 지식은 세계 변혁을 위한 인간 행위의 한계와 가능성을 밝혀내는 역할을 떠안는다. 끝으로, **초월**transcendence은 이론과 헌신을 통합한다. 그래서 우리는 지배를 인간 실존의 '법칙'으로 받아들이기를 거부하고, "소외와 억압을 유발하는 사회제도와 생활 형태에서 자유로운 사회"(Giroux, 1981, p. 122)를 우리의 지식을 활용해 건설하겠다고 주장한다. 그래서 분석의 한 양식으로서 변증법은 지식의 비판적 속성을 명확히 하고, 비판적 지식과 해방적 사회 변화 간의 연결 지점을 가리켜준다.


### 교육과 해방적 사회 변화


비록 프레이리가 "절대적 무지나 절대적 지혜 같은 것은 없다"(1973, p. 43)라고 주장하지만, 그 역시 억압받는 사회에서 사람들의 지식은 각기 다른 수준에 있다고 본다. 가장 많이 억압받으며 준변화불능적semi-intransitive[47] 의식 단계에 있는 사람들은 자신의 상황에 대한 파편화되고 편협한 인식을 갖고 있고 그 상황에 대해 변증법으로 사고하지 못한다. 따라서 그들은 삶의 조건이 그들 자신의 실패로 인해 야기되었다고 보거나 아니면 '신'의 뜻으로 돌린다. 보다 열린사회에 살고 있는 사람들은 "고

지식한 변화 가능적naive transitive 의식"을 자연스럽게 진전시킨다. 이들은 보다 넓은 맥락 속에서 원인을 보기 시작하지만 여전히 "인과관계는 고정되고 불변하는 사실"(Freire, 1973, p. 44)이라고 확신하며, 따라서 자신의 행위를 통해 변화시킬 수 있다고 생각하지는 않는다.

'피억압자의 교육학'이 극복해야 하는 주된 장애물 중 하나는 피억압자들이 스스로 자신의 지배를 받아들인다는 점이다. 프레이리는 이러한 '침묵의 문화' 이면에 있는 구조적·정의적·인지적 요인들을 탐구한다. 포르투갈 제국주의 치하에서 브라질 민중은 참여 민주주의를 경험하지 못한 채 지배질서를 내면화해왔다. 이러한 정서적 동일시는 억압자들이 창조한 신화에 의해 강화되었다. 억눌린 자들이 완전히 무지하고 무기력한 반면 억압자들은 전지전능한 까닭에 현재의 사회 상황을 유지시키는 것이 최선이라는 것이다. 그러한 상황에서 피억압자들은 그들의 조건을 숙명으로 받아들이려는 경향을 보인다. 그들이 경험하고 내면화한 인간관계가 억압자와 피억압자의 구분을 내포하기 때문에, 더 나은 삶을 향한 그들의 비전은 매우 개별화되어 있다. 그리고 억압자들을 제거하기보다는 그들의 비전 속에 참여시키려는 관점을 품는다.

하지만 프레이리가 주장하듯이, "준변화불능성의 개념은 시공간을 초월한 전능의 무엇에 압도당한 민중의 폐쇄성을 의미하지는 않는다. 그들이 어떤 상태에 처해 있든 민중은 열린 존재이다"(1973, p. 17). 프레이리에게 있어 **민중의 의식화**conscientização-비판적인 의식의 개발-는 이러한 희망의 매우 중요한 한 측면인데, 그는 변증법적이고 문제 제기적인 교육을 통해서만 이러한 의식이 출현할 수 있다고 주장한다. 행위는 성찰과 분리

---

47. 프레이리에 따르면 인간 의식은 크게 세 단계에 걸쳐 발전하는데, 준변화불능적 의식은 가장 낮은 단계의 의식이다. 이 의식은 폐쇄적이고 억압적인 사회 속에 길러지는데, 여기서 사람들은 생존의 문제에 급급하여 사회 현상이나 역사에 대한 인식을 전혀 갖지 않은 채 생물학적 수준의 개인 삶에만 매몰되어 있다. 이 단계 의식의 특징은 침묵과 숙명론적 사고로 요약된다.

될 수 없고 비판 교육이 비판적 지식을 개발하기 때문에, 프레이리는 민중이 해방적 사회 변화에 주체로 참여하게 함에서 교육이 결정적 역할을 한다고 본다.

미국 사회에서 교육을 통해 어떻게 사람들을 의식화로 이끌 것인가 하는 고민은, 준변화불능적 의식에 대해서와 마찬가지로 프레이리가 반대한 '대중화된massified'[48] 의식이라 일컫는 것을 극복하는 것에 초점을 둔다. 대중화된 의식을 지닌 사람들은 인간이 세계를 변화시키고 통제한다고 생각한다. 하지만 그들은 개인이 선택과 조작의 복잡한 상호작용을 통해서가 아니라 합리적이고 자유로운 선택을 통해서 행위를 한다고 믿는다. 프레이리(1970b)는 선진 기술 사회에서 전형적인 대중화된 의식이 어떻게 사람들의 생각을 사로잡는 주요한 요소로 작용하는지를 분석하기 시작한다.

> 과학과 테크놀로지의 기반인 이성은 기술 그 자체의 과도한 영향력하에 자취를 감추고, 그 자리에 미신을 만들어내는 비합리주의가 들어선다. …… 사람들은 세계와의 변증법적 연관에 따라 반응하기보다는 날마다 매스컴으로부터 접하는 처방에 따라 생각하고 행위 하기 시작한다. 대중사회에서는 모든 것이 미리 짜 맞춰져 있고 행동이 거의 자동화되어 있어서, 사람들은 "애써 자신을 조절할" 필요가 없기 때문에 자아를 상실해간다. …… 테크놀로지는 사람들이 숭배하는 하나의 새로운 신앙이 된다(pp. 49-50).

테크놀로지의 복잡성과 세탁기에서 워드프로세스에 이르기까지 테크

---

48. 현대 산업사회에서 사람들의 의식은 소수 엘리트에 의해 조작되고 지배되어, 스스로 생각하지 않고 판단도 그들에게 맡겨버린다. 이 과정이 '대중화(massification)'이다. 대중화는 비판적 의식을 획득하는 의식화(conscientização)와 대비된다(Freire, Education as the Practice of Freedom, 1974: 8).

놀로지가 빚어낸 일상생활 속에서 경이로운 구체적 변화들로 인해, 고도의 기술 사회에 대한 통제권은 '전문가들'에게 맡겨야 한다고 사람들은 믿게 된다. 따라서 미국 사회에서 비판 교육이 담당해야 할 바는 이러한 믿음에 맞서는 것이다. 교육을 통해 사람들에게 테크놀로지가 어떻게 작동하며 또 그것이 누구의 이익을 대변하는지를 보여주는 것이다. 또한 비판 교육은 이 사회가 말하는 '진보'니 '좋은 삶'이니 하는 것에 내포된 모순에 도전하고 폭로해야 한다.

고도로 산업화된 사회에서 '대중화'의 의미는 이데올로기와 헤게모니의 개념으로 설명된다. 이들 개념은 어떻게 대중화된 의식이 개발되고 영속되는지에 대한 분석을 명확하게 해주고, 교육이 그것을 어떻게 깨트릴지 알려준다. 켈너Kellner(1978)는, 칼 코르쉬와 안토니오 그람시의 저작에 기반을 두어, 헤게모니로서 이데올로기와 '이데올로기 영역'에 관한 이론을 개발하는데, 이 이론은 어떻게 이데올로기가 "반反자본주의적이고 대립적인 계기들—즉 이데올로기 투쟁과 사회 변화의 여지를 만들어내는 모순들"(p. 59)을 품고 있는지 설명한다. 켈너가 보기에 비판적 사고와는 대조적으로 이데올로기적 지식은,

성찰을 억누르는 경향이 있고, 경험의 완고한 속성에 편승하여 기존 사고의 변경을 저지한다. 비非이데올로기적 사고와 담론은 그것의 방법, 가정, 독트린, 목표에 대해 일관성 있고 체계적인 성찰과 비판을 행사한다. 그것은 사고를 경험에 연결 지으며, 사고에 대한 비판과 자기비판 그리고 수정을 허용하는 융통성을 꾀하며, 실천 속에서 끊임없이 사고를 검증해간다(p. 54).

'세계가 존재하는 방식'에 관한 아이디어와 이미지가 하나의 이데올로기를 구성한다. 이것들이 현재의 사회 상황을 "자연스럽고, 선량하고, 공

정한"(p. 50) 것으로 제시하면서 현상 유지를 위해 복무할 때, 헤게모니가 된다. 그러나 헤게모니 이데올로기는 단순히 지배계급에 의해 **강요받아** "어리석은 대중들"이 믿는 것이 아니다. 이러한 이데올로기들은 대중의 사고를 주조하기 위해 지배계급에게 위협이 되지 않는 범위 내에서 협상을 통해 **구성된다**. 이러한 과정으로 말미암아 헤게모니 이데올로기는 모순을 내포하여 도전에 직면하게 되는 여지를 남긴다.

켈너는 이러한 모순과 도전에 초점을 맞추고서, 그의 이론을 다양한 '이데올로기 영역(경제적·정치적·사회적·문화적 영역)'으로 세분화하여 정교하게 다듬는다. 이 이데올로기들은 자기 존재를 정당화하고 헤게모니를 획득하기 위해, 각 영역의 실천과 제도 그리고 관계망을 사고의 형태로 재생산한다(p. 58). 서로 다른 영역들 내에 있는 이데올로기들 사이의 긴장(예를 들면, 쾌락주의적 소비자 윤리 대 일부일처와 가족 윤리), 헤게모니 이데올로기 사이의 모순, 이 모든 것들은 평등주의 대 인종차별주의라는 이데올로기적 개념 형성을 돕는다. 헤게모니 이데올로기들을 통합하는 하나의 이데올로기가 없다는 사실은 교육의 입장에서 해방적 사회 변화를 촉진하는 비판 이론을 발전시킬 수 있는 가능성을 열어놓는다.


## 비판적 의식화를 위한 교육 내용과 방법

비판 교육학critical pedagogy을 개발함에 있어 우리는 내용과 방법 모두를 고려해야 한다. 해방적이지 않은 방법으로 제시된 해방적 내용은 비판적 통찰을 공허한 말잔치로 전락시킴으로써 학생들로 하여금 평소 당연한 것으로 생각해온 현실에 의문을 품게 할 수도 없고, 급진적인 변화에 헌신하고자 하는 영감을 불러일으키지도 못한다. 비판적 내용이 담겨 있지 않은 인본주의적 방법론은 학생들에게 편안한 느낌을 갖게 할 수 있을지는 모르지만 그들의 세계를 변화시키는 비판적 지식을 사용하는 주체로 서게끔 도울 수는 없다.

프레이리는 학생들의 삶에 의미를 주는 생각과 경험을 교사와 학생이 함께 찾아가는 과정을 통해 비판 의식을 위한 교육 내용을 개발해야 한다는 입장이 확고하다(1970a, p. 118). 이러한 "생성 주제들"은 변증법적으로 조직되고 "제시되어야 한다." 그래야 생성 주제들 간의 관계, 생성 주제가 시대의 사상과 희망, 가치, 도전을 아우르는 총체성과 연관을 맺는 지점, 생성 주제의 역사적 맥락, 생성 주제와 공동체의 관계, 생성 주제의 존재 이유 등을 명확히 할 수 있다. 오직 사람들이 생성 주제들을 비판적으로 알게 되고, 이들 주제들이 지배 이념을 지지하거나 반대하는 방식을 깨우침으로써만이 그들은 "비록 인간 역사 속에서 구체적인 사실로 존재할지라도, 비인간화는 주어진 운명이 아니라 불공평한 질서의 산물"임을 알게 된다(프레이리, 1970a, p. 28). 그때야 비로소 사람들은 그 질서를 변혁하기 위해 참여하고자 하는 의지를 품게 된다.

문해는 해방을 가르치는 교육과정에서 중요한 한 부분이다. 왜냐하면 읽기는 사람들로 하여금 그들의 삶이 세계에 의해 어떻게 형성되고, 또 세계를 어떻게 형성하는지를 보다 분명히 이해하려고 그들의 일상생활의 구체적인 직접성immediacy[49]과 거리를 둘 수 있게 해주기 때문이다(Freire, 1983, p. 11). 더구나 언어 공부는 정말 중요하다.

(생성 주제의) 조사 대상은 사람이 아니다(사람들이 해부학의 표본이라도 되

---

49. 헤겔은 "사유란 본질적으로 우리 눈앞에 바로 보이는 것에 대한 부정이다."라는 말을 남겼는데, 여기서 '눈앞에 바로 보이는 것'이 본문의 '직접성(immediacy)'에 해당한다. 우리 눈앞에 직접적으로 드러난 무엇은 흔히 '현상(appearance)'이라 일컫는 것인데, 비판적 사고란 현상과 거리를 두고서 현상 이면에 있는 본질적 측면을 파악하려는 사유 방식을 말한다.

는가). 생성 주제의 조사 대상은 사람들이 현실을 언급할 때 쓰는 사고 언어thought-language이고, 그들이 현실을 인식하는 수준들이며, 생성 주제들을 포함하고 있는 세계에 대한 사람들의 관점이다(Freire, 1970a, p. 86).

이러한 맥락에서, '낙인찍기labeling'에 대한 애플Apple(1979)의 분석은 억압받는 이들의 조건을 논의하기 위해 사용된 언어에 대한 연구가 어떤 가치를 가지는지 잘 보여준다. 그의 주장에 따르면, 교육 환경에서 사용된 낙인들은 억압받는 이들의 상황과 관계를 신비화함으로써 비판적 의식의 개발을 방해하며, 따라서 인과성이나 복잡성이 은폐된다는 것이다. 낙인은 '희생자들'을 비난하며 스스로 해결책을 찾도록 격려하는 데 주안점을 두는 동시에, 다른 한편으로는 낙인이 붙을 수밖에 없는 조건을 만든 광범위한 사회적·경제적·문화적 요인들에는 무관심하도록 만든다.

지배 언어가 현실을 비판적으로 인식하는 능력을 방해하고, 또 문맹이 세계를 객관화하여 세계에 대한 총체적이고도 사회역사적인 관점으로 바라보는 능력을 저해할 수 있기 때문에, 사람들이 어떤 근본적인 주제의 질문들을 품지 않을 수도 있다. 프레이리는 교사들이 주제를 추가하는 것은 아무 문제가 없다고 보았다. 왜냐하면 비판 교육의 대화적 속성상 학생들의 생각뿐만 아니라 교사들의 생각도 틀림없이 존중되어야 하기 때문이다. 프레이리와 그의 팀이 그들의 활동에 추가한 핵심 주제는 "문화의 인류학적 개념"이었다.

자연 세계와 문화 세계 사이의 차이에 대해 생각해보자. …… 문화는 인간의 손이 닿지 않은 세계에 인간의 노력이 더해진 것이다. 문화는 인간 노동의 결과이고, 창조에 창조를 거듭한 노력의 결과이다. …… 문화의 민주화란, 기록을 통한 의사소통의 세계에 핵심이 되는 읽기와 쓰기의 학습, 요컨대 세계 속에서 그리고 세계와 더불어 사는 주체로서의 인간의 역할을 말한다(Freire, 1973, p. 46).

이러한 이해와 더불어 민중은 자신이 이미 자연을 문화로 변혁하는 많은 행위들에 참여했다는 사실을 깨닫게 되며, 또한 "문화가 무엇인지를 이해함으로써 나아가 역사가 무엇인지도 이해하게 된다. 우리가 만든 적이 없는 자연도 바꿀 수 있는데, 왜 우리가 만든 제도를 바꿀 수 없단 말인가?"(Freire, 1982).

애플(1979)이 미국의 교육과정에 포함시키라고 제안한 핵심 주제는 '갈등의 본질'이다. 그는 다원화된 미국 사회에서 모든 집단(예를 들면 경영자, 노동자, 실업자)의 이해관계가 동일하며, 정책과 제도는 합의로 이루어진다는 이데올로기 때문에, 대중화된 의식을 비판적 의식으로 바꾸는 데 방해를 받는다고 주장한다.

> 이 이데올로기의 기본적인 가정은, 여러 집단들 사이의 갈등은 그 자체로 근본적으로 나쁘다는 것, 갈등과 모순을 사회가 가진 근본 동력으로 보기보다는 기존 제도의 틀 안에서 그것들을 제거하기 위해 노력해야 한다는 것이다(p. 87).

계속해서 애플은 "창조적인 변화를 촉진하고, 불의에 대한 관심을 촉구하는 것 같은 갈등의 긍정적인 측면을 공부함으로써, 학생들이 사회가 결코 정적이지 않다는 비판적 통찰을 발전시켜갈 것이라고 주장한다.

프레이리의 이론은 해방 교육과정의 내용으로 어떤 주제를 채택하든 간에 민중과 교사가 대등한 자격으로 이러한 사상을 함께 조사하는 방법에 관심을 가져야 한다고 주장한다. 비록 그의 방법론이 제3세계의 농민들을 위해 개발되었지만, 문제 해결식과 대조를 이루는 문제 제기식 교육에 대한 그의 관심(그는 '은행 적금식' 교육보다 대화적 교육에도 기여해왔다)은 미국의 교사들에게도 중요하다.[62]

프레이리 팀이 사람들과 함께 생성 주제를 토의했을 때 그들은 조사하면서 배운 것을 문제로 제기했다. 이들 문제들은 교과서 연습문제와 같은 명쾌한 답은 없지만, 학생들과 교사들이 대화와 단체 행동을 통해 반응하게 만들려는 의도를 갖고 있었다. 전통적인 문제 해결 교육과정은 학생들이 어떤 기술을 습득하게 하려고 현실의 특별한 측면들을 분리시키고 단순화한다. 프레이리의 문제 제기는 "종종 문제가 해결되지는 않지만 문제의 본질을 좀 더 잘 이해하는 것이 가능한" 실제 삶의 상황이 갖는 상호 연결성과 복합성을 밝히려는 의도를 갖고 있다(Connolly, 1981, p. 73).

게다가 프레이리의 문제 제기는 학생이 교사와 함께 대화하고 공동 조사를 하고자 한다. 프레이리는 '은행 적금식' 교육을 통해서는 사람들이 배울 수 없다고 주장한다. 이런 교육에서는 텅 비어 있다고 생각하는 학생들의 머릿속에 전문가인 교사가 지식을 예치해주고, 학생들은 미래의 배당금을 보증하기 위해 필요한 규칙들을 암기한다. 프레이리는 대화적 교육에선 교사가 무지를 숨길 필요가 없다고 강조한다. 모든 것을 다 아는 사람은 있을 수 없으며, 사람들은 조사 주제와 관련하여 저마다 다른 경험을 갖고 있기 때문에, 교사와 학생은 진정 서로 배울 수 있다. 대중 매체들이 '문해의 위기'를 미국 교육에서 '사고의 위기'로 바꿔치기를 하고 있다(Daniels, 1983, p. 5). 따라서 우리는 다음과 같은 프레이리의 지적을 강조할 필요가 있다(1982). "우리의 과제는 학생들이 생각하도록 가르치는 것이 아니다. 그들은 이미 생각하고 있다. 우리의 과제는 생각하는 방법들을 서로 교환하고, 대상의 탈코드화decodification에 접근하는 더 좋은 방법을 함께 찾아 나서는 것이다(1982)." 그러나 프레이리는 그의 대화

교육 개념이 교사들이 단지 "수동적이거나 우연적인 존재"임을 의미하지 않음을 강조하는 것을 빠뜨리지 않는다(1982). 교사는 학생들의 기존 인식에 도전하는 문제를 조직하고 제기하기 위한 주제를 찾으려고 학생들에게 귀를 기울인다. 교사는 또한 그들이 중요하다고 판단하는 주제들을 제시한다. 교사는 학습 환경을 전적으로 통제하는 "우월한 존재"가 되지 않고도 강력한 영향력을 행사할 수 있다.

> 조작manipulation의 반대는 허구적인 중립성이 아닐뿐더러 허구적인 자발성도 아니다. 지시적인 것의 반대는 비지시적인 것이 아니다. 이 또한 허구이긴 마찬가지다. 조작과 자발성 둘 다의 반대는 앎의 행위에서 학습자의 비판적이고 민주적인 참여이고, 그럴 때 그들은 주체가 된다(Freire, 1981, p. 28).

앞에서 논의한 프레이리 이론은 교사들에게 사회 변화를 위한 투쟁과 함께 교실에서도 그 실천을 이어갈 수 있는 방법을 찾으라고 말한다. '피억압자의 교육학'을 개발하기 위해, 프레이리는 우리가 가르치고 있는 지식의 반실증주의적 성질을 탐구해야 하며, 그러한 지식의 생산이 세계 변화의 언약과 행위를 강화하고 수반하는 방법들을 찾아볼 필요가 있다고 주장한다. 이 글의 다음 장은 프레이리의 이론을 활용하여 수학을 가르친 나의 경험에 관한 것이다. 프레이리 이론이 어떻게 비판적 수업에 정보를 제공할 수 있는지에 관한 사례 연구를 수행하기 위해 구체적이고 상세한 내용이 제시된다. 이들 내용은 또한 통계학의 비판적 지식이 대중화된 기술공학적 사회를 변화시키는 데 매우 중요하다는 믿음을 뒷받침해 준다.

## 수학 교사들을 위한 프레이리의 이론

모든 사람들은 어느 정도 자신의 실천에 관해 성찰해본다. 정신노동과 육체노동이 결코 완전히 분리될 수 없다. 폴리아Polya(1957, 1981)나 프레이리에 대해 한 번도 들은 적이 없는 수학 교사들조차도 학생들이 '평균의 표본분포'를 한 표본 내의 점수 분포와 혼동하지 않으려면 어떻게 설명할 것인가 하는 문제에 대해 고민할 것이다. 그러나 이론을 연구하는 것은 이러한 성찰의 성격을 심화시킨다. 특히, 나는 이론적 틀이 하나의 실천에 관해 생각할 때 고려하는 질문의 깊이와 형태를 변화시킨다고 믿는다. 프레이리의 이론은 수학 교사들로 하여금 수학 지식에 관한 반실증주의적 의미와 비판적 의식을 발달시키는 데 양적 추론의 중요성, 수학에 대한 불안이 지배적 이데올로기에 기여하는 방법들, 그리고 우리의 구체적인 커리큘럼과 비판적 의식 개발의 연결성을 증명하도록 만든다. 게다가 그의 이론은 구체적인 일상 교수 활동과 보다 넓은 이데올로기적이고 구조적인 맥락 사이의 상호 연관성에 관심을 집중하도록 함으로써 인간화를 위한 우리의 투쟁을 강화시킨다.

### 프레이리의 인식론과 기초 수학 및 통계학 지식의 의미[63]

대중매체와 대부분의 사회과학자들 그리고 '상식'은 수학적 지식이 중립적 사실들로 구성되어 있다고 가정하는데, 이 사실들은 세계와 상호작용하는 사람들에 의해 창조된 것이 아니라 발견된 것이라는 생각이다. 그런가 하면, 냉소주의자들은 통계학이 죄다 자족적인 거짓말이라고 주장한다. 이러한 두 관점과 달리, 프레이리의 분석은 수학적 지식을 생산함에 있어 주관성과 객관성 사이의 관계에 대한 성찰을 이끌어낸다.

'사회과학을 위한 통계학'과 같은 강좌는 자료를 수집하고 기술하거나 세계에 관해 결론을 내림에 있어 주관적 선택이 어떻게 이루어지는지를 검토할 많은 기회를 제공한다. 예를 들면, 맥스Max(1981)와 그린우드Greenwood(1981)는 정부가 국방비를 실제보다 훨씬 적게 보이도록 하는 방법을 알려준다. 이를테면 사회 서비스를 위해 할당된 연방 예산에 '신탁'금을 포함시켜버린다거나, 새 핵탄두 생산과 우주 프로그램, 퇴역군인 프로그램 같은 전쟁 관련 비용을 에너지 부처 예산(세상에 핵탄두를!)과 직접 수입 지불(퇴역군인들의 수입을!) 예산과 같은 비군사적 항목에 넣어 계산해버리는 식이다. 정부는 예산의 25%를 '국가방위'를 위해 쓰고 있는 것으로 추산한다. 맥스와 그린우드의 계산법에 따르면, '과거, 현재, 미래의 전쟁'에 예산의 57%가 지불된다고 한다.

앳킨스와 자렛Atkins and Jarrett(1979)은 추론 통계에 매우 일반적으로 사용되는 기법 중의 하나인 유의미 검사를 통해, 근본적으로 **피상적인 방법으로 어떻게 분명하고도 외형적으로 객관적인** 결정을 내릴 수 있는지를 보여준다(p. 103). 이러한 현상이 일어나는 한 가지 이유는 유의미 검사에서 '선호하는' 수치 결과가 이 연구에 사용된 측정이 유의미하다는 확신을 주지 못하기 때문이다. 예를 들면, 현대 통계학 이론의 발전에 중요한 인물인 칼 피어슨Karl Pearson은, 1925년에 유태인 아동들의 신체적 특징과 지능이 '통계적으로 유의미한' 차이가 있다는 걸 발견했고, 이로 인해 이 아동들의 영국 이주를 받아들여서는 안 된다는 결론을 내리게 된다(pp. 101-102). 그러나 이런 차이들이 명백히 환경에 기인한 것일 때 어떤 **실질적인** 의미가 있는가? 또한 확률의 성격은 불확실에 대한 통계적 추론(0.05 수준에서 유의미한 것으로 검증된 연구가설은 확실성에 대한 인상을 주지만, 반면에 그 가설이 거짓일 가능성도 5%가 있음을 의미한다)을 **요구한다.** 즉 종종 확률이 낮은 사건들이 발생한다. 유의미 검사들은 단지 연구자들에게 그들이 가설을 세운 사건이 **우연하게 일어난 것이** 아니라 합리적으로 (말하자면 95%) 확실한 것임을 보증해준다. 더구나 그 유의미 검사들은 많은 가능한 이론들 가운데 어느 이론이 그 사건을 설명한다고 결정할 수도 없다. 이를테면, 보편적으로 사용되는 현대 통계학 교재의 저자인 피셔R. A. Fischer는 카이스퀘어 검증 결과를 사용하여 이란성 쌍둥이 범죄자들보다는 일란성 쌍둥이 범죄자들의 범죄 빈도가 통계적으로 유의미할 만큼 높다는 결과를 보여줌으로써, 범죄가 유전적 요인 때문에 생긴다고 결론을 내린다. 그는 일란성 쌍둥이와 이란성 쌍둥이에 대한 사람들의 대우와 기대 같은 설명 가능한 다른 요인들은 무시한다(Schwartz, p. 28).

프레이리의 비판적 지식 개념은 여기서 더 나아가 우리로 하여금 통계학이 어떻게 중립적이지 않은지 탐구하게 할 뿐만 아니라, 왜, 그리고 누구의 이득을 위해 종사하는지도 탐구하도록 이끈다. 공식적인 통계학이 급진주의자들보다는 보수주의자들에게 더 유용한 것은 분명히 우연이 아니다. 유의미 검사의 기술적인 약점에도 불구하고, 많은 표준 사회과학 컴퓨터 패키지들이 측정에 편리한 절차가 부족하다는 것도 우연이 아니다. 달리 말해 통계적 준거와 **다른** 준거들로 평가할 수 있고 그리고 조사물 간의 비교를 쉽게 할 수 있는 유의미 검사에 대한 대안이 부족하다는 것도 또한 우연이 아니다.

반면에, 통계학 지식을 생산하는 수천 명의 공무원과 대학의 사회과학자들이 한결같이 지배계급에게 유리한 방법을 사용하도록 **강요받지는** 않는다. 통계학 역사를 검토해보면, 통계학 지식이 지배계급에 의해 통제되는 방식으로 우리 사회의 조건 속에서 '자연스럽게' 생겨났다는 걸 쉽게 이해할 수 있을 것이다. 쇼와 마일스Shaw and Miles(1979)는 상업의 확대와 변화하는 국가 요구에 따라 통계지식이 어떻게 개발되는지 추적하였다. 16세기 런던에서 시장의 성장으로 도시가 혼잡해지고, 전염병이 확산되는 기후가 되면서 도시가 최초로 사망자 통계를 집계하게 되었다. 이러한 통계학이 발달하면서, 통계학자들은 지배계급에 더욱 유용한 존재가 되었다. 이를테면 윌리엄과 매리 정부는 다양한 연령 집단의 평균 수명에 관한 통계를 사용함으로써 생활연금의 규모를 계산할 수 있었기 때문에, 대對 프랑스 전쟁에서 사용한 대출금을 생활연금으로 갚을 수 있었다. 19세기 산업 자본주의의 등장은 국가로 하여금 통계학 지식의 확장과 중앙집중화를 포함하여, 민간 산업이 번창할 수 있는 조건들을 제공하는 데 큰 역할을 맡도록 이끌었다. 이런 흐름의 한 결과로, 1832년에 무역위원회의 통계부가 영국의 '부, 상업, 그리고 산업'에 관한 자료들을 수집하고 조직하는 책임을 맡게 되었다.

지루(1981)의 매개mediation 범주는 이런 지식의 생산에 영향을 미치는 구조적인 요인들과 개인적인 요인들의 결합에 우리가 관심을 기울이도록 함으로써, 이러한 역사적 분석을 더욱 촉진한다. 하나의 요인은 조직의 '효율성'과 연관되는데, 이 효율성에서 행정 시스템이 원래의 목적과 다른 부산물로 통계를 생산하는 경우가 있다. 이를테면 영국에서 실업률 통계는 직업안정국이 보유하고 있는 기록에 근거하고 있는데, 여기에 등재되지 않은 노동자들은 공식적인 보고에서 빠져 있었다(Hyman and Price, 1979). 또 다른 요인으로 통계적으로 유의미한 결과들을 보여주는 논문들만 게재하는 학회지와 논문을 많이 발표한 교수들에게만 정년을 보장해주는 대학들이 사회과학자들에게 행사하는 압력을 생각할 수 있다. 이것은 '자연스럽게' 통계적으로 유의미하지 **않은** 결과들은 보고되지 않는 결과를 낳는다. 그래서 한 연구자가 **우연히** 통계적으로 유의미한 결과를 발견하고 출판하지만, 동시에 같은 문제를 연구하는 다수의 다른 연구자들은 통계적인 유의미성을 발견하지 못할 수 있다. 하지만 그들의 연구가 출판되지 않기 때문에, 연구 결과들 사이의 충돌은 일어나지 않는다(Atkins and Jarret, 1979).

통계학적 지식이 '선택적 친화력selective affinity'을 사용해 지배계급의 이해관계를 지지하는 결과를 낳는 여러 문제들을 내포하고 있지만, 지루의 내면화appropriation 범주는 그럼에도 사람들이 통계학으로부터 배울 것이 무엇인지에 관심을 갖는다. 이것이 가능한 이유는 통계학적 지식이 저변에 깔린 이해관계와 자료 수집 방법, 기술, 추론을 검토함으로써, 그리고 통계학적 지식과 더불어 역사적·철학적, 그리고 다른 이론적 통찰들을 고려함으로써 비판적으로 분석될 수 있기 때문이다.

마지막으로 지루의 초월transcendence 범주는 우리가 현 통계학을 비판할 뿐만 아니라, 인간화와 일치하는 어떤 새로운 지식을 생산할지도 탐구해야 한다고 주장한다. 이러한 노선을 따라, 그리피스와 어빈, 마일스 Griffiths, Irvine and Miles(1979)는 새로운 통계학적 기법이 개발될 수 있다고 주장한다. 이를테면 상호작용적 조사는 응답자를 고립된 수동적인 객체로 다루는 대신, 그들의 삶을 향상시키기 위해 수집한 정보를 어떻게 사용할지에 대해 분석하는 참여자로 만들 수 있다. 나아가 쇼와 마일스 (1979)는 해방적 사회의 통계학을 이렇게 가정한다.

> 우리는 회계를 금전과 수익의 관점에서 사회적 필요의 관점으로 대체해야 한다. 우리는 관료주의 피라미드의 최고위직들이 제시하는 사회적 목표를, 모든 집단행동에 대해 민주적인 자기 통제력을 발휘하는 사람들이 정의하는 사회적 목표로 대체해야 한다. 그때 우리는 우리의 필요와 목표들을 측정하는 새로운 방법을 요구하게 되고, 이 필요와 목표들은 금전의 가치나 상명하달의 기준들로 축소되기보다는 더 넓은 다양성을 표출하는 것이어야 한다(p. 36).

## 수학 교육과 해방적 사회 변화

프레이리의 이론을 수학 교육에 적용시키는 과정에서 우리가 주목하는 부분은 다음과 같다. 현재의 주류 수학 교육이 어떻게 헤게모니 이데올로기를 지지하고 있는가? 수학 교육이 헤게모니 이데올로기를 어떻게 강화하고 있는가? 비판적 수학 교육이 어떻게 학생의 비판적 이해력을 발달시키고 비판적 행위로 이끌게 할 것인가?

이 사회의 헤게모니 이데올로기를 받아들임에 있어 중요한 한 요소는 대중이 선진 산업사회에서 이러한 이데올로기의 중요한 버팀목으로 기능해온 수학적 신비화 기제에 의문을 품지 않는 점이다. 이를테면 수학적으로 문맹인 사람들은 사회 복지 프로그램으로 인해 자신의 생활수준이 하락된다고 설득당하는데, 이것이 가능한 이유는 그들이 부자들을 위한 '복지'가 빈자들에게 주어지는 빈약한 보조금을 왜소화하는 비밀을 파헤치기 위해 통계를 검토하지 않을 것이기 때문이다. 예컨대 1975년 4인 가족의 소년소녀가장 가정에 지급되는 보조금의 상한치가 5,000달러였음에 비해 가장 부유한 16만 납세자들의 탈세액이 1인당 평균 4만 5,000달러였다(Babson & Brigham, 1978, p. 37). 그런가 하면 1980년에는 5억 1,000만 달러의 세금이 신설 공항에 투입되어 민간 조종사들이 거대한 상업 공항에 자기네 비행기를 착륙시키지 않도록 하였다(Judis & Mberg, 1981, p. 22). 더욱이 통계학 지식이 객관적이고 탈가치적일 것이라는 대중의 오해는 그러한 데이터에 대한 의문을 차단한다. 마르쿠제(1964)가 논하듯이,

이 사회에서 신비화 기제는 비이성보다는 이성을 통해 효과적으로 이루어진다. 이를테면 상호 전멸이라는 심각한 문제에 대한 과학적 접근(살인과 과잉 살인의 수학과 계산, 방사성낙진의 확산치 및 비확산치의 측정……)은 그 광

기를 받아들이는 행동을 촉진하는(심지어 요구하는) 만큼의 신비화를 획책한다. 그리하여 그것은 진정으로 이성적인 행위, 즉 거기에 따라가기를 거부하거나 그 광기를 만들어내는 상황으로부터 벗어나려는 노력을 방해한다(pp. 189-190).

전통적인 수학 교육은 헤게모니적 사회 이데올로기, 특히 지루가 말한 '구조화된 침묵structured silence'을 지지한다. 식료품비 총액과 같은 사소한 수학 통계조차 식품비 지불은 당연한 것이라거나 사회는 오직 식료품가게에서 사람들이 식량을 구입하는 방식으로 조직될 뿐이라는 이데올로기 메시지를 전달한다. 또한 학생들이 수학적 능력을 자기 스스로 평가하도록 요청받을 일은 거의 없다. 나는 학생들에게 만약 그들이 정답지를 이용하거나 타인의 도움을 받아 자신의 과업을 체크하는 것은 기만적인 행위라고 설득하는데, 학생들은 어떤 구체적인 주제가 그들에게 어려움을 주는 것을 분석할 경험을 갖지 못한다. 과거에 과제를 이행할 수 없을 때, 학생들은 상투적인 당혹감을 표출하거나 자기 학습 통제권을 교사에게 떠넘겨 자신에게 필요한 복습거리가 무엇인지 '진단'받고자 했을 뿐이었다. 이것은 '전문성'에 관한 헤게모니 이데올로기를 강화한다. 전문성이라함은, 어떤 사람들이 상당량의 지식을 갖고(즉, 소유하고) 있는데, 이 지식들은 그들만이 획득할 수 있으며, 그들은 "규칙을 따르는 이들에게만" 그 지식을 나눠 준다는 것을 골자로 한다.

미국에서 비판적 수학 교육이 극복해야 할 장벽 가운데 하나는 수학에 대한 대중의 '불안'이다. 프레이리가 강조하듯이 상황의 존재 이유를 깨닫지 못한 대중은 자신의 착취를 숙명적으로 '수용하며', 교사와 학생은 '수학 불안math anxiety'의 원인을 비판적 수학 교육을 진전시키기 위한 일부분으로 품어야 한다. 그러한 상황(무의미한 암기 학습 지도를 통해 더욱 확장된 암기를 요구하는 것이나, 우리가 일상생활 속에서 이용하는 수학과 연결되지 않는 탈동기적인 적용)에 대한 교육적 명분은 대중이 '자연스럽게' 수학을 회피하는 상황을 파생시킨다(Hilton, 1980). 학생들과의 토론 덕분에 나는 학습에 관한 오해라는 측면에서 이들 교육적 명분에 관해 다시 생각할 수 있었다. 한 가지 오해는 학습에 있어 집단 과정group process에 관한 것이다. 학생들은 흔히 집단에 기여하기 전에 자기 스스로 문제를 풀 수 있어야 한다고 생각한다. 그들은 개인이 혼자서는 풀 수 없는 문제들을 집단적으로 해결할 수 있다는 사실을 모른다. 또 다른 오해는 "오답은 전적으로 잘못된 것이며, 그것에 대한 분석을 통해 배울 수 있는 것은 아무것도 없다"는 사고방식이다(Frankenstein, 1983).

'수학 불안'의 원인을 심도 있게 이해하기 위해서는 우리 사회의 구조와 헤게모니 이데올로기가 어떤 집단은 다른 사람들보다 이러한 '불안'의 영향을 더 많이 받게 하는 결과를 초래하는가 하는 문제를 검토해봐야 한다. 수학 불안에 대한 깊은 이해는 사람들이 어느 정도 스스로 수학적 무력감 속에 빠져 있다는 것을 인정하는 것도 포함한다. 1983년 벡위스Beckwith는 연구 결과에서 다음과 같이 썼다.

> 수학적 훈련과 태도에 있어 성별 차이는…… 아무 제약이 없는 상태에서 순전히 정보에만 근거한 선택의 결과가 아니다. …… 이것들은 많은 미묘한 동인, 즉 제한점, 고정관념, 성역할, 부모-교사-또래의 태도, 그리고 서로 다른 문화적·심리학적 긴장들의 결과이다(Ernest et al., 1976, p. 611).

후속 연구가 이루어지길 바란다. 구체적으로, 인종과 계급을 기반으로 한 차별 대우가 어떻게 '수학 불안'이나 수학 회피와 연결되는지 조사해볼 필요가 있다. 또한 수학 불안에 관한 연구가 왜 하필 성별과 수학 학습 사이의 연관에만 초점을 맞추고 있는지 탐구해보아야 한다.

성차별주의와 인종주의 그리고 계급주의의 영향과 더불어 '소질 aptitude'(수학과 관련하여, 몇몇 사람들만이 '수학적 머리'를 지니고 있다는 믿음)에 관한 헤게모니 이데올로기도 분석해야 한다. 남성이 더 많은 '수학적 소질'을 지니고 있다는 여성의 믿음에 관한 연구는 이루어져왔다. 토비아스Tobias(1978)는 수학 교과서에 담긴 내용과 이미지 속에 숨어 있는 메시지를 조사한 연구 결과에 관해 논하며, 벡위스(1983)는 남자아이가 수학적으로 우월하다는 아동의 인식에 미디어가 미치는 영향에 관해 언급하고 있다. 그러나 낙인에 관한 토론에서, '수학 불안'이라는 용어가 미치는 영향에 관한 엇갈리는 주장에 관해 더 깊이 있는 연구가 이루어져야 한다고 애플은 제안한다. 처음에 학생들은 수학에 대해 자신이 품는 감정이 너무나 당연하기 때문에 교육자들이 "그런 낙인을 붙이는 것"을 아무렇지 않게 생각한다. 그러나 사실 이러한 낙인은 개인의 '수학 불안'을 발생시키는 사회적 배경보다는 개인적 실패에 문제와 해법의 초점을 맞춘다.

비써렛(1979)은 "사람들 사이의 본질적인 차이가 정신 현상의 다양성을 미리 결정지어버린다"(p. 2)는 믿음을 뒷받침하기 위해 언어가 이데올로기적으로 기능하는 이치에 대해 논한다. 그녀의 분석은 소질에 관한 이러한 이데올로기가 어떻게 사람들에게 주어진 사회 구조가 '당연하다'거나 '불가피하다'는 믿음을 주입하는지를 밝힘과 아울러 '수학적 머리'라는 이데올로기의 이면에 있는 복잡한 요인들을 들춰내기 위한 후속 연구를 제안한다. 비써렛은 이 이데올로기가 계급적 언어class-specific language로 귀결될 것이기에 우리는 이 언어가 어떻게 피지배 집단으로 하여금 마치 자신이 '수학적이지 않은 마인드'를 갖고 있는 것처럼 믿고 행동하게 만드는지를 심사숙고할 필요가 있다고 주장한다.

비판적 수학 교육은 학생들에게 이러한 헤게모니 이데올로기에 의문을 품을 것을 촉구한다. 이것은 학생과 교사가 '공동 조사자'가 되고 수학을 '불편해하는' 학생들이 두려움을 이겨내는 학습 경험을 통해 이러한 이데올로기들의 표면 아래에 있는 모순을 폭로하는 통계학을 이용함으로써 가능하다. 나아가 비판적 수학 교육을 통해 이러한 의문을 실천으로 이어지도록 할 수 있는데, 이는 조직적인 대중 집단이 사회 변화를 위한 투쟁에서 통계학을 이용하는 방법을 보여줌으로써, 학생들이 참여를 희망하는 그러한 지역 집단들에 관한 정보를 제공함으로써 가능하다. 무엇보다 비판적 수학 교육은 마르쿠제(1964)의 다음과 같은 조언을 진지하게 받아들여야 한다.

문제는 경험 사회학[50]과 정치학에서 사용하는 통계나 측정, 현장 연구가 그리 합리적이지 않다는 것이다. 이것들은 팩트를 만들거나 자기 기능을 결정짓는 매우 구체적인 맥락과 동떨어져 있는 만큼의 신비화를 획책한다. 조사 대상이 된 공장과 상점, 연구 대상이 된 도시들, 여론 투표나 수량화 대상이 된 지역과 집단은 구체적인 맥락과는 판이하게 다르며 또 구체적인 맥락보다 훨씬 협소하다…… 특정 주체가 그 현실적 중요성을 획득해가는 이 현실적인 맥락은 오직 사회 이론을 통해서만 규명될 수 있다(p. 190).

---

50. 경험 사회학(empirical sociology)은 자료의 수집과 통계에 의존하는 사회학의 한 형태로 철학적으로 실증주의에 맞닿아 있다. 이 인용문의 전체 맥락은 양적 연구에 기초한 수치놀음이 사회 현상을 정확히 설명해주지 못한다는 것을 말하고 있다. 복잡다기한 사회 현상은 실증주의가 내세우는 통계치보다는 사회 이론을 통해서만이 설명될 수 있다는 것이 마르쿠제의 관점이다.

## 비판적 수학 교육의 내용과 방법

프레이리 이론을 비판적 수학 교육에 적용하기 위해 우리는 수학적 지식의 의미에 대해 생각해본 다음 우리 학생들의 '생성 주제'를 명료화하고자 한다. 대부분의 학교에서 교사는 자신의 학생들을 잘 모르는데, 프레이리의 팀들도 그들이 가르치는 공동체에 대해 잘 몰랐다. 하지만 교사는 학습 활동에서 그들의 관심을 끄는 것이 무엇인지, 학업 외 활동에서 그들의 흥미를 끄는 것이 무엇인지, 그들이 더 깊이 알고자 하는 주제가 무엇인지 학생들에게 질문할 수 있다. 이러한 토론을 통해 교육과정의 출발점을 정할 수 있다. 이어지는 교사의 노력은 학생들의 이슈를 관련 헤게모니 이데올로기와 연결 짓는 것으로 향할 것이다. 어떠한 주제도 그렇게 연결될 수 있다. 이를테면 예술은 '격조 높은 지식'이라는 이데올로기, '취향' 또는 문화 적응과 관련한 이데올로기에 대한 탐구로 연결될 수 있다.[64]

덧붙여, 비판적인 통계학 지식과 마찬가지로 대부분의 기초 수학과 통계 기술 및 통계 개념 또한 헤게모니 이데올로기를 지지하는 모순에 도전하는 공부를 통해 터득할 수 있다.[65] 예를 들면, 맥스(1981)와 그린우드(1981)가 연방 예산에서 차지하는 군비 비율을 비판한 자료는 백분율과 원그래프 공부에서 활용할 수 있다. 또한 학생들은 비판을 제기하는 방법이나 연구와 발제 대상 영역에 관해 토론할 수 있다. 학생들이 비판을 제기할 때 원原자료나 백분율, 그래프 가운데 무엇을 이용할 것인가? 학생들은 우주계획이 '과거-현재-미래 전쟁' 비용의 측면에서 숙고되어야 한다는 맥스의 견해에 동의하는가? 미국 사회가 부자들을 위한 복지국가임을 입증하기 위해 통계를 어떻게 제시할 것인가를 논하다 보면 저절로 계산 문제를 다루게 된다. "최고 갑부 16만 명의 1인당 탈세액이 4인 가구가 최고로 받을 수 있는 아동 부양 세대 보조금AFDC의 9배가 된다."고 할 때, 세금 누수액을 계산하기 위해 학생들은 나눗셈을 해야 한다. 맥스의 동일한 자료가 그 엄청난 금액이 의미하는 바에 관해 학생들에게 가르침을 줄 것이다. 학생들은 16만 명의 부자들이 내지 않은 천문학적인 세액 (72억 달러)이 연방정부의 국고에 정상적으로 들어왔을 때 그 돈이 얼마나 유용하게 쓰였을 것인가 하는 점을 곰곰이 생각해볼 수 있다. 마지막 예로, 그레이Gray(1983)는 소송 사건에서 카이자승이나 회귀분석 같은 유용한 통계기법을 쓸 수 있다는 제안을 한다. 구체적으로, 그러한 통계기법은 배심원단 선정에서 "무작위 추출, 즉 무차별 선택의 가설은 너무 허구적이어서 어떤 대책이 보완되어야만 한다."(p. 72)는 각성을 촉구한다.

헤게모니 이데올로기에 도전하는 공부를 통해 교실에서 수학적 기술이나 개념 따위를 배우는 것도 중요하지만, 학생들은 통계로부터의 성찰을 사회 변화를 위한 행위와 결합함으로써 많은 사회단체와 연대해서 행동할 수 있다. 보스턴에 있는 인간의 기본 욕구를 위한 연맹Coalition for Basic Human Needs은 빈곤층 복지 대상자를 위한 품위 있는 삶의 조건을 위한 투쟁 전술로 통계학을 이용한다(예를 들면, 매사추세츠 주요 도시의 실질적 주거비용은 아동 부양 세대 보조금을 능가한다). 국제기계기술자연합은 통계학자들에게 "군비 지출이 기계 기술자 노동조합에 미치는 영향"에 관한 보고서를 제공하는데(Anderson, 1979), 거기엔 "군사 예산이 상승할 때 납품 계약 건수도 올라가지만 방위산업체 기술자들의 일자리는 서서히 하락한다."(p. 1)고 적혀 있다. 런던 소재 언론인 단체와 노조 활동가들, 통계학자들로 구성된 정보 제압 서비스Counter-Information Service, CIS는 회사 노동자들이 요청해오면 각 회사의 공식 통계 자료에 담긴 정보를 바로잡아

---

51. Rio Tinto Zinc(RTZ): 영국과 오스트레일리아의 다국적기업으로 세계 최고의 광산 및 자원 업체.

준다. CIS는 해당 회사의 통계를 비판적으로 분석한 "반론-보고서"를 발표한다. 이를테면, 포드사에 대한 반론 보고서는 포드가 웨스트 저면 사업이나 영국 공장에 대한 자사의 수익 가능성을 부풀려왔음을 입증하기 위해 해당 회사의 통계 자료를 이용하였다. 영국 노동자들은 독일 노동자에 비해 근로 조건 요구에 있어 호전적이기 때문에 포드사는 근거 없이 낮은 실적을 앞세워 영국 노동자들을 협박하기 위한 날조된 통계치를 이용했다. 또 다른 예로, 리오틴토징크RTZ사[51]에 대한 반론 보고서에서 CIS는 수익의 42%가 남아프리카에서 나왔으나 그곳에 투자된 자산 규모는 7.7%밖에 안 된다는 해당 회사의 자료를 이용했다. CIS는 별도의 추가 정보를 확보한 뒤, 이 높은 수익은 RTZ 흑인 광부들의 저임금에 직접 기인한다는 것을 밝혔다.

이러한 수학적 사례들로부터 학생들은 기존의 "당연하다고 생각한" 믿음을 다시 생각하게 되며 그와 동시에 세상을 향해 품는 의문의 폭과 깊이는 한층 심화된다. 군수업체와 민간업체가 일자리에 투자하는 비용을 비교하고 난 다음에는 누구나 다른 정부기관의 지출 비용에 대해서도 의문을 품기 마련이다. 이를테면 에너지 보존이나 원자력을 위해 돈을 쓰면서 더 많은 일자리가 창출되었는가 하는 것이다. 더욱이 학생들은 교사와 협력하여 수학 교육과 사회 변화에 관한 이론을 배우거나 재창조함으로써 이데올로기 일반에 대한 비판 능력을 키울 수 있다.

프레이리의 방법론은 학생 중심 수업이라는 점에서 상당 부분 인본주의적 아이디어와 공통성을 띠지만 그의 아이디어들은 **의도**intent라는 차원에서 인본주의적 방법을 뛰어넘는다. 프레이리의 방법은 학생들을 존중하는 그렇고 그런 교사들이 쓰는 기법에 그치는 것이 아니다. 그것은 인간화를 위한 투쟁 속에서 새로운 사회적 관계를 발달시키는 과정의 일부로서 의도된다. 프레이리의 방법론은 수학적 배경지식이 크게 다른 학생

들을 어떻게 자신들의 '생성 주제'와 연관된 통계를 실천적으로 공동 조
사하게 할 것인가 하는 쪽으로 수학 교사들의 관심을 향하게 한다. 그것
은 또한 학생들이 삶 속에서 만나는 수많은 양적 자료의 세례 속에서 코
드화된 문제들을 학생들 스스로 탈코드화하는 능력을 길러주기 위해 교
사가 어떻게 할 것인가를 고민하게 한다.

흑인 가정과 백인 가정 소득의 중앙치(1969~1977)

|  | 1969 | 1972 | 1974 | 1975 | 1976 | 1977 |
|---|---|---|---|---|---|---|
| 흑인 가정 | $5,999 | 6,864 | 8,006 | 8,779 | 9,242 | 9,563 |
| 백인 가정 | 9,794 | 11,549 | 13,408 | 14,268 | 15,537 | 16,740 |

극히 초보적인 수준에서 시작하여 학생들의 주제에 대한 통계학적 측
면을 탐사함으로써, 비록 학생들이 아직 문제를 해결할 수 없을지라도 그
들로 하여금 주어진 데이터에 대해 문제를 제기하게 함으로써, 교사와 학
생은 **진정으로** 공동 연구자가 된다. 제기된 많은 주제들에 대해 수학 교
사들이 이전에 조사해본 적이 없을 가능성이 많기 때문에 학생들은 교
사와 학생이 공동으로 조사해야 한다는 제안을 할 것이다. 이를테면, 이
전에 인종주의에 관한 주제를 제기한 학생들과 소득 관련 도표를 이용하
여 대화를 열어갈 수 있다. 시작 단계에서 학생들에게 도표의 요점이 뭔
지 물어볼 수 있고, 학생들은 연습 문제를 통해 수 비교, 뺄셈 또는 퍼센
트 구하기를 익힐 수 있다. 조사 활동이 무르익어가면서, 인종주의 주제
를 잘 다루고 있는 다른 통계 자료가 없는가(예컨대 인종별 모계 혈통 사망
률 비교, 인종별 실업률 비교, 라틴계와 흑인 및 백인의 비교) 하는 문제를 떠
안는 과정에서 학생들과 교사는 대등한 관계가 된다. 제도권의 양상을 폭
로함에 있어 인종주의에 관한 개인적 사례와 대비되는 통계학의 중요성
이 드러난다. 학생과 교사가 보다 깊이 있는 협력 조사를 펼쳐가는 과정

에서 주제를 명료화하기 위해 고급 통계기법을 구사하는 사회과학 공부를 하게 된다. 이를테면 라이히Reich(1978)는 인종주의가 흑인 노동자와 백인 노동자 모두에겐 저임금을, 자본가 계급에겐 고수익을 초래한다는 것을 보여주려고 인종주의와 관련한 여러 가지 통계 자료와 백인 소득 사이의 상관 계수를 활용한다. 끝으로, 어떠한 주제 조사도 부수적인 관련 자료를 많이 확보할 필요가 있다. 이와 관련하여 라이히는 다음과 같이 언급한다.

> 인종주의에 관한 단순한 경제학은 인종주의가 자신의 경제적 이익에 아무런 보탬이 되지 않음에도 왜 많은 노동자들이 그토록 격렬한 인종주의자가 되는지 설명하지 못한다. 경제학과 무관하게 인종주의는 불평등과 소외, 무기력을 합리화하는데, 이 합리화는 자본주의 체제를 유지하기 위해 필요하다. …… 인종주의를 통해 가난한 백인들은 자신의 빈곤이 자기네 일자리를 앗아가는 흑인들 때문이라고 믿으며, 그리하여 저임금 체제를 유지하기 위해 자본주의사회에서 소득 불평등은 상존할 수밖에 없다는 사실을 은폐한다(p. 387).

또한 위의 사례는 통계 자료의 해석 과정에서 대화적 분석이 학생들로 하여금 비판적 지식 생성에 필수적인 차분하고 신중한 사유를 실습하도록 돕는 이치를 보여준다. 이 실습은 학습 과정을 성찰하는 기회와 결합될 때 학생들이 자립적 학습자로 성장하도록 돕는다. 그러한 기회들은 학생들을 평가에 참여시킴으로써 생겨난다. 이를테면 학생들은 검토 문제에 매달릴 때, 잠재적인 실수를 유발하는 단서들을 찾아낼 수 있다. 그렇게 함으로써 학생들은 용기를 갖고 자신의 오해 지점을 정확히 찾아내고 각 문제별로 자신의 이해 수준을 파악할 수 있다. 학생들은 "~에 관해 혼동했기 때문에 오답", "답은 맞았지만 방법이 불확실함", "다른 사람을 가르칠 수 있을 정도로 잘 이해함", 이 셋 중 하나를 선택할 수 있다. 또한 학생들은 명료성과 난이도, 다른 사람(학생과 교사)들의 문제에 대한 관심도 등을 평가함으로써 문제 제기에 관한 많은 것을 배울 수 있다. 끝으로, 학생들에게 수학 일기journal를 꾸준히 쓰게 함으로써 자신의 학습 과정을 성찰하게 하는 것도 유용한 방법이 될 수 있다. 일기는 수학에 관한 학생들의 감정을 환기시키는 역할과 너무 자주 자신의 성공을 과소평가하며 자신이 할 수 없는 것만을 의식하는 학생들을 위한 학업 진전의 구체적인 기록지 역할을 할 수 있다. 수학 일기는 학생들이 한 달 전에는 불가능하다고 생각했던 것을 지금은 성취할 수 있다는 깨달음을 갖게 한다. 일기를 통해 학생들은 어떤 학습 기술이 주효한지 그리고 왜 그러한지를 분명히 알게 되며, 격려 혹은 대안적 접근법을 제공하는 교사나 동료 학생들을 통해 개인적 피드백을 받을 수 있게 된다. 또한 일기는 학생들이 교사와 함께 커리큘럼 입안에 참여하는 또 다른 방법이 될 수 있다. 자신의 학습이나 반응에 관해 학급 동료들에게 말해줌으로써 미래의 수업에 반영되도록 한다. 아래는 우리 학생이 작성한 일기의 한 예이다.

6차시 수업  바로 전 일기에서 "다음 수업 시간을 맞이할 각오가 되어 있다."는 말로 끝맺었던 것으로 기억한다. 예전에는 그렇지 않았다. 이 수업이 처음 시작되었을 땐 피곤하고 지겹기만 했다. 대수학 수업에서 사람들과의 관계에 대한 내 감정을 통제할 필요가 있다. 나는 내가 애써 풀고 있는 문제들을 다른 사람들은 쉽게 풀 것이라는 느낌에 사로잡혀 있었다. 만약 내가 이해한다면 다른 사람들도 당연히 이해할 것이라 생각하는 것이다. 몇몇 문제들은 내가 해결하기 어려운 것들이었다. 하지만 나는 거기에 대해 아무 말도 하지 않았다. 내가 바보처럼 보일까 봐 두려웠고 사람들의 말을 이해하지 못하겠다고 말하기가 싫었기 때문이다. 마침내 나는 사람들이 나를 어떻게 생각할까 하는 감정들을 이겨나가기 시작했으며 내게 던지는 질문에 보다 면밀한 주의를 기울이기 시작했다. 나는 점점 더 잘 이해하기 시작했으며, 어느 순간 질문하고 싶을 때 질문을 해서 내가 원하는 답을 들었고, 마침내 나는 그게 그리 어리석은 짓이 아니란 걸 깨달았다.

나는 학생의 일기 여백에 "사람들과의 관계 문제를 이겨내기가 쉽지 않은데, 마침내 당신은 다른 사람들이 당신의 문제에 인내해주기를 당당하게 원하게 되었군요."라는 촌평을 남겼다. 덧붙여, 만일 그 여성이 다른 학생들을 향해 그들이 혼란스러워하는 문제가 정확히 뭔지 직시하도록 돕고 싶다는 의사를 표명했더라면 더욱 흥미로웠을 것이라는 제안을 했다. 또한 나는 그가 구사한 '어리석다'는 낙인찍기 어법에 이의를 제기하는 한편, 학습 과정에서 그가 보여준 통찰력에 대해 칭찬했다. 나는 집단적 배움을 통해 우리가 무엇을 배울 수 있는가에 관한 토론을 소개하는 한 방편으로 그 여성에게 자신의 글을 학급 전체를 향해 읽어줄 수 있는지 요청하는 것으로 끝맺었다. 이 일기로부터 나는 문제 제기를 통해 우리가 많은 것을 배울 수 있다는 사실을 깨닫기 위해 토론이 정말 중요하다는 것을 알았다.


## 결론

우리가 교육 활동을 전개해가고 있는 미국의 상황은 프레이리가 자기 이론을 발전시켜온 문화권의 상황과는 많이 다르다. 이 글에서 나는 미국 학교에서 교육 행위를 하는 사람들에게 프레이리 이론이 우리의 실천에 도움을 줄 수 있는 많은 통찰력을 함축하고 있다는 것을 알리고자 했다. 여기서 내가 제기한 문제는 우리 상황 속에서 실천하면서 발생하는 문제들로서, 이것들은 프레이리 이론 영역에서 우리가 더 발전시켜야 할 것들이다. 그 문제 속에는 학생들의 역할과 책임, 교사의 압박감, 대중화에서 비판적 의식화로 나아가는 학생 변화의 복잡성, 비판적 의식의 맹아와 급진적 사회 변화와의 연결고리의 희박성이 포함된다.

프레이리는 학생들이 당연한 것으로 믿는 것에 의문을 갖게 하려는 교사의 책무성에 초점을 두는 한편, 이 과정에서 학생들은 교사와 '공동 탐구자'가 되어야 한다고 한다. 그렇다면 학생들에겐 어떤 책임이 부과될까? 자신의 노동 조건이나 열악한 집안 형편상 '숙제'는커녕 수업에 출석하기조차 힘든 성인 학생들의 구체적 일상을 우리가 어떻게 해결해갈 것인가? 개인적 '발전'을 좇는 학생의 욕구와 집단의 진보라는 래디컬한 우리 가치관 사이에 놓인 중대한 긴장을 우리가 어떻게 헤쳐 나갈 것인가?

물론 교사들도 일상과 직장에서 빚어지는 스트레스의 영향을 받는다. 프리드먼과 잭슨, 보울즈Freedman, Jackson, and Boles(1983)는 매일매일의 학교 상황 – 양적 측면(학생 평가와 누가기록)에 대한 지나친 강조, 교육과정 자율권 축소(계획 입안과 실행의 분리), 동료 교사들로부터의 고립, 행정직 원들의 멸시, 나이든 교사를 향한 퇴출 압박 – 속에서 초등학교 교사가 직면하는 조건들이 매스미디어가 '번아웃'이라 낙인찍는 좌절과 분노를 '자연스럽게' 만들어내고 있는 것을 잘 보여준다. 이러한 조건들을 바꾸고 우리의 교육열을 유지시키려면 우리는 어떤 투쟁을 전개해야 할까?

교사와 학생에게 부과되는 이러한 스트레스로 인해 대화적 교육을 포기하고픈 충동이 일곤 한다. 이는 성인학생들이 기존 학교교육을 통해 학습이나 지능에 대한 오해를 내면화해온 것과 마찬가지로 우리 교육자들도 '은행 적금식 교육'을 통해 신속하고도 긍정적인 피드백과 (피상적일지

언정) 긍정적 결과를 받아온 탓이다. 그러나 어떤 교육 환경에서 학생들이 '은행 적금식 교육'을 갈구했다고 해서 그들이 다른 교육 상황에서 자립적인 학습자가 될 수 없다는 뜻은 아니다. 프레이리에 따르면, 준변화 불능적인 의식의 이행 과정이나, 심지어 비판적 의식 과정에서도, 이전 단계에서 뿌리내린 신화적 요소가 잔존한다고 한다(1970b). 의식 수준의 이러한 중첩성에 덧붙여 나는 의식 수준의 비선형적 속성에 관심을 품는다. 그리고 어떤 영역에서 우리 학생들이 품었던 비판적 통찰이 전면적인 비판적 지식으로 발전해가기 위한 다리를 어떻게 만들 것인가 하는 문제를 제기해본다. 우리 학생들의 일기는 그들 입장에서 전면적인 변화가 얼마나 어려운가를 보여준다. 일기 속에서 학생들의 자아상은 '상승'과 '하락'을 반복하며, 비판적 통찰과 신화적 사고 사이를 왔다 갔다 한다. 만약 교실에서의 대화적 경험이 교실 밖에선 이뤄지지 않고 학생들이 그들 일상의 대부분에서 객체objects로 취급받는다면, 그저 비판적 지식의 파편만이 자리할 것이라는 점은 명백하다.

더군다나 이러한 파편들은 흔히 실제와는 동떨어진 이론적인 것이다. 나의 경험이나 다른 사람(Rothenberg, 1983)의 경험을 봐도, 정량 데이터의 비판적 활용을 통해 헤게모니 이데올로기를 폭로할 수 있으며 학생들은 분노를 품고서 사회 변화에 지성적으로 참여하게 된다. 하지만 그것이 곧 그들이 억압에 저항하는 조직적 운동에 뛰어들게 됨을 뜻하지는 않는다. 그들 중 일부는 심지어 학위를 딴 뒤에 비즈니스 분야의 직업을 가질 수도 있을 것이다. 개인의 비판적 변화는 학생들이 수학 불안을 극복하고서 수학을 배울 때 "사물은 변한다"는 것을 구체적으로 심도 있게 터득할 때 일어난다. 또 학생들은 비판 능력을 발전시키며 자기 삶의 조건에 대한 의문을 점차 늘려갈 것이다. 우리 상황에서 피억압자의 교육을 통해 도모할 수 있는 가장 비판적인 집단적 변화는 해방적 사회 변화에 유리한 풍

토상의 미묘한 변화이다.

우리의 한계상황을 이해함으로써 해방적 변화를 촉진하는 동력으로서 교육의 급진적 가능성에 집중하는 우리의 에너지를 증진시킬 수 있다. 우리의 교육 실천을 위한 이론적 토대로 파울로 프레이리의 사상을 활용함으로써 개인적 실천을 인간화를 위한 더 큰 이데올로기 투쟁과 정치 투쟁의 반열에 올려놓게 된다. 우리의 행위들이 어떻게 이 집단적 투쟁에 연결되는가를 깨달을 때 우리는 보다 깊이 있게 헌신하게 된다. 정의와 해방을 위해 복무하는 사람들이란 의미로 '투사'라는 용어의 사용에 대해 프레이리(1978, p. 73)는 다음과 같이 일러둔다.

투쟁성은 우리를 단련시키며 동지들과 함께 더욱 분발하여 우리가 변화시키고 재창조하고자 하는 현실을 깨닫게 한다. 우리는 함께 일어서서 어떠한 위협에도 준엄하게 맞선다(1987, p. 146).

## 참고 문헌

Anderson, M.(1979), *The Impact of military spending on the machinists union*, Lansing, MI: Employment Research Associates.

Apple, M. W.(1979), *Ideology and curriculum*, Boston: Routledge & Kegan Paul.

Atkins, L., & Jarrett, D.(1979), The significance of "significance tests." In J. Irvine, I. Miles, & J. Evans(Eds.), *Demystifying social statistics*, London: Pluto.

Babson, S., & Brigham, N.(1978), *What's happening to our jobs?*, Somervile, MA: Popular Economics.

Barnard, C.(1981), Imperialism, underdevelopment, and education. In R. Mackie(Ed.), *Literacy and revolution: The pedagogy of Paulo Freire*, New York: Continuum.

Beckwith, J.(1983), Gender and math performance: Does biology have implications for educational policy?, *Journal of Education, 165*, 158-174.

Bisseret, N.(1979), *Education, class language, and ideology*, Boston: Routledge & Kegan Paul.

Bredo, E., & Feinberg, W.(Eds.)(1982), *Knowledge and value in social and educational research*, Philadelphia: Temple University Press.

Brown, C.(1978), *Literacy in 30 hours: Paulo Freire's process in Northeast Brazil*, Chicago: Alternative Schools Network.

Collins, D.(1977), *Paulo Freire: His life, works and thought*, New York: Paulist.

Connolly, R.(1981), "Freire, praxis and education." In R. Mackie(Ed.), *Literacy and revolution: The pedagogy of Paulo Freire*, New York: Continuum.

Counter Information Services.(1972), *Rio tinto zinc anti-report*, London: Author.

Counter Information Services.(1978), *Ford anti-report*, London: Author.

Daniels, H.(1983), Notes from the interim: The world since CLAC, *Conference on Language Attitudes and Composition, 8*, 2-7. Elmhurst, IL: Inllionis Writing Project.

Ernest, J., et al.(1976), Mathematics and sex. *American Mathematical Monthly, 83*, 595-614.

Frankenstein, M.(1981), A different third R: Radical math. *Radical Teacher*, No. 20, 14-18.

Frankenstein, M.(1982), *Mathematics patterns and concepts that can generate art*, Unpublished manuscript.

Frankenstein, M.(1983), *Overcoming math anxiety by learning about learning*, Unpublished manuscript, University of Massachusetts.

Freedman, S., Jackson, J., & Boles, K.(1983), The other end of the corridor: The effect of taching on teachers, *Radical Teacher*, No. 23, 2-23.

Freire, P.(1970a), *Pedagogy of the oppressed*, New Yrok: Seabury.

Freire, P.(1970b), *Cultural action for freedom*, Cambridge, MA: Harvard Educational

Review Press.

Freire, P.(1973), *Education for critical consciousness,* New Yrok: Seabury.

Freire, P.(1978), *Pedagogy in process,* New York: Seabury.

Freire, P.(1981), The people speak their word: Learning to read and write in Sa6Tom and Principe, *Harvard Educational Review, 51,* 27-30.

Freire, P.(1982, July 5-15), *Education for critical consciousness,* Boston College course notes taken by M. Frankenstein.

Freire, P.(1983), The importance of the act of reading, *Journal of Education, 165,* 5-11.

Giroux, H.(1981), *Ideology, culture and the process of schooling,* Philadelphia: Temple University Press.

Gordon, M.(1978), Conflict and liberation: Personal aspects of the mathematics experience, *Curriculum Inquiry, 8,* 251-271.

Gray, M. W.(1983), Statistics and the law, *Mathematics Magaine, 56,* 67-81.

Greenwood, D.(1981, June 17-30), It's even worse, *In These Times.*

Griffiths, D., Irvine, J., & Miles, I.(1979), Social statistics, towards a radical science. In J. Irvine, I. Miles, & J. Evans(Eds.), Demystifying social statistics, London: Pluto.

Hilton, P.(1980), Math anxiety: Some suggested causes and curse. Part I, *Two Year College Mathematics Journal, 11,* 174-188.

Horwitz, L,, & Ferleger, L.(1980), *Statistics for social change,* Boston: Southend.

Hyman, R., & Price, B.(1979), Labour statistics. In J. Irvine I. Miles, & J. Evans, *Demystifying social statistics,* London: Pluto.

Judis, J., & Moberg, D.(1981, March 4-10), Some other ways to cut the budget, *In These Times.*

Kellner, D.(1978), Ideology, marxism and advanced capitalism, *Socialist Review.* No. 42, 37-65.

Kline, M.(1980), *Mathematics: The loss of certainty,* New York: Oxford University Press.

Mackie, R.(1981), Contributions to the thought of Paulo Freire. In R. Mackie(Ed.), *Literacy and revolution: The pedagogy of Paulo Freire,* New York: Continuum.

Marcuse, H.(1964), *One-dimensional man,* Boston: Beacon.

Matthews, M.(1981), Knowledge, action and power. In R. Mackie(Ed.), *Literacy and revolution: The pedagogy of Paulo Freire,* New York: Continuum.

Max, S.,(1981, May 27/-June 3), How to make billions for arms look smaller, *In These Times.*

Polya, G.(1957), *How to solve it,* New York: Doubleday.

Polya, G.(1981), *Mathematical discovery: On understanding, learning, and teaching problem solving*, New York: Wiley.

Reichm, M.(1978), the economics of racism. In R. C. Edwards, M. Reich, & T. F. Weisskopf(Eds.), *The capitalist system,* Englewood Cliffs, NJ: Prentice-Hall.

Rothenberg, P., et al.(1983), *Teching "racism and sexism in a changing society": A report,* Unpublished manuscript.

Schwartz, A. J.(1977), The politics of statistics: Heredity and IQ. In Ann Arbor Science for the people, *Biology as a social weapon,* Minneapolis: Burgess.

Shaw, M., & Miles, I. (1979). The social roots of statistical knowledge. In J. Irvine, I. Miles, & J. Evans(Eds.), *Demystifying social statistics,* London: Pluto.

Tobias, S.(1978), *Overcoing math anxiety,* Boston: Houghton Mifflin.

# 교실 수학 수업의 한 사례

첫째, 수학을 이용해 복잡한 어른들의 문제를 분석하는 토론을 통해 학생들의 지적 자아개념이 신장된다. 다양한 주제에 관한 토론은 학생들의 배경지식을 확장시키며, 따라서 효과적으로 논쟁할 수 있는 능력을 향상시킨다. 학생들은 자신의 지적 역량에 자신감을 갖게 되면서, 자기 의견을 기꺼이 표현하려 들고 또 배운 것에 의문을 제기하게 된다.

둘째, 급진적 수학radical math[52]은 우리 사회 구조를 비판적으로 검토하기 위해 필요한 느긋하고 신중한 사고를 연습하기에 좋은 과목이다. 수학 교재는 행간의 빈 공간을 채워나가면서 천천히 읽어야만 하기 때문에, 학생들은 정보를 천천히 받아들이도록 요청받는다. 상징들의 작은 시각적 변화가 수학적 표현의 의미를 완전히 뒤바꾸어놓을 수 있기 때문에, 학생들에게 천천히 파악할 것을 요청한다. 이 수업에서 정치적인 적용 문제는 필요한 것 이상의 많은 정보를 포함하는 한편 추가 정보를 찾아야 하기 때문에, 학생들은 즉각 대답을 내놓기보다는 데이터를 찾아서 검토하는 연습을 하게 된다. 그리고 이 수업은 학생들에게 자신의 수학 문제를 만들도록 요구하기 때문에, 학생들은 어떤 질문을 하고 대답을 할지 결정하기에 앞서, 많은 가능한 상황들의 결과들을 검토하는 연습을 한다.

셋째, 적용의 범위는 다양하기 때문에, 교사들이 대답 못하는 교과 질문을 학생들이 제기할 가능성이 높아진다. 이것은 학생들에게 중요한 경험을 제공한다. 다시 말해, 학생들은 교사가 모든 정답을 가지고 있는 전

---

52. 급진적 수학(radical math)은 사회경제적 정의(justice)에 관한 이슈를 수학 교육과정과 수학 수업에 결합시키고자 하는 운동이다(http://www.radicalmath.org).

문가가 아니라는 사실을 깨닫게 된다. 이러한 경험은 학생들이 자기 물음에 답할 정보를 찾는 데 익숙해지도록 장려한다. 이렇게 학생들은 프레이리가 말한 "교사와 함께 대화하는 비판적 공동 조사자"가 된다(Freire, 1970b, p. 68).

마지막으로 급진적 수학은 전통적 교육과정에서 제시하는 파편화된 사회관에 도전한다. 전통적 교육과정에서는 지식을 연관성이 없는 별개의 쟁점으로 쪼개거나 단지 전문가들만 토론할 수 있는 것으로 만들어왔다. 수학을 사회의 조건들에 대한 신중한 분석을 해야 하는 분야로 가르칠 때, 학생들은 구체적인 교과 지식이 세계에 대한 비판적 이해로 통합되는 구체적 사례를 보게 된다.

다음 예시 문제들은 기초 수학을 가르치는 것과 정치적인 의식을 향상하는 것이 어떻게 통합되는지를 보여주며, 그리고 전통적인 문제 해결 기법을 확장해서 비판적 사고가 문제를 정의 내리고 필요한 정보를 수집하는 것도 포함하게 되는지를 보여준다.

### 소수 활용하기

『보스톤 글로브*Boston Globe*』(12/27/80)에 따르면, 에너지 부처 비공개 자료에는 연방정부가 다섯 가지 주요 영역에서 원자력을 위한 경제 지원을 해왔다는 사실이 들어 있다. 연구와 개발을 위해 23.6십억(236억) 달러, 외국의 원자로 판매 촉진을 위하여 237.4백만(2억 3,740만) 달러, 우라늄 시장 홍보를 위하여 2.5십억(25억) 달러, 연료 농축 가격 보조를 위하여 7.1십억(71억) 달러, 그리고 폐기물 처리, 준설 폐물 청소, 그리고 장차 지불해야 할 폐로 비용 등에 6.5십억(65억)[53] 달러를 지원했다.

1. 원자력 산업에 대한 연방 정부의 전체 보조금이 얼마인지 계산해 보라. (이러한 덧셈 문제는 소수가 어떻게 백만, 십억이라는 낱말과 결합 되어 쓰이는지 이해할 것을 요구한다. 이는 또한 큰 수에 대한 학생들의 직관을 향상시키도록 돕는다. 400억이라는 거대한 양을 표현하는 강력한 방법은 시간당 1,000달러의 비율로 지출하면, 10억 달러를 쓰는 데 100년 이 걸릴 것이라고 추정해보는 것이다. SANE[워싱턴 DC 소재]과 같은 단 체가 제출한 많은 좋은 차트가 있고, 이 차트들은 인간적인 서비스를 위 해 원자력과 핵과 핵무장 비용이 얼마나 드는지 구체적인 숫자를 제시 한다.)

2. (a) 원자력에 대한 당신의 의견을 간략하게 적으시오. (b) 비슷한 의견을 가진 사람 서넛이 그룹을 지어 작업하시오. 당신의 의견을 뒷받침하는 데이터의 목록을 만드시오. (c) 당신의 의견을 뒷받침 하는 사실을 적어도 한 가지를 찾아내고, 그 밖의 다른 사실들을 어떤 방법으로 찾을 수 있을지 기술하시오. (이 연습의 목표는 사람 들이 어떻게 자기 의견을 지원할 수치를 찾고 사용하는지 학생들이 깨달 도록 하는 것이다. 이를테면 이 자료가 보고한 바로는, 원자력은 이런 보 조금을 제외하고도 비용이 두 배[kWh당 4.7¢]나 들고 현재 가장 비싼 전력[kWh당 3.75¢]인 '석유로 생산하는 전기'와도 경쟁이 안 된다는 것 이다. "핵 경제학: 폐허로의 초대"라는 팸플릿은 클램셸연맹[Clamshell Alliance, 메사추세츠 소재]에서 얻을 수 있다.)

---

53. 이상의 수치들은 소수 표기를 살리기 위해 영어식 수치와 우리식 수치(옮긴이의 괄호 처리)를 병기 한 것이다. 이를테면, 원문의 6.5 billion은 '6.5십억'으로 옮겼다.

## 퍼센트의 적용

루실 샌드위스Lucille Sandwith(1980)에 따르면, 3만 2,000개의 미국 식품 제조 회사 가운데 50개가 순수익의 75%를 낸다고 한다. 상위 50개 회사 가운데 31개가 전국 미디어 광고의 63%를 구입했거나 1977년 대략 50억 달러어치를 구입했다. 모든 산업 분야 중에서 상위 25개 광고 의뢰 단체 가운데 18개가 식품 회사였다.

1. 미국 식품 제조 회사들 가운데 몇 퍼센트가 순수익의 75%를 내는 가? (이 질문은 신중하게 읽어야 한다. 주어진 많은 퍼센트들과 대답해야 할 퍼센트가 헷갈릴 수 있기 때문이다. 이것이 해결되면 답은 쉬워진다. 3만 2,000개 회사 가운데 50개는 0.2%라는 걸 알면, 극소수 회사가 순이익의 대부분을 낸다는 사실을 알아차릴 수 있다. 질문에서 정보가 주어지면 광고 산업에서 수학과 관련된 토론뿐만 아니라, 농업 관련 사업과 일반적인 독점 기업에 대한 정치적 토론도 이끌어낼 수 있다[이를테면, 텔레비전 식품 광고의 70%가 영양가는 낮고 칼로리는 높은 음식들을 취급한 반면, 단지 0.7%만이 신선한 과일과 채소를 사용했다].)

2. 주어진 정보에 기초하여 그 해법이 퍼센트와 관련된 수학 문제를 만들고 나서 그 문제를 푸시오. (학생들은 주어진 정보를 보고 어떤 퍼센트 문제들이 만들어질지 알 때 비로소 퍼센트를 완전히 이해하게 될 것이다. 이를테면 상위 50개 기업이 얼마나 많은 이득을 올렸는지는 발견할 수 없지만, 전국 미디어 광고에 얼마나 많은 돈을 뿌렸는지는 찾아낼 수 있다는 것을 여기 학생들은 깨달아야 한다. 또한 전국 미디어 광고 도표가 식품 제조 회사나 모든 산업들이 사용한 총지출 비용을 언급하는

지 아닌지도 불분명하다. 학생들은 이 문제를 명확하게 하려면 더 많은 정보를 찾아야만 한다.)

3. (도서관에 있는) 모든 논문을 읽으시오. 논문에서 퍼센트를 사용해 지지하는 3가지 논지에 대해 논하시오. (더 많은 사실들을 얻으려면 샌드위스[식품연구센터 소장]에게 연락하시오.)


## 방법들

프레이리가 말하듯이 "어떠한 방법도 중립적이지 않으며 해방과 지배 가운데 어느 하나를 위해 복무하듯이, 프로젝트에서 사용하는 방법들 역시 내용과 목표가 이분법적으로 분리될 수 없기 때문에"(1970a, p. 44), 내용뿐만 아니라 새로운 방법들도 급진적인 수학 강좌에서 중요하다.

전통적인 교수 방법들은 학생들이 수학적 문제를 해결할 수 없고, 다른 사람들과 공유할 지식도 없고, 그리고 마치 다른 사람들과 함께 과제를 하고 있는 것처럼 속이고 있기 때문에 그들에게 자신들이 어리석고 열등한 존재임을 각인시킨다. 전통적인 방법들은 학생들이 스스로 통제할 수 없는 지겨운 일을 경쟁적으로 하도록 부추긴다.

아래 방법들은 교육받는 학생들이 전통적인 학교교육에서 학습한 것을 하지 않도록, 긍정적인 지적 자아상을 갖도록, 그리고 다급한 과제를 함께 완수하도록 하려고 시작한 것이다. 이 기법들은 학생들의 이면에 있는 사유를 교실에서 논의할 때 가장 효과적이다.

## 실수 패턴 분석하기

모든 오답들(순전히 불안심리 때문에 급히 추측한 오답들)은 나름의 정확하고 논리적인 추론을 포함한다. 이를테면 아래와 같은 뺄셈 오류 뒤에는 나름의 논리적인 사고가 있다.

| 95 | 64 | 82 |
|----|----|----|
| -48 | -29 | -36 |
| 53 | 45 | 54 |

이 사람은 세로 줄로 각각을 분리해서 빼고, 그리고 큰 숫자에서 작은 숫자를 빼야 한다는 걸 알고 있었다. 그러나 어떻게 '빌리는지'는 알지 못했다. 그래서 그는 그가 상상할 수 있는 유일한 방식으로 뺄셈을 하여 추측했다. 학급에서는 이 학생의 추론을 분석할 뿐만 아니라, 그 방법이 틀렸음을 확인시키고 올바른 방법을 어떻게 가르쳐줄지 토론한다. 실수 패턴을 분석함으로써 단순 암기가 아닌 계산 기술을 제공하고, 당신이 학생들의 지성을 존중하며 실수를 할 때조차 학생이 어리석다고 생각지 않는다는 것을 보여주도록 한다. 나아가 이것은 학생들이 그들 자신의 그리고 각자의 지성을 존중하도록 격려한다.

## 수학 일기 쓰기

일기는 학생들의 수학 불안을 줄이는 효율적인 방편이다. 일기는 학생들의 감정을 토해낼 수 있는 공간이며, 자신의 성공을 하찮게 보고 자신이 못하는 것에만 신경이 곤두선 학생들을 위한 아주 구체적인 발전 기록지이다. 일기는 학생들이 한 달 전에 불가능하다고 생각했던 것을 이제는 성취할 수 있음을 깨닫도록 도와주고, 본인에게 최상의 학습 기법을 명확히 알려준다. 학생들은 5분 내지 10분간, 1주일에 서너 번 자기 일기장에 글을 쓰도록 요청받는다. 주제는 바뀐다. 학생들이 교실에서 어떻게 느끼고, 숙제를 하려고 어떤 시도를 하며, 학교 바깥에서 수학을 어떻게 사용하는지, 그들이 이룬 진보에 대해 어떻게 느끼는지 등등. 나는 가끔씩 학생들의 일기에 의견을 달아준다. 격려의 말이나 대안적 해결책 또는 대안적 관점을 촌평으로 달거나, 수학 학습에 대한 학생들의 언급이 어떻게 일반적인 학습에도 적용되는지에 대한 설명을 간략히 달아주기도 한다. 수업에 대한 학생들의 소회는 나의 학습계획 수립에 큰 도움이 된다. 과제를 걷는 대신 과제 가운데 학생들이 해결하지 못한 문제에 대한 해법을 설명해주고 나서, 다시 문제를 해결해보고 함께 답을 맞혀보라고 한 뒤에 나는 그 시간에 학생들의 일기를 읽고 촌평을 달아준다.


## 퀴즈들


나는 대부분의 학습을 리뷰와 한두 가지 퀴즈로 시작한다. 학생들이 수업 연구 문제를 풀고 퀴즈를 제출하고 즉각 퀴즈를 검토하는 동안, 나는 수업 중에 퀴즈 답안을 고친다. 퀴즈들은 학생들이 어떤 주제를 이해하고 있고 어떤 주제는 혼란스러워하는지를 알게 해준다. 그 퀴즈들은 학생들에게 앞의 수업에서 무엇을 배워야 했는지 명확한 메시지를 전달한다. 또한 학생들에게 많은 퀴즈를 내주고, 그 퀴즈 시험을 칠 때 감정, 퀴즈 질문의 공정성, 압박감 속에서 문제를 푸는 기법 등에 대해 토론하게 하면, 학생들은 자신의 시험 불안을 점점 줄여간다. 게다가 기말 학점이 나가야 할 때, 여러 번에 걸쳐 매긴 퀴즈 점수가 도움이 될 수 있다.

## 학생들 가르치기

누군가에게 수학 문제를 가르치려면, 당신은 잘못된 해결 방법 뒤에 숨어 있는 논리들도 알고 있어야겠지만 그 문제를 푸는 올바른 방법들도 알고 있어야 한다. 학기 초에 나는 학생들에게 칠판에 적힌 문제들을 설명하도록 시켰다. 그리고 그때 설명하는 것과 가르치는 것의 차이점을 토론하고 나서, 나는 점차 학생들이 가르칠 수 있도록 연습을 시켰다. 다양한 학생들이 가르치기를 연습함에 따라, 그들은 다른 학생들에게 그들의 답을 정당화하도록 요구하기 시작한다. 나는 조용하게 기다린다. 학급은 엄격한 자기검열을 통해 하나의 실수도 놓치지 않도록 한다. 학생들은 이 과업에 완전히 몰입하여 건설적으로 주장하고 문제들의 해결 방안을 창조적으로 생각하게 된다. 학생 교사들은 조용한 학생들조차 효과적으로 관여시키고, 이들은 급우들에게 도움이 되려는 마음에 기꺼이 참여한다. 서로에게 배워가면서 학생들은 상대방을 존경하게 되고 교실에 연대감이 생겨난다. 많은 학생들이 칠판에 문제를 적어가며 가르쳐보고 나서부터, 교사로서 나의 역할을 제대로 이해하게 됐다는 태도를 보였다. 독자적으로 생각해서 칠판에 쓰고, 관심 없는 사람들에게 말하는 것이 얼마나 어려운지 깨닫게 되었다고 한다. 직접 가르쳐봄으로써 교사의 권위적인 이미지를 깨는 데 도움이 되고. 동시에 좋은 교사들이 하는 고된 일에 학생들이 진정한 존경심을 느끼기도 한다.

## 집단 학습

집단 학습이 성공하려면 다음과 같은 이해가 선결되어야 한다. 사람들마다 배움의 속도가 다르고, 질문하고 자신의 실수를 분석함으로써 배우고, 모든 문제에는 여러 다양한 해결 방법이 있다는 것을 알아야 한다. 교실을 소집단으로 나눈 다음, 나는 집단 사이를 돌아다니면서 협력을 독려하고, 지식을 공유함으로써 배울 수 있다는 걸 먼저 깨달은 학생들을 돕는다.

나는 집단 과제를 할 수 있는 구조를 짜도록 제안한다. 각 집단은 과제 명세서를 시간을 갖고 천천히 보드에 적고, 그 그룹들이 각각 과제를 할당받은 후 어떻게 활동했는지 학급이 평가하도록 한다. 다음은 간단한 집단 과제들이다.

1. 과제에 대한 집단의 평가
(a) 서너 개 집단으로 나누어 어떤 문제가 가장 쉬웠는지를 결정하게 한다(5분).
(b) 어떤 문제가 가장 어려웠는지 결정하게 한다(5분).
   (과제로 낸 질문을 학생들이 직접 평가해봄으로써 학생들은 스스로 수학 문제를 만들 수 있게 된다. 또한 이 과제로 인해 학생들은 사람들이 배우는 방식이 다르기 때문에 각자 쉽거나 어렵다고 생각하는 문제가 다르다는 걸 알게 된다.)

2. 집단이 만드는 퀴즈
   서너 개의 집단에서 이전 수업 내용을 바탕으로 두 개의 퀴즈 질문을 내도록 한다(15분). 그리고 나는 그 질문들 중에서 오늘의 퀴즈를 선택할 것이다.

(학생들이 공정하고, 종합적인 시험문제를 만드는 것을 배우면, 그들은 교사가 묻게 될 시험 질문을 예상할 수 있게 될 것이고 따라서 시험에 맞춰 효과적으로 공부할 수 있을 것이다. 희망사항이지만, 질문하는 것을 많이 연습할수록 학생들은 학교와 일상생활에서 질문하는 것에 더욱 익숙해질 것이다).

참고 문헌················

Freire, P.(1970a), Cultural action for Freedom, Cambridge, MA: Harvard Educational Review Press.

Freire, P.(1970b), Pedagogy of the oppressed, New York: Continuum.

Sandwith, L.(1980, Sept.-Oct.), Eating better for less. Food Monitor, pp. 8-12.

59) 우리 학교 학생들은 공적 활동이나 지역공동체 활동에 매우 적극적으로 헌신했던 성인들이다. 평균 연령은 35세로서 약 70%가 여성이며 약 30%가 유색인이었다.

60) 매튜스Mathews(1981)는 사회적 사고에 대한 프레이리의 강조를 칼 만하임의 철학에서 찾았다. 만하임은 '개인들이 생각한다고 말하는 것은 엄밀히 말하면 옳지 않다. 그것보다는 다른 사람들이 이미 생각했던 바를 좀 더 깊이 생각하는 데 참여한다고 주장하는 것이 좀 더 옳다'고 보았다.

61) 비판적 의식이 급진적 변화를 이끄는 자세한 내용에 대한 프레이리의 글들(예컨대, 「이 교육학은 억압과 억압의 원인을 해방투쟁 참여의 대상으로 삼는다」(1970a: 33))는 매키 Mackie의 비판을 받게 된다. 매키는 "문화적 차원을 강조하고 혁명의 정치경제적 측면을 무시함으로써, …… (프레이리의) 혁명 담론이 유토피아적이고 형이상학적인 경향을 보인다."(Mackie, 1981: 106)고 주장했다. 그러나 프레이리가 1982년 대학 과정에서 했던 언급("이런 모임에서 우리가 세상을 바꿀 수는 없지만, 우리는 발견할 수 있고 또 헌신할 수 있습니다")을 통해, 나는 프레이리가 해방적 사회 변화에서 교육의 가능성과 한계를 인지하고 있었다고 확신한다. 아마 프레이리의 연구는 과도한 혁명 구조주의 이론에 대항해서, 세계 변혁에서 인간의식의 역할에 집중했을 것이다.

62) 프레이리가 자신의 이론과 실천을 전개해온 브라질의 특수한 상황에 관한 논의를 위해서는 바나드Barnard(1981)를 참조하라. 프레이리의 방법론을 좀 더 상세히 알고 싶으면, 프레이리(1973: 41-84)를 보라.

63) 비록 이 원고가 기초 수학과 통계에 초점을 맞추고 있어도, 프레이리 이론은 수학적 지식의 다른 영역에 대해서도 설명하는 바가 있다. 이 관계는 고든Gordon(1978)과 클라인Kline(1980)이 말한 추상적인 수학 지식의 특성에 의해 설명된다. 클라인은 서문에서 20세기의 가장 저명한 수학자 허먼 웨일Herman Weyl의 말을 인용한다. "수학화(Mathematizing)는 언어나 음악처럼 원초적인 독창성을 가진 인간의 창조적 활동이 분명하다. 그래서 역사적인 결정의 순간에는 철저한 객관적 합리성에 반기를 들어왔다(p. 6)."

64) 어떠한 주제도 수학과 연결될 수 있으니, 언제나 그러한 주제에 관한 통계가 있기 마련이기 때문이다. 이와 관련하여, 특정 수학적 구조에 관한 작품 활동을 하는 많은 현대 예술가들이 있다(Frankenstein, 1982).

65) 더 많은 기초 수학의 예를 참고하려면, 내용과 방법에 초점에 두고 있는 나의 논문들을 살펴보기 바란다(Frankenstein, 1981). 더 많은 통계학적 예를 참고하려면, Horwitz와 Ferleger(1980)를 보기 바란다.

# 12

# 북미의 교사들에게 보내는 편지
## Letters to North-American Teachers.

파울로 프레이리
(번역: Carman Hunter)

친애하는 나의 벗 아이러 쇼어로부터 이 책의 주된 독자가 될 북미 교사들에게 간단한 편지를 써달라는 부탁을 받았습니다.

저와 이 책 독자들 사이에 대화적 관계가 맺어지길 바라는 마음에서, 어떤 진술을 미리 해둘 필요를 느낍니다. 어떤 방식으로든 이 편지가 브라질의 교사들이나 북미의 교사들에게 거만한 메시지로 다가가지 않기를 바라며, 어떤 처방적인 충고를 주려는 시도가 되지 않기를 바랄 뿐입니다. 차라리 이 편지는 단 하나의 목적만을 품습니다. 그것은 많은 북미의 교사들과 오래전부터 가져왔으며 날로 새로워지는 대화를 지속해가기를 바라는 것입니다. 저는 최근 UCLA에서 개최된 세미나에서 논의했던 교사의 역할에 대해 계속해서 숙고하면서 이러한 목적에 다가가고자 합니다.

세미나에서도 논했지만, 지금 제가 강조하고자 하는 기본적인 생각은 다음과 같습니다. 즉 교육은 사회적·역사적·정치적 기반을 토대로 이루어지는 것이기 때문에, 보편적이고 불변하는 교사의 역할에 대해 말할 수 있는 것은 없다는 겁니다. 만약 우리가 서로 다른 시공간 속에서 교사에게 기대해왔던 것에 대해 생각해본다면, 이러한 점은 보다 명확해질 것입니다.

모든 교사들이 동일하고 중립적인 역할을 떠안는다는 관념은 고지식하거나 영악한 사람들에게만 받아들여질 수 있을 뿐입니다. 그런 사람들은 학교의 본질적 구조를 단지 사회계급이나 성, 인종에 대해 어떤 영향도 받지 않는 괄호 속의 어떤 것으로 생각하면서 교육의 중립성을 주장할지도 모릅니다. 저는 역사 속에서 인종차별적이고 반동적인 역사 교사가 진보적이고 민주적인 교사들과 같은 방식으로 역할을 수행해왔다고 믿지 않습니다. 교사가 자기 교육 실천의 정치적 본질을 완전히 인식하고, 그것을 부정하지 않고 그것에 책임지고자 하는 입장이어야 한다는 것이 저의 기본 신념입니다.

교사가 정치적 입장을 띨 때, 교육의 정치적 속성상 교사는 권력을 지닌 자들을 위해 복무하든가 아니면 그들에게 어떤 정치적 선택을 제안하든가, 둘 중 하나의 자세를 취하게 됩니다. 현 사회의 권력에 비판적인 교사는 자신의 정치적 입장을 설명하는 언설과 교육 실천 사이의 거리를 좁힐 필요가 있습니다. 다시 말해, 교실 일상에서 자신의 정치적 선택을 실현하기 위해 진보적 교사는 하나의 덕목으로서 정합성과 일관성을 견지하고자 노력해야 합니다. 진보적 정치를 주창하면서 교실에서 권위주의나 기회주의를 실천하는 것은 모순입니다. 진보적 입장은 민주적 실천을 요구하는데, 민주적 실천 속에서 권위는 권위주의로 치달아서는 안 되지만, 무책임이나 방종으로 전락해서도 안 됩니다.

그런데 진보적이든 보수적reactionary[54]이든, 정치적 입장과 무관하게 모든 교사가 지녀야 할 한 가지 역할이 있습니다. 그것은 교재 혹은 교과 내용을 가르치는 것입니다. 지적 성장에 적합한 내용을 학생에게 제공하지 않고 교사의 역할을 수행한다는 것은 생각할 수도 없습니다. 그러나 진보적 교사나 보수적 교사가 가르치는 의무가 동일할지라도, 설령 그들이 가르침이 없는 교사의 역할을 생각할 수 없다는 것에 동의할지라도, 그들이 무엇을 진정으로 가르쳐야 하는지에 대해서는 의견 차이가 있을 수 있습니다. 그들은 자신의 실천, 즉 가르치는 방식 면에서 서로 다를 것입니다. 진보적 교사는 전문적 역량을 중립적인 어떤 것으로 이해하지 않

---

54. 프레이리의 이 글에 나오는 '보수적'이란 말 해당하는 원어는 모두 'reactionary'이다. 이 말은 '반동적'이란 뜻이지만, 고심 끝에 '보수적'으로 옮기기로 한다.

습니다. 그것 자체만으로 모두에게 '전문적 역량'이라 불리는 범주 따위는 있을 수 없습니다. 우리는 항상 스스로 물음을 던져야 합니다. 누구를 위해, 그리고 무엇을 위해 우리의 기능과 역량을 사용할 것인가?

거듭 강조하건대, 보수적 교사와는 대조적으로 진보적 교사는 학생들이 사회 현상을 명확하게 그리고 비판적으로 볼 수 없게 하는 방해물을 제거하고, 그들에게 현실 세계를 있는 그대로 드러내 보이기 위해 분투해야 합니다. 그런 교사는 학생들을 정치화하기 위한 가르침을 결코 회피하지 않습니다. 진보적인 교사의 관점에서 볼 때, 교과 내용을 단편적으로 이해하는 것이 해방을 가져오는 게 물론 아니지만, 마치 교과를 다루지 않아도 정치적 통찰력이 저절로 획득되기라도 하는 듯, 교과 문제를 무시하는 것이 학생을 해방시키는 것도 아닙니다. 정치적으로 선명한 입장을 갖는 것은 중요하지만 그것만으로 충분하지는 않습니다.

라틴아메리카에서 근무하든 미국에서 근무하든, 진보적 교사는 가르치는 대부분의 시간을 정치적 분석에 소비함으로써 학생의 문해를 돕는 임무를 소홀히 할 수 없습니다. 그러나 마찬가지로, 읽고 쓸 수 있게 되면 비판적 의식은 저절로 수반되리라고 믿으면서 모든 수업 시간을 오로지 언어 기술이나 문법적인 문제 풀이에만 집중하는 것도 바람직하지 않습니다. 비문해 상태에 있는 사람들은 당연히 읽고 쓰는 방법을 익혀야만 합니다. 하지만 단어를 읽고 쓰는 것은 세계를 읽는 것, 즉 내가 과거에 수차례 지적해왔듯이 세계에 대한 비판적 이해를 포함해야 합니다.

앞에서 지적했던 것처럼, 진보적 교사와 보수적 교사는 한 가지 공통적인 역할을 떠안게 되는데, 그것은 교과 내용을 가르치는 행위를 한다는 것입니다. 그러나 그들이 가르치는 의무를 공유한다고 하더라도, 수업에 대해서는 서로 다르게 이해할 수 있습니다. 그리고 그들이 자신의 관점을 일관되게 유지한다면 수업 방법 또한 다를 것입니다.

진보적 관점에서 가르친다는 것은 하나의 대상 혹은 몇 가지 주제에 관한 지식을 단순히 전달하는 것을 뜻하지 않습니다. 이러한 전달은 대개 개념 혹은 대상에 대한 서술로 이루어지는데, 그 경우 학생들이 그러한 개념들을 기계적으로 암기하도록 의도합니다. 또한 진보적 교사의 관점에서 볼 때 학생들에게 공부하는 방법을 가르치는 것은 단순히 공부하는 방법 그 자체가 목적인 활동으로 환원될 수는 없습니다. 어떤 사람에게 공부하는 방법을 가르치는 것이 타당성을 획득하는 경우는 학습자가 학습 대상이나 학습 주제의 내적 의미(존재 이유)를 학습하면서 공부하는 방법을 학습해가는 진보적 교실에서만 가능합니다. 교사는 생물학이나 경제학을 가르침으로써 학생들에게 공부하는 방법을 가르칠 수 있습니다.

진보적 교사들에게 교육은 학습자가 배운 교재 내용에 대해 스스로 가장 깊이 있는 의미를 내면화함으로써 학습자가 교사의 담론 속에 들어온다는 것을 의미합니다. 따라서 학습자의 그러한 앎의 행위를 통해 교사의 책임은 학습자와 공유됩니다.

진보적인 교사 또한 그가 가르치는 내용을 자기 것으로 내면화하여 그것을 비판적으로 음미할 수 있는 만큼 진정으로 가르칠 수 있습니다. 이런 식으로, 가르침의 행위는 이미 안 대상을 다시 알아가는reknowing 행위입니다. 다시 말해, 교사는 학습자에게 들어 있는 유사한 인식 능력을 통해 자신의 인식 능력을 재경험하게 됩니다. 따라서 가르친다는 것은 학생의 내면에 교사 자신의 앎의 행위를 불러일으키는 특별한 수업 방법을 교사가 추구할 때 앎이 일어나는 그런 형식을 취하게 됩니다. 이와 같이 교수 활동은 창조적인 동시에 비판적입니다. 그것은 가르치는 과정에서 교사와 학습자 모두에게 발견감과 호기심을 요청합니다.

학생들이 지식을 자기 것으로 만드는 방식으로 교재 내용을 가르친다는 것은 창조와 진지한 지적 도야의 연습을 내포합니다. 이러한 도야는 학교교육이 시작되기 훨씬 전부터 이루어져왔습니다. 학생들을 학습 환경에 노출시키기만 하면 그와 같은 지적 도야가 없이도 자동적으로 비판적 인식을 위한 상황을 만들어낼 수 있다고 믿는 것은 헛된 망상일 뿐입니다. 어떤 내용을 가르치지 않고 공부하는 방법을 가르치는 것이 불가능한 것과 마찬가지로, 학습자들을 적극적이고 비판적인 주체가 되게 하고 더 나아가 그들의 비판적 능력을 계속해서 성장시키는 앎의 실천 없이 지적 도야를 이루는 것은 불가능합니다.

이런 필수적 도야를 형성함에 있어서, 진보적 교사는 공부와 학습과 인식의 행위를 매우 느슨하고 규칙성이 강요되지 않는 오락 또는 게임과 동일시할 수 없습니다. 또한 그것은 지루하고도 아무 재미도 없는 학습 분위기와도 동일시될 수 없습니다. 공부하고 학습하고 알아가는 행위는 어려울뿐더러 무엇보다 힘이 드는 일입니다. 학습자는 학습 본래의 기쁨을 발견하고 느낄 필요가 있는데, 무릇 내적 희열은 언제나 학습의 과정에 스스로를 던지는 사람의 몫이라 하겠습니다.

이러한 도야와 희열을 숙성시키는 교사의 역할은 매우 중요합니다. 권위와 역량은 함께 나아갑니다. 교육학을 진지하게 받아들이지 않는 교사, 공부하지 않는 교사, 학생이 모르는 것을 잘 가르치지 못하는 교사, 교육에 필요한 물질적 조건을 획득하기 위해 투쟁하지 않는 교사, 이러한 교사들은 결과적으로 학생들에게 꼭 필요한 지적 도야의 형성을 적극적으로 방해하는 셈이 됩니다. 그런 사람은 또한 교육자로서 자신을 파괴하게 됩니다.

한편, 이러한 지적 도야는 교사가 학생들에게 행한 어떤 활동의 결과물이라 할 수 없습니다. 비록 교사의 존재, 지도, 자극 그리고 교사의 권위가 필수적이라고 하더라도, 도야는 학생 스스로 형성하고 내면화하는 것입니다. 그러므로 수업 매뉴얼에 따른 엄격한 관행을 고수하는 교사는 학생들이 교재를 완전히 이해함으로써 얻게 되는 비판적 지성을 연습하는 데 필요한 자유를 억제하는 방식으로 권위를 행사하게 됩니다. 그런 교사는 자유롭지도 않을뿐더러, 학생들이 창조적이고 호기심이 많은 사람이 되도록 돕지도 못합니다.

아이러 쇼어가 편집한 이 논문집은 교실에서 창조적인 활동이 가능함을 보여주는 좋은 증거물이 될 것입니다. 이 책은 주의 깊게 읽고 공부할 가치가 있습니다.

1986년 9월
상파울루에서

부록

# 30시간 안에 문해 완성하기:
## 브라질 북동부에서 행한
## 파울로 프레이리의 과정
### Literacy in 30 Hours:
### Paulo Freire's Process in Northeast Brazil.

신시아 브라운
Cynthia Brown

읽기 학습은 정치적 행위이다. 문자를 쓰는 사회literate society에서 글 읽기 터득은 의사결정이나 권력 나누기에 참여하기 위해 반드시 요구되는 과정이다. 글을 모르는 사람은 비문해의 하위문화 속에서는 제법 영향력을 행사할 수 있을지도 모르지만, 지배문화 내에서는 주변인이 된다. 그들은 시험을 칠 수 없으며, 지원서를 작성할 수도 없다. 글을 아는 믿을 만한 사람의 도움 없이는 계약을 체결할 수도 없고, 전문가가 통제하는 정보에 접근할 수 없으며, 투표권을 행사할 수도 없다.[55] 읽기를 배우게 되면 정보에 접근할 수 있고, 사기꾼들로부터 자신을 보호할 수 있으며, 시민으로서 권리도 행사할 수 있다.

읽기 학습은 정치 참여로 나아가는 하나의 과정이다. 그러나 사람들이 읽기 능력을 터득하는 방식 속에는 일정 부분 그들을 가르친 교사들의 정치적 태도가 반영되기 마련이다. 만약 비문해자가 그들 자신의 말과 의견을 읽고 쓰면서 글자를 익힌다면, 현실을 이해하는 그들의 인식이 다른 사람들과 다르지 않다는 것을 알게 되며, 심지어 권위 있는 사람에게도 자기네가 영향을 미칠 수 있음을 알게 된다. 그와는 달리, 만약 교사들이 그들에게 권력자들이 제공한 지침서의 글이나 생각을 배우게 한다면, 학습자들은 그러한 지식들을 자신의 경험을 통해 알고 있는 것보다 더 나은 것으로 받아들일 것이다. 그들은 교사가 전달하는 사회·경제 구조에 관한 개념을 받아들이거나, 아니면 읽기 공부를 포기해버릴 것이다.

55. 프레이리가 활약하던 1960년대 브라질에선 문맹자(비문해자)에게 투표권이 주어지지 않았다. 문맹자가 투표권을 행사하기 시작한 것은 1985년 브라질 국회에서 개헌안이 통과된 뒤였다.

읽기 학습의 정치적 차원을 이해한 뒤로, 파울로 프레이리는 성인이 30시간에서 40시간 안에 읽기를 터득할 수 있는 자료를 개발했다. 프레이리는 브라질 북동쪽의 해안가에 위치한 헤시피에서 태어나 1964년까지 거기서 살았다. 1960년 헤시피에서는 7세에서 14세에 해당하는 8만 명의 아이들이 학교에 다니지 못했다. 성인 문맹률은 60~70퍼센트나 되었다. 문맹 퇴치 운동이 반복적으로 시행되었지만 별 효과가 없었다. 그러나 프레이리는 만약 성인들이 읽기를 억지로 익혀야 할 문화적 사치가 아니라는 것을 인식한다면, 그들은 읽기 능력을 빨리 습득할 수 있으리라 믿었다. 만약 그런 학습이 이루어지기만 한다면, 그들은 이전과는 비교가 안 될 정도의 풍부하고 정교한 언어로 자신의 말을 구사할 것이다.

프레이리는 15년이 넘도록 성인교육에 투신하며 경험을 쌓아왔다. 1959년에 그는 헤시피 대학에서 박사학위를 받아 철학과 교육학을 가르쳤다. 그는 대학이 단지 부유하고 교육받은 사람만을 위한 곳이 아니라, 모든 사람에게 열려 있는 교육의 장이 될 수 있다고 생각했다. 그곳에서 그는 학생들을 가르치는 것과 동시에 대중문화운동의 일환으로 성인교육 프로그램을 이끌었다. 문화운동은 빈민 지역에 문화 서클을 만들어 대중 축제와 공연을 지원하였다. 1962년 2월에 프레이리는 새로 설립된 대학 문화지도국Cutural Extension Service의 대표가 되었다.

1962년의 정치 상황은 대학의 문화지도국이 모든 사람들을 위한 훌륭한 자원이 되기를 바라는 프레이리의 바람을 충족시킬 수 있는 장을 마련해주었다. 1962년 10월, 사회당과 노동당, 공산당의 연합 후보인 미구엘 아라에스가 헤시피의 시장으로 선출되었다. 아라에스는 그 주의 교육부 서기관이 된 게르마노 코엘로를 대중문화운동의 설립자로 임명했다. 그리고 문화지도센터를 통해 비문해자들을 위해 읽고 쓰는 프로그램이 전개되면서 'USAID(미국국제개발기구)'로부터 재정적 지원을 받을 수 있었다. 지원에 힘입어 지도자 프로젝트를 진행하고 교재를 사용할 수 있는 70명의 일꾼들을 훈련시켰다. 그러나 USAID의 지원은 1964년 1월에 중단되었다.[56]

그 당시에 브라질의 상류계급과 소시민계급은 대중의 정치적 자각 조짐을 우려했다. 1964년 4월 1일에 브라질의 군부 지도자들은 통치권을 행사하며 모든 수준에서 통제하기 시작했다. 프레이리는 6월까지 가택 연금을 당했고, 70일 동안 투옥되었다가 결국 칠레의 은신처에서 생활할 수밖에 없었다. 그는 산티아고에서 1년을 보낸 뒤 케임브리지와 매사추세츠에서 1년을 지낸 다음, 1970년 2월 세계교회평의회에서 일하기 위해 제네바로 갔다.

대중문화운동The Popular Culture Movement이 설립한 문화 서클에서 프레이리와 동료들은 민족주의, 개발, 문맹, 민주주의 등의 주제에 대해 토론했다. 그들은 이러한 주제들을 그림과 슬라이드를 통해 소개했으며, 비문해자들과 함께 이러한 주제에 대한 생각을 나누면서 대화를 이끌어갔다. 그 결과는 아주 놀라웠고 프레이리는 확신을 갖게 되었다. 성인을 위한 읽기 학습은 현실을 분석하는 과정이 되어야 하며, 그들은 교육을 통해 자신의 환경을 비판적으로 의식할 수 있다는 것, 그리고 이러한 일이 일어날 때 그 엄청난 에너지가 읽기 학습을 촉진시킬 것이라는 믿음이었다.

그런데 프레이리와 동료들은 브라질 비문해자들이 힘겨운 일상적 삶에 매몰되어 어떻게 살아야 하는지 혹은 어떻게 자신들의 삶을 변화시킬 수 있는지에 대한 자각 없이 살아가는 것을 목도했다. 그들은 자신이 직면하

---

56. 당시 미국은 쿠바 혁명으로부터 야기된 라틴아메리카의 급진적 조류에 당혹해했다. 이에 대한 대응책으로 케네디 정부가 마련한 정책이 '진보를 위한 동맹(Alliance for Progress)'이었다. 이 정책의 일환으로 라틴아메리카에서 제2의 쿠바를 막기 위해 대(對)브라질 원조 차원에서 실행한 것이 USAID였으며, 그 사무국을 바로 헤시피에 설치한 것이다. 프레이리가 태어나고 활동한 브라질 북동부는 지리적으로 쿠바에 인접해 있는데다 경제적으로도 낙후되어 공산화의 가능성이 높은, 이른바 '약한 고리'로 간주되었다. 요컨대 미국의 이해관계에서 브라질 북동부는 전략적 요충지였다. 그러나 케네디 정부가 추진한 '진보를 위한 동맹' 정책은 그 실효성이 의심되다가 1963년 케네디 암살 이후 폐지되었다.

는 문제는 자기의 것이라는 말을 수용하려 하지 않았다. 그들은 자신에게 던져진 삶의 조건이 신의 뜻이나 운명 탓이려니 생각했다. 그러한 수동적 태도를 바꾸기 위해 프레이리는 자연과 문화의 차이를 설명하는 인류학적인 문화 개념을 가져왔다. 프레이리는 이 차이에 대한 토론을 통해 비문해자들이 문해자들과 마찬가지로 문화를 만들어내는 사람들이며, 그들의 상황은 인간이 만들어낸 것이므로 바꿀 수 있다는 것을 알게 하고자 했다. 프레이리에게 자연과 문화의 차이는 인간과 동물의 차이, 그리고 그 차이로 인해 말과 글로 이루어진 언어의 중요성을 포함한다.

프레이리는 친구이자 유명한 예술가인 프란치스코 브렌난드에게 자연과 문화, 사람과 동물의 차이, 그리고 사람들의 삶 속에 스며들어 있는 문화에 관한 토론을 자극하는 데 사용할 수 있는 그림을 부탁했다. 브렌난드는 10개의 그림을 만들었다. 다음 그림들은 프레이리가 소유한 8개의 슬라이드이다. 원본은 브렌난드에게 있다. 전체 슬라이드는 그 뒤 비센테드 아브레우Vicente de Abreu의 도움으로 2장이 추가되면서 완성되었다. 뒤에 그것은 파울로 프레이리의 『비판적 의식을 위한 교육Education for Critical Consciousness』에 담겨 출간되었다.

10개의 그림이 면밀히 분석되고 코드화되었다. 첫 번째 그림(그림 1)은 자연과 문화의 차이가 잘 드러나게끔 세심하게 고안되었다. 이어지는 그림들은 다양한 방식으로 그 차이를 세밀하게 나타낸 것이다. 즉 문화를 만들어내고 그것을 통해 서로 소통하는 능력을 지닌 인간과 다른 동물의 차이(그림 2~5), 인간의 노동을 통해 자연이 문화로 바뀌는 장면(그림 3, 그림 6, 그림 7), 문화로 소통하기(그림 2, 그림 8), 문화로서의 행동 패턴과 전통(그림 9)을 드러내는 그림이 만들어졌다. 그리고 마지막 그림(그림 10)은 자신의 행동을 분석하는 인간 존재의 가장 특징적인 능력을 다루고 있다.

그림 1

그림 2

그림 3

그림 4

그림 5

그림 6

그림 7

그림 8

그림 9

그림 10

〈그림 1〉은 브라질 북동부에서 온 비문해자가 자신의 지식으로 자연과 문화를 구별할 수 있다는 친숙한 이미지를 제공한다. 코디네이터는 "그림 속에 무엇이 보이는가?"라는 질문으로 토론을 시작한다. 이런 식의 사물에 대한 이름 짓기naming는 중요하다. 왜냐하면 그림 자료 제시에 익숙해 있지 않은 사람들은 슬라이드를 통해 무엇을 말하고자 하는지 쉽게 이해하지 못하기 때문이다. 코디네이터는 다음과 같이 질문을 하면서 자연과 문화의 차이에 대한 토론을 이끌어낸다. "누가 우물을 만들었나?" "왜 그것을 만들었나?" "어떤 재료를 사용했나?" 질문은 계속되었다. "누가 나무를 만들었나?" "나무와 우물은 무엇이 다른가?" "누가 돼지, 새, 사람을 만들었나?" "누가 집과 괭이, 책을 만들었나?" 토론은 점점 다음과 같은 결론을 이끌어내게 된다. 즉 사람들이 환경을 변화시키려고 자연의 재료를 사용하고 문명을 창조했다고. 비문해자들은 이들 차이를 구분한다. 그리고 토론은 그들에게 그것을 명명하고 명료하게 구별하는 낱말들을 제시해준다. 토론의 결론에서 참가자들은 문화적 존재에 대한 개념을 갖게 된다.

〈그림 2〉를 통한 두 번째 토론은 사람들 사이의 관계에 관한 것이다. 인간은 동물과 달리 문화를 만들어낼 수 있으며, 말 또는 그림을 통해 다른 사람들과 폭넓게 소통할 수 있다. 자연은 사람들 사이의 관계와 의사소통을 매개한다. 자연계는 실재하며real, 우리는 조사와 대화를 통해 그것을 인식할 수 있다. 사람들 사이의 의견 불일치는 자연 현실natural reality을 대조해봄으로써 검토할 수 있다. 인간 대 인간의 바람직한 관계는 서로 의사소통을 나누는 주체subjects끼리의 관계이지, 어떤 사람을 위한 객체objects로서 존재하는 관계는 아니다. 이러한 의사소통은 서로 평등한 가치를 지닌 존재라는 인식의 바탕 아래 대등한 대화를 통해 이루어져야 한다. 만약 어떤 사람이 다른 사람보다 특별한 위치에 있다면, 그는 의사

소통 대신에 공보公報를 발표할 것이고, 따라서 대화는 깨지고 만다.

그다음의 세 담론(그림 3, 그림 4, 그림 5)은 문화의 개념을 자세히 묘사하면서, 어떻게 문화가 다음 세대에 전달되는지에 대한 질문을 던진다. 그룹은 〈그림 3〉에서 문화라 부를 수 있는 것이 어떤 것인가 하는 질문을 받는다. 그들이 특별히 지목한 것들은 활과 화살, 그리고 깃털이었다. 깃털이 자연에 속하는 것인지 아닌지에 대한 질문을 받았을 때 그들은 깃털은 새의 몸에 붙어 있을 때는 자연에 속한 것이지만, 인간이 그것으로 옷을 만들면 문화로 변한다고 대답한다. 인디언은 글 대신 직접적 경험을 통해 자기 자식에게 기술을 가르친다. 그룹은 문명 세계에 속해 있더라도 읽고 쓸 수 없는 사람들은 〈그림 4〉의 인디언과 마찬가지로 비문해 문화에 속해 있음을 알게 된다. 이 그림에서 사냥꾼은 매우 정교한 구조로 만들어진 도구를 사용하고 있다. 그것의 제작 방법은 분명 기록되어 있을 테고 오직 읽을 수 있는 사람만이 그것을 만드는 방법을 배울 수 있다. 더욱이 이러한 문화권에서는 읽을 수 있는 사람만이 총을 구입할 만큼의 돈을 벌 수 있고, 그래서 문해자에 의해 그 총의 사용이 통제된다. 참가자들은 활과 소총을 비교하면서 기술적 진보에 대해 토론한다. 그리고 세계 변혁을 위한 사냥꾼의 성장 가능성을 분석한다. 이러한 변혁은 그것이 인간 해방과 인간화에 기여하는 한에서 의미를 가진다. 마지막으로 그룹은 기술공학의 진보를 가능하게 하는 교육의 의미에 대해 토론한다.

〈그림 5〉는 사냥 능력을 확장할 수 있는 도구를 만들 수 없는 고양이를 보여줌으로써 문화 제작자로서의 인간 능력을 강조한다. 브라질리아에서 온 어떤 비문해자가 이렇게 지적했다.

"이들 셋 중에서 두 명의 인간만이 사냥꾼이라 할 수 있다. 왜냐하면 그들은 먼저 문화를 만든 다음 사냥을 시작한다. 세 번째 존재인 고양이는 문화를 만들지 못한다. 고양이는 그저 계속해서 사냥만 할 뿐이다.

그것은 진정한 의미에서 **사냥꾼**이 아니다. 그것은 단지 **추적자**pursuer일 뿐이다."

세 사냥꾼에 관한 일련의 이야기들은 인간과 동물에 관해서 논할 때나 혹은 본능, 지성, 자유, 교육에 관해서 토론할 때 늘 참가자들의 주목을 끄는 주제였다.

그 밖에 공간(시골)과 시간(문자 이전 시기의 인디언 문화)에 대한 일반적인 토론을 나눈 다음에, 〈그림 6〉을 통해 문화 서클 참가자들은 그들 자신이 문화를 창조하는 주체임을 확신하게 된다. 여기서 그들은 진흙으로 항아리를 만들고 있는 사람이 그들 형제와 같은 사람임을 알게 되고, 그 항아리가 위대한 조각가의 작품만큼이나 뛰어난 문화의 일부임을 깨닫게 된다. 어떤 참가자가 이렇게 말을 했다.

"나는 구두를 만들어. 그리고 나는 이제 내가 책을 만드는 대학교수만큼이나 값어치가 있는 사람이라는 것을 알았어."

〈그림 7〉은 진흙 항아리의 용도에 대해 묘사한다. 여기에서는 진흙이 문화로 변형될 뿐만 아니라, 자연의 일부인 들에 핀 꽃도 사람이 그것을 아름답게 배치할 경우 문화로 바뀐다는 것을 보여준다.

"나는 문화를 만들어. 나는 그걸 어떻게 만들어내는지 알아."

헤시피의 문화 서클에 참여하는 한 여성이 격앙된 목소리로 말했다. 이 그림을 통해, 처음으로 도해적 상징graphic signal이 도입된다. 꽃병 표면에 그려진 꽃 그림은 꽃병에 담긴 실제 꽃을 표상한다. 문화로 변형된 자연이 다시 한번 서술 상징written symbol으로 변형된 것이다.

〈그림 8〉은 도해적 표상화의 두 번째 단계이다. 이것은 비문해자들이 알고 있고 또 함께 만든 말이 글로 기록되어 전해질 수 있으며 이것은 교육받은 사람들이 쓴 시 못지않게 훌륭한 문학작품이 될 수 있음을 보여준다. 이 시는 민중가요의 노랫말이고, 브라질 북동부의 어떤 사연이 노

래를 통해 이 마을 저 마을로 전해지면서 비문해자들 사이에서 정교히 다듬어진 전통의 일부이다. 이 지역의 가수들은 기타를 치고 노래를 불렀으며, 이것이 다른 사람들에 의해 시로서 나타난 것이다. 이 그림은 비문해자들에게 강한 흥분을 불러일으킨다. 왜냐하면 그들이 이미 알고 있는 말과 노래를 통해 읽을 수 있는 방법을 배울 수 있다는 가능성을 보여주기 때문이다.

〈그림 9〉에는 두 명의 카우보이가 등장한다. 한 사람은 양모를 입은 사람으로 브라질 남부 출신이고, 다른 사람은 북동부 출신으로 가죽옷을 입고 있다. 이 장면은 의상과 행동의 방식이 문화의 일부라는 것을 보여줌으로써 문화에 대한 아이디어를 확장하기 위해 코드화된 것이다. 토론은 카우보이의 의상에 초점이 맞춰져 있다. 남부의 카우보이는 모직으로 옷을 만들었다. 왜냐하면 몸을 따뜻하게 해주는 양털은 그 지역에서 쉽게 구할 수 있기 때문이다. 북동부의 카우보이는 가죽을 이용하는데, 그 이유는 그 지역에는 소가 많고, 소의 가죽은 관목덤불로부터 그를 보호해줄 정도로 튼튼하기 때문이다. 카우보이들의 의상이 왜 서로 다른지에 대해 토론하면서, 참가자들은 행동 패턴이 사람들의 필요에 따라 만들어진다는 것을 인식하게 된다. 때때로 이 그림은 변화에 대한 인간의 저항에 관한 토론, 즉 의복과 같은 전통은 필요에 따라 발전되지만, 전통은 머물러 있는 반면 인간의 필요는 전승된다는 것을 이끌어낸다.

〈그림 10〉을 통해 그룹은 비판적 의식을 고양시킨다. 그림을 통해 자신의 활동을 들여다볼 수 있다. 이 그림은 문화 서클의 의의를 보여준다. 참가자들은 문화 서클이 그들 자신들을 표현하는 것으로 쉽게 이해한다. 코디네이터는 문화 서클에서 경험한 것을 바탕으로 '문화의 민주화 democratization of culture'라는 개념에 대해 토의하도록 안내한다. 한 참가자가 다음과 같은 결론을 내렸다.

"문화의 민주화는 지금 현재의 우리와 관련되어 있고 우리가 민중으로서 만들어내는 문화에 관한 것이지, 그들이 생각하는 것이나 그들이 우리에게 원하는 것과 관련되는 것은 아니다."

문화 서클의 의의는 모든 사람에 의해 검토된다. 모든 참가자들은 경험이 무엇을 의미하고, 대화는 무엇이며, 그리고 대화가 의식과 연관하여 무엇을 의미하는가를 검토한다. 그룹이 이 10번째 그림에 이르렀을 때 참가자들은 그들 스스로 확실한 자신감을 회복했고, 그들 문화에 대한 자부심을 갖게 되었으며, 읽기를 배우고자 하는 강한 욕망을 품게 되었다.

코디네이터들은 텍스트나 글을 사용하지 않고 10개의 상황에 대해 순전히 말로 토론을 진행한다. 참가자들이 글을 읽을 수 없다는 사실이 이러한 고도의 복잡한 문제에 대해 숙고하는 데 걸림돌로 작용하지는 않는다. 그들이 읽을 수 없기 때문에, 아이디어는 그들이 이해할 수 있는 그림으로 제시되었다. 참가자들에게는 그들이 가지고 있던 실제 지식을 표현할 수 있는 기회가 주어졌고, 읽을 수 없다는 이유로 무시당하지 않았기 때문에 그들은 읽는 법을 배워야겠다는 열망을 회복할 수 있었다.

프레이리는 이러한 과정을 conscientização라고 불렀고, 이것은 흔히 '의식화conscientization'로 번역된다. 프레이리에게 의식화는 사람들이 그들의 현실을 분석할 수 있도록 격려하는 과정이다. 억지로 강요된 그들 삶의 난관에 대해 인지하고, 그들의 상황을 변형시킬 수 있는 행동을 취하게 하는 것이다. 프레이리에게 교육은 해방시키기 아니면 길들이기이다. 사람들이 비판적이 되고 난관을 넘어서게 하거나 아니면 그들로 하여금 현재의 상황을 수용하게 하는 것이다. 만약 문해(읽고 쓰는 것)의 목적이 길들이기가 아니라면 그것은 의식화 과정의 일부여야 한다고 프레이는 믿었다.[66]

프레이리와 동료들은 두 가지 전제 조건하에 문해 프로그램[57]을 위한 언어학적 자료를 개발하였다. (1) 성인은 그들 삶에 매우 친숙하고 또 그들에게 의미 있는 쉬운 낱말로 읽기를 배울 수 있다. (2) 모든 포르투갈어 음운이 포함된 간단한 낱말 목록을 선택할 수 있도록 고안되어야 한다. 그래서 이들 최소 언어학적 원리의 학습을 통해 다른 낱말을 발음할 수 있고 또 그가 말할 수 있는 어떤 낱말을 쓸 수 있어야 한다(이러한 전제 조건은 실현 가능하다. 왜냐하면 포르투갈어는 대부분 음성언어이고 음절언어이기 때문이다).

특정 지역의 주민들을 대상으로 한 문해 교육을 실시할 때, 프레이리 팀은 그 실행에 앞서 미리 지역 공동체를 방문하여 그 문화를 조사하는 일을 먼저 했다. 그들은 그곳을 찾은 이유를 설명하며 그들이 공동 조사자coinvestigator라고 일컫는 지역 봉사자에게 도움을 요청했다. 그들은 함께 지역의 모든 일상 활동에 대해 조사했고, 그들이 지각하는 것을 비교 검토했다. 그리고 지역에서 사용되는 의미 있는 낱말들을 분석했다. 이들 낱말들의 목록으로부터 그들은 두 가지 기준에 근거하여 간단한 낱말 목록을 설정했다. (1) 낱말이 지닌 정서적 힘과 토론 유발 가능성, (2) 모두 포르투갈어 발음으로 나타낼 수 있는 음소론적 가치. 프레이리와 동료들은 브라질과 칠레에서 포르투갈어나 스페인어처럼 음성언어로 철자를 읽고 쓰는 법을 성인에게 가르치는 데에는 17개 이상의 낱말이 필요하지 않다는 것을 확인했다. 그들은 이러한 낱말들을 '생성어generative words'라고 불렀다. 여기엔 두 가지 이유가 있다. 즉, 그 낱말들은 비문해자들 사이에서 그들 삶에 대해 사회·정치 토론을 이끌어낼 수 있도록 하고(프레이리

---

57. 문해 프로그램(literacy program)은 문해 교육을 말한다. 이 글에서 '프로그램'이란 말은 '교육'과 동의어로 쓰인다. '교육' 대신 굳이 '프로그램'이라 표현하는 것은 학습자의 주체성(subjectivity)을 강조하는 프레이리 교육사상과 관계가 있다. 즉 교수자가 학습자에게 일방적으로 가르치는 것이 아니라 학습자가 주체적이고 자율적인 활동을 통해 스스로 앎을 터득해가는 과정이란 의미로 '프로 그램'이란 말을 쓰는 것이다. 같은 맥락에서, 프레이리의 문해 캠프에서는 '교사'라는 말 대신 '코디네이터'라는 말을, '교실' 대신 '문화 서클'이라는 말을 쓴다.

의 말을 빌리면, 이를 통해 학습자들은 "자신의 실존적 삶을 문제화하기"에 참여할 수 있었다), 17개의 낱말들을 음절로 쪼개어 다시 배열함으로써 비문해자들이 다른 낱말을 생성해내고 자기 나름으로 만든 그 낱말들을 쓸 수 있도록 하기 때문이다. 16~17개의 생성어를 선정한 후에 프레이리와 동료들은 그들이 그 낱말들을 제시하는 순서sequence를 주의 깊게 분석할 필요가 있다는 것을 발견했다. 이들 낱말을 제시하는 순서를 정하는 것에는 세 가지 원리가 있다. 먼저, 최초의 낱말은 3음절이어야 하고, 3음절의 각각은 자음과 모음으로 이루어져야 한다. 둘째, 일상적이지 않고 좀 더 어렵게 발음되는 것은 목록의 끝부분에 놓이도록 해야 한다. 예를 들어 'x', 'z', 'q', 그리고 'ao'와 같은 낱말들은 목록의 뒷부분에 놓이도록 한다. 셋째, 구체적이고 친숙한 대상을 지칭하는 낱말들은 목록의 앞부분에 놓이도록 해야 하고, 보다 추상적이고 사회정치적인 현실을 지칭하는 낱말은 목록의 뒤편에 제시해야 한다. 이러한 원리들은 낱말 목록(목록 1~4)에서 볼 수 있는데, 이 목록은 프레이리와 동료들이 그들의 과업을 진행할 때 많이 사용한 것이다.

프레이리는 낱말을 통해 표현되는 관념은 낱말 그 자체가 하나의 도해적 상징으로 분석되기 전에 비판적으로 토론되어야 한다고 믿었다. 그래서 그의 팀은 각각의 낱말을 설명하기 위한 그림을 준비했다. 예를 들어 tijolo(벽돌)라는 낱말을 위해서 건설 현장 장면이 담긴 그림을 준비했다. 이러한 그림은 먼저 tijolo라는 낱말 없이 제시되었다. 그룹이 벽돌로 지은 건물, 자신의 주택, 지역 문제로서 주거 상황, 더 나은 주거에 장애로 작용하는 것, 그리고 파생되는 다른 주제에 대한 토론이 진행된 후에야 tijolo라는 낱말과 함께 건설 현장을 보여주는 두 번째 그림이 소개되었다. 세 번째 그림 혹은 슬라이드에는 tijolo가 제시된다. 같은 방식으로 16개 낱말에 대한 각각의 그림이 준비되었고, 그것은 어떤 언어적·도해적 분석에 앞서 낱말의 의미에 대한 충분한 토론을 이끌기 위해 준비된 것들이었다.

모든 낱말 목록에서 첫 번째 낱말은 3음절로 되어 있다. 그 이유는 비문해자들이 포르투갈 낱말의 구조를 파악하는 데 도움을 주는 방식으로 차트를 3음절 낱말로 구성할 수 있다는 것을 프레이리의 동료들이 발견했기 때문이었다. 예를 들어 tijolo를 소개한 후에 코디네이터가 그것을 3음절로 쪼개었다. 그룹의 구성원들이 각각의 음절을 소리 내어 읽은 후, 코디네이터는 먼저 첫 번째 음절인 'ti'를 말하고, 같은 방식으로 'ta te ti to tu'를 제시했다. 처음에는 그룹이 단지 'ti'만을 인식했지만, 이들 5개의 음절을 소리 내어 계속 읽음으로써 그들은 't' 소리는 변하지 않는다는 것을 알았고, 5개 모음의 소리를 배웠다. 다음은 'jo'도 같은 방식으로 소개되었고, 'ja je ji jo ju'와 'la le li lo lu'를 제시했다. 마지막으로 이러한 3가지 제시 방식은 하나의 차트에 조합되었고, 그것을 '발견 카드card of discovery'라고 불렀다.

| ta | te | ti | to | tu |
|----|----|----|----|----|
| ja | je | ji | jo | ju |
| la | le | li | lo | lu |

목록 1

### 헤시피의 슬럼가인 까주에이로 세코에서 사용된 목록

| tijolo | 벽돌 |
|--------|------|
| voto | 투표 |
| siri | 게 |
| palha | 지푸라기 |
| biscate | 임시직 |
| cinza | 화산재 |
| doensa | 질병 |

| chafariz | 분수 |
| maquina | 재봉틀 |
| emprego | 고용 |
| engenho | 제당 공장 |
| manque | 늪 |
| terra | 토지, 흙 |
| enxada | 괭이 |
| classe | 학급 |

목록 2

### 까보 도시의 농업지역인 티리리에서 사용된 목록

| tijolo | 벽돌 |
| voto | 투표 |
| rosado | 카사바 농장 |
| abacaxi | 파인애플 |
| cacimba | 우물 |
| passa | 건포도 |
| feira | 시장 |
| milho | 곡물 |
| maniva | 다량의 카사바 |
| planta | 식물 |
| lombriga | 회충回蟲 |
| engenho | 제당 공장 |
| guia | 장님을 위한 길잡이 |
| barracao | 시장 근처 작은 상점 |
| charque | 말린 고기 |
| cozinha sal | 소금 |

목록 3

### 해양 도시 마체이오에서 사용된 목록

| tijolo | 벽돌 |
| voto | 투표 |
| casamento | 결혼식 |
| carrosa | 짐수레 |
| peixe | 고기 |
| jangada | 낚싯배 |
| balansa | 물고기 무게 계량기 |
| Brasil | 브라질 |
| maquina | 재 |
| farinha | 밀가루 |
| coco | 코코넛 |
| fome | 굶주림 |
| comida | 음식 |

| | |
|---|---|
| sindicato | 노동조합 |
| trabalho | 노동 |
| limpeza | 청결 |

목록 4

리우데의 위성도시, 리우에서 사용된 목록

| | |
|---|---|
| favela | 빈민가 |
| chuva | 비 |
| arado | 쟁기 |
| terreno | 토지계획 |
| combida | 음식 |
| batuque | 아프리카 리듬이 가미된 대중 댄스 |
| poco | 우물 |
| bicicleta | 자전거 |
| trabalho | 노동 |
| salario | 봉급 |
| profissao | 전문직 |
| governo | 정부 |
| manque | 늪 |
| enrada | 괭이 |
| tijolo | 벽돌 |
| riqueza | 부, 재산 |

　가로세로 방향의 읽기가 끝난 후에 코디네이터는 그룹에게 다양한 방식으로 차트에 있는 음절들을 조합하여 여러 가지 낱말을 만들어보라고 한다. 대개 그룹은 외부의 도움 없이 스스로 과업을 수행할 수 있다. 이를테면 그들은 luta(투쟁) 혹은 loja(상점) 따위를 생각해내거나, tatu(아르마딜로), jato(제트기), lula(오징어), lote(복권), talo(줄기), lata(깡통), tule(얇은 명주 그물) 같은 낱말을 조합해낼 것이다. 때때로 그들은 사전에 존재하지 않는 낱말들을 만들어내기도 하는데, 그들이 음절을 조합하는 이치를 알고 그렇게 한다면 별문제가 되지 않는다. 코디네이터는 어떠한 음절 조합도 허용하는 대신 토론에서는 실제 낱말을 주제로 진행하도록 하였다.

　리우그란데두노르테 주에서 한 그룹은 현실에서 쓰는 실제 낱말을 만드는 음절 조합을 '유효 낱말thinking words'로, 그 외의 것들을 '비유효 낱말dead words'로 일컬었다. 리우그란데두노르테 주의 앙기코스 시에 있는 한 문화 서클에서 참가자 중 한 명이 글쓰기를 배우는 다섯 번째 야간 모임에서 칠판 쪽으로 가서 '유효 낱말'이라고 말한 뒤, 다음과 같이 글을 썼다. "o povo vai resouver os problemas do Brasil votando conciente(민중은 의식 있는 투표를 통해 브라질의 문제를 해결할 것이다)."[67]

프레이리와 동료들이 프로그램 진행을 위한 교육 자료로 책자나 입문서를 사용하지 않은 것에 주목할 필요가 있다. 대신 그들은 큰 포스터나 영상필름 혹은 슬라이드를 사용했다. 그들은 약 13달러짜리의 폴란드제 환등기를 교실마다 배치했다. 그리고 공동체 건물 내의 흰색 벽을 스크린으로 이용했다. 기계적인 지침서는 자연스러운 토론을 이끌어내는 데 적합하지 않다는 이유로 사용하지 않았다. 그러한 입문서는 참가자들이 자신의 아이디어와 낱말을 표현하고 쓰는 것을 방해한다. 낱말의 생성, 실제 낱말의 구성에 대한 판단, 낱말의 사용, 낱말이 전달하는 메시지, 이 모든 것에 대한 결정은 성인 비문해자와 토론을 중재하는 코디네이터에 의해서 이루어져야 한다는 것이 그들의 신조였다.

대중문화운동에서 프레이리의 동료 두 사람은 이러한 이슈에 관해 이견을 품고서 『성인을 위한 입문서Primer for Adults』를 썼다. 이 입문서에는 예컨대 povo(사람), voto(투표), vida(생명), saude(건강), pao(빵)와 같은 다섯 낱말을 소개하고 음절별로 나누었는데, 이는 프레이리의 팀이 사용한 방식과는 달랐다. 첫 번째 문장은 다음과 같이 적혀 있다. "O voto e do povo투표권은 국민에게 있다." 이어지는 낱말과 메시지는 "집 없는 사람들이 오두막에서 산다." 마지막 낱말 '평화peace'는 그 메시지로 "북동부는 악의 뿌리가 근절될 때에만 평화를 가지게 될 것이다. 평화는 정의를 양분으로 자란다."라는 문장과 함께 소개된다.[68]

이러한 입문서는 일반적인 입문서보다 훨씬 훌륭하다. 1962년, 브라질 국립교육연구소의 이사 아니시오 테셰이라Anisio Teixeira는 다음과 같이 말했다.

> 이 책은 마치 북동부의 비문해자들이 자신의 삶을 소개하는 것처럼 읽기를 효과적으로 가르친다. 낱말과 문장, 그리고 어구들은 비문해자들 자신이 입문서를 쓴 것처럼 그들 삶과 밀착되어 있다. …… 읽기 학습은 학습자가 실제로 구사하는 말이 글말 언어로 쉽게 전환되는 방식이어야 한다. 『성인을 위한 입문서』에는 이러한 점들이 잘 구현되어 있다. …… 이것을 전복적인subversive 방식으로 보는[58] 이들은 삶과 진실을 전복적인 것으로 보는 대신, 기만과 비상식을 질서 있는orderly 것으로 보는 사람들이다.[69]

이 입문서의 탁월한 점은 책 내용의 구성 면에서 다른 입문서들과 비교가 된다. 대체로 다른 입문서에서는 음성학적 변이가 지루하게 제시되고, 메시지들은 학습자들의 삶을 담지 않는다. 책 속의 아이디어는 교사의 것이기 때문에, 책은 하나의 선전 도구이다. 그러한 입문서는 비문해자들이 무엇을 믿어야 하는가와 관련한 방향을 제시해준다. 메시지가 그런 식으로 전달되는 한, 그것은 교사나 저자가 말하는 것은 무엇이든 믿어야 하는 것으로 생각하는 무비판적인 수용적 인간을 길들이고 있는 것이다.

---

58. 1964년 군사쿠데타 이후 프레이리가 투옥된 이유가 그의 문해 방법에 '전복적인' 요소가 있다는 것이었다.

## 프레이리 절차의 적용

간단히 말하면, 다음의 준비과정은 프레이리와 동료들이 비문해자들을 가르치기 위한 모임을 갖기 전에 만든 것이다.

1. 문해 프로그램에 필요한 여건을 마련하기 위해 정부 당국에 요청했다. 프레이리가 시장과 주지사에게 요구한 것은 다음과 같다. 어떤 정치적 영향력도 행사하지 않을 것, 기술적인 독립성, 그리고 그들이 실행하는 교육이 민중의 내적 해방과 외적 해방을 일으킬 것이라는 믿음.
2. 공동체의 삶과 어휘를 조사하였다.
3. 16여 개의 생성어를 코드화하였다. 즉, 선정된 각 낱말과 관련된 지역 상황을 담고 있는 포스터나 필름 혹은 슬라이드가 준비되었다.
4. 최초 낱말을 중심으로 변형된 '발견 카드'가 만들어졌다.
5. 모임의 장소로서 교회, 학교 혹은 공동체 내의 가용 건물을 선정하였다.
6. 교사가 아닌 코디네이터가 그룹별로 선발되고 훈련되었다. 이것은 프로그램 과정에서 가장 중요한 문제였다. 절차의 기술적 측면을 전수하는 것은 어렵지 않지만, 새로운 태도를 형성하기 위해서는 코디네이터가 '반反대화antidialogue'[59]의 유혹을 떨칠 수 있게 하는 일정한 관리 기간이 필요했다.

---

59. 프레이리에게 가장 중요한 개념이 대화이다. 대화는 프레이리 사상의 고갱이라 할 것이다. 교육자와 학습자 사이의 대화는 무엇보다 양자가 대등한 주체로 만날 것이며, 배움의 방향이 일방적인 것이 아니라 양방향으로 이루어질 것을 요청한다. 프레이리의 말을 빌리면, 교육자와 학습자는 공동 조사자(co-investigator)가 돼야 하는 것이다. 그러나 많은 경우, 교육자는 자신이 많이 배웠고 또 많이 안다는 이유로 학습자를 가르치려는 자세를 취하고자 한다. 반대화의 유혹(temptation of antidialogue)이란 그런 경향성을 말하는 것이다.

7. 학교나 교실이 아니라 문화 서클이 조직되었는데, 거기에는 학생으로서가 아니라 참가자로서 25~30명의 비문해자들로 구성되었다.

그룹이 설정한 절차는 다음과 같다.

1. 모임은 매주 평일 밤 1시간씩 6~8주간 계속되었다.
2. 8주 가운데 첫 2주는 자연과 문화의 차이를 설명한 10개 그림을 분석하였다.
3. 그다음 모임에는 앞서 설명한 것처럼, 먼저 첫 번째 생성어가 소개되었다. 이 모임의 끝부분에서 참가자들은 '발견 카드'로부터 더 많은 낱말들을 만들어내어 다음 모임에 목록을 만들어 오도록 요청받았다.
4. 나머지 모임에서 16여 개의 생성어가 한꺼번에 소개되었다. 참가자들은 쓰기와 소리 내어 읽기를 연습하였다. 그들은 자신의 의견을 표현했고, 그것을 적었다. 그들은 신문을 검토하고 지역 문제에 대해 토론했다.

문해 과정을 완수한 참가자들 가운데 대략 4분의 3은 간단한 텍스트를 읽고 쓸 수 있었으며, 지역신문을 이용하고, 브라질 문제에 대해서 토론했다. 리우그란데두노르테 주에 있는 문화 서클에 소속된 한 여성의 경우는, 연습으로 신문에 나온 어떤 기사를 큰 소리로 읽기도 한다. 기사는 그 수의 소금 착취와 관련된 내용이었다. 서클을 방문한 한 사람이 그 여성에게 물었다.

"착취가 무슨 뜻인지 아십니까?"

그러자 그 여성이 대답했다.

"아마 당신처럼 부유한 젊은 사람은 알지 못하겠지만, 나처럼 가난한 여자는 착취가 무엇인지 잘 알고 있습니다."

문제에 대한 토론이 대중 선동적인 해결 방식으로 연결되지 않았다는 것은 프레이리에게 매우 중요했다. 착취에 대해 말한 그 여성은 증오심으로 그렇게 말한 것이 아니라, 그녀와 모든 참가자들의 입장에서 볼 때 민중의 이해관계를 무너뜨리는 조건을 극복하기 위한 정당한 결정과 관련된 발언이었다.

리우그란데두노르테의 다른 참가자는 자신들의 이름을 '찍어대는brand' 사실에 대해 토론했다. 한 방문자가 그들의 이름을 찍어댄다는 것이 무엇을 뜻하는지 묻자 그는 다음과 같이 설명했다.

"그것은 우리의 이름을 베끼는 것을 말합니다. 지주가 우리 이름을 종이에 적어주면 우리는 지칠 때까지 반복해서 이름을 적는 연습을 합니다. 지주는 우리가 그것을 암기할 때까지 계속 베껴대라고 말합니다. 지주는 우리에게 투표 증명서를 주고, 우리를 자신이 원하는 사람을 찍도록 투표장에 데려갑니다."

(브라질에서는 법적으로 비문해자들에게 투표권을 주지 않는다. 그러나 신청 양식에 자기 이름을 서명할 수 있는 사람에게는 투표권이 주어진다.)

그는 계속해서 말한다.

"그러나 이제, 우리는 우리의 이름을 찍어댈 필요가 없고, 쓰는 것을 진짜 배우고 나면, 우리가 원하는 사람에게 투표할 수 있습니다."

프레이리와 동료들은 문해 이후post-literacy 교육과정을 계획하였다. 이는 문화 서클에서 수행한 브라질 관련 주제에 대한 탐구에 기초를 둔 것이었다. 그들은 만약 쿠데타군이 강제로 프로그램을 종결짓지 않았다면 1964년 브라질에 2만 개의 문해 서클이 생겨났을 것이라고 말한다.

## 참고 문헌

Adams, F., & Horton, M.(1975), *Unearthing seeds of fire: The idea of Highlander,* Winston-Salem, NC: Blair.

Apple, M. W.(1979), *Ideology and curriculum,* London: Routledge and Kegan Paul.

Apple, M. W.(1982), *Cultural and economic reproduction in education,* London: Routledge and Kegan Paul.

Aronowitz, S., & Giroux, H.(1985), *Education under siege,* South Hadley, MA: Bergin & Garvey.

Ashton-Warner, S.(1979), *Teacher*(First edition, 1963), New York: Bantam.

Auerbach, E., & Wallerstein, N.(1986), *ESL for action: Problem-posing at work,* Reading, MA: Addison-Wesley.

Auerbach, E. R., & Burgess, D.(1985, September), The hidden curriculum of survival ESL. *TESOL Quarterly, 19*(3), pp. 475-495.

Avrich, P.(1980), *The modern school movement: Anarchism and education in the United States,* Princeton: Princeton University Press.

Bastian, A., Fruchter, N., Gittell, M., Greer, C., & Haskins, K.(1985), *Choosing equality: The case for democratic schooling,* New York: New World Foundation.

Berlak, A., & Berlak, H.,(1981), *Dilemmas of schooling: Teaching and social change,* New York: Methuen.

Berthoff, A. E.(1981), *The making of meaning,* Upper Montclair, NJ: Boynton/ Cook.

Bisseret, N.(1979), *Education, class language and ideology,* Boston: Routledge and Kegan Paul.

Bourdieu, P., & Passeron, J. C.(1977), *Reproduction in education, society and culture,* Beverly Hills, CA: Sage.

Bowles, S., & Gintis, H.(1976), *Schooling in capitalist America,* New York: Basic Books.

Brown, C.(1975), *Literacy in 30 hours: Paulo Freire's process in Northeast Brazil,* Chicago: Alternate Schools Network.

Carnoy, M.(1974), *Education as cultural imperialism,* New York: McKay.

Carnoy, M., & Levin, H. M.(1985), *Schooling and work in the democratic state,* Stanford, CA: Stanford University Press.

Collins, D.(1977), *Paulo Freire: His life, thought and work,* New York: Paulist.

Cuban, L.(1984, Winter), Policy and research dilemmas in the teaching of reasoning: Unplanned2 designs. *Review of Educational Research, 54*(4), pp. 655-681.

Dewey, J.(1963), *Experience and education*(First edition, 1938), New York: Macmillan.

Dewey, J.(1966), *Democracy and education*(First edition, 1916), New York: Free Press.

Donald, J.(1983, Winter), How illiteracy became a problem and literacy stopped being one, *Journal of Education, 165*(1), pp. 35-52.

Fisher, B.(No date), What is feminist pedagogy?, *The Radical Teacher,* No. 18, pp. 20-24.

Freire, P.(1970), *Pedagogy of the oppressed,* New York: Continuum.

Freire, P.(1973), Education for critical consciousness, New York: Continuum.

Freire, P.(1978), *Pedagogy-in-process,* New York: Continuum.

Freire, P.(1985), *The politics of education,* South Hadley, MA: Bergin & Garvey.

Giroux, H. (1978), Writing and critical thinking in the social studies, *Curriculum Inquiry, 8*(4), pp.291-310.

Giroux, H.(1983), *Theory and resistance in education,* South Hadley, MA: Bergin & Garvey.

Goodlad, J.(1983), *A place called school,* New York: McGraw-Hill.

Greene, M.(1978), *Landscapes of learning,* New York: Teachers College.

Gross, R., & Gross, B.(Eds.)(1985), *The great school debate: Which way for American education?,* New York: Cambridge.

Hirshon, S., & Butler, J.(1983), *And also teach them to read: The national literacy crusade of Nicaragua,* Westport, CT: Lawrence Hill and Company.

Hoggart, R.(1957), *The uses of literacy: Aspects of working-class life.* London: Chatto, Windus.

Hunter, C. S. J., & Harman, D.(1979), *Adult illiteracy in America,* New York: McGraw-Hill.

Illich, I.(1972), *Deschooling society,* New York: Harper and Row.

Jencks, C., et al.(1972), *Inequality,* New York: Basic Books.

Katz., M. B.(1971), *Class, bureaucracy and schools: The illusion of educational change in America,* New York: Praeger.

Kohl, H.(1969), *The open classroom,* New York: New York Review of Books.

Kohl, H.(1984), *Basic Skills,* New York: Bantam.

Hozol, J.(1972), *Free schools,* Boston: Houghton Mifflin.

Kozol, J.(1980), *Children of the revolution: A Yankee teacher in Cuban schools,* New York: Delta Press.

Kozol, J.(1985), *Illiterate America,* New York: Doubleday.

Levin, H. M.(1978), Why isn't educational research more useful?, *Prospects, 8*(2), pp.157-166.

Levin, H. M.(1981, February), The identity crisis in educational planning, *Harvard Educational Review, 51*(1), pp.85-93.

Levin, H. M., & Rumberger, R. W.(1983, February), *The educational implications of high technology*(Project Report 83-A4), Stanford, CA: Stanford University, Institute for Research on Educational Finance and Governance.

Mackie, J.(Ed.)(1981), *Literacy and revolution: The pedagogy of Paulo Freire,* New York: Continuum.

Miller, V.(1985), *Between struggle and hope: The Nicaraguan literacy crusade,* Boulder, CO: Westview.

Ohmann, R.(1976), *English in America,* New York: Oxford University Press.

Ohmann, R.(1981), Where did mass culture come from? The case of magazines, *Berkshire Review, 16,* pp. 85-101.

Ohmann, R.(1985, November), Literacy, technology, and monopoly capital. *College English 47*(7), pp. 675-689.

Ollman, B., & Norton, T.(Eds.)(1977), *Studies in socialist pedagogy,* New York: Monthly Review.

Pincus, F.(1980 August), The false promises of community oclleges: Class conflict and vocational education, *Harvard Educational Review, 50,* pp. 332-361.

Pincus, F.(1984, Winter), From equity to excellence: The rebirth of educational conservatism, *Social Policy,* pp. 11-15.

Schniedewind, N.(1987), *Cooperative learning, cooperative lives: A sourcebook of learning activities to promote a peaceful world,* Somerville, MA: Circle Press.

Schniedewind, N., & Davidson, E.(1984), *Open minds to equality,* Englewood Cliffs, NJ: Prentice-Hall.

Schoolboys of Barbiana.(1971), *Letter to a teacher,* New York: Vintage.

Shor, I.(1986), *Culture wars: School and society in the conservative restoration,* 1969-1984. New York: Routledge and Kegan Paul/Methuen.

Shor, I.(1987), *Critical teaching and everyday life*(3rd printing), Chicago: The University of Chicago Press.

Shor, I., & Freire, P.(1987), *A pedagogy for liberation,* South Hadley, MA: Bergin & Garvey.

Spring, J.(1972), *Education and the rise of the corporate state,* Boston: Beacon.

Wallerstein, N.(1984), *Language and culture in conflict: Problem-posing in the ESL classroom,* Reading, MA: Addison-Wesley.

Willis, P.(1981), *Learning to labor: How working class kids get working class jobs,* New York: Columbia University Press.

Vygotsky, L.(1977), *Thought and language*(First edition, 1962), Cambridge, MA: MIT Press.

Wirth, A.(1983), *Productive work-in industry and schools: Becoming persons again,* Lanham, MD: University Press of America.

주석

66) 프레이리의 서클에서는 어떠한 구술적 기록(녹음 자료)도 남기지 않았다. 그러나 의식화의 과정에 대해서는 스토클리 카미카엘의 말하기 강좌(Stokely Carmichael's speech class)의 보고서에 잘 나타나 있다. 이 강좌는 1965년 학생 비폭력 협력위원회(Student Nonviolent Coordinating Committee)가 현장 노동자들을 위해 개최되었으며, 보고서의 내용들은 미리암 워서만Miriam Wasserman이 편집한 『학교 신화 벗기기*Demystifying School*』(New York: Praeger, 1974: 327-330)에 재인쇄되어 있다.

67) 이것은 다음과 같은 브라질식 포르투갈어와 비교될 수 있다. O povo vai resolver os problemas do Brasil, votando consciente. 3가지 서로 다른 곳 가운데, 2개는 포르투갈어가 온전히 음성적이지 않기 때문에 일어난다. 즉, resolver(해결하다)의 'l'은 'u'와 같이 발음되고, consciente(의식 있는)의 'c'는 's' 발음을 요구하지 않은 채 's' 발음을 나타낸다. 세 번째의 차이는 발화(speech)에 따른 차이이다. Angicos 사람들은 problemas보다 poblemas라고 말한다.

68) 이 입문서는 Josina Maria Lopes de Godoy와 Norma Porto Carreiro Coelho의 작품이다. 나는 1965년에 헤시피에 있는 USAID(미국국제개발기구) 사무실을 통해 복사본을 받았다. 군이 모든 복사본을 압수했지만, USAID는 이 지역의 공산화 수준을 조사하기 위한 자료로 삼기 위해 하나를 보관하고 있었다.

69) 테셰이라 박사의 인터뷰, 『*Revista Brasileira de Estudos Pedagogicas XXXVIII, 88*』 (1962년 10-12월: 158-159)에서 재인용.

# 질문이 살아 있는 교실을 꿈꾸는 교사들에게

1970년 『피교육자의 교육학』이 출판되었을 때 전 세계의 지식계에서 프레이리 신드롬이 일기 시작했다. 세계 최고의 명문 하버드에서 그를 초빙해 강의를 맡기는가 하면, 『피교육자의 교육학』은 수십 개국의 언어로 번역되어 현재까지 전 세계적으로 75만 부가 인쇄되어 읽히고 있다. 국내에선 이 책이 1970년대 중반에 『페다고지』라는 제목으로 소개되어 운동권을 중심으로 유포되었다. 당시에 이 책은 오래도록 금서로 취급되었는데, 1988년 초등 교사로 현장에 첫발을 내디뎠던 글쓴이도 몇몇 교사들과 이 책을 숨죽이며 읽었던 기억이 있다.

브라질이라는 변방에서 건너온 한 교육학자의 책이 미국을 비롯하여 전 세계적으로 큰 반향을 일으킨 것은 무엇보다 그가 실천하는 사상가였기 때문이다. 프레이리 사상의 핵심 개념으로 이론과 실천의 변증법적 통일을 의미하는 프락시스praxis의 진면목은 바로 프레이리의 삶에서 발견되는 것이다. 당시 한국을 비롯한 제3세계의 실천가들로부터 뜨거운 지지를 받은 것이나 제도권으로부터 금기의 대상이 되었던 것은 그만큼 그의 사상이 사회 변화를 위한 실천적 힘을 지니고 있음을 방증한다.

그럼에도 일각에선 그의 사상이 태생적으로 지니고 있는 어떤 한계에 대한 의문이 끊임없이 제기되어왔다. 프레이리의 이론은 브라질이라는 특수한 토양을 배경으로 하고 있으며, 더군다나 성인 비문해자들을 대상으로 한 만큼 선진사회의 제도권 학교교육에서 적용될 여지는 그리 많지 않을 것이라는 것이다.

이 책『교실을 위한 프레이리*Freire for the Classroom*』는 바로 이 같은 회의적인 시각을 말끔히 떨어 없앨 위력적인 책이다. 프레이리의 이름으로 만들어진 저작물 가운데 프레이리 이론을 학교 차원의 교육 실천에 적용할 수 있게끔 고안된 것은 아마도 이 책이 유일하지 않을까 싶다.

1987년에 발간되어 현재와 시차가 적지 않은 것이 중대한 약점으로 작용할 수 있지만, 레이거노믹스로 상징되는 당시 미국 사회의 시대적 배경은 신자유주의의 보수적 경제논리가 교육의 가치를 잠식하고 있는 현재의 우리 사회의 상황과 닮은꼴이라는 측면에서 이 책의 유효성은 충분하다.

이 책이 시의적절한 또 다른 요인은 현재 우리 교육학계나 교육자들로부터 폭발적인 관심의 대상으로 부상하고 있는 비고츠키의 교육 이론이 프레이리와 절묘하게 만나는 부분이다. 두 사람은 공히 개인의 성장이나 사회 변혁을 위한 도구로서 언어의 중요성을 역설한다. 비고츠키는 개인의 언어 구사 역량이 개인적 맥락과 사회적 맥락의 부단한 상호작용을 통해 발달해간다고 하는데, 이는 프레이리가 말을 통한 세상 읽기reading the world by word를 강조한 것과 같은 맥락이다. 논문집 형식의 이 책 집필에 참가한 많은 프레이리언들은 비고츠키의 교육 이론을 프레이리식 비판적 문해 교육에 접목하여 참신하고도 정교한 실천적 방안을 제시한다.

이 책에서 '교실'이라 함은 초·중·고 학교 교실뿐만 아니라 대학 강의실이나 이주 노동자를 위한 문해 교실 등을 포함한다. 이 책은 교사교육 정책에 관한 고민(1장)에서 시작하여 문제 제기적 토론 교육(2장), 비판적 문해력을 위한 글쓰기 교육(3장, 4장, 6장), 비판적 독서교육(7장), 방언 교육에 관한 이슈(8장), ESL 교육과정(9장), 페미니즘 교육(5장, 10장) 등의 폭넓은 참조 영역을 다루고 있는 점이 큰 자랑이다. 특히, 현장 교육에서 비판적 지식과 가장 거리 먼 것으로 생각하기 쉬운 수학 교과에 대해 비판적 수학 교육의 실천 사례를 제시하는 11장은 이 책에서 가장 돋보이는 부분 가운데 하나다.

파울로 프레이리의 모든 책이 그러하지만 이 책은 결코 흥미로 읽을 대상은 아니다. 논문집이니만큼 프레이리의 다른 책들보다 더 딱딱하고 난해하게 다가갈지도 모른다. 그러한 난점을 생각하여 우리 역자들이 고민한 것은 프레이리와 비고츠키 이론에 처음 입문하는 사람들도 이해하기 쉽도록 주해를 상세히 다는 것이었다. 그 분량이 다소 지나치다는 반성이 들기도 하지만, 두 사상가의 이론이 생소한 분들에겐 적잖은 도움이 될 것으로 믿는다.


프레이리 교육 이론의 실천적 측면은 '문해 교육'으로 압축된다. 이 책 『교실을 위한 프레이리』 또한 그것이 전부라 해도 과언이 아닐 것이다. 문해와 관련하여, 한국인의 교육 수준은 형식적 측면과 내용적 측면에서 극과 극을 치닫는다. 세계에서 가장 우수한 문자를 보유한 우리 국민의 문맹률은 세계 최저 수준을 자랑한다. 하지만 실질 문맹률에 관한 통계는 이와 극명한 대조를 이룬다. 생활정보가 담긴 일상문서 해독력이 OECD 회원국 가운데 꼴찌인 것으로 보고되고 있다. 더 나아가, 프레이리적 의미에서의 비문해 수준은 더욱 심각한 양상을 보일 것이다. 프레이리에게 '문해'란 비판적 문해 능력을 의미한다.

형식 문맹률은 세계 최저 수준인 나라에서 실질 문맹률은 OECD 최고 수준을 보이는 것이나, 국제학생평가PISA에서 최고의 성적을 자랑하는 국민의 정보 해독 능력이 최저인 것은 이 나라 학교교육의 문제점을 그대로 말해준다. 우리 교육은 한마디로 학생들을 '찍기 선수'로 길러내고 있다. 그 결과 학생들의 사고력은 점점 퇴화해가고 있다. 사지선다형 문제 풀이에는 강한 면모를 보이는 학생들이 약간이라도 사고를 요하는 문제를 만나면 쉽게 포기한다. 학생들은 숙제 많이 내주는 교사보다 질문하라고 하는 교사를 더 싫어한다.

도무지 생각하는 것을 귀찮아하는 학생들의 자화상은 이 나라의 어두운 미래를 예견해준다. 좋은 점수를 얻기 위해 문제집을 가까이하고 양서는 멀리해야 하는 교육 시스템은 국가경쟁력에도 아무 도움이 안 된다. 베토벤 될 아이도 셰익스피어 될 아이도 모두 "다음 중 ~가 아닌 것은?" 하는 식의 문제 풀이만을 강요하는 곳에서 어떻게 창의적인 인재가 길러질 것인가? 독서와 사고를 기피하고서 TV 예능 프로그램이나 스마트폰 게임에만 열중하는 천민자본주의 세태는 프레이리가 말한 대중화된 massified 사회의 전형이다.

다행히 최근 현장에서 이런 문제점에 대한 각성이 일면서 혁신교육 진영을 중심으로 새로운 교육의 방향성에 대한 고민과 실천이 활발히 이루어지고 있다. 교사 주도의 일방적 수업을 지양하고 학생 중심의 수업을 위한 대안으로 '배움의 공동체'와 수업의 질적 이해, 프로젝트형 수업이 전국의 교실에서 들불처럼 확산되고 있다.

안타까운 것은 '새로운 교육'과 관련한 이 모든 실천 방안을 아우르는 고갱이가 프레이리 교육 이론에 들어 있음에도, 현장 교사들이 비고츠키나 존 듀이, 프레네, 사토 마나부 등에 비해 프레이리에 대해서는 주목을 잘 하지 않는 점이다. 프로젝트 수업이든 배움의 공동체 수업이든 그 핵심적 전제 조건은 교사-학생이 대등한 교육 주체로 만나는 것인데, 이에 대해 프레이리의 '대화적 교육'이란 개념보다 더 깊이 있는 철학적 통찰을 제공하는 사상체계는 드물다.

생각하기를 멈춘다는 말은 질문하기를 멈춘다는 말과 같은 뜻이다. 모든 인간은 생래적으로 인식론적 호기심을 갖고 있건만, 과도한 은행 적금식 교육이 학습자의 질문 욕구를 질식시키는 것이다. 프레이리는 말한다: 질문이 없이는, 프락시스를 통하지 않고서는, 완전한 인간으로의 성장은 불가능하다. 말word과 함께 세상world을 향해 끊임없이 질문하고 실천하고 다시 질문하고 다시 실천하는 과정을 통해 인간은 자신과 세계를 변화시켜간다.

교사의 일방적 설명보다 학생의 질문이 살아 있는 수업을 꿈꾸는 교사, 질문이 넘쳐나는 교실을 소망하는 교사는 은행 적금식 교육의 대안으로 프레이리가 제안한 문제 제기식 교육에서 뜻깊은 지적 해후를 경험할 것이다. 교실에서 그런 혁신 교육을 실천하기 위한 다양한 참조 틀로 쓰이기를 바라는 마음에서 이 거친 번역물을 세상에 내놓는다.

2015년 가을
옮긴이들을 대표하여 이성우 씀

# 삶의 행복을 꿈꾸는 교육은
## 어디에서 오는가?

● **교육혁명을 앞당기는 배움책 이야기** 혁신교육의 철학과 잉걸진 미래를 만나다!

## ● 경쟁과 차별을 넘어 평등과 협력으로 미래를 열어가는 교육 대전환! 혁신교육 현장 필독서